윤명철 해양논문선집 ⑤

해양역사상과 항구도시들

| 윤명철 해양논문선집 ⑤ | 해양역사상과 항구도시들

2012년 1월 16일 초판 1쇄 인쇄
2012년 1월 26일 초판 1쇄 발행

지은이 | 윤명철
펴낸이 | 권혁재
책임편집 | 윤석우
편집 | 김현미, 조혜진

펴낸곳 | 학연문화사
출판등록 | 1998년 2월 26일 제2-501호
주소 | 서울시 금천구 가산동 371-28 우림라이온스밸리 B동 712호
전화 | 02)2026-0541~4
팩스 | 02)2026-0547
이메일 | hak7891@chol.com
홈페이지 | www.hakyoun.co.kr

ISBN 978-89-5508-264-7 94910
ISBN 978-89-5508-259-3 (전8권)

책값은 뒤 표지에 있습니다.
잘못된 책은 바꾸어 드립니다.

윤명철 해양논문선집 ⑤

해양역사상과 항구도시들

| 윤명철 지음 |

학연문화사

머리글

"역사는 인간의 발명품이고, 역사학은 발명의 도구이며, 역사학자는 창조자이며, 수리공이다."

개체의 경험은 아침햇살에 녹아내리는 이슬처럼 흔적을 남기지 않는다. 모든 생명체들은 불유쾌하고 전율을 일으키는 죽음의 자각을 극복하기위해 부단한 노력을 기울였고, 자손을 만들어 종의 기억을 지속시킨다.

생물학적으로 독특한 생성배경을 지닌 인간은 자발적으로 획득한 인식능력으로 인하여 본의 아니게 비자발적으로 또 다른 허무감을 동반자로 삼게 되었다. 실로 오랜 세월 혹독스러운 고뇌 끝에 인간은 색다른 하나의 발명품을 내놓았다. 역사이다. 자연사와 또 다른 역사를 만들므로써 인간은 개체로서 시간과 공간의 한계를 극복하였고, 전체로서 자유의지와 존엄성을 동반하게 되었다. 인간은 역사 속에서만 인간은 끊임없이 존재하고, 자신의 존재가치를 시시각각 확인하고 만족스러워 한다.

역사학은 별로 중요하지 않을 수도 있다. 하지만 역사적인 인식은 중요하다. 그것이 있으면 인간은 개체로 머무르지 않고 무한한 生命體 및 非生命體와 섞여진 통일체로서 전체를 지향하고 있음을 느낀다. 현재는 한 부분일 뿐이고, 이 부분은 파편이 아니라 먼 과거와 먼 미래와 연결된 끈이며 '터' 라는 사실을 이해한다. 인류는 물론이고 한 개체의 탄생과 존재, 다른 개체와의 만남 등이 '우연과 필연' 여부를 떠나서 유일무이한 불가능의 가능태임을 자각한다.

2011년 12월 윤명철

fore-word

History is an invention and a means of invention. A historian is a creator and an engineer. The author had a view and a model as a historian since the first time he had an interest in studying history. He held questions and critical consciousness about modern-history which led to develop a new research method through various research fields. With the reason, he developed theories, concepts, and terms as well as introduced a way of understanding through modelling.

In 1985, the term, 'HANLYUKDO', was developed in the way of overcoming 'the Korean Peninsula' and 'a historic view of peninsular'. In 1993, 'The East-mediterranean sea model' was developed. 'The East-mediterranean sea model' is a matter of idea and civilization which will be developed to 'theory of the East-mediterranean civilization'. In 1995, he linked governing style and space to categorize 'direct-sovereignty', 'indirect-sovereignty', and 'orbit' with a model of Goguryo. He suggested geo-culture and geo-mentalogy besides geo-economics and geo-politics as the way of human use of space and field. He explained a meaning of nature environment through academic theories from various studies and apprehended comprehensively.

In 2003, He introduced 'the oceanic view of history' in national Congress of historical science and declared a necessity of interpreting Korean history from the oceanic perspective. He also suggested 'a historic view of ocean and land' which is to view the ocean and the land as one organic system. Since the time until 2011, he have presented academic accomplishments that supported and proved those suggestions including 'the ocean-land systen', 'a ocean city', 'a river-ocean city', 'the oceanic defense system'.

He had a question about 'motility' observed in history. He established stability, mobility, migratory, and mo-stability cultures. Those theories are comprehensively systemized based on modern physics, astrophysics, proxemics, biology, ethology, physiology and architecture. In the process, he established 'mother-civilization', 'east-asian civilization', and 'pan-asian theory' in order to understand our culture from the civilized perspectives.

Theories that such models are logically and ideologically based upon include 'history organicism theory', 'field & multi-core theory', and 'reflux system theory'.

'History is anthropology'
'History is praxeology'
'History is futurology'
'History is lifelogy'

He suggests a few points to Korean history academia.

First, It is to understand a reason of being, a role, a meaning, and a value of history. A historian is a recorder, an evaluator as well as a creator.

Second, it is to approach through various research methods. It is necessary to expand a research field and apply more themes and subject materials.

Third, intellectuals have an accountability to be free. It is a duty to develop 'own theories' with own thoughts and methods.

Forth, it is to understand an appropriate research method to study the ocean-related field. Theoretical approach regarding an essence and a system of the ocean needs to be a priory. It is to analyze and investigate mechanisms of the ocean scientifically and theoretically. There are oceanophysics, oceanography, Nautical Science, shipbuilding, geography, political science, urban geography, ocean folks, Fishery anthropology and other natural sciences.

The author have presented about 40 books, 10 co-authored works, and 140 dissertations. This does not include history related reviews, poems and essays. He primarily organized research accomplishments in this collection. In the future, he intends to focus on the study of human, idea, and the future. He looks for criticisms and advice from scholars.

序言

"历史是人类的发明,史学是发明的工具,史学家则是它们的创造者和不断修葺的匠人"。

笔者自跨入史学之门开始,便确定了独立的史观与史家范式。带着对现存韩国近代史学研究的强烈不满与批判意识,渴求以浑然独到的科学研究方法,开拓多彩斑斓的未知学术领域。基于上述端由,时获独得之见,别创有多样语汇、理论、概念;渐由此而设定范式,演绎逻辑,导入阐释。

自1985年始,为克服处处冠以"韩半岛"用词的半岛史观影响,竭力试图赋以"韩陆岛"之称,取而代之。1993年,别出机杼,独创"东亚地中海模式"理论,承望借穷极之思想,行文明之进路,向"东亚地中海文明论"方向平流缓进。

1995年始,又以高句丽历史为鉴,贯穿其统治方式与空间的互动,将"直接统治圈"、"间接统治圈"、"影响圈"三者严格区分,进而利用"空间"、"地域"、"人间"三维分析方式,提出了独立于既存的"地政学"(geo-politics)、"地经学"(geo-economics)等概念之外的"地文化学"(geo-culture)、"地心学"(geo-mentalogy)等概念。从自然环境等多重意味及角度加以论证,潜心冥会、融释贯通,具体地把握了史实。

2003年在韩国全国史学大会上,主张导入"海洋史观",宣告并阐述了立足于海洋,重新诠释韩国史的必要性,藉此提出将陆地与海洋有机结合的"海陆史观"。此后至2011年,续以多种方式逐步立证补完,相继出版了各类研究成果。

围绕针对解释东亚地中海空间与世界观的"海陆体系"学说,又形成了"海港都市"、"江海都市"等等都市理论,以及海洋防御体系理论,以多重论证范式构成了整体作业不可或缺的环节。

针对历史发展过程中呈现的"运动性问题",从运动的观点出发,在对文化与人类生活方式特征关系的论证之中,设定了"农耕定居性文化"(stability)、"游牧与狩猎流动性文化"(mobility)海洋流动性文化(liquidity)与回游性文化(migratory)以及对各种文化都有所并融的"动中静文化"的(mo-stability)概念。这些理论借助了新近发展的现代物理学、空间学、生物学、动物行动为学、生理学、建筑学等多重学科知识概念,贯穿融会,使浑然于一体。在此过程中,为了从东方文明角度贯穿把握,还添加了"母文明"、"东方文明圈"、"泛亚洲论"等理论观点。

由上述模型、理论等构成的学说和思想,为论证历史有机体系及其特征的"历史有机说"、论证历史构成与体系关系的"地域多核说"以及论证历史运动方式的"环流系统说"提供了必要的补充。

'史学乃人间之学'
'史学乃行动之学'
'史学乃未来之学'
'史学乃生命之学'

至此,笔者对韩国近代史学研究提出如下建议。

首先,必须对史学的存在理由、作用、真义、价值深入探索,加以根本性理解。史学家不应单一局限于"记录者"、"评价者"的范畴,同时应担负"行为者"的职责。

其次，史学研究方法应竭力接近多样。需广泛开拓研究领域，多方选择主题素材。在空间上力求突破半岛界限，实现向东亚，乃至泛亚洲领域的拓展。

第三，学者应以崇尚自由为己任。凭借自由的思考方式，励志竭精、独辟蹊径、自出机杼、成一家之风。

第四，对于海洋相关研究，需对针对方法，由表及里、谙练通达。为此，须优先对海洋空间本质、体系，予以深刻的理论性接近；对海洋文化之构成、机制，予以科学的理论性分析；以力求谨本详始、穷本溯源。

海洋研究，大千世界；琳琅珠玉、包罗万象。既兼收有：海洋物理、气候物理、航海学、造船术；人文地理、自然地理、气候地理、政治地理、都市地理；又并蓄及：与海洋史紧密相关的海洋民俗学、渔业人类学等多门自然科学。无所不包、无所不容、无所不及、无所不至。

笔者独撰书籍40余卷，另与他人合著书籍又10卷有余. 出版论文140余篇。外与历史相关的史评、书评、诗集、随笔等不涉其内。倾平生之所学，聚渊渟泽汇，萃为此编。以为将来，人间之问题、思想之问题、文明之问题、未来之问题，集中研究之所共用。

恭望同仁，不吝赐教。

东国大学教授 尹明喆 youn, myung-chul（东亚海洋史及高句丽史）

序文

　"歴史は人間の発明品であり、歴史学は発明の道具であり、歴史学者は創造者であり、また修理工でもある。"

　筆者は歴史を構想する決意をした時から、歴史観と歴史学者としての目指すべきモデルがあった。加えて韓国の近代歴史学に対する強い不満と批判意識があったゆえ、自然に他とは違う新しい研究方法を追求し、研究領域を多彩に開拓した。その結果、多様な理論と概念、用語などを作り上げ、モデルを設定し演繹的な解釈をする方法を導入した。

　1985年度に韓半島という用語と半島史観を克服する試みとして '韓陸島' という造語を作った。1993年には '東亜地中海モデル' を作り出した。この東亜地中海モデルは究極的には思想と文明の問題であり '東亜地中海文明論' として発展するものである。1995年には高句麗をモデルとする統治方式と空間を連動させ '直接統治圏'、'間接統治圏'、'影向圏' として分類した。人間が空間、もしくは地（土地）を利用する方式として既存の '地政学(geo-politics)' '地経学(geo-economics)'、他に '地文化学(geo-culture)' '地心学(geo-mentalogy)' などの概念を提案した。自然環境の意味を多様な分野の学問理論として説明し、具体的な実状を把握した。

　2003年には全国歴史学大会において '海洋史観' の導入を主張し、韓国歴史を海洋的観点で解釈する必要性を宣言した。これに続き海洋と陸地を一つの有機的なシステムとして捉えようとする '海陸史観' を提案した。その後、

2011年に至るまで多様な方式でこれをさらに補完し、理論と理論を立証する研究成果を発表した。'東亞地中海'という空間と世界観に対する解釈である'海陸的システム'、これを実現する'海港都市'、'江海都市'の都市理論、'海洋防御体制'などのモデルはこの研究の一環である。

またこれらとは別に、歴史に現れる'運動性'の問題がある。運動の観点で文化と人間の性格を論ずる農耕の安住性(stability)文化、遊牧と狩猟の移動性(mobility)文化、海洋の流動性(liquidity、及び回遊性〈migratory〉)文化、そしてこのような性格を集約した'動中静(mo-stability)文化'などを設定した。このような理論を近世再び現代物理学、天体物理学、空間学、生物学、動物行動学、生理学、建築学などそれぞれの各学問の理論を借り、精巧に体系化させている。この過程で韓国の文化を文明的な観点で把握するため'母文明'、'東方文明圏論'、'凡アジア論'などを設定した。

このようなモデルと理論の論理的、思考的基礎になるものは歴史が有機体的である体系と性格をもっているという'歴史有機体說'、歴史の構成と体系を論ずる'場と多核 (field&multi-core)理論'、歴史の運動方式を論じた'環流システム論'などであり、他にこれを補完する小理論である。

'歴史学は人間学だ'。

'歴史学は行動学だ'。

'歴史学は未来学だ'。

'歴史学は生命学だ'。

筆者は韓国近代歴史学会に数々の提言している。

一つ、歴史学の存在理由と役割、意味と価値を追求し、基本的な理解をするようにしなければならない。歴史学者は'記録者'であり'評価者'であるだけでなく、同時に'行為者(creater)'の役割も担っている。

二つ、歴史学の研究方法論は多様な接近方法が必要である。研究する領域を拡張させ、主題と素材を多様に選択する必要がある。空間的には半島を超え東アジア、更には汎アジアに拡張させる必要がある。

　三つ、知識人は自由な存在でいなくてはいけない。自由な思考と方式でもって可能な限り '自己理論' を啓発することが学者の任務である。

　四つ、海洋と関連する研究をしようとするならばそれに相応しい研究方法を理解しなければならない。海洋空間の本質と体系に関連した理論的接近が優先しなければならない。海洋文化のメカニズムを科学的に、なおかつ理論的に分析し糾明しなければならない。

　海洋物理や気候などの海洋学、航海学と造船術（工学ではなく）、人文地理、並びに自然地理、気候などを含んでいる地理学、政治学（海洋力と関連した）、都市地理学、そして海洋史と密接な学問として海洋民族、漁業陣路医学、その他、自然科学などがある。

　筆者は40余りの著書と10余りの共著と、その他に約140編程度の論文を発表してきた。もちろんここに歴史と関連した評論、詩、手記などは含めていない。筆者はこの選集を通して研究成果を一次的に整理した。これからは人間の問題、思想の問題、文明の問題、未来の問題などの主題を集中的に研究していく考えである。学者達の批判と助言をお願いしたい。

韓国東国大学教授 尹明喆 youn, myung-chul
(東アジア海洋史、並びに高句麗史)

차례

머리글 · 5

01 | 후백제 시기 전주의 국제도시적 성격 검토
－해양교통을 중심으로－

1. 서론 · 19
2. 후삼국의 해양적 성격과 수도의 선택 · 21
3. 전주의 해양적 성격 · 28
4. 전주 중심의 대외교류거점 · 33
5. 결론 · 45

02 | 강해(江海)도시 김포시의 역사성과 21세기적 가치 효용성

1. 서언 · 47
2. 김포의 자연환경과 역사환경 · 48
3. 김포를 둘러싼 역사적 상황들 · 51
4. 21세기적 가치 · 55
5. 맺음말 · 59

03 | 고구려 수도의 海陸的 성격 검토
－江海都市論을 중심으로－

1. 서론 · 61
2. 우리 역사터의 해륙적 성격 · 64
3. 국내성의 海陸的 성격 검토-河港도시 · 79

   4. 평양성의 해륙적성격 검토-江海도시 · 93
   5. 결론 · 103

04 | 경주의 海港都市的인 성격에 대한 검토
－신라시대를 중심으로－

   1. 서론 · 107
   2. 고대의 도시의 해양적 성격 · 109
   3. 신라의 해양적 역사상-경주의 해항도시적 성격 규명과 관련하여 · 125
   4. 경주 지역의 海港都市的 조건 검토 · 130
   4. 결론 · 155

05 | 서산의 海港都市的인 성격에 대한 검토
－백제시기를 중심으로－

   1. 서론 · 165
   2. 고대의 도시의 해양적 성격 · 167
   3. 서산지역의 해항도시적 환경과 구조 · 182
   4. 해항도시로서의 역할 검토-역사상을 통해서 · 194
   5. 결론 · 205

06 | 백제 수도 한성의 해양적 연관성 검토 1
-자연환경 및 역사상을 중심으로-

1. 들어가는 글 · 209
2. 우리역사에서 공간의 이해 · 211
3. 한성지역의 자연 및 역사적 환경 · 219
4. 한성백제의 발전과 해양 · 221
5. 맺음말 · 228

07 | 삼척지역의 海港도시적 성격과 金異斯夫 선단의 출항지 검토

1. 서론 · 231
2. 해항도시의 성격과 기능 · 232
3. 삼척지역의 해항도시(海港都市)적 성격 검토 · 239
4. 김이사부 선단의 출항지 검토 · 249
5. 결론 · 276

08 | 수원지역의 해양도시적 성격과 활동
-고대에 한정하여-

1. 들어가는 말 · 283
2. 수원지역의 해양 환경 검토 · 284
3. 수원지역의 역사상과 해양무역 · 295

4. 맺음말 · 308

09 | 한민족 歷史空間의 이해와 江海都市論 모델

1. 서론 · 311
2. 역사공간의 이해와 강의 성격 · 313
3. 우리 역사터의 강 · 321
4. 강해도시의 체계와 특성 · 338
5. 결론 · 352

10 | 蔚山의 海港都市的 성격과 國際港路
－신라와 관련하여－

1. 서론 · 359
2. 蔚山지역의 해양환경과 역사상 검토 · 361
3. 海港都市의 체계와 성격 · 382
4. 蔚山의 海港都市的 體系 검토 · 389
5. 울산의 국제항로 검토 · 397
6. 결론 · 408

01

후백제 시기 전주의 국제도시적 성격 검토*
—해양교통을 중심으로—

1. 서 론

    후백제는 통일신라 말기에 건국하여 고려 등과 대결하면서 30년 간 존속했던 나라이다. 후백제가 존재한 후삼국 시대는 통일신라라는 선행국가의 말기라는 부수적인 시대이고, 고려라는 신생국가의 탄생을 준비하는 과도기로 인식하고. 후백제는 전환기의 정치집단으로 인식하는 경향도 있어왔다. 하지만 후삼국시대는 선행시대와는 질적으로 다르고, 고려에 의해 통일된 그 이후시대와도 다른 특성을 지니고 있다. 특히 후백제는 결코 짧지 않은 기간 동안 정치 군사적인 면에서 탁월한 능력을 발휘하였고, 특히 외교적으로는 단기간 존재했던 과도국가로 보기에는 매우 적극적이고, 국제적인 외교활동을 했다.

    후삼국의 건국배경과 역사적 의미, 그리고 멸망 원인에 대하여 많은 연구들이 있었다. 특히 900년에 전주에 정도한 원인에 대하여 신호철(申虎澈)·정청주(鄭淸柱)·김수태(金壽泰)·김주성(金周成)·강봉룡(姜鳳龍) 등이 각각 다른 관점에서 많은 연구를 해

---

* 「후백제 시기 전주의 국제도시적 성격 검토」, 『후백제의 대외교류』, 전주역사박물관, 2002.

왔다. 필자는 2001년에 '후백제의 대외활동과 대외교류'라는 글을 발표하면서 해양이라는 관점에서 후백제 역사활동의 실체를 규명하였다.[1] 특히 대외관계를 실천하는 바탕인 해양력(海洋力)과 국제항로(國際港路)에 대하여 구체적으로 살펴보았다. 그러한 연구과정에서 수도인 전주가 단순한 내륙도시가 아니라 바다와 가깝게 연결되었으며, 그러한 수도의 위치와 역할이 후백제의 역사발전에 매우 중요한 의미를 지니고 있음을 언급하였다. 따라서 이번 발표에서는 수도였던 전주(全州)의 성격을 보다 구체적으로 규명하면서, 특히 해양활동 및 대외교통과의 관련성을 보다 구체적으로 살펴보고자 한다.

후삼국시대는 해양질서가 매우 중요했다. 우리 역사 상 내부에서 해양력을 토대로 국가간의 절박한 경쟁이 가장 활발하게 일어났던 시대이다. 정치력의 기본토대가 되는 군사력 경제력이란 측면에서 해양력은 비중이 컸고, 특히 대외교섭을 통해서 국제질서의 진입하고자 할 때 그 힘은 절대적이었다. 그리고 그러하다면 국가의 핵심인 수도의 정도 및 운영에도 반드시 해양적 성격이 작용했을 것이다. 필자는 다른 논문들을 통해서 신라 및 고려의 해양활동에 대하여 살펴본 바가 있다. 따라서 이번 글에서는 후백제의 해양활동을 이해하는 한 수단으로서 먼저 고려 및 신라수도의 해양적 성격도 아울러 살펴보고, 수도인 전주의 해양적 성격을 전주의 지형과 지리 등을 통해 구체적으로 분석할 예정이다. 특히 전주를 중심으로 대외교류의 통로가 어떻게 연결되는가를 살펴봄으로써 그 국제도시적 성격을 실증적으로 규명할 것이다.

---

[1] 김주성은 「930년대 후백제 정권 내부의 동향」,『후백제 견훤정권과 전주』, 주류성, 2001, pp.165~167. 견훤이 900년에 전주로 천도한 원인을 해상호족인 나주세력과의 적대적인 관계 때문이라고 하였다. 일찍부터 해양의 중요성을 간파한 견훤이 전주로 왔다면 나주를 비롯하여 거병한 서남해안세력 들이 가진 해양적 힘을 어느 정도 보완해줄 수 있는 지역을 택했을 것이다.

2. 후삼국의 해양적 성격과 수도의 선택

신라는 소위 하대(下代)에 들어서면서 총체적으로 난맥상을 드러내 가쁘게 숨을 내뿜어가면서 국가로서 연명해 나가고 있었다. 중앙정부는 행정력이 떨어지고, 지방에 대하여 통제력을 점점 상실해갔다. 거듭되는 실정으로 말미암아 민중들은 도탄에 빠져 불만을 나타내었고, 반란을 일으키기 시작하였다. 이렇게 휘몰아치는 상황 속에서 왕권 쟁탈전이 심각하게 벌어지고, 왕위는 잠시 머물다가는 자리로 전락했다. 그나마 그 경쟁에서 탈락되고 소외당한 세력들은 몇몇 지방을 중심으로 독립하려하였고, 이들 가운데에는 일부는 야심을 실현시켜 줄 조직을 갖추면서 집단을 이루고 호족이 되어갔다. 지방에서 자생적으로 태동한 순수한 호족세력들도 때를 만나 크게 성장하기 시작했다. 특히 해안지방에는 해양호족들이 성장하고 있었다.

신라는 이미 일찍부터 해양으로 침입하는 적을 방어하고, 외국과 교통을 하기에 수월한 곳에 진(鎭)을 설치하였다. 진은 해방체제(海防體制)와 해양진출(海洋進出)이라는 이중의 목적을 실현하려는 것 같았다. 그러나 사실은 내부에서 해상세력이 발호하는 것을 저지하고, 중앙권력이 지방으로 분산되는 것을 막으며, 아울러 곳곳에서 준동하는 해적들을 제거하려는 면에 더 다급했던 것 같다. 이미 하대에 접어들면서 곳곳에서 해양세력들이 출몰했다. 그들은 기본적으로 기질상 무정부적(無政府的)이고, 호족성(豪族性)을 띠고 있으므로, 중앙에서 통제하는 일이 불능한 경우가 많다. 이러한 우려 때문에 중앙의 왕족들은 서남해안의 중요한 요소에 파견되어 지방통치를 강화하였다.[2] 이들은 하나의 권(圈)을 이루고 강력한 군사력을 갖추고 있다. 평소에는 군소호족들로 나뉘어져 있지만 유기적인 관련을 맺고 있으며, 도움과 협조가 신속하게 이루어졌다.

---

2 徐榮敎,「9世紀 중반 新羅朝廷의 海上勢力 統制」,『慶州史學』13집, 경주사학회, 1994, pp.14~16.

때문에 유사시에는 공동의 적, 예를 들면 중앙정부에 대항해서 빠른 시간에 큰 세력을 형성할 수가 있다. 견훤(甄萱)은 바로 이러한 해상세력들을 규합하여 삽시간에 군사력을 증강시킨 것이다.

또한 신라에는 해적들이 있었다. 예를 들면 문성왕 3년에 일길손(一吉飡) 홍필(弘弼)은 모반을 꾀하다가 발각되자 해도로 도망하였는데, 이를 잡지 못하였다.[3] 또 『고려사』권1, 태조세가편에 나오는 압해현(壓海縣)의 능창(能昌)은 해도 출신으로 수전(水戰)을 잘하여 수달(水獺)이라고 불렸는데, 그는 해적이며, 그가 흡수한 갈초도(葛草島)의 소적들도 해적 집단임에 틀림없다. 신라의 해적들은 연안 곳곳에서 활동을 하였을 뿐 아니라 국제적으로도 매우 활발하게 활동하였다. 헌덕왕 3년인 811년에 신라의 배 20여 척이 대마도 근해에 출몰하였다. 813년에 오도열도의 좌하도(佐賀島)에 110명의 신라 해적들이 5척의 배에 110명의 나누어 타고 섬사람들과 전투를 벌였다. 869년에는 신라의 해적선 2척이 규슈 북부의 하카다를 습격하여 풍전국(豊前國)의 견면(絹綿)을 약탈하였다. 같은 해 7월에도 신라의 해적들에게 강탈당할 것을 몹시 두려워하는 기록이 있다. 870년에 역시 신라해적이 풍전국(豊前國)의 공물선에 실린 견면(絹綿)을 약탈하였다. 그리고 893년에는 비전국(肥前國)·비후국(肥後國)을, 894년에는 대마도를 봄과 가을에 걸쳐 두 번이나 습격하였다.

이러한 해적들의 왕성한 활동은 이전부터 있었을 것으로 추정되지만, 특히 장보고의 청해진이 혁파된 이후에 통제력을 상실하므로써 더욱 심해졌을 것이다. 이미 혈구진·당성진도 제 구실을 못하는 시대가 도래한 것이다.

이러한 상황 속에서 진성여왕시대에 이르면 해양세력들은 신라의 내부에서 어느 정도의 정치력을 갖춘 실력자로 변신하여 독자적으로 힘을 발휘하기 시작하였다. 소

---

3 『삼국사기』권11, 신라본기 문성왕 3년조.

위 해상호족들이다.

가장 대표적인 해상세력은 왕건가(王建家)이다. 왕건의 할아버지인 작제건(作帝建)의 아버지는 당나라의 귀인(당나라의 숙종이란 설도 있다.)이라는 설도 있다. 또 작제건(作帝建)은 주몽처럼 신궁인데 서해용왕의 딸과 결혼을 하였다. 모두 해상세력임을 알려준다. 그들의 아들인 용건(龍建)은 몽부인과 결혼하였으며, 그 아들이 바로 왕건이다. 고려의 건국신화와 왕건의 탄생설화는 단군신화나 해모수신화 등과 구조적으로도 일치한다. 그런데 모계가 굴이나 연못 대신에 바다와 관련있는 것이 특색이 있다. 하늘과 바다의 만남, 산신과 해신의 결합에서 탄생한 것이 왕건이다. 왕건의 집안은 작제건 대에 이르러 본격적으로 해상세력이 되었다. 소위 신라 하대는 호족들이 성장하여 중앙권력에 대항을 하였으며, 위협적이었다. 특히 해상호족들은 타고난 무정부성과 호족성을 갖고 있는데다가 경제적으로 매우 풍족했다. 막대한 이익을 가져다주는 바다의 물류체계를 장악했기 때문이다. 왕건집안은 해상세력이었으므로 궁예는 이들을 인정하고, 왕건의 아버지인 왕륭(王隆)에게 송악에 성을 쌓게 하였다. 그리고 약관 20세의 왕건에게 벼슬을 내렸다.

왕건이 세력의 기반으로 삼은 곳은 좁게는 강화만 일대, 넓게는 경기만 일대이다. 강화만은 김포·강화·풍덕 등 경기도의 서쪽지역과 배천·해주 등 황해도의 남부해안 일대가 마주치는 고요하고 넓은 수역이다. 연안항로를 이용하고자 할 때 반드시 거쳐가거나, 그 영향권을 통과해야만 하는 해륙과 수륙교통의 요지이다. 또한 남북으로 이어지는 환황해 연근해항로와 동서를 잇는 황해횡단항로가 만나는 십자로이다. 이곳에서 이미 오래전 부터 활동한 해상세력이 왕건가이다. 신라가 혈구진 장구진을 설치한 것은 이 해상세력과 직접 간접으로 관련이 있다.

왕건은 903년 3월 수군을 동원하여 서해를 내려가 나주지역을 점령하였고, 인근의 10여 군현을 빼앗았다. 909년에는 해군대장군이라는 직위로서 나주를 지켰다. 910년에 70여 척의 배에 2,000여명씩 싣고 후백제를 원정하기도 하였다. 또 후백제보다는 조금 늦었지만 통일 전부터 외국과도 교섭을 하였다. 건국한 후인 태조 천수(天授) 6년 (923)에 강남의 오월국에 사신을 보내었고, 오월국에서도 답례로 사신들을 보내왔다. 그 외에도 후량·후당·후진 등 화북정권의 나라들에게도 역시 사신을 자주 보냈다. 특히 후당에는 925년을 시작으로 928년 등 모두 8번이나 보냈다. 이는 모두 황해중부 횡단항로를 사용했으며, 고려의 해양능력이 뛰어났기 때문에 가능한 일이었다.

다른 강력한 해상세력은 견훤(甄萱)이다. 견훤은 중앙에서 파견하여 서남해의 방수(防戍)를 맡은 군인이었다. 진성왕 6년(892)에 반란을 일으켜 광주를 거쳐 전주로 천도하자마자 나주를 공격하고, 이어 견훤은 서남해안의 세력들과 힘을 합쳐 서남해안을 장악한 것이다. 견훤은 금성(羅州)을 공격하여 영산강 하구의 해상세력을 완전하게 장악하려 했으나 실패했다. 932년 9월에 수군을 파견하여 고려의 인후이며 왕건의 근거지인 예성강구의 염주(연안)·백주(배천)·정주(풍덕)의 배 1백척을 불사르고, 저산도에서 말 3백필을 빼앗았다. 10월에는 다시 해장군인 상애(尙哀)를 보내 대우도(大牛島)를 공격하였다. 후백제의 수군이 매우 강력했음을 반증하고 있다.

견훤은 일찍부터 해양능력을 외교정책에도 적절하게 활용하였다. 5대 10국 시대에 후삼국은 이들 나라들과 관계를 맺었다. 견훤은 진성여왕 10년인 896년에 오월국에 사신을 보낸 것으로 보인다. 『삼국사기』에는 절강성의 항주만 안 쪽에 있었던 오월국과는 900년에 처음으로 교섭을 하였다고 되어있다. 909년에도 오월에 사신을 파견하였으나 후고구려의 수군에게 광주의 염해현 부근에서 나포되었다. 918과 927년에는 연이어 오월국과 교섭을 하였다. 925년에 후백제가 북부에 있었던 후당과 교섭을 한 것이 이를 증명한다. 멸망하기 직전인 936년에도 사신을 보냈다. 927년에는 거란에게 가다가 바다에서 모두 죽는 일도 있었다. 후백제는 일본과도 교섭을 시도하여 922년과 929년 등 두 번이나 사신을 보냈다. 후백제가 활발하게 해양외교를 펼친 목적은 경제적으로 이익과 국제적으로 연대하여 삼국경쟁에서 자국의 위상을 높이려는 의도가 강했다.

그 외에 군소세력들도 많이 있었다. 견훤(甄萱)의 사위였던 박영규(朴英規)는 순천 지역에 근거를 둔 대표적인 남해안 해상세력이다. 나주 오씨(羅州 吳氏)는 나주의 영산강 하구에 기반을 둔 대표적인 세력이다.[4] 결국은 재당신라인들과 깊은 관계가 있을지 모르는 그들은 교역을 기반으로 성장한 해상세력임에 틀림이 없다. 영암 최씨(靈巖 崔氏)는 서해바다와 영산강과 인접해있고, 덕진포(德眞浦)라는 항구를 가진 대당교통의 중심지인 영암(靈巖)을 기반으로 성장한 육두품 출신의 낙향한 가문으로 여겨진다.[5] 그 외에 경기만 정주의 유씨(柳氏 : 柳天弓長者)를 비롯하여, 중부인 아산만에 기반을 둔 혜성군(槥城郡 : 당진)의 박술희(朴述熙)와 복지겸(卜智謙) 등 왕건을 도운 서해안의 해상세력들이 많았다.

한편 남해안에는 왕봉규(王逢規)가 해류교통의 요지인 강주(康州 : 현재의 진주로 추정됨)를 거점으로 강력한 해상능력을 보유하고 있었던 듯 하며, 나름대로 절도사라는 독특한 직위를 갖고 독자적으로 중원에 있었던 후당(後唐)과 대외교섭을 맺었다. 동해안에도 해상세력들이 있었다. 경주의 외항인 울산은 당나라의 양주나 명주와 이어지는 국제항구였다고 한다. 이곳에는 헌강왕 대에 호족세력이 있었다는 견해도 있다.[6] 이처럼 신라하대는 해양호족들이 대거 등장하고, 신라사회의 해체와 새로운 통일국가를 놓고 이들 간에 해군력을 동원한 전쟁이 벌어졌다. 특히 견훤과 왕건 간에는 몇 차례의 대규모 수전이 있었고, 그것이 세력판도의 변화시키는 결정적인 계기가 되기도 하였다. 이러한 시대적인 상황 속에서 각국은 수도를 정하고, 운영하는데도 반드시 해양과의 관련성을 염두에 두었을 것은 필지의 사실이다.

한 국가에 있어서 수도란 특별한 의미를 지니고 있다. 수도(首都)는 통치의 중심지

---

4 姜喜雄,「高麗 惠宗朝 王位繼承亂의 新解釋」,『韓國學報』7, 1977, p.69
5 鄭淸柱, 앞의 책, pp.158~159.
6 李佑成,「三國遺事 所在 處容說話의 一分析」,『金載元博士 回甲論叢』, 1969, pp.89~127.

이며 정치권력의 집중지이므로 수도가 한 나라의 정치 군사 문화 등 모든 분야에 끼치는 영향은 실로 지대하다. 따라서 수도의 선택에는 국가의 운명이 달려 있을 수 있다. 그러므로 수도(首都)의 평가와 선택에는 수도의 기능과 역할에 대한 이해를 기본토대로 해야한다. 수도의 기능은 첫번째로 정치(政治)·외교(外交)의 중심지(中心地)이어야 한다.[7] 정부의 각 기관으로부터 전국 도처에 명령이 전달되고, 그 조치결과가 집결되어야 하며, 교통(交通)·통신망(通信網)이 방사(放射)되고 외국으로부터 정보가 입수되어야 한다. 그러기 위해서는 가능한 한 지리적으로 중앙에 위치하여야 하고 중앙적 수도(中央的 首都, central capital), 교통의 이점이 최대한 있는 곳이어야 한다. 중앙적 수도는 중앙과 주변지역 간에 가장 짧은 거리를 유지함으로써 가장 광대한 영토를 통치할 수가 있다. 따라서 중앙집권화된 수도로서 적당하다.[8] 고대의 수도는 단순한 정치의 중심지만이 아니라 경제(經濟)의 중심지(中心地) 역할을 해야한다. 지배계급은 새로운 물적토대를 확보하기 위하여 농업 생산력 및 경제적 생산기반이 양호한 곳으로 그 기반을 이동할 필요가 있었다. 수도는 문화(文化)의 집결지(集結地)와 개화지(開化地)의 기능을 해야한다. 특히 고대에는 문화의 담당자들이 수도에 집중되어 있고, 지방에 대해서는 문화의 보급지(普及地) 역할을 해야 한다. 따라서 외국에서 문화를 수입할 필요가 있는 경우에 수도는 외국과 직접 교통하기에 편한 위치에 있어야 한다. 수도는 또한 국방상(國防上)의 요충지, 즉 방어에 적합한 지형을 택해야 한다. 국가가 전시체제(戰時體制)나 군사동원체제(軍事動員體制)를 유지할 경우, 그리고 국가 간의 경쟁이 군사력을 통해서 이루어진다면 군사도시(軍事都市)로서의 성격이 강해진다. 그러나 평화시에는

---

[7] 수도는 中核地가 된다. 한 장소가 中核地가 되려면 많은 인구와 풍부한 자원, 집중된 정치권력, 교통상의 結節點(nodal point) 및 비농민을 부양할 수 있는 토지 등을 갖추어야 한다. 中核地의 개념에 대해서는 任德淳, 『政治地理學原論』, 일지사, 1988, p.249 참조.
[8] 任德淳, 위의 책, p.251, p.253 참조.

경제(經濟)나 문화(文化)의 중심지(中心地)이어야 하고, 내부의 안정과 중앙집권체제를 확립하기 위해서는 정치도시(政治都市)로서의 성격을 가지고 있어야 한다. 한국사의 경우에는 지정학적인 특성상 수도 내지 대도시들은 해양 및 강과 연결되어야 한다.

후삼국 시대에 삼국의 수도를 해양적 혹은 국제도시적인 성격에서 검토해 보고자 한다.

신라의 수도인 금성(金城 : 경주)는 분지에 고립된 산간도시로 이해하고 있고, 아울러 신라의 성격을 해양진출에 소극적인 것으로 파악하고 있다. 또한 신라가 통일 후에 수도를 옮기지 않은 배경으로 경주지역의 토착세력의 반대와 보수성으로 이해하는 경향이 있다. 그러나 경주는 약 20여km 동쪽으로 가면 동해와 만나는 일종의 해항(海港)도시였다. 문무왕의 수중릉이 있는 감포(甘浦), 눌지왕(訥祗王) 때에 박제상이 출발한 울산(蔚浦), 아달라왕 때 연오랑과 세오녀가 출발한 포항의 영일만 지역의 항구들을 외항으로 삼고 있었다. 바다와의 근접성은 고구려의 수도였던 국내성, 평양성, 그리고 백제의 한성·웅진·사비성보다 더 높았다. 오히려 너무 가깝기 때문에 건국 이래로 왜를 비롯한 주변 지역의 침입을 받았던 경향마저 있었다.

박혁거세 때에 호공(瓠公)이란 사람이 왜국에서 표주박을 차고 바다를 건너와 귀화하였고, 후에는 재상이 되었다. 4대왕이 된 석탈해(昔脫解)는 삼국유사에 따르면 용성국(龍城國)에서 왔다 하였고, 삼국사기에는 왜의 동북쪽 천여리에 있는 다파나국(多婆那國)이라고 하였다. 항해자임을 알리고 있다. 왜인들은 박혁거세 때인 신라의 초기부터 침입을 하였고, 2대인 남해왕 때에는 병선 100여 척에 타고 해안을 침범하였다. 그 후에도 때때로 대규모로 침입하여 수도를 위협하기도 하였다. 반면에 연오랑 세오녀 설화에서 보이듯 일본열도로 진출하기도 하였다. 통일신라시대에 이루어진 활발한 대외교류는 경주의 국제도시적 조건과 성격을 반영하고 있다.

고려의 수도였던 개경도 해항도시적 성격을 지니고 있었다. 경주와 마찬가지로 분지이지만 예성강과 임진강이 연결되고 있다. 개경 앞에 있는 **벽란도(碧瀾渡)**는 개경과 황해를 이어주는 내륙하안 항구로서 수출입이 이루어지고, 사행선들이 도착하고 출발하는 국제항구였다. 예성강을 타고 내려오면 현재 강화도와 교동도 사이의 호수같은 바다입구가 나타난다. 남으로 내려와 정주(貞州)의 승천포(昇天浦)를 통해서도 강화만으로 빠져나갈 수 있다.

교동도와 강화북부, 건너편의 황해도 연백군 일대의 해안만을 장악할 경우에는 한강 예성강 황강 등의 하계망을 이용해서 한성, 김포, 파주, 고양, 부천, 황해도의 연백군 일대와 개경지역까지 들어갈 수 있다. 이른바 해륙교통의 결절점이다. 따라서 수도권의 물류체계를 장악할 수 있다. 그런데 강화도는 국외적으로 해양활동을 하는데, 즉 대외항로를 사용하는데도 절대적인 역할을 하였다. 왕건가는 바로 이곳에서 성장한 세력이었기에 자연스럽게 수도를 개경으로 선택한 것이다. 즉 개경은 서해중부의 해상권과 내륙 지배권을 염두에 두고 선택된 도시였다.

3. 전주의 해양적 성격

그렇다면 후백제의 수도였던 전주는 해양과 어떤 관련이 있을까? 전주로 도읍을 정한 배경에 대하여 몇 가지 견해들이 있다.[9] 영토의 확장이라는 측면, 나주세력의 적대적인 태도를 강조하는 측면,[10] 전주지역에 반신라감정이 널리 유포되었기 때문에 백제의 부흥을 표방한 견훤에게 전주가 무척 중요했다는 주장도 있다. 또한 전주의 군

---

9 김주성, 「후백제 견훤과 전주」, 『전주의 역사와 문화』, 전북전통문화연구소, 신아출판사, 2000에 정리되어 있다. pp.47~55.
10 申虎澈, 『後百濟 甄萱政權의 硏究』, 일조각, 1993, pp.49~51.

사적인 기반을 염두에 두고 견훤이 수도로 삼았다는 견해도 제시되고 있다.[11]

견훤은 왕건 등 원래의 자기 기반을 지니고 있었던 토착 호족이 아니라 신라의 중앙군으로서 파견되었다가 거병을 하였으며, 군제,[12] 관직, 관등체제를 그대로 답습하는 등[13] 신라의 국가체제를 경험하고 이해할 정도의 능력을 지녔으므로 수도를 정하다는 것은 반드시 국가발전전략을 염두에 두고 계획적이고 체계적으로 추진된 사업이었을 것이다. 이러한 견훤은 국제관계와 해양의 중요성이 강조되는 시대상황 속에서 왜 전주로 도읍을 하였을까?[14] 그가 세력기반을 다지고 거병한 지역은 해양과 깊은 관련이 있다. 신호철(申虎澈)은 견훤이 파견된 곳은 대중국무역의 통로였던 서남해상의 요충지였을 것으로 생각한다면서 그 중의 하나로서 장보고의 청해진(淸海鎭)일대가 아닌가 여기고 있다.[15] 견훤은 출신지와 관련 없이 해상세력으로 후백제를 건국한 것이다.

그는 892년 무진주(武鎭州)를 습격한 후 성공하여 왕을 칭하면서도 자서(自署)하면서, '新羅西面都統指揮兵馬制置持節都督全武公等州軍事行全州刺史兼御史中丞上株國漢南郡開國公食邑二千戶'[16]라고 하였다. 전주에 도읍을 정하기 이전부터 특별한 의미를 두었음을 알 수 있다. 견훤은 국제관계에 대하여 깊은 관심을 지니고 있었으며 그 당시 중국지역도 또한 국가나 종족적으로 대개편이 진행되는 시대였다. 이른바 5대 10국 시대가 연출되고 있었다. 그는 자신의 권위와 관련하여 칭호를 사용하는 등 다른 세력들보다 한층 더 명분과 형식을 소중하게 여겼다. 예를 들면 '新羅西面都統指揮兵馬制置

---

11 김수태, 「전주천도기 견훤정권의 변화」, 『후백제 견훤정권과 전주』, 전북전통문화연구소 1회 학술회의, 2000, pp.12~13.
12 申虎澈, 앞의 책, p.55.
13 김주성, 앞 논문, p.224.
14 물론 益山 도읍설도 있다. 신호철은 「견훤관계 異說의 검토」에서 익산설에 대해서도 소개를 하고 있다.
15 申虎澈, 앞의 책, p.28.
16 『삼국사기』 권50, 甄萱傳.

持節都督全武公等州軍事行全州刺史兼御史中丞上柱國 漢南郡開國公食邑二千戶'[17]라고 하였다. 이러한 견훤의 입장에서 국내에서의 위상을 강화시키기 위해서는 국제질서의 변화를 인식하고, 다양하고 정확한 정보를 획득해야 한다. 그는 외교관계를 통해서 후당에게서 925년에 檢校大尉兼侍中判百濟軍事를 제수받았다. 또 持節都督全武公等州軍事 行全州刺史海東四面都統指揮兵馬制置等事百濟王食邑二千五百戶를 책봉 받았다. 900년과 918년에는 오월(吳越)로부터 검교대보(檢校大保)와 중대부(中大夫)를 가수(加授)받고, 다른 직(職)은 전과 같이 하였다.[18] 따라서 고려도 마찬가지였지만, 후백제에게 대외교류가 매우 소중했고, 이를 추진하고 성공시키는 것은 전적으로 해양능력과 관련이 있었다. 특히 통항로인 항로를 확보라는 일은 매우 중요했다.

이러한 시대적인 상황 속에서 전주를 수도로 삼은 배경에 대하여 해양활동이라는 측면에서 다시 한번 살펴보고자 한다.

먼저 지형을 살펴볼 필요가 있다. 도성 근처에서 청동기시대 주거지를 비롯하여 평화동 고분군, 여의동(如意洞) 유적, 덕진동 고분 등 백제계의 고분들도 발견되고 있는 만큼 이미 삼국시대에도 중요한 역할을 하였다.[19] 그런데 최근에 전주의 옛 지형에 대한 관심과 아울러 후백제의 수도로서 수륙교통이 매우 발달했다는 주장들이 나오고 있다.

현재의 지형을 보면 전주 시내는 큰 물이 흐르고 있지 않을 뿐만 아니라 만경강과 연결되지 않으며, 더더욱 강상수운(江上水運)의 흔적은 남아있지 않다. 필자는 작년에 원고를 작성하면서 전주의 고지형을 추적한 결과 현재와는 전혀 다른 모습이었음을

---

17 『삼국사기』권50, 甄萱傳.
18 鄭淸柱, 앞의 글, pp.222~223.
19 郭長根, 「全州市 德津洞 百濟古墳 調査報告」, 『전북사학』13집, 전북대학교 사학회, 1990.

알 수 있었고, 특히 전주를 흘렀던 강물이 만경강과 만나 황해로 흘러 들어갔으며, 전주는 바다와 직접 강상수운으로 연결되므로써 해륙(海陸)교통과 수륙(水陸)교통의 합류점인 도시였다고 발표하였다. 즉 만경강과 금강 그리고 동진강이 만나 하나를 이룬 거대한 전북해안 만에서 만경강을 타고 거슬러 오다가 삼례 근처의 한천(漢川)를 지나 방향을 틀어 감수(甘水)를 거쳐 추천(楸川)를 따라 오면 전주에 들어선다. 이 지역은 저지대로서 추천부근의 옛 지명도 고사평(古沙坪)이었을 정도였다. 덕진(德津)은 배가 닿는 곳이었다. 필자가 다시 지도를 관찰하고, 다른 연구자들의 글을 검토하고, 전주시내를 답사한 결과 물길이 깊숙하게 흘렀다는 사실을 알 수 있었다.

『완산지(完山誌)』에 기술된 「향리기언(鄕里紀言)」에는 전주성의 모습을 언급하면서 수로문제를 다루고 있다. 즉, 남대천은 옛날에는 오목대(梧木臺)를 따라서 흘러 내려가고, 물길은 지금도 여염(閭閻) 집 가운데 땅을 깊게 몇 척 파내려 가면 금방 다 모래와 자갈이 나타난다. 라고 되어 있다. 그렇다면 전주천의 물길은 오목대 아래 즉 시내 한가운데를 흐르고 있었다는 것이 된다. 오목대 서남변에는 지금도 넓은 함도가 있는데, 이는 배를 메고 성안으로 올라왔던 자국이라고 한다.[20] 현재도 배맨자리라는 지명이 남아 있는데, 배를 메고 사람들이 넘어 다녔다는 함도가 승암산까지 이어졌다고 한다. 그러니까 모래내(건산천)와 전주천이 만나고 다시 삼천천을 만나는데 이곳이 외수구를 이루고 있는 곳이며 추천대이다. 추천대에서 전주권을 벗어나 앞에서 언급한 대로 한천을 거쳐 만경과 만난다. 2002년 4월에 송화섭 박사의 안내로 모래내 시장 등을 답사하고, 전주 시내에 강상수운이 발달했었다는 견해를 굳혔다. 특히 한국방송공사 건물 안에 있는 거북바위를 주목하였다. 그 지역은 현재 금암동으로 부르고 있는데, 개명 전에는 검암동(劍巖洞)이라고 했다. 금암은 감바위·검바위·검단 등과 유사한 의미를

---

20 전영래, 「후백제와 전주」, 『후백제 견훤정권과 전주』, 전북전통문화연구소, 주류성 2001, p.20.

지닌 낱말로서 알타이어의 신이라는 뜻의 고어 '감' 과 직접 관련이 있다.

거북바위에 대한 관심이 높아지면서 크기, 배치 방향, 돌들의 상태를 고려할 때 인공의 흔적이 다분하다고 한다. 즉 사람의 손길이 닿은 것으로 보고 있다. 이를 후백제가 도읍을 정할 때 사신관념을 중요시하여 계획적으로 조성하였으며, 비보풍수의 관념을 적용하여 수구에 해당하는 곳에 세워진 것이 거북바위라는 주장들 나오고 있다.[21] 그러나 필자는 거북바위는 그러한 관념적인 측면과는 별도로 실재적으로 기능을 하였다고 판단하고 있다. 일종의 해양 관련, 물길 관련 제사를 지내는 장소로 판단하고 있다. 이러한 지명은 한강수계를 비롯하여 수계의 중요한 지점, 해안의 물목, 입출항지, 혹은 내륙에서도 신성한 장소를 의미하는 공간으로서 나타나고 있다. 만약 거북바위가 후백제 당시에도 이러한 모습으로 존재했었다면 수도인 전주에서 출발하여 강남의 오월국(吳越國)이나 산동의 후당(後唐) 등 국제외교를 할 경우거나, 중요한 전쟁을 치루기 위하여 출항하는 선박들은 전주 내부를 관통하고 배들이 오고가는 물길을 바라보며 항해의 무사기원을 기원했던 제의장소(祭儀場所)였을 가능성이 매우 높다.[22]

이처럼 전주는 약간 내륙에 있으나 주변에 동진강·만경강·금강 같은 큰 강들이 서해로 흘러 들어가고 있으므로 해양문화와는 여러모로 밀접한 지역이다. 18세기 그려진 『고지도첩』 전라도편을 보면 전주가 만경강을 통해서 바다와 연결되었음을 굵은 선으로 표시하고 있다. 바다로 진출하고, 해상세력들을 관리하고, 방어상으로도 유리

---

21 김두규, 「후백제 전주의 풍수적 특성」, 『후백제 전주와 거북바위』, 우석대학교 박물관, 2002, p.28.
22 최근에 거북바위에 대한 관심이 높아지면서 『후백제 전주와 거북바위』, 학술발표회(2002, 5)가 있었다. 그 회의에서 발표된 글은 다음과 같다.
  조법종, 「후백제 전주의 도시구성과 특성」.
  김두규, 「후백제 전주의 풍수적 특성」.
  송기윤, 「해양국가로의 꿈, 백제의 상징은 거북이었다」.
  조규성, 「전주시 금암동에 위치한 거북바위에 대한 지질학적 고찰」.
  권오달, 「거북바위 조성과 석가공적 특징」.

하며, 육로교통에도 유리하였다. 이러한 하계망(河系網)은 주변지역간의 교통과 교류를 활발하게 하므로 하나의 문화권으로 통일될 가능성이 매우 높다. 전주는 역사적으로 2개의 문화권, 즉 충청도와 전라도가 만나는 지역의 중심부에 있었다. 만경강을 사이에 두고 현재의 익산, 군산과는 매우 가깝게 만나고 있다.

전주는 주변에 부안(扶安)·김제(金堤)·익산(益山)·군산(群山) 등의 거점지역을 지녀 교통에 유리한 입지조건이므로 상업적(商業的), 정치적으로 성장의 가능성이 높은 지역이다. 또한 현재의 금만평야 등 평야가 발달하여 농경에 매우 유리한 환경이다. 전주는 이처럼 해양활동이나 군사적 경제적으로도 유리한 위치에 있으므로 일찍부터 정치세력들의 관심대상이 되었으며, 북진(北進)하는 세력과 남진(南進)하는 세력간에 교섭과 충돌이 빚어지는 곳이었다. 견훤이 전주를 수도로 정하고 거점지역으로 삼은 것은 이러한 현실적인 측면도 고려하였을 것이다.

4. 전주 중심의 대외교류거점

전주의 자연환경을 통해서 국제도시로서의 기본 토대를 갖추고 있었으며, 해양과 관련있을 가능성을 살펴보았다. 그렇다면 전주는 어떠한 지역과 통로를 통해서 대외적으로 교류를 하였으며 해양력을 강화시킬 수 있었을까? 지리적으로는 전주를 둘러싸고, 전주와 연결되며, 역사적으로도 후백제와 관련이 깊은 몇개의 지역을 선정하여 그 구체적인 실상을 살펴보고자 한다.

1) 만경강 및 금강하구지역

　전주에 도읍한 후백제에서 가장 활용도가 높고, 안정성이 높은 지역은 역시 만경강 하구 및 금강하구가 있는 전북 북부해안지역이다. 이 지역에는 몇 개의 강이 있다. 금강 하구유역은 과거에는 현재의 지형과 매우 달랐다.[23] 하구에서 만경강(萬頃江)이 합세하고 있으며, 현재의 군산지역은 상당한 부분이 바다였을 것으로 추정된다.[24] 『대동여지도(大東輿地圖)』를 보아도 현재의 지형과는 매우 달랐으며, 하구가 내륙 깊숙하게 들어왔음을 알 수 있다. 특히 근대적인 방식으로 측도한 지도에 따를 경우에 현재 군산지역의 내부는 거대한 뻘이나 강물로서 분리되어 있을 가능성이 매우 높다. 그렇다면 그 지역은 만과 포구가 발달하고, 강력한 해상세력이 있었을 가능성이 매우 높다.

　북쪽에 있는 군산 역시 동일한 기능을 하였을 것으로 판단된다. 서긍(徐兢)이 쓴 『선화봉사고려도경(宣和奉使高麗圖經)』에는 개경으로 가는 항해 도중에 군산도에 머무른 기록이 있다. 이 섬은 현재 선유도인데, 평균 지형이 150m이다. 따라서 시인거리는 30.96해리이다. 배를 감출만한 곳이 있어 조운(漕運)하는 자들이 여기서 순풍을 기다렸다고 한다는 기록도 있고, 이 섬 안에 王陵과 같은 큰 묘가 있었다는 기록도 있어[25] 강력한 정치세력이 있었음을 추정하게 한다. 비교적 고대의 지형을 보존하고 있었던 조선말기에 측도한 지도[26]를 보고, 현장을 조사해보면 금강하구가 만경강과 동진강 등이 모여 커다란 만을 이루고 있음을 알 수 있다. 특히 군산은 현재처럼 육지에 붙은 반도가 아니라 하나의 섬이었을 가능성이 매우 높다. 필자와 함께 이 지역을 조사했던

23　1898년에 측도하고, 1911년에 발행한 지도 참고.
24　이 부분에 대한 지리지질적 조사와 유적은 김중규, 『잊혀진 百濟, 사라진 江』 신아출판사, 1998, pp.74~80.
25　『新增東國輿地勝覽』卷34, 萬頃縣.
26　일본이 1898년 측도하여 1911년 발행한 지도.

김중규가 근래에 『군산이야기』를 출판했고, 그 책 p.28 등에는 이러한 견해를 기술하고 있다.

한편 전주와 직접 관련이 깊은 강은 만경강이다. 하구에서 강을 거슬러 올라가면 익산이 나오고, 그 지역은 과거부터 중요한 정치세력이 있어왔다. 실제로 만경강 하구가 대외교역의 장소로서 사용되었을 가능성은 임피가 만경강 하구부근에 있었던 것으로도 확인된다. 이곳은 고대에는 영산강 하구에 못지 않게 커다란 만이 있었으며, 거대한 해양세력들이 존재했을 가능성이 있었다고 생각된다. 고조선의 말왕인 준왕(準王)이 남천하여 정착한 곳도 이 지역이고, 마한의 소국들도 이 지역에 있었다.

그런데 해안 가까이 위치한 도시는 기본적으로 몇 가지 경제상의 이점을 가지고 있다. 해안도시(海岸都市)는 반드시 해안가에 위치해 있으며,[27] 대부분 강과 연결된다. 따라서 강의 수로(水路)를 통한 내륙지방(內陸地方)과의 연결이 원활하므로 내륙지방에서 생산한 물품을 쉽게 운반하여 바다를 통한 교역에 활용할 수가 있다. 반면에 바다를 통해서 들어온 물품들은 수로(水路)를 거슬러 올라가 내륙으로의 효과적인 공급이 가능했다. 다시 말해서 공급지와 수요지, 그리고 집결지를 연결시켜 주기에 적합한 곳이 바로 해안도시이다. 특히 외국과 교역을 할 경우 바다를 통한 팽창과 무역상의 이익을 얻을 수가 있다.[28] 후백제시대에도 전주의 외항 역할을 한 도시가 반드시 있었을 것이다. 후백제가 국가의 사신선들을 오월(吳越)·후당(後唐)·거란(契丹) 등에 계속해서 사신선을 파견했고, 심지어는 918년에는 오월국에 말을 보내기도 하였다. 또한 숱한 대규모의 해전을 벌였다. 이 때 주로 사용한 국가항구는 이 해역에 있었을 것이다.

---

27 金相昊, 『地理學槪論』, 일조각, 1991, pp.495~496 참조.
28 衛滿朝鮮이나 三韓 78개국의 일부는 그러한 성격을 가지고 있었을 것으로 여겨진다. 일본의 奴國 末盧國 伊都國 등은 그러한 海港國家였을 것이다.(江上波夫, 「古代日本の對外關係」, 『古代日本の國際化』, 朝日新聞社 1990, p.72 참조. 武光 誠, 『大和朝廷は古代の水軍がつくった』, JICC, 1992, pp.32~36참조). 필자는 '나루국가'라는 용어를 사용하고자 한다.

2) 동진강하구지역

두 번째로 주목 할 곳은 동진강하구이다. 이곳은 포구들이 많았으며, 해창 포구는 동진강과 만경강이 만나는 지역으로 서해바다와 직접 연결되는 지역이다. 구전에 따르면 이곳은 옛날부터 일본과 당나라에 이르는 교역항로의 중간에 있어 반드시 이곳을 통과해야 했다고 한다.[29] 전주의 서쪽에 있는 김제는 특히 후백제의 해양활동과 관련하여 매우 중요한 의미가 있다. 북으로는 만경강이 흐르고, 남으로는 동진강이 흐르고 있고, 앞은 바다로[30] 비교적 빠른 시간에 바다와 연결될 수 있었다. 또 현재의 지형과는 다르지만 금강하구의 군산, 김제의 서쪽 육지, 변산반도의 북쪽은 바다였다. 그렇다면 거대한 만이 있었던 것이 되며 김제는 만 내부의 돌기처럼 솟은 작은 반도가 된다. 당연히 양쪽으로 수로(水路)가 형성되며, 일종의 외항도시(外港都市)가 형성될 수 있는 구조였다.

김제에는 삼한시대에 벽비리국(辟卑離國)이 있었으며, 백제 때에 벽골군(碧骨郡)으로 되었다. 전주의 생산배후지역으로서 후백제의 경제적 기반을 강화하는데 매우 중요했을 것이다. 그리고 이곳은 바로 해상세력인 장보고(張保皐)가 몰락하고 청해진이 혁파된 이후에 그 주민들이 강제로 끌려온 곳이다. 이들은 바다와 가까운 지역에 거주하였으므로 생활상의 필요에 의해서도 해양활동능력을 어느 정도는 유지했을 것이다. 전주에 도읍을 정한 이후에 이들이 후백제의 해양세력의 근간을 이루었을 가능성은 매우 많다. 이들은 신라 중앙정부에 대한 감정이 어느 지역보다도 강했었으므로 옛 백제에 대한 정서를 활용한 견훤에게는 매우 유리한 곳이었다.

---

29 『청해진 이주민의 벽골군 정착과정 및 김제시 개발 기본계획』, 군산대학교지역개발연구소, 2000, pp.17~18.
30 김제지역의 고대지도는『벽골의 문화유산』, 김제문화원, 2000 참고.

동진강 하구지역이 더욱 중요성을 지니게 된 이유는 이 지역이 변산반도와 바로 연결되기 때문이다. 남쪽에서 영산강 하구해역 등 다도해지역을 통과하여 북상한 선박들이 처음 부딪히는 곳은 서쪽으로 돌출한 변산반도(邊山半島)와 그 북의 군산서부해역이다. 연근해항로 상에서 중요한 위치에 있었다. 그러나 이 지역은 국제항로상의 중간 거점으로서도 중요했다. 서남해안은 중국지역의 산동남부(山東南部)와 절강성(浙江省), 그리고 일본열도가 만나는 일종의 삼각점(三角点)으로서 동아시아 전체를 연결시키는 해양교통의 중요한 교차점(交叉點)이다. 그러므로 서긍의 책에서 나타나듯이 양자강 유역에서 출발하여(寧波부근의 해양) 황해를 사단해 온 선박들도 이곳을 목표로 항해하거나 도착하였다.

항해에 있어서 가장 중요한 것은 안전한 물길의 발견과 수로(水路)의 선택이다. 해남에서 목포에 이르는 지역은 다도해이므로 외부세력이 수로를 찾아 항해한다는 것은 무리이다. 또 복잡한 연안지역에서 성장한 해상토호세력의 방해를 피해야 한다. 따라서 해양중계지, 혹은 경유항로의 역할에는 부적합하므로 전북해안지역의 역할은 상대적으로 비중이 높아진다. 변산반도 앞에는 상왕등도(上旺登島), 하왕등도(下旺登島), 위도(蝟島), 계화도(界火島) 등의 조그만 섬들이 있고 북쪽에도 고군산도(古群山島) 등 몇 개의 조그만 섬들이 있다. 하지만 이 섬들은 항해를 방해 할 정도로 많거나 물길을 복잡하게 만들지는 않는다. 위도의 망월봉(望月峯)은 해발 255m이므로 항해민들에게 위치를 확인하거나 항로를 설정하는 지형지물의 구실도 했다. 때로는 폭풍이나 불의의 사고를 당했을 때 피항지(避港地)가 되기도 하고, 식량과 물 등 의 공급처 구실도 하였을 것이다.

서해안 남쪽의 목포일대의 섬군(群)을 통과하고 난 다음에 연안을 따라 북상을 하다 처음으로 걸리는 곳이 변산반도 혹은 군산 앞바다의 고군산(古群山) 군도이다. 이 고군산 군도를 포함하는 금강하류연안을 통과하지 않으면 북상을 할 수 없는 것이다. 따라서 일차적으로 통제하는 전위 활동집단이 고군산군도(古群山群島)지역이나, 그 못미

처 변산반도(邊山半島)의 끝 부분에 존재했을 것이다. 위도(蝟島)는 조선시대에 상선들이 모이는 곳이었으며, 진(鎭)이 있었다.[31] 또한 황해를 건너와 흑산도를 지나온 선박이 군산도를 가기 직전에 통과한 섬으로서[32] 항해에 중요한 지표(指標)역할을 하였음을 알 수 있다. 반대로 중국으로 가는 길의 역할도 하였다. 대동지지(大東地志)에는 위도에서 바람을 이용해 배를 띄우면 중국으로 간다고 되어 있다.[33] 이러한 조건으로 인하여 전북 해안지역은 고대에 남북을 연결하는 항로의 중계지 역할을 하였으며 황해를 건너온 중국 남방문화가 유입되는 입구(入口)의 구실도 하였을 것이다. 특히 부안지역의 풍속이 남쪽의 단자(蜑子)와 같다는 기록은 이를 말해준다.[34]

전북해안지역은 항로상의 중계지 역할뿐 만 아니라 수로를 통해서 내륙으로 연결되는 교통의 요지였다. 동진강(東津江)을 통해서 정읍(井邑)·김제(金堤)·고창(高敞) 등 내륙의 평야지대로 쉽게 연결된다. 또한 군산지역을 통해서는 금강하구로 연결된 하계망을 이용해서 전북 일대 및 충남 일대까지 교통이 가능하다. 따라서 물자의 교역 및 운송에 적합하다.[35] 따라서 전북 해안의 내륙에 위치한 전주의 역사적환경을 이해할 때는 해양과 함께 강의 존재와 역할을 고려하지 않을 수 없다.

---

31 『大東地志』卷11, 全羅道 18邑 扶安 및 『湖南邑誌』扶安縣.
32 徐兢, 『高麗圖經』卷36, 海道.
　　古群山鎭까지 水路 100리, 高敞의 法性鎭까지 水路 100리(湖南邑誌 扶安).
33 『大東地志』, 앞부분.
34 『新增東國輿地勝覽』卷34, 扶安縣.
35 羅燾承, 「錦江水運의 變遷에 關한 地理學的 硏究」, 『公州敎大論文集』16, 1980, pp.74~80.

3) 영산강하구지역

세 번째로 중요한 지역은 영산강 하구일대이다. 견훤은 이곳의 완전한 장악이 어려워 무진주에서 전주로 천도했다는 견해도 있다. 실제로 견훤은 900년에 전주로 천도하였는데, 901년에 곧 나주(羅州)를 공격하고 있다. 아무래도 나주세력은 900년 이전부터 견훤에게 이반한 것이 아닌가 생각한다.[36] 견훤은 901년에 대야성 공격에 실패하자 금성(錦城)의 남쪽으로 군대를 옮기어 그 연변부락을 약탈하여 돌아갔다.[37] 이에 왕건은 903년에 이르러 경기만의 해상세력을 바탕으로 건설한 수군을 거느리고 신속하게 남하하여 후백제의 후방인 영산강하구를 급습했다. 금성군을 쳐서 빼앗고, 주변의 10여 군현을 나주(羅州)로 이름을 바꾸었다.[38] 이로 보면 903년까지 후백제의 세력은 한때는 나주지역과 서남해안의 일부를 장악했을 가능성도 있다.[39] 왕건은 909년에 진도군 고이도(皐夷島) 등을 공격하여 항복을 받았고, 이어 영산강하구 대해전을 벌였는데, 그렇다면 다시 909년 직전에 이들 해역에 대한 통제력을 회복한 것일 수도 있다. 해로 장악이 중요한 시대에서 영산강은 제일 중요한 전략지구였다. 영산강유역은 내륙하천(內陸河川)으로서의 영산강(榮山江) 하구지역(河口地域)과 서해(西海)[40]와 이어진 만(灣)으로서의 영산강하구유역이라는 두 가지 측면을 동시에 살펴보아야 한다.

영산강유역은 하계망(河系網)이 발달하였으므로 내륙으로 이어지는 물길을 장악할 수 있으므로 결국은 전남내륙 전체에 영향력을 행사할 수 있다. 필연적으로 지류(支

---

36 김주성, 「후백제 견훤과 전주」, 『전주의 역사와 문화』, pp.50~55, 申虎澈, 『後百濟 甄萱政權의 硏究』, 일조각, 1993, 49~51.
37 『三國史記』 신라본기12, 孝恭王 5년.
38 『고려사』 1, 태조세가 天福 3년조.
39 鄭淸柱, 앞의 책, p.150.
40 西海라는 용어는 한반도와의 관계속 에서 사용하고, 黃海라는 용어는 동아시아 전체를 배경으로 하고, 특히 한중관계에서 사용하는 것이 바람직하다.

流)와 본류(本流)가 이어지는 수계(水系)의 결절점(結節点)을 차지한 세력들 간에 경제권(經濟圈)을 둘러싼 갈등이 빈번했을 것이다. 특히 삼포강 등 본류와 지류의 중요한 지점에서 많은 수의 고분들과 성 등의 유적들이 발견되는 것은 이러한 배경이 있기 때문이다.[41]

한편 영산강유역, 즉 영산만은 남부 최대의 만이고, 해양활동의 핵심지역이다. 따라서 해양지리적(海洋地理的)으로 볼 때 매우 중요한 의미가 있다. 한반도 서안의 연근해항로를 이용하려면 반드시 이 해역을 거쳐가거나, 그 영향권을 통과해야 한다. 고대에는 한반도 남부에 있는 세력들과 제주도(濟州道) 그리고 일본열도(日本列島)를 오고가는 경우에는 반드시 통과해야 하는 해양교통의 길목이었다. 또 한반도북부를 통해서 내려오는 길과 중국(中國) 강남(江南)에서 들어오는 길, 그리고 제주도(濟州道)에서 올라오는 길, 한반도의 남부동안(南部東岸)에서 오는 길, 그리고 일본열도(日本列島)에서 오는 길, 이러한 모든 물길이 상호교차(相互交叉)하면서 반드시 거쳐야 할 곳이 이 곳이다. 그래서 일찍부터 문화가 유입되었으며, 전달통로가 되었다. 통일신라의 대당교통로(對唐交通路)였다. 신라말의 이 지역 해상세력으로서 나주 오씨(羅州 吳氏)가 있고,[42] 영암 최씨(靈巖 崔氏)도 결국은 이 지역을 기반으로 삼은 해상세력이다. 후백제와 고려의 전쟁이 해상전까지 벌이면서 영산강하구유역에서 격돌한 것은 교역권 및 대외교섭의 창구가 되었기 때문이다. 고려의 대송교통로(對宋交通路)[43] 역시 이 지역과 관련이 있다.

---

41 姜鳳龍,「3~5세기 영산강유역 '甕棺古墳社會'와 그 성격」,『역사교육』69, 역사교육학회, 1999, 3장 참조.
42 姜喜雄,「高麗 惠宗朝 王位繼承亂의 新解釋」,『韓國學報』7, 1977, p.69.
43 尹明喆,「徐熙의 宋나라 使行航路 探究」,『徐熙와 高麗의 高句麗 繼承意識』, 고구려연구회학술총서 2, 학연문화사, 1999.
尹明喆,「黃海의 地中海的 性格硏究」,『韓中文化交流와 南方海路』국학자료원, 1997. 특히 徐兢이쓴『宣和奉使高麗圖經』의 기술을 참고로 항로설명을 상세하고 있다.

영산강유역은 강력한 해양세력이 성장할 만한 환경을 지니고 있다. 해상로를 통제할 수 있는 물목을 장악할 수 있고, 해양세력이 장기간 웅거할 수 있고 활동할 수 있는 넓은 공간이 있다. 또한 군사적인 환경 또한 갖추어져 있다. 따라서 영산강하구 유역에서 성장한 세력은 한반도의 서남해안(西南海岸) 전체를 장악할 수 있고, 남해서부(南海西部)인 강진·해남·진도까지도 영향력을 행사할 수 있는 환경을 지니고 있다. 나아가서는 동아지중해의 해양교통이 이루어지는 중요한 길목으로서 국가에 결정적인 영향을 끼칠 수 있다. 이 주변 해역에서 직횡단하면 역시 남풍계열 혹은 동풍계열의 바람을 이용하여 산동반도 남단 안쪽에 있는 청도만으로 진입할 수 있다.[44] 또한 사단으로 항해한 다음에 강소성(江蘇省), 절강성(浙江省) 등의 해안으로 도착할 수 있다. 오월(吳越)로 가던 배가 왕건의 수군에게 나포되던 곳이 바로 염해(鹽海)현이다. 영산강유역의 출발과 도착항구로서는 영광(靈光)·회진(會津)·청해진·해남·강진 등이 해당된다.

이처럼 전주지역은 해안(海岸)과 가깝고 강과 이어지는 곳에 위치해 있다. 만경강과 이어지고, 하구에서는 금강과 만난다. 또 동진강(東津江)은 김제(金堤)쪽으로 빠져나가 역시 금강 만경강이 만나 이룬 거대한 만과 만나는데, 역시 전주와 깊은 관련이 있다.

4) 섬진강하구유역

섬진강하구유역은 순천만과 광양만 일대를 포괄적으로 이르는 지역이다. 『신증동국여지승람(新增東國輿地勝覽)』 권 40 순천도호부에 따르면 광양군과 15리 서쪽은 낙안(樂安)군과 31리, 남은 바닷가까지 35리이다. 해상세력이 웅거할 만한 자연환경을 갖추었다. 같은 책 형승조에 남수문(南秀文)의 기(記)에 "남쪽으로 큰 바다에 연했으므로 큰

---

44 청도만의 連雲항과 영산강하구유역은 위도상으로 동일하게 35도 바로 아래에 있다.

바다도둑들이 왕래하던 요충지이다."라고 하였다. 이곳에는 수많은 곶·포·섬들이 있었다. 장성포(長省浦)는 고려 때 왜인들이 침입하던 것을 격퇴한 곳이다. 조선시대에는 수군절도사영성(水軍節度使營城)이 있었다. 돌산포성(突山浦城)·돌산도봉수(突山島烽燧) 등이 있었다.[45] 이 지역에는 많은 해양방어체제가 구축되어 있었다.[46] 『대동지지(大東地志)』에는 해룡창에 고성이 있었다고 기록하고 있다. 그 가운데 가장 주목할 만한 방어체제는 해룡산성(海龍山城)이다.

해룡산은 옛 순천시의 남동쪽에 위치한 낮은 산이며 아래의 평지는 예전에는 순천만의 일부로서 바닷물이 들어온 곳이다. 동쪽으로 검단산성(劍丹山城)이 육안으로 보이며, 북서쪽으로 인제산성이 있다. 견훤(甄萱)의 사위였던 박영규(朴英規)가 이곳에서 생활하였고, 죽어서 해룡산신이 되었다는 기록이 있는 것으로 보아 그와 관련이 있는 것으로 판단된다. 순천대가 이 성을 시굴한 결과 성 안에서 백제계 혹은 가야계의 회청색경질토기편이 수습되었다. 통일신라시기의 기와조각이 출토되어 그 무렵에 증축되었을 것으로 추정하고 있다.[47] 박영규는 대호족이었고(申虎澈), 아마도 해상세력이었는데,[48] 더 구체적으로는 해룡산성에 웅거하면서 사비포를 근거로 활동하던 해상세력이었을 것이다.[49] 순천시 해룡면 성산리에 위치한 검단산에는 백제시대의 산성이 있다. 여수반도와 순천을 잇는 교통의 요지에 있다. 순천대가 발굴하였는데, 성안에서 백제후기에서 통일신라 시기의 전반 경에 해당하는 각종 토기편과 기와편이 출토되었다.[50] 그러니까 견훤시기의 유물은 나오지 않았지만, 당시에도 사용됐을 가능성은

---

45 『新增東國輿地勝覽』권40, 순천도호부
46 최인선, 「순천시의 성곽과 봉수유적」, 『순천시의 문화유적(2) 순천대학교 박물관, 2000.
47 변동명, 「順天 海龍山城의 歷史」『順天 海龍山城』 순천대학교 박물관학술자료총서 제 39, 2002, pp.7~9.
48 鄭淸柱, 「신라말 고려초 순천의 해상세력」, 『순천시사』 순천시사 편찬위원회, 1997.
49 변동명, 위 논문, p.14.
50 崔仁善 李東熙, 「順天 劍丹山城 試掘調査」, 『順天 劍丹山城과 倭城』 순천대학교 박물관, 1997.

있다. 그런데 바로 옆의 해룡산성은 박영규와 직접 관련이 된다.

이 순천만에는 후백제와 관련하여 또 한사람의 해상세력이 있었다. 견훤의 인가별감(引駕別監)이었던 김총(金摠)이다.『신증동국여지승람』권40 순천도호부 인물조에는 그가 죽어서 부(府)의 성황신이 되었다. 축묘조(祝廟條)에는 그 성황신이 진례산에 있다고 하였다. 같은 책에는 역시 진례산에 봉수가 있었음을 기록하고 있다. 군사적인 요충지이기 때문이다. 이 두 인물은 견훤을 보좌하는 후백제로서는 가장 중요한 호족세력이다.

이도학은 견훤이 서남해안 방술(防戍)의 임무를 띄고 처음 부임하였고, 거병한 지역을 순천 등으로 보았다. 또한 견훤의 초기세력 가운데에는 순천만을 중심으로 횡행하던 해적들도 있었다고 하였다.[51] 강봉룡은 현재의 진주인 강주를 주목하고, 견훤정권이 성립되는 과정에서 무주에 버금가는 거점이었다라고 하였다. 후에 아들인 양검(良劍)을 도독으로 파견하였기 때문이다. 그리고 강주를 출발하여 승주(昇州 : 순천)에서 서진(西進)의 발판을 마련하였다고 하였다.[52] 이 또한 이 지역의 해상호족 세력을 기반으로 하였음을 의미한다.

순천은 순천만·보성만·광양만·사천만과 직접 간접으로 연결되고 있다. 섬진강·보성강 나아가 금강과도 연결 될 수 있는 내륙 하계망이 발달한 지역이다. 전주에서 이 지역을 연결할 수 있는 통로는 이미 백제 시대에 가발된 듯하다. 근초고왕시기인지 그 후 6세기 초[53]인지에 대해서는 논란의 여지가 있으나 백제는 공주와 전주를 거쳐 슬치를 넘어 섬진강 유역으로 나아가는 경로가 있었다.[54] 고창(古昌 : 안동), 강주

---

51 이도학,「甄萱의 出身地와 그 初期 勢力基盤」,『후백제 견훤정권과 전주』, p.72.
52 강봉룡,「견훤의 세력기반 확대와 전주정도」,『후백제 견훤정권과 전주』, p.87.
53 이영식,「백제의 가야진출로」,『한국고대사논총』7, 1994, pp.83~239.
54 郭長根,「호남 동부지역 高塚의 분포상과 그 의미」,『백제연구』31, 2000, 충남대 백제연구소. p.7.

(古昌 : 진주), 경주지역과도 연결이 용이한 지역이다. 그러나 순천지역의 강점은 무엇보다도 해양과의 관련성이다. 순천만이 있는 남해중부해상은 다도해지역으로 다양한 만이 있었고, 수많은 소국들이 존재해 있었다. 사천만의 늑도(勒島) 유적지로 보아 이미 기원 전후한 시기부터 대외무역을 하던 정치세력이 존재했을 것으로 판단된다. 이곳은 남해연근해항로에도 중요한 기능을 했지만, 대외교섭에서도 중요했다. 939년에 세워진 대경대사비(大鏡大師碑)에 따르면 신라 승려인 려암(麗嚴)은 909년 당나라에서 신라로 귀국할 때에 武州의 昇平에 도착하였다. 이때 승평은 승주, 곧 순천을 가리킨다.[55] 대중국항로상의 경유지였을 가능성을 보여준다.

그런데 해양지리적인 위치를 고려할 때 이곳은 대마도 혹은 일본열도와의 교섭에 중요한 기점으로서 항해상 교통로의 요충지였다. 장보고 사후에도 해상호족들은 이 지역에서 활동을 하였다. 869년, 870년, 893년, 894년에 신라의 해적들대마도 및 큐슈 일대를 횡행하며 약탈을 했다. 이들이 군소 해상호족과 관련이 있을 가능성도 없지 않다. 그렇다면 그 가운데 가능성이 가장 많은 곳은 이 해역이다. 후백제는 922년에 대마도에 사신을 파견하였고, 929년에는 후백제의 상선이 대마도에 표류하였다가 귀환조치되었고, 이에 사신을 대마도에 파견하였다. 이때 후백제의 대일외교는 항로상으로나 경험으로 보아 이 지역 세력이 관계했을 것이다. 또한 막강한 수군력을 동원하여 전쟁을 치루던 후백제는 이곳의 해상세력과 강력한 연계를 맺을 수 밖에 없었을 것이다. 후백제에게 있어서 순천지역은 대외교류란 측면 외에 군사력이 충원지라는 점에서 중요했고, 수도인 전주가 국제도시로서 역할을 할 수 있게 조력을 한 지역이었다.

---

55 이도학, 앞의 논문, p.71.

5. 결론

　후백제가 전주로 정도한 원인에 대하여 많은 연구를 해왔다. 필자 역시 해양이라는 관점에서 해양력(海洋力)과 국제항로(國際港路)에 대하여 연구한 바가 있다. 그러한 연구과정에서 수도인 전주의 해양적 성격을 주목하였고, 후백제의 역사발전에 의미가 있었음을 인식하였다. 지난 번 발표의 미진한 부분을 보완하고, 후백제에서 해양이 더욱 중요했음을 규명하기 위하여 본고를 작성하였다. 그래서 먼저 고려 및 신라수도의 해양적 성격을 살펴보고, 후백제 수도였던 전주의 해양적 성격을 전주의 지형과 지리 등을 통해 구체적으로 분석하였다. 특히 전주를 중심으로 대외교류의 통로가 어떻게 연결되는가를 살펴보아 그 국제도시적 성격을 추구해보았다.

　당시의 호족들과 국가들의 세력기반이었던 지역은 물론 해양과 밀접한 관련이 있었고, 각각 신라와 고려의 수도였던 경주와 개경 역시 해양과 직접 연결되는 국제도시였다. 전주는 약간 내륙에 있으나 주변에 동진강·만경강·금강 같은 큰 강들이 서해로 흘러 들어가고 있으므로 해양문화와는 여러모로 밀접한 지역이다. 바다로 진출하고, 해상세력들을 관리하고, 방어상으로도 유리하며, 육로교통에도 유리하였다. 그리고 내부에는 물길이 흐르고 있어서 강상수운이 발달했고, 이 수로는 바다로 연결되어 대외교류 및 해양활동에 적합하였다. 뿐만 아니라 전주는 교통이 발달하여 여러 지역과 직결되므로서 물류의 거점임은 물론 해상세력들을 통제하고 활용할 수 있으며, 대외교통에도 유리하게 이용할 수 있는 장점이 있었다.

　가장 중요하고 빈번하게 취급됐던 곳은 만경강과 금강하구가 만나는 지역 및 해역이다. 전주와 직접 연결될 뿐 아니라 당시 삼국간의 정치 군사적인 관계나 국제환경을 고려할 때 가장 효용가치가 높은 지역이었다. 아울러 동진강 하구지역 및 변산반도 지역이다. 역시 전주와의 근접성, 연결성 등을 고려한다면 매우 중요한 지역이었다. 또한 영산강하구지역은 정치력을 행사하지 못했으므로 후백제의 발전에 있어 긍정적으로 활용하지는 못했고, 오히려, 후백제를 내부적으로 대외적으로 압박하였다. 그 외에 우리가 주목해야 할 곳은 순천만 지역이다. 견훤세력의 발호와 성장과 깊은 관련이 있으며, 박영규 등 견훤을 보좌했던 주요세력의 근거지였다. 전북지역에 치우친 수도 전주의 한계성을 보완해주는 역할을 하였으며, 필시 후백제의 수군전력을 보강하고, 대일본 교류에서 적지 않은 역할을 했을 것이다. 이 순천지역, 즉 섬진강하구유역은 전주와 거리상으로 떨어져 있으나 육로와 강을 이용한다면 연결이 어려운 지역은 아니다.

결국 전주에 정도한 배경에는 군사상의 요충지라는 방어적 측면, 백제를 계승한다는 명분적 측면 등 다양한 동기가 있다. 그러나 그와 함께 당시의 시대적인 상황, 삼국 간의 갈등, 호족세력들과의 관계 등을 고려할 때 해양의 의미가 중요하다. 수도란 국가발전전략과 불가분의 관계에 있으므로 전주 또한 이러한 필요성과 어떤 형태로든 관계가 있었을 것이다. 전주는 육로강상수운이 발달했고, 그리고 해양력을 활용할 수 있으며, 대외교통이 발달한 국제도시의 성격과 기능을 갖춘 도시였다.

02 강해(江海)도시 김포시의 역사성과 21세기적 가치 효용성*

1. 서 언

　우리는 지금 21세기라는 새천년을 맞아 엄청난 대변혁의 폭풍 가운데에서 휩쓸려 다니고 있다. 기본적으로 동아시아의 국제질서가 급변하고 있으며, 남북은 시간은 더디고 추진 방식에 혼란이 생기고 있지만 남북이 화해무드로 가면서 민족 내부가 극적으로 변화하고 있다. 그리고 남한내부에서는 송도 특구가 활성화되고, 북한은 개성공단이 막 생산을 시작했다. 김포반도는 한강하류의 막장이고, 경기만의 목젖에 해당하므로 지리적으로나 역사적으로 이러한 상황 속에서 한 발자욱도 비켜갈 수 없는 운명이다. 그럼에도 불구하고 발전을 못한 채 눈치를 보며 주춤거렸다.
　한편 김포지역의 일부가 신도시가 되어 또 다른 문제들도 발생하고 있다. 주거문제, 교통문제, 환경문제를 비롯하여 복지문제에 이르기까지 포를 둘러싼 환경은 다양한 면에서 변하고 있기 때문이다. 그만큼 김포가 중요한 지역으로 떠오르고 있다. 김포는 김포의 위상과 역할은 물론 발전과 관련된 이러한 모든 문제에 치열한 관심을 기

---

* 「강해도시 김포시의 역사성과 21c가치 효용성」, 『김포 수로도시 국회공청회』, 김포저널, 2006.

울이고, 진지하게 해결방법을 모색하지 않으면 안된다. 이 글은 김포의 성격을 지리적인 역사적인 특성을 고려해 '강해도시(江海都市)'라고 명명하면서, 그 틀을 기준으로 다양한 전략을 구사하고 적합한 모델을 모색하려는 입장에서 평소의 주장과 발표한 내용 등을 토대로 작성한 것이다.

2. 김포의 자연환경과 역사환경

김포는 반도이다. 그런데 삼면이 바다로만 이루진 것이 아니라 서쪽에는 경기만으로 연결되는 황해가, 북쪽에는 강과 바다가 만나는 강화수로(鹽河)가 그리고 동쪽에는 한강하구가 둘러싸고 있다. 그러므로 김포의 자연환경과 역사상, 그리고 현재의 위상 및 가치는 이러한 특성에 대한 정확한 이해를 바탕으로 해야 한다.

김포반도를 안고 있는 경기만은 한반도에서 가장 훌륭한 해륙교통(海陸交通)의 요지이고, 중핵(core)에 있다. 경기만에는 대외항로의 기점이고 출발점이며 동시에 경유지로서 자격을 갖춘 곳이 여러군데 있었다. 첫 번째는 인천만 지역이다. 인천해역은 조수간만의 차가 매우 심한 곳으로서 해안선의 굴곡이 매우 심한 리아스식 해안이다. 두 번째는 강화도와 김포반도 등 주변 지역이다. 강화도는 한강과 예성강이 바다와 만나는 거대한 경기만의 한가운데를 막고 있다. 그러면서 경기도의 서쪽지역과 개성 남쪽의 풍덕과 옹진, 해주 등 황해도의 남부해안 일대가 마주치는 북부경기만의 입구를 꽉 채우고 있다. 세 번째는 남양만 일대이다. 남양반도는 해양교통을 고려할 때 경기만의 남쪽에 위치한 가장 중요하고 넓은 지역 가운데 하나이다. 내부에 몇 개의 작은 만과 곶(串)들을 포함하고 있으며, 북쪽으로는 안산만, 남쪽으로는 평택만이 있다.

바다에는 길이 있고 그 길은 단순한 항로가 아니라 물류(物流)·문류(文流)·인류(人流)가 움직이는 실질적인 장이다. 따라서 동아시아 혹은 동아지중해에서 항로의 장악이란 모든 동선(動線)의 메커니즘을 장악하는 것과 동일한 의미와 비중을 지니고 있다.

고대에 한국지역과 중국 간에 사용되었던 항로는 대체로 3개로 구분하고 있다. 가장 용이하게 이용한 것이 환황해연근해항로이다. 당연히 경기만은 중간경유지였다. 또 황해중부횡단항로는 황해중부에 해당하는 한반도의 중부지방, 즉 경기만일대의 여러 항구에서 횡단성 항해를 하여 산동반도의 여러 지역에 도착하는 항로이다. 신라 하대에 가장 많이 이용됐을 것으로 추정되는 항로이다. 한반도 쪽의 출발지로서는 경기만의 여러 항구이다. 또 하나는 황해남부 사단항로 및 동중국해 사단항로인데 고려시대에는 경기만을 활용하여 이루어진 항로이다. 이러한 경기만의 항로상에 김포반도가 있고, 중요한 역할을 했으리라는 것은 말 할 필요조차 없다.

그 경기만의 가운데 있으면서, 그 특성을 실질적으로 담보해주는 것 가운데 가장 중요한 것이 바로 한강이고, 한강과 경기만을 연결시켜주는 역할을 한 것이 김포반도이다. 한강은 사서에서 '대수(帶水)', '한수(漢水)', '아리수(阿利水 : 광개토대왕릉비)' 등으로 불렸는데, 그 의미는 모두 큰 강이라는 뜻이다. 길이가 481km이고, 유역면적이 압록강 다음으로 넓다. 본고와 관련하여 한강이 가진 역할을 몇 가지로 정리할 수 있다.

첫째, 한강은 정치적으로 내륙 통합의 계기를 마련하고, 경제적으로 물류체계를 원활하게 하여 경제권을 형성한다. 평양을 중심으로 대동강이 있고, 특히 남쪽으로는 예성강·임진강·한강이 하계망을 구성하면서 서해 중부로 흘러 들어가 경기만을 구성한다. 그러므로 한강 하류를 장악하면 중부해상권의 장악은 물론 직·간접으로 이어진 그물같은 하계망과 내륙수로(內陸水路)를 통해 한강 유역·임진강 유역·예성강 유역·옹진반도·장연군의 장산곶 등 내륙 통합의 계기를 마련할 수 있다. 이중환(李重煥)은 『택리지(擇里志)』에서 용산·마포·토정·농암 등 강촌마을들은 모두 서해와 통한다는 이점으로 팔도의 배들이 모인다고 하였다. 그리하여 강변에는 많은 나루(津)와 포구 등이 있었으며, 내륙에서 내려온 산물과 바다에서 거슬러 온 물산들을 모아놓고 서로의 교환을 성사시키는 장소와 기구들이 설치되었다.

둘째, 한강 하류는 경기만, 특히 김포·강화도와의 관련성 속에서 그 가치와 의미를 파악해야 한다. 남한강과 북한강으로 모여 흘러오다가 서울근처의 양수리에서 만나 한강 본류를 이룬다. 그리고 계속 흘러가다가 연천, 파주 등 경기도의 이북을 흐르는 임진강과 김포반도에서 만나 조강을 이룬다. 이 강이 최종적으로 흘러 들어가는 곳이 바로 강화도이다. 특히 황해도 지역을 아울러 만경강과 이어진 예성강이 한강과 만나는 곳도 강화도이다. 예성강 뿐만 아니라 연안군 등을 통하면 재령강과 연결되고, 대동강과도 이어질 수 있다. 이러한 직·간접으로 이어진 하계망을 활용하면 한반도 중부 북을 전체에 강한 영향력을 행사할 수 있다. 즉 한반도 중부지역 전체를 하나의 공동체로 만들 수 있는 것이다.

한강이 가진 또 하나의 이점은 바다와의 관련성이다. 한강이 끝나는 지점인 김포반도는 경기만의 중심부를 이루고 있다. 경기만은 한반도 중부에서 가장 큰 만으로서 남북종단항로와 동서횡단 항로가 마주치는 해양교통의 십자로이다. 그런데 한강하류는 거대한 경기만의 한가운데를 막고 있으며, 개성 남쪽의 풍덕과 옹진, 해주 등 황해도의 남부해안 일대가 마주치는 북부경기만의 입구를 꽉 채우고 있다. 한강 하류를 장악하면 경기만을 장악하고, 경기만을 장악하게 되면 하계망 전체를 장악할 수 있다.

한강하류는 이른바 수륙(水陸)교통과 해륙(海陸)교통이 교차되면서 상호호환성을 지닌 중계지역이다. 이곳에 설치된 김포는 이른바 하항(河港)도시와 해항(海港)도시의 성격을 이중적으로 가진 '강해(江海)도시' 다. 이렇게 모든 물길이 한강하류에서 만나기 때문에 한강이 가장 중요하고, 현실적으로 영향력이 강할 뿐 아니라 통일의 상징성이 강하다. 백두대간이 민족의 정신을 세워주는 이 땅의 등이었다면, 한강은 생활을 담아주는 배요, 배꼽 역할을 한 곳이었다.

3. 김포를 둘러싼 역사적 상황들

　　김포반도는 이러한 지리지형적인 조건으로 인하여 정치세력들이 일찍부터 태동하였고, 강력하게 발전하였다. 양평·가평 등에서 구석기유적이 미사동·암사동·풍납동에서 신석기유적지가 발견된 것으로 보아 한강변에는 이미 선사시대부터 인간이 집단적으로 거주하고 있었음을 알 수 있다. 또 가장 오래된 벼농사유적이 김포·고양·일산 등 한강변에서 발견되었고, 고인돌들도 한강변에 다수 분포되어 있다.

　　특히 삼국시대에 이르러 고구려·백제·신라 간의 본격적인 갈등이 벌어지는 역동적인 무대가 되었다. 『삼국사기』에는 '온조(溫祖)가 하남위례성에 도읍을 정하고, 열명 신하의 보좌를 받아 나라이름을 십제(十濟)라고 하였다.' 하여 한강변에 건국했음을 알리고 있다. 전기의 수도였을 풍납토성은 일종의 하항도시였다. 비류는 현재 인천의 문학산성인 미추홀에 도읍을 정하였는데, 이는 물론 해항도시였을 것이다. 이후에 백제는 초기부터 한강을 통해서 서해로 진출하였다. 고이왕은 236년에 강화도인 서해대도에 직접 가서 사냥을 하기도 하였다. 중국지역과 외교교섭을 하고, 교역을 하기위하여 한강하구와 경기만을 본격적으로 장악하였다. 백제는 한강유역을 중심으로 약 500여 년 동안 발전을 하였다.

　　고구려는 4세기 들어서면서 남진정책을 본격적으로 추진하였고, 경기만을 빼앗고자 하였다. 경제적 토대를 마련하고, 정치적인 통일을 실천하고, 대외교섭의 주도권을 확보하고자 한 것이다. 이른바 동아지중해의 중핵국가로서 발돋움하려는 목적 때문이다. 광개토대왕은 등극하자 한강하류의 관미성을 함락시켰고, 이어 6년(396)에는 대규모의 수군(水軍)을 투입하여 백제의 58성과 700촌을 탈취하였다. 이때 대왕군은 아리수를 건너 한성을 직접 공격하였다. 제1로는 대동강 유역을 출발한 다음에 예성강 하구와 한강이 만나는 강화 북부에서 한강 하류를 거슬러 오면서 김포반도와 수도를 직공했다. 제2로는 인천상륙작전을 감행하여 한성으로 진입하였다. 제3로는 남양만으로 상륙하여 수원·용인 등을 거쳐 한성의 배후를 친다. 수군을 동원하여 수도를 직공한 것이다. 475년에는 장수왕이 한성을 전면적으로 공격하였다. 양국은 치열한 공방전을 펼쳤으나 백제는 개로왕이 전사 하면서 수도가 함락당하고, 결국 황급하게 남천하였다. 이런 치열한 공방전을 치르면서 양국은 한강주변에 군사방어시설을 많이 구축하였다.

그 후에 고구려의 영토가 되었던 경기만 및 한강 하류지역은 553년에 2차 나제동맹이 깨지면서 다시 신라의 소유로 바뀌었다. 진흥왕은 이 지역에다 북한산주(北漢山州)를 설치하였고, 신라는 한강변이 가진 전략적인 이점을 최대한 활용하여 국가발전은 물론 통일의 토대를 마련하였다. 이러한 국가 간의 갈등은 김포라는 지명에서도 나타나고 있다. 『대동지지』에 '本百濟黔浦新羅景德王十六年改金浦爲長堤郡領縣'라는 기록이 있다. 그러나 『삼국사기』에 따르면 김포(金浦)는 본래 고구려의 검포현(黔浦縣)이었다. 백제가 먼저 장악한 후에 다시 고구려가 장악해서 명칭을 그대로 사용한 것이다. 경덕왕 때 김포로 개명하고 장제군(長堤郡)의 속현으로 삼았는데, 술성현(戍城縣)은 고구려의 수이홀현(首尒忽縣), 김포현은 고구려의 검포현(黔浦縣), 동성현(童城縣)은 고구려의 동자홀(童子忽 : 幢山縣), 분진현(分津縣)은 고구려의 평유압현(平唯押縣)이다. 이들 4현은 지금 각각 수안, 김포, 통진이다. 양천(陽川)은 조선시대에는 김포에 속해 있었으나 삼국시대, 특히 고구려가 지배할 때는 율목군(栗木郡)의 영현이었다.[1]

660년 나당연합군이 백제를 급습할 때 동원된 것은 태자 김법민이 이끄는 경기만의 수군 100척이었다. 이 수군은 김포반도와 어떤 식으로든 관계가 깊었을 것이다.

그 후 고려시대에도 한강유역은 군사적, 경제적으로 긴요한 역할을 하였다. 왕건 세력은 경기만과 한강하류의 주변지역인 4군 3현을 배경으로 성장하여 고려를 건국하였다. 왕건의 첫째 왕비인 신혜(神惠)왕후의 아버지인 유장자(柳天弓)는 풍덕유씨(豊

---

1 『삼국사기』권37, 지리지.

德柳氏)로서 경기도와 황해도가 만나는 정주 등에서 성장한 한강하류 호족이었다. 여섯번째 왕비인 정덕(貞德) 왕후 또한 한강 하류세력이었다. 이 무렵에는 공암(貞德 : 현재 강서구 가양동 방화동 일대)·검포(黔浦 : 김포시, 검단면 일대)등도 웅거하고 있었다. 이들은 왕건 세력이 궁예에게 투항한 이후에도 저항을 하였다.(『삼국사기』궁예전) 그렇다면 공암 건너 편의 행주지역, 김포 건너편의 일산지역에도 호족들이 있었고, 이들 또한 한강을 이용하여 경제적으로 정치적으로 성장하였을 것이다.

수도인 개경의 바로 앞은 내해(Inland-Sea)로서 한강하류와 바다가 만나는 소지중해 같은 지역이다. 고려는 이 해역을 장악하므로써 한강, 예성강, 황강 등의 하계망을 이용해서 한성, 김포, 파주, 고양, 부천, 황해도의 연백군 일대와 개경지역까지 들어갈 수 있다. 이른바 수도권의 물류체계를 장악할 수 있었다. 조운제도는 성종11년(992) 경에 확립되었는데, 남방 연해안과 한강 수로변에 12조창을 두고서 국가의 세곡을 예성강 입구의 경창으로 운송하였다. 또한 대외교섭이 발달하여 강남의 송나라 서역(아라비아), 일본 유국(오키나와)등과 교섭하면서 세계로 열린 나라가 되었다. 예성강의 벽란도는 송나라 사신인 서긍의 기록에서 보이듯 당시 동아시아에서 가장 유명하고 물동량이 많고, 국제적으로 개방된 항구 가운데 하나였다. 이때 김포반도는 도착하기 전 마지막으로 경유하거나 머무르는 장소였을 것이다.

조선이 건국하면서 수도가 한양으로 천도하고 한강은 경제적인 측면에서도 매우 중요하였다. 개방을 포기하고, 자주를 담보로 주고 쇄국정책을 썼던 조선조에도 한강은 조운체계를 이루는 중요한 역할을 하였다. 서해를 북상해 온 조운선은 한강하류를 거슬러 올라왔고, 남한강과 북한강을 타고 내려온 조운선들도 역시 한강하류로 모여들었다. 한강이 조선을 먹여 살렸던 것이다. 육로교통이 발달하지 못했던 전근대에는 수로를 이용하여 사람들이 이동하고 문화를 교류하는 비중이 높았다. 그래서 한강은 진도나 교통로서의 위치도 중요하다. 나루터의 의미로는 흔히 도(渡)와 진(津)이 쓰였다.[2] 서울의 영파·광나루·송파·마포·노량진·염창·공암·김포의 감암포·마근포·조강 나루·일산의 이산포 등이 있었다. 특히 김포시의 검암나루는 『신증동국여지승람』에 따르면 "감암진(甘岩津)은 북쪽 8리에 있으며, 바로 고양 임의진(任意津)의 소로(小路)이다."라고 하였다.[3] 양 지역 주민들에 따르면 강건너 이산포(二山浦:巳浦)와 연결되는 이 나루는 꽤 빈번하게 사용되었다고 한다. 사람들과 물자들은 당연히 육지 내부에 있는 자연 인공수로를 활용하여 한강으로 몰려들었다. 그래서 그 지역을 중심으로 크고 작은 시장이 발달하였고, 민중의식이 성장하였으며, 신문화가 발달하기도 하였다.

또한 한강 하류강변에는 방어체제들도 발달하였다. 김포반도에만 해도 다수의 크고 작은 방어체제가 있었다. 조강리(祖江里)는 건너편인 황해도 연백군의 하조강리와 상조강리로 이어지는 중요한 나루였다. 조선시대에는 조강진이 있었고, 망포(芒浦)도 있었다. 「대동여지도」나 「동여도(東輿圖)」를 보면 이곳으로 흘러나오는 물길은 개성 근처에서 시작하고 있다. 『신증동국여지승람』 통진현 진도조에는 "조강진은 통진현 북쪽 10리에 있으며, 개성으로 통한다."고 되어 있다. 동성(童城)산성은 김포시 하성면 양택리와 원산리의 경계에 있는 대산(臺山:해발 132m)의 동남쪽 지봉인 동성산의 정상부(113m)를 감싼 석축산성이다. 『대동지지』에는 '通津 本百濟平淮押(一云 別史波衣)'라고 하는데, 이 통진의 동쪽 20리에 있는 고읍인 동성은 본래 백제의 동자홀(童子忽) 또는 구사파의당산(仇斯波衣幢山)이라 불리우다가, 신라 경덕왕 16년 12월 동성(童城)으로 고쳐 장제군(長堤郡)의 영현(令縣)으로 삼았다. 현재 석탄리 오정동의 야산과 마조리의 야산 등은 한강변에 바짝 붙어 있다. 마조리에는 '마근포'라는 특별한 의미를 지닌 지명 등도 남아있다. 하성군 봉성리와 전류동에 있는 봉성산성은 한강수로를 방어하는 데에 매우 중요한 역할을 하였다. 양

---

2 조선초기 실록에서는 渡津, 津渡, 渡關津 등으로 나루터의 개념을 보이고 있는데, 조선후기에서는 대체로 津渡로 통용하고 있다. 이는 官用의 渡보다는 民用의 津이 일반화되었기 때문이라 보인다.
3 『신증동국여지승람』 권9, 김포현 津渡, 『대동지지』에도 「北八里即高陽任意津小路」라고 되어 있다.

릉포성(良陵浦城)은 경기도 김포시 양곡의 평야 한 가운데 있는 장성 형태의 토성이다. 『대동지지』 통진현조에는 "물이 수안고현에서 흘러나와 북동으로 흘러서 한강으로 들어가는 곳에 있던 양릉포에 옛 성이 있다"고 하였다. 양릉포를 통과한 물은 봉성산 옆을 지나 한강으로 흘러 들어간다. 북성(北城)산성은 현재 김포 시내 바로 뒷산인 북성산 또는 장릉산 · 성산이라고 불리우는 곳에 있다. 『여지도서(輿地圖書)』 김포읍지편에 북성산이라고 나와 있다.

이렇게 가장 생명력이 흘러 넘치던 한강은 김포반도와 함께 20세기 중반에 들어서면서 죽음의 강, 막힌 공간, 단절의 시간으로 변질된 역사의 강이 되어 버렸다.

4. 21세기적 가치

살펴본 바와 같이 21세기 김포를 둘러싼 국제환경은 급박하게 질적으로 변화하고 있다. 경기만과 한강 하구의 중요성이 점점 커지고 있다. 21세기를 맞은 김포는 어떠한 위상을 지녀야하고, 또 어떠한 역할을 담당해야 할까?

한반도는 지리적으로 동해 · 남해 · 황해 · 동중국해로 이어진 동아지중해의 중핵(core)에 위치하고 있다. 이것은 분단시대, 냉전시대에는 적대적인 양대 힘이 격돌할 수밖에 없는 부정적인 요인으로 우리에게 풀 수 없는 굴레를 씌웠다. 러시아나 중국과는 육로는 물론 해로로도 교섭이 불가능했다. 일본 역시 소비에트나 북한 · 중국과는 바다가 아니면 교섭이 불가능했고, 또 바다로도 교섭할 수가 없었다. 한국은 일본을 통하지 않고서는 다른 외국과의 교섭이 전혀 불가능했다.

그러나 이제는 연결과 협력의 시대이다. 남북이 긍정적으로 통일될 경우, 한반도는 대륙과 해양을 공히 활용하며, 동해 · 남해 · 황해 · 동중국해 전체를 연결시켜줄 수 있는 유일한 나라이다. 특히 모든 지역과 국가를 전체적으로 연결하는 해양 네트워크는 우리만이 가지고 있다. 우리 바다를 통해서만이 동아시아의 모든 국가들이 본격적으로 교류할 수가 있다. 중요한 해로를 장악하고, 이를 지렛대로 삼아 해양조정력을 가질 경우에는 각국 간에 벌어지는 해양충돌 및 정치적인 갈등도 해결할 수 있다. 또한 인프라를 효율적으로 건설하고 활용하여 뒷받침만 된다면 동아시아에서 하나뿐인 물류체계의 핵심 로타리가 될 수 있다. 그래서 교통정리가 가능하고 나아가서는 동아시아의 경제구조나 교역형태를 조정하는 가교역할까지 할 수 있다. 이처럼 국가정책에서 해양의 비중을 높이고, 중핵연결지(中核連結地)의 역할을 충실히 할 경우에 동아시아에서 정치적이고 군사적으로 비중이 상승함은 물론이지만 경제적이나 교역상에서도 이익을 많이 얻을 수 있다. 그런데 이 동아지중해에서 가장 의미있는 역학관계의 핵(核)이고, 실제로 힘의 충돌과 각축전이 벌어진 곳이 경기만이다.

경기만은 황해도와 충청도 사이에 있는 한반도 최대의 만으로서 동아지중해에서 일본열도를 출발하여 압록강 하구와 요동반도를 경유하여 산동까지 이어지는 남북연근해항로의 중간기점이고, 동시에 한반도와 산동반도를 잇는 동서횡단항로와 마주치는 해양교통의 결절점(結節点)이다. 또한 한반도 내에서도 경기만은 지정학적·지경학적·지문화적 입장에서 보아 필연적으로 분열된 각 국간의 질서와 힘이 충돌하는 현장이었다. 북한지역과의 교역은 물론이고 중국의 여러지역 특히 산동 이북의 지역들과 교역하고자 할 때 중요한 거점은 당연히 경기만지역이다. 즉 경기만은 물류교통의 핵심 로타리(IC)이다. 더구나 냉전의 시대가 종언을 고하고 열정의 시대, 군사의 시대가 끝나고 경제의 시대가 다가오면서 경기만은 이제 만남과 교류의 장이 되었고, 물류가 집산하고 거쳐가는 실질적인 중핵이 될 가능성이 높아졌다.

한국은 2002년 11월에 경기만의 중심인 인천에 송도신도시를 특구로 삼는 '경제자유구역법'이라는 특구관련법을 국회에서 통과시켰다. 북한은 2002년 9월 신의주에 경제특구를 건설하겠다고 전격적으로 발표했다. 개성공단은 조성을 계속하는 한편 일부 기업체들이 가동을 시작했다. 앞으로 경제특구의 범위는 남으로는 평택항 지역,

인천의 해안지역 강화도, 김포반도를 거쳐 북으로는 개성, 혜주로 이어지는 해안벨트가 형성될 가능성이 높다. 이른바 경기만 해안경제특별구가 설치될 수도 있다. 즉 하나의 필드로 엮는 범경기만 경제특구를 설정할 필요가 있다. 그럴 경우에 한강하류를 통해서 서울과 이어지는 한강하류, 즉 김포반도는 매우 유리한 환경이다.

김포는 또 다른 측면에서 매우 유리한 조건을 갖추고 있다. 북한이 야심찬 계획으로 개발하는 개성과 세계적 도시인 서울을 연결할 때 중간에 있는 도시가 파주·김포이다. 또 개성과 인천을 연결시키고자 할 때 반드시 거쳐 갈 수밖에 없는 지역이 김포이다. 그렇다면 개성공단과 관련하여 물류 통로 및 기지, 배후도시로서 수륙양면을 이용할 수 있는 적합한 곳은 김포라 할 수 있다. 이른바 수륙(水陸)교통과 해륙(海陸)교통이 교차되면서 상호호환성을 지닌 중계지역이다. 결국 김포는 한강하구를 개방 개발하고 최대한 활용하므로써 범경기만 경제벨트와 한강하구빌트를 모두 유기적으로 연결시키면서 중추적인 역할을 해야 한다. 따라서 김포는 서울의 위성도시나 혹은 인천 경제특구와 관련한 배후도시로 규정되는 소극적이고 수동적인 자세에서 탈피하여 좀 더 적극적으로 위상을 정립할 필요가 있다.

뿐만 아니라 경기만과 한강하구는 정치적이고 문명적인 상징성도 높다. 20세기 중반에 이르러 냉전 구도가 정착되면서 세계에서 가장 단단하게 얼어붙은 곳이 바로 한강하류와 경기만 해역이었다. 특히 한강하구는 정치 외교적인 장소로서 뿐만 아니라 남북의 해군과 육군이 충돌하는 군사지역이었다. 연평해전은 그러한 성격을 보여주고 있다. 그 동안 북한의 황해남도, 경기도 파주, 김포 그리고 강화도가 만나는 하류지역은 양 지역의 어떠한 선박이나 사람도 통항할 수 없었다. 뿐만 아니라 한강하류는 간첩이 오고가는 치안지역이었다. 그런데 사실 정전협정의 제1조 제5항에 따르면 "한강 하구의 수역으로서 그 한쪽 강안(강 기슭)이 다른 일방의 통제 하에 있는 곳은 쌍방의 민간선박의 항행에 이를 개방한다. ……쌍방 민간선박이 항해함에 있어 자기 측의 군사통제하에 있는 육지에 배를 대는 것은 제한받지 않는다."고 되어 있다. 형식적으로는 통행이 가능한 것이다. 하지만 그동안 현실은 그렇지 못했다.

그런데 지금 한강 하구를 둘러싼 정치·경제·군사적인 환경 등이 빠른 속도로 변하고 있다. 소비에트가 붕괴하면서, 러시아가 개방되었고, 중국이 사회주의 시장경제를 표방하면서 개방을 본격화하여 동아지중해, 특히 황해가 다시 열린 바다가 되어가고 있다. 최근에는 남북이 만나 통일을 지향하려는 몸짓들이 어느 때보다도 구체적이고 현실성이 강해지고 있다. 남북의 맹목적인 군사적 대치와 긴장이 부분적으로 해소되면서 법적근거가 희박한 한강하류 통항금지는 머지않아 유명무실화 될 수 있다. 그렇다면 김포는 당연히 새로운 시대에 걸맞는 역할을 맡을 수 있고, 경제적으로도 매우 유리한 입지를 확보할 수 있다. 또한 이곳에 평화가 깃들면 동아지중해도 평화로워지고, 이곳이 열려 있으면 동아지중해의 전 지역이 열린다. 일종의 평화지역(Peace Zone)인 것이다.

국내 자체에서의 물류망을 확대하는데도 매우 유리하다. 고려와 조선시대에는 한강을 조운에 활용했던 것처럼 현재도 그 가능성이 크다. 개성공단은 물론 해주 등과 이어지는 경기만 해안벨트가 형성된다면 또 다른 각도에서 한강하구는 물류의 통로 기능을 할 수 있을 것이다. 남북의 경제특구 설치 등 국내외 환경의 변화와 경기만의 지리적 가치, 역사적인 선례로 고려할 때 경인운하의 추진이 보류된다면 한강하구는 다양한 측면에서 새로운 가치를 가진 지역으로 부상 될 가능성이 높다. 한강수로사용, 포구의 복원과 항구건설, 다리건설, 도로신설, 단지조성, 문화관광특별지역 선포 등등의 사업들을 적극적으로 추진할 수 있다.

한편 김포는 신도시를 건설하기 때문에 도시의 성격과 위상에 변화가 불가피하다. 따라서 김포시의 가치효용성을 다각도로 고려해 새 도시모델을 설정할 필요가 있다. 한강 등 천혜의 자원을 효율적으로 활용한다면 환경도시, 관광도시로서 변모할 조건이 충분하다. 내부에 흐르고 있었던 자연수로나 인공으로 파놓은 농수로 등을 독자적으로 혹은 한강 본류나 바다와 연결시켜 활용하는 방안도 모색해야 한다. 이는 서울의 주변도시나 혹은 공장부지로서의 김포의 위상을 환경 혹은 생명도시로서 탈바꿈 시킬 수 있는 계기로 삼을수 있다.

또한 문화도시의 성격도 많이 회복할 수 있다. 삼국간의 경쟁이 치열하게 벌어진 전장이었으므로 한강하류 강변에는 고대국가들이 축조한 성곽 등 방어시설들이 많이 있다. 각 나라들은 존속기간 내내 자국이 점유한 지역을 중심으로 치밀하고 복합적이며 다양한 하안방어체제(河岸防禦體制)를 구축하였다. 적 수군의 침입 방어와 국토의 보존이라는 원론적인 점 이외에 외교통로 및 교역로를 보호하며 수군활동을 양성하는 복합적인 의미를 가졌다. 경관이 아름다운 곳에 설치한 이러한 성들도 복원한다면 관광상품의 가치가 훌륭함은 물론 한강은 물론 한강과 관련된 역사의 정체성을 인식하는 효율적인 도구가 될 수 있다.

5. 맺음말

김포시는 이제 독립된 도시로서 국제질서를 인식하고 활용하는 발전전략을 짜야 한다. 그 가운데에서 강해도시라는 틀로서 해양과 한강하구를 동시에 활용하는 사업을 본격적으로 추진해야 한다. 특히 한강하구는 다양한 측면에서 새로운 가치를 가진 지역으로 부상될 가능성이 높다. 그리고 실질적으로 북한의 개성지역과 한강하류를 공유하고 있는 김포는 스스로의 의사와 무관하게 새로운 위치에 놓여질 것이다. 한강 수로사용을 위한 공사, 부두시설 및 항구건설, 일산과 김포, 개성지역과 김포를 연결하는 다리건설, 도로신설, 단지조성, 한강문화관광특별지역 선포 등 할 일은 많다. 그리고 김포반도 내부를 흐르고 있는 많은 물길들을 이 큰 틀 속에서 활용할 필요가 있다.

03

고구려 수도의 *海陸的* 성격 검토[*]

―江海都市論을 중심으로―

1. 서 론

　　도시에 관해서는 일반적인 기능이나 구조, 성격, 사상성, 미학, 정치권력 등과의 관계 등이 규명의 대상이었다. 적지 않은 연구자들이 도시에 관심을 가진 채 연구해왔다.[1] 특히 도시사(都市史)[2]라는 입장에서 구체적으로 역사에 적용하면서 발표한 글들도 있다. 그리고 한국의 고대도시, 특히 고구려의 수도(首都)에 대해서 연구한 논문들도

---

[*] 「고구려 수도의 해륙적 성격」, 『백산학보』80, 2008.
[1] 董鑒泓 等 편, 成周鐸 역주, 『中國 都城 發達史』, 학연문화사, 1993, p.7. '중국도성발달사는 도성을 여러 종류의 물질적 요소로 구성된 하나의 종합체로 보고 이를 연구하는 것이다. 말하자면 도성의 총체적 배치의 변천(도로망, 주거지역, 상가분포, 녹지 및 수로 등을 포함), 도성 계획의 이론과 중심사상, 도시 공간 배치의 예술성, 도성의 유형 및 그 분포 등등을 종합적으로 연구하는 것이다.'
「中國歷代 수도의 유형과 사회변화」, 『역사와 도시』, 서울대학교출판부, 2000.
『강좌 한국고대사』7 - 촌락과 도시, 가락국 사적개발연구원, 2002.
[2] 민유기, 「서평 : 프랑스의 도시사 연구의 새 경향」, 『서양사론』92, pp.353~354.
도시사(Uran history)는 19세기 급격한 도시화가 낳은 사회적 문화적 구조 변동과 이것이 인간 삶에 미친 변화를 설명하는 '도시성(The Urban; Urbanity)'이란 개념이 일반화된 20세기 초에 등장했다. 20세기 중반까지는 특정 도시의 탄생, 성장, 변화를 다루는 도시의 일대기(City Biography)로서 '도시의 역사(Town's History)' 혹은 시사(市史) 연구가 진행되어 왔다. 하지만 1960년대부터 연구영역, 방법론, 사료 등에 대한 집단적 고민의 결과로 역사학의 새로운 영역으로 확립되었다.

적지 않다.³ 본고는 그동안에 연구되었던 관점과는 달리 우선 한국, 특히 고대국가인 고구려에서 왜 그러한 기준으로 도시의 위치를 선택했는가를 모색하는 작업이다. 예를 들면 도시 내지는 수도를 만들고 운영하는 국가의 입장에서 국토개편계획(國土改編 計劃)이나 국가발전전략(國家發展戰略), 더 나아가 세계의 질서재편 혹은 세계와의 관계에서 추진한 것은 아닐까?라는 의문에서 출발한다.

그를 위해 필자는 그동안 전개해왔던 '터와 다핵(多核, field & multi core)이론'을 적용해서 살펴보고자 한다. 동아시아는 육지 뿐만 아니라 해양과 유기적으로 연관을 맺은 일종의 지중해적 형태와 성격을 갖춘 '동아지중해(東亞地中海, EastAsian-Mediterranean-Sea)'이다. 필자는 그 동안에 발표한 글들을 통해서 고구려의 전성기는 이러한 동아지중해의 터에서 중핵(中核) 역할을 구현하는 것을 목표로 삼았으며, 그것을 실현시킬 구체적인 정책으로 자연환경, 역사적인 계승성, 당시의 국제관계를 고려할 때 해륙국가(海陸國家)의 구현이 필수적임을 주장했다.⁴ 해륙국가를 만들고, 해륙적 성격을 충분하

---

3 대표적인 논문은 다음과 같다.
朴性鳳,「廣開土好太王期 高句麗 南進의 性格」,『韓國史硏究』27, 1979.
徐永大,「高句麗 平壤遷都의 動機」,『韓國文化』2, 1981.
임기환,「고구려 都城制의 변천」,『한국의 도성』(서울학 연구총서 15), 2003.
정찬영,「평양성에 대하여」,『고고민속』1966-2, 1966.
최희림,『고구려 평양성』, 과학백과사전 출판사, 1987.
안병찬·최승택,「새로 발굴된 평양성에 대하여」,『조선고고연구』1988-4.
기타.
4 윤명철,「海洋史觀으로 본 한국 고대사의 발전과 종언」,『한국사연구』123, 2003.
윤명철,「한국사 이해를 위한 몇 가지 제언」,『한국사학사학회보』9, 한국사학사학회, 2004.
윤명철,「한국 고대사 연구의 반성과 대안」,『단군학 연구』11, 단군학회, 2004.
尹明喆,「東아시아의 海洋空間에 관한 再認識과 活用-동아지중해모델을 중심으로-」,『동아시아 고대학』14, 동아시아 고대학회, 경인문화사, 2006.
윤명철,「고구려 문화형성에 작용한 자연환경의 검토-터이론을 통해서-」,『한민족 연구』4, 한민족학회, 2007.
기타.

게 구현하려면 국토개편계획이나 국가발전정책 등이 필요하고, 그 가운데 하나가 '수도(首都)의 역할' 이다. 따라서 성공할 수 있는 수도라면 가능하면 해륙적 성격을 지녀야 한다.[5] 이는 수도와 국가의 관계에서 당연한 일이다.

수도를 선택하고 이용하는 일은 물론이고, 수도와 유기적인 시스템 속에 편재된 중요도시의 선택 또한 그러한 관점에서 이루어질 필요가 있다. 즉 국가발전정책과 수도의 역할은 일치되어야 한다. 이러한 가설 속에서는 역(逆)으로 수도의 위치 성격 역할 등의 규명을 통해서 국가의 성격, 발전방향, 지향성(指向性) 등을 이해하고, 고구려 발전의 또 한 원동력을 모색하는 일이 가능하다.[6] 즉 수도의 환경과 역할을 우리 역사 터의 전체, 동아시아 전체 틀 속에서 보아야 한다.

이 글은 주로 자연환경 및 자연환경과 연관된 역사적인 사실 등에 대해서 언급하면서 우선 고구려를 선정해서 수도에 대한 이해를 새롭게 했다. 일단 터의 문제로서 고구려의 위상에 논점을 두었다. 고구려는 내륙국가(內陸國家)이며 기마군단을 주력으로 한 국가로 이해되고 있었지만, 필자는 고구려가 한국 역사에서는 드물면서 독특하게 대륙과 해양을 유기적으로 연결한 터 속에서 발전한 해륙국가(海陸國家)임을 주장해왔다. 그러므로 이 연구에서 결론에서 내리고자하는 것은 수도(首都) 또한 해륙적(海陸的) 성격을 띄우는 것이 바람직하다는 것이며, 수도는 강과 바다, 다양한 육지 등을 유기적으로 연결시킬 수 있는 시스템을 갖추어야 하며, 그것은 구체적으로는 자연환경과 역사가 만나서 형성된 길, 즉 통로(通路)의 문제와 연관된다는 것이다. 결론적으로

---

5 윤명철,『광개토태왕과 한고려의 꿈』, 삼성경제연구소, 2005.
윤명철,『장수왕 장보고 그들에게 길을 묻다』, 포럼, 2007 등에서 이러한 논점을 피력하고 현재적인 가치로 해석했다.
6 배영수, 「도시사의 최근 동향」,『西洋史研究』17, 1995에서는 '요즈음에는 공간이 그러한 변형을 통해서 거꾸로 사회에 어떤 영향을 끼치는가 하는 문제가 주목을 끌고 있다.' (p.236), '또 공간이 사회적 구성물일 뿐만 아니라 사회적 과정의 일부이기도 하다면, 그것은 거꾸로 사회적 과정에 영향을 줄 수도 있는 것이다(p.248).' 등 페브르 등의 견해를 소개하면서 도시사에 대한 동향을 소개하고 있다.

고구려 전성기의 바람직한 수도는 강과 바다가 만나는 곳에서 형성되고 발전한 일종의 '강해도시(江海都市)'[7]라는 논리이다.

2. 우리 역사터의 해륙적 성격

1) 자연환경의 검토와 이해

역사에서 자연 또한 단순한 지리, 지형, 기후, 동식물의 분포도 등의 공간만을 뜻하지는 않는다. 공간은 기하학적(幾何學的)인 공간(空間) 혹은 자연적(自然的)인 공간(空間), 또 물리적인 평면(平面)만을 의미하지는 않는다. 지리정치적(地理政治的, geo-politic)으로는 영토이며, 지리경제적(地理經濟的, geo-economic)으로 생산장소와 시장이며, 지리문화적(地理文化的, geo-culture)으로는 소속된 주민들, 세계와 사물을 바라보는 방법, 인간과 집단이 지닌 가치관의 결정체이다. 그러므로 역사 공간을 이해하려면 자연지리의 개념과 틀을 포함하면서 역사와 문화 또는 문명의 개념으로 접근 할 필요가 있다.

역사공간 내부에서는 자연지리와 인문지리가 소통(疏通)되고, 내부의 인간 즉 주민들 간에도 활발한 교류(交流)와 습합이 이루어져야 한다. 특히 유형화된 문화는 내부에 유사한 요소들이 많고, 각개의 요소들이 불가분하게 유기적으로 연결되어 있음을 개관적으로 확인할 수 있어야할 뿐 아니라, 주관적으로 구성원들 대부분이 공동의 문화를 창조한다는 인식을 해야 한다.[8] 또한 서로를 존립의 필수적인 존재로 인식하고,

---

7 윤명철, 「강해도시 김포시의 역사성과 21c가치 효용성」, 『김포 수로도시 국회 공청회』, 김포저널, 2006. 6. 기타.
8 이러한 문화의 특성들에 대해서는 과거에 알려졌던 책들과 함께 최근의 것으로는, 히라노 겐이치로 저, 장인성·김동명 역, 『국제문화론』, 풀빛, 2004이 있다. 특히, 김창민 편역, 『세계화시대의 문화논리』, 한울, 2005에는 문화의 정체성과 관련하여 세계 여러나라들의 문화논리가 소개되어 있다.

공동의 이익에 문제가 생길 때에는 공동대응(共同對應)하는 시스템을 갖추어야 한다. 이러한 조건들이 갖추어져야 비로소 자연의 공간에서 역사의 공간으로 탈바꿈할 수 있다.

이렇게 형성된 하나의 역사공간에서는 비록 혈통과 언어 문화가 달라도, 또 중심부와의 거리가 멀거나, 국부적인 자연환경과 정치체제의 차이가 있어도 느슨한 하나의 '통일체(統一體)' 또는 '역사유기체(歷史有機體)',[9] 보다 큰 단위로서는 '문명공동체(文明共同體)'를 이룰 수 있다. 예를 들면 고구려·부여·동예·옥저·백제·신라·가야·왜 등은 각각 다른 정치체들이며 역사적인 경험은 물론 자연환경에 차이가 있다 해도 통일체임이 분명하다.[10]

필자는 이러한 역사공간을 이해하는 수단으로 몇 가지 요소(또는 단위)로 구분하고 있다. 우선 전체이면서 부분인 터(場, field)가 있다. 필자가 개념화한 '터'는 지리 기후 등으로 채워지고 표현되는 단순한 공간은 아니고, 생태계 인간의 거주형태 국가 등의 정치체제로 채워지고 표등이 모두 기후된 총체적인 환경이다. 터의 중심은 부분(部分)의 합(合)인 전체(全體)로서 완벽한 기본핵(基本核 : 中核, core)구조로 되어있다. 포괄적인 터의 성격이 집약되고, 대표성을 지닌 곳으로서 국가의 경우에는 수도가 이에 해당한다. 주변에는 주요도시에 해당하는 몇몇 소행성(小行星)들, 촌(村)에 해당하는 위성(衛星)들이 있고(多核, multi-core), 이 모든 핵들을 중첩적으로 연결하는 교통로인 선(線, line)들로 이루어졌다고 이해한다.

이러한 시스템은 몇 가지 특성을 지니고 있다. 모든 단위들이 유기적인 관계를 맺

---

9 유기체라는 용어는 단순하게 기계적인 것에 대응하는 개념으로 이해할 수 있으나 필자의 의도는 다르다. 초유기체라는 용어도 병행하고 있으나 다른 글에서는 생명체라는 용어를 사용했다.
10 윤명철, 「동해문화권의 설정 검토」, 『동아시아 역사상과 우리문화의 형성』, 민속원, 2005.
尹明喆, 「東아시아의 海洋空間에 관한 再認識과 活用—동아지중해모델을 중심으로—」, 『동아시아 고대학』 14, 동아시아 고대학회, 경인문화사, 2006.

고 있다. 그리고 상호보완적이며, 각각의 고유한 역할을 담당하고 있지만, 상황의 변화에 따라서 변동을 가져오기도 한다. 이러한 해석틀을 '터와 다핵(field & multi core) 이론' 이라고 명명했다.[11] 우선 '터이론' 의 한 부분을 적용해서 본고의 분석 대상인 고구려가 중요한 핵으로 소속된 동아시아라는 큰 터의 자연환경을 살펴보고자 한다.[12]

동아시아라는 역사의 '터' 는 지리적인 관점에서는 중국이 있는 대륙, 그리고 북방으로 연결되는 대륙의 일부와 한반도, 일본열도로 이루어졌다. 즉 크게는 대륙(大陸)과 해양(海洋)이 만나고 엮어지는 해륙적(海陸的) 환경의 지역이다. 또한 기후라는 면에서는 온대와 아열대, 아한대가 섞여 있으며, 바다와 평원·초원·사막·대삼림과 강 등이 한 터에 있으면서 상호작용하고 있으며, 생활양식과 종족들의 분포 정치체제는 이루 말할 수 없이 복합적이다.[13] 또한 문화적으로도 한반도를 가운데 두고 바다 주변의 주민과 문화는 상호간에 영향을 주고받는 일종의 '환류(環流)시스템' 을 이루고 있었다.[14] 필자는 동아시아의 이러한 지리적이고 문화적인 특성을 설명할 목적으로 동

---

11 '터이론' 의 정식명칭은 '터와 다핵(field & multi core)이론' 이다. 줄인다는 의미에서 또 터는 다핵을 포함한 개념이므로 약칭 '터이론' 이라고 한다. 아래 문장에서는 터이론이라고 줄여서 사용한다. 그동안 발표했던 내용은 졸고, 「동아시아의 해양공간에 관한 재인식과 활용 –동아지중해모델을 중심으로-」, 『동아시아 고대학』14, 동아시아 고대학회, 경인문화사, 2006, 12 ; 「동해문화권의 설정 검토」, 『동아시아 역사상과 우리문화의 형성』, 민속원, 2005 참조.

12 이 이론의 보다 상세한 소개와 이론을 이용하여 역사상의 실제적인 분석한 몇몇 연구가 있다. 졸저, 『고구려는 우리의 미래다』, 고래실, 2004 ; 『장수왕 장보고 그들에게 길을 묻다』, 포럼, 2006 ; 졸고, 「장보고를 통해서 본 경제특구의 역사적 교훈과 가능성」, 남덕우 편, 『경제특구』, 삼성경제연구소, 2003 ; 「동아시아의 해양공간에 관한 재인식과 활용-동아지중해모델을 중심으로-」, 『동아시아 고대학』14, 동아시아 고대학회, 경인문화사, 2006.

13 최근에 발표한 윤명철, 「渤海 유역의 역사문화와 동아시아 세계의 이해- '터(場, field) 이론' 의 적용을 통해서-」, 동아시아 고대학회, 2007.
윤명철, 「고구려 문화형성에 작용한 자연환경의 검토-터이론을 통해서-」, 『한민족 연구』4, 2007 등 참고.

14 강한 문화력(culture power)을 가진 A의 문화는 주변인 B에게 일정한 문화를 전수한다. 그런데 시대와 상황에 따라 지향하는 문화가 다르다. B의 문화 또한 A에게 전수된다. 이 관계는 主와 副가 있고, 일종의

아시아의 내부 '터'이면서 동방문명의 중핵으로서 동아지중해(東亞地中海, EastAsian-Mediterranean-Sea)란 모델을 설정하고 학문적으로 제시하였다.[15] 동아지중해에서 벌어진 역사활동에 영향을 끼치는 자연환경에 대한 구체적인 검토는 그 동안에 발표한 여러 논문에서 밝힌 바 있으므로 생략하고자 한다.[16]

동아지중해에서 지리적으로 한가운데에 있으면서 북으로는 육지와 직접 이어지고, 바다를 통해서 모든 지역들과 연결되는 지역에 고구려가 있었다. 그러므로 고구려가 동아지중해의 역사에 작용하는 역할이나 영향력은 결코 적지 않았다. 고구려가 이룩한 문화의 형성과 변천의 과정을 이해하려면 자연환경의 변화과정을 보다 더 구체적으로 이해하는 작업이 필수적임을 앞에서 언급했다.

상호작용이라고 볼 수 있다. 그런데 A문화가 B로 갔다가 B의 영향으로 변형을 한 다음에 다시 A에게 와서 영향을 주는 경우가 적지 않다. 마찬가지로 B의 문화가 A에게 전해져서 가공과 변형을 거친 다음에 다시 A의 형태와 포장으로 전해질 수 있다. 그러므로 선의 위치와 역할을 정확하게 파악하고 이해하는 일이 필요하다. 이것은 필자가 동아시아의 역사와 문화를 해석하는 틀로서 동아지중해이론을 설정하고, 그것을 보완하는 부차이론으로서 설정한 '環流시스템이론'의 大綱이다.

15 윤명철,『동아지중해와 고대일본』, 청노루, 1996 ;「장보고 시대의 해양활동과 동아지중해」, 학연문화사, 2002 ;『한민족의 해양활동과 동아지중해』, 학연문화사, 2002 ;『고구려 해양사 연구』, 사계절, 2003 ;『바닷길은 문화의 고속도로였다』, 사계절, 2003 ;『한국 해양사』, 학연문화사, 2003 ;「장보고를 통해서 본 經濟特區의 역사적 교훈과 가능성」,『경제특구』, 삼성경제연구소, 2003 ;「동아시아의 相生과 동아지중해모델」,『21세기 문명의 전환과 생명문화』, 세계생명문화포럼, 2002.12.
근래에 千田 稔,『海の古代史-東アジア地中海考-』, 角川書店, 2002가 서문에서 1996~98년까지 국제일본문화연구센터가 '동아시아지중해세계에 있어서의 문화권의 성립과정에 대해서' 라는 연구를 수행하고 그 보고서로서 이 책을 출판한다고 쓰고 있다. 그리고 그들의 동아지중해는 남지나해, 동지나해, 일본해, 황해, 발해를 가리키는 용어라고 규정하고 있다. 또한 이미 오래전부터 남방해양문화에 관하여 연구를 해 온 國分直一의 예로 들면서 그는 동아지중해를 4개의 지중해로 구성한다고 하면서 오호츠크해, 일본해, 동지나해, 남지나해라고 하였다. 동아시아를 동아지중해라고 부르고 연구를 진행하는 또 다른 학자는 독일 뮌헨대학의 중국사전공자인 Angela Schottenhammer 교수이다. 그는 동중국해, 황해, 일본해를 "동아시아 지중해"라고 설정하고 있다. 2005년 1월 하순 국립민속박물관에서 발표할 때 토론을 맡았다.
16 윤명철,「해양조건을 통해서 본 고대한일 관계사의 이해」,『일본학』14, 동국대 일본학연구소, 1995 ;「황해의 지중해적 성격 연구」,『한중 문화교류와 남방해로』, 국학자료원. 1997 ; 尹明喆,「黃海文化圈的 形成과 海洋活動에 대한 연구」,『先史와 古代』11호, 한국고대학회, 1998 등 참고.

고구려의 자연환경과 문화는 건국기의 초기핵(初期核)을 중심으로 기본틀이 형성되어 발전하는 전기는 비교적 단순한 모습을 띠었다. 첫 수도라고 알려진 환인(桓因)은 혼강(渾江)가에 있는 분지이지만 농경에 적합한 지역이다. 송화강(松花江) 유역인 길림(吉林)주변, 남으로 내려오면서 매하구(梅河口) 유하(柳河) 등은 평지가 있다. 그런데 광개토대왕이 추진한 국가발전정책에 힘입어 전성기에는 한반도 중부이북과 만주일대를 장악하고, 연해주 일부, 중국지역, 몽골, 일본열도, 해양 등과 직·간접으로 연결되었다.[17]

『위서(魏書)』 고구려전에는 장수왕 시대인 434년에 북위(北魏)의 사신인 이오(李敖)가 평양에 왔다가 돌아가서 보고한 기록이 있다. 거기에는 고구려의 영토가 요동의 남쪽으로 1천여리 동쪽으로는 책성(柵城), 남쪽으로는 소해(小海 : 청천강설, 경기만설)에 닿고 북쪽은 옛 부여에 이르며 –동서가 2천 리이며 남북은 1천여 리가 된다고 하였다.[18]

즉 전성기에는 만주일대 전체를 직접 지배하거나 부분적으로는 영향력을 행사하였다. 그 터 안에는 현재 한반도 지역과는 다른 다양한 자연환경이 있다.[19] 만주는 초원과 평원 그리고 삼림 등이 골고루 분포되어 있으면서 그 사이사이를 크고 작은 강들이 흘러가고 있었다.

일반적으로 강은 물자를 운반하는 데에 편리하고 수송량이 많기 때문에 물자를 유통시키는 물류망(物流網)으로 절대적인 역할을 담당했다. 또한 큰 강의 주변에는 평지가 발달하여 농경에 적합한 토지를 쉽게 확보할 수 있으며, 하구로 내려갈수록 그

---

17 徐榮洙, 「廣開土王碑文에 보이는 征服記事 再檢討 中」, 『歷史學報』, 1985, pp.106~107.
   千寬宇, 「廣開土王陵碑文再論」 등 해양과 관련해서는 필자의 졸고 등 참고.
18 『魏書』卷100, 列傳88, 高句麗.
   …敖至所居平壤城, 訪其方事, 云, 遼東南一千餘里, 東至柵城, 南至小海, 北至舊夫餘, 民戶參倍於前. 魏時, 其地,東西二千里, 南北一千餘里…
19 윤명철, 「고구려 문화형성에 작용한 자연환경의 검토-터이론을 통해서-」, 『한민족 연구』4, 2007 등 참고.

면적은 더 없이 넓어진다. 그러므로 강을 따라 도시가 발원하고 점차 영토를 확장해 가는 양상을 보인다. 강은 군사적으로도 중요한 의미가 있었다. 기병이 이동하는데 필수적이고, 강상수군(江上水軍)이 활동할 수 있었다.

백두산에서 발원한 송화강(松花江)은 유하(柳河) 휘발하(輝發河) 등과 만나면서 북으로 흘러들다가 대안(大安)에서 흥안령을 떠나 흘러내려온 눈강(嫩江)과 만난 후에, 다시 동북류하여(東流松花江) 흐르다가 (통항거리가 1,890km 물론 겨울에는 운항할 수 없다.) 흑룡강(黑龍

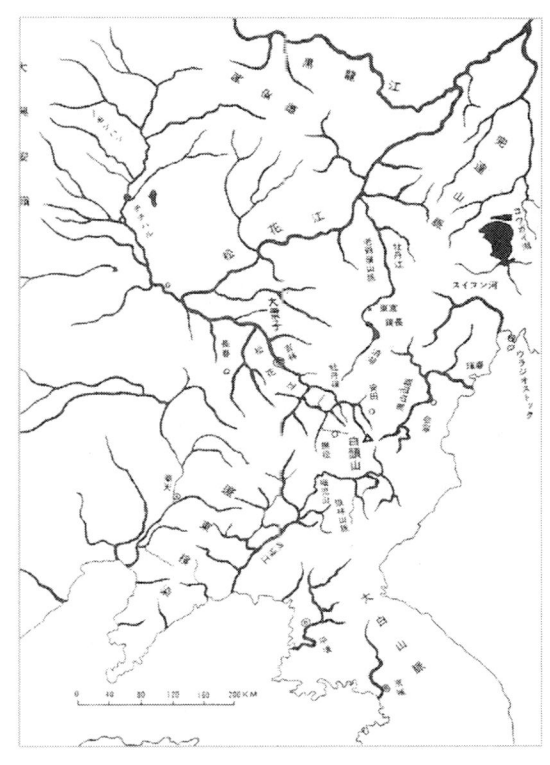

| 그림 1 | 백두산 부근도(이형석, 『백두산 천지』, 가천문화재단, 1993, p.40에서 재인용)

江 : 1,892km)과 만난다. 이 같은 북만주를 휘감고 돌다가 동해이북으로 빠져 나온다. 이 두 강은 주변의 지류 등을 포함하면서 초기의 부여를 비롯해 북방종족들이 성장하는데 영향을 끼쳤다. 요동반도에는 대양하(大洋河), 벽류하(碧流河) 등이 황해북부로 흘러들어가고, 혼하(渾河)·태자하(太子河) 등이 모이는 요하(遼河 : 325km)를 비롯하여 란하(灤河), 대릉하(大凌河) 등의 큰 강이 요동만, 발해만 등으로 흘러 들어간다.[20] 연해주 남

---

20 이 지역의 지리적 특성에 대해서는 주로 양태진, 『한국邊境史 연구』, 법경출판사, 1990, pp.94~100 및

부의 우수리강 유역에는 산간곡지(山間谷地)가 조금 있으며,[21] 고대사회에서 중요한 무역품인 질 좋은 목재가 풍부했고, 약재와 꿀·버섯·산삼 등 식용작물도 산출되었다. 짐승들의 가죽은 귀중하고 비싼 사치품으로 취급되었다. 담비가죽(貂皮)은 읍루(挹婁)에서도 명산이었다. 만주 지역은 이처럼 크고 긴 강들이 실처럼 전 지역을 연결하고 있어서 불편한 육로교통을 보완하는 수상교통이 발달했다.

일단 한반도 내부로 들어오면 강은 더 특별한 의미를 지닌다. 전체적으로 노년기의 산악지형이다. 백두대간은 동쪽에 치우치면서 바다와 붙어있어 사람들이 모여 살 만한 터가 부족했다. 반면에 서쪽은 지형이 낮기 때문에 멸악산맥, 마식령산맥, 차령산맥, 노령산맥 등이 뻗어 내리면서 자락이 넓고 물길 또한 서해안으로 흘러 들어가며 하계망(河系網)을 만들고 있다. 한반도 내에는 압록강(鴨綠江)·두만강(鴨綠江)·청천강(淸川江)·대동강(大同江)·한강을 필두로 하여 금강(錦江), 만경강(萬頃江), 동진강(東津江), 영산강(榮山江) 등 비교적 커다란 배들이 항행할 수 있는 강들이 18개나 된다. 이들 하천의 하구는 대체로 나팔모양을 유지하면서 바다쪽으로 개방되어 있기 때문에 해안선이 더욱 복잡하다. 또한 연안(沿岸)에는 크고 작은 만(灣)과 섬이 많다.[22]

고구려의 초기의 영토였던 지역에서는 강이 산골과 산골을 이어주고, 평야와 평야를 이어주었다. 뿐만 아니라 내륙과 바다도 강이 이어주었다. 수도와 직접 관련깊은 강은 압록강과 두만강이다. 압록강은 백두산에 출발하여 내려오면서 크고 작은 강들과 만나 황해로 접어든다. 중류에서는 북쪽의 혼강(渾江)이 남쪽으로 흘러오면서 합류한다. 한편 남쪽에서는 독로강(禿魯江)과 만나 수심이 깊어지고[23] 배들이 다닐 수 있는

『한국의 국경연구』, 동화출판사, 1981 등을 참조. 윤내현,「고조선의 西邊境界考」,『藍史鄭在覺博士 古稀記念東洋學論叢』, 1984에는 고조선의 경계를 이루는 각 강들의 위치를 중국문헌을 통해서 입증하고 있는데 당시 강들이 국가경계에 중요한 영향을 끼친 것을 대변하고 있다.
21 王承禮 저, 송기호 역,『발해의 역사』, 한림대학교 아시아문화연구소, 1988, p.106.
22 權赫在,「韓國의 海岸地形과 海岸分類의 諸問題」,『高大敎育大學院』3, 1975, p.80 참조.

수로(水路)인 통항(通航)거리가 길다(750km). 강 하류에는 하상도서(河上島嶼)가 많이 있고[24] 끝나는 곳에는 만(灣)이 발달되어 황해로 접어든다.[25] 압록강과 두만강 두 강의 연안은 총 3,673리인데, 압록강(鴨綠江)의 상류인 혜산강(惠山江)에서 동쪽으로 두만강(豆滿江) 상류까지의 거리는 120리이다.

두만강은 수심이 불규칙하며 수량이 부족할 뿐 아니라 중간이 길고 수로가 험악하여 해양과의 접근성이 좋지 않다. 하구에는 고구려의 책성(柵城)으로 추정되는 혼춘(琿春)이 있는데, 분지가 발달하여 농경이 이루어졌고, 강 하구 안쪽으로 들어와 있지만 해양으로 진출하는 전진기지이다. 대동강(大同江)은 길이가 450km에 달하는 결코 짧지 않은 강이다. 남강(南江)을 비롯해서 보통강(普通江)과 만나 평양지역을 에워싸며 돈 다음에 하류로 흘러오다 황주천(黃州川), 재령지역에서 북상한 재영강(載寧江)을 만나 바다로 흘러들어 간다. 이 대동강 수계(水界)는 내륙의 곳곳을 이어준다. 더구나 비교적 지대가 낮아 수량이 풍부하게 흐르면서 수로교통에도 편리하고 평야를 만들어 농사에 적합하다. 이러한 환경 덕분에 대동강유역은 기원 젼 1000~2000년을 전후하는 시대의 고인돌들이 집중적으로 분포되어 있다. 그밖에도 문화의 흔적이 깊고 뚜렷하여 북한에서는 소위 '대동강 문화론'을 주장할 정도이다.[26]

---

23 『신증동국여지승람』 義州牧.
  압록강은 "馬訾 또는 靑河 또는 龍灣이라고도 한다. 서쪽으로 요동도사(遼東都司)와 거리가 5백 60여리며, 그 근원은 만주(滿洲) 땅의 백두산에서 나오고, 수백 리를 남으로 흘러서 강계(江界)와 위원(渭源)의 지경에 이르러 독로강(禿魯江)과 합치고…" 라고 되어 있다.
24 『신증동국여지승람』, 義州牧.
  於赤島・蘭子島・黔同島・威化島・蘭子島 등이 있다.
25 『漢書地理志』卷28, 地理志 第8下 1에는 황해북부로 흘러들어가는 강들에 대해서 본문과 주를 통해서 상세하게 설명하고 있다. 특히 玄菟郡 西盖馬縣 註에 "馬訾水 西北入監難水 西南至西安平 入海 過郡二 行二千一百里" 라 하여 압록강에 대하여 상세하게 설명하고 있다. 그 당시 서안평이던 단동지역에는 靉河 등의 강이 흘러들고, 위화도 등 섬들이 있다.
26 리순진, 「〈대동강 문화〉의 기본내용과 우수성에 대하여」, 『조선고고연구』 1999-1호(110호), p.6.
  대동강문화론과 관련해서 『조선고고연구』 1999-1호(110호)에는 각종 논문들이 실려 있다.

|그림 2| 압록강과 두만강을 비롯한 만주지역의 강 분포도(『군현지도』)

큰 강의 주변에는 넓은 충적평야가 생겨나면서 사람들이 모여들면서 마을과 도시가 형성되었다. 강의 수로(水路)를 통해 내륙지방(內陸地方)을 연결하는 일이 수월하므로 생산한 물품을 쉽게 운반하면서 교환할 수 있다. 따라서 구릉성산지가 발달한 노년기지형에다 강이 발달한 한반도에서는 강을 장악하면 정치적으로 내륙을 통합(統合)하는 데 유리하고, 물류도 원활하게 이루어져 하나의 생활권, 경제권을 만들 수 있다. 따라서 강은 정치적으로, 경제적으로, 군사적으로 큰 역할을 하였다.

그래서 고대국가 이전의 소국(小國)들은 농경이나 어로 등 생활상의 이익을 위해 강 주변이나 바다 가까이 있을 수밖에 없었다.[27] 또한 주변의 다른 소국이나 외국과 교섭해야 하고, 바다를 통해서 들어온 물품들을 수로를 이용하여 내륙지방으로 공급해야 한다. 그런 까닭으로 소국들은 공급지와 수요지, 그리고 집결지를 연결시켜 주는 큰 강의 나루나 바다의 만 내부, 포구(浦口) 등에서 성장하였다. 필자는 소국들의 이러한 성격을 중시해서 나루국가 용어를 사용한 바가 있으며, 특히 강과 바다가 만나는 접점에서 발전한 도시를 강해도시(江海都市)라고 개념화 시켰다.[28] 한국역사를 보면 소국들뿐만 아니라 대부분의 국가들이 강가의 나루나 바다와 만나는 하류의 포구에서 건국했고, 강을 최대한 활용하여 나라의 힘을 강하게 키우고 백성들을 잘살게 하는데 활용했다.

한편 고구려 영역에서 중요한 부분을 차지하고, 역사에서 중요한 역할을 한 것이 해양이다. 동아시아에서 고구려의 바다 영역은 황해중부이북, 발해의 일부인 요동만, 동해중부이북, 타타르해협이 있다. 내해들은 주변의 육지들이 둘러싼 지중해적 형태

---

[27] 고구려 건국 초기의 주변국가들, 三韓 78개국의 일부는 그러한 성격을 가지고 있었을 것으로 여겨진다. 일본의 奴國·末盧國·伊都國 등은 그러한 海港國家였을 것이다.(江上波夫, 「古代日本の對外關係」, 『古代日本の國際化』, 朝日新聞社 1990, p.72 참조. 武光 誠, 『大和朝廷は古代の水軍がつくった』, JICC, 1992, pp.32~36 참조). 필자는 '나루국가' 라는 용어를 사용하고자 한다.
[28] 윤명철, 「강해도시 김포시의 역사성과 21c가치 효용성」, 『김포 수로도시 국회 공청회』, 김포저널, 2006, 6.

로서 육지와 거의 비슷한 넓이이다. 황해는 내해(內海, inland-sea)적인 성격이므로 해양 활동이 비교적 용이하다. 서한만(西韓灣), 요동반도(遼東半島), 발해(渤海) 등이 있는 황해 북부는 리아스식 해안이고, 만이 발달했으며 많은 섬들이 산재해 있다. 특히 서한만(西韓灣)이나 요동만(遼東灣) 등은 남만주 지역의 여러 강의 하구(河口)와 만나는 지점이므로 소규모 해양활동을 하기에 안전하고 적합한 지형이다. 특히 한반도의 서북부 연안과 중국의 산동(山東), 화북지방을 연결할 경우 통과하는 해양의 길목으로서, 중앙정치권력의 영향을 벗어난 독자적인 해양세력이 존재했을 것이다.[29]

요동반도 남쪽 끝에서 동쪽 근해에는 장산군도(長山群島)라고 불리우는 섬밀집지역이 있다. 이곳에서는 선사시대 유적을 비롯하여 해양관련 유적들이 많이 있다. 황해 북부와 요동만, 발해만을 이용하는 해양물류망(海洋物流網)을 형성하였다. 발해 안의 요동만은 요하하구를 중심으로 서쪽에는 대릉하하구 금주만(錦州灣)·연산만(連山灣) 등의 작은 만으로, 동쪽에는 복주만(復州灣)·보란점만(普蘭店灣)·금주만(金州灣) 등으로 이루어져 있다. 그런데 요동만 해안의 일부는 호소(湖沼)지대를 형성하였으며, 해안선은 오랜 시간에 걸쳐 서서히 발해 쪽으로 확장되었다고 추정된다.[30]

동해는 해변에 평지가 부족해서 농경이 발달하지 못했고, 인구가 집중되지 못했다. 또한 섬들이 적고 원양에 노출되었고, 파도의 영향이 크므로 항해하기에 불편하

---

29 윤명철,「遼東지방의 해양방어체제연구」,『정신문화연구』77, 1999.
　윤명철,「고구려의 요동 장산군도의 해양전략적 가치 연구」,『고구려연구』15, 2003.
30 유재헌,『중국역사지리』, 문학과 지성사, 1999, p.92. 요동만의 북쪽을 흐르는 '下遼河: 동·서 요하가 합류하는 지점 이하의 요하)' 유역 평원 중에서 제 4기 後氷期의 海浸으로 물에 잠기지 않은 해안 부분은 배수의 불량으로 인하여 湖沼地帶를 형성하였다. 진대 말기~당대 초기에 遼西 지방과 遼東지방 사이를 왕복하며 남긴 기록에도 이러한 정황은 그대로 반영되어 있다. 더욱이 요하의 하구인 營口는 원래 명대 말기~청대 초기에 요하의 하구 밖에 있는 하나의 모래섬에 불과하였다. 그 후, 하구 부근에 이사가 퇴적됨에 따라 이 모래섬은 1820~1830년 대에 마침내 육지와 맞붙게 되었으며, 요하 하구는 영구 바깥쪽, 즉 발해쪽으로 이동하였다. 현재의 지형을 토대로 고대의 역사와 문화를 이해하는데 얼마나 오류가 있을 수 있는가를 알려주는 예이다.

다. 때문에 생활영역이 적고, 큰 해상세력도 존재하지 않았다. 주민과 문화의 교류와 만남이 적었고, 문화가 활발하지 못했다. 하지만 선사시대부터 활동의 무대가 되어 비록 여러지역들 간의 교류에[31] 긍정적인 역할을 담당하였으며, 독특한 문화를 창조하는 터의 역할도 하였다. 필자는 이를 동해문화권으로 설정한 바 있다.[32]

연해주(沿海洲) 남부에서 두만강 아래까지는 해안가를 끼면서 옥저·동예가 있다. 이미 6대 태조대왕 때에 본격적으로 진출하여 영토로 삼은 지역이다. 고구려는 전기에 동옥저에서 담비가죽·포(布)·어염(魚鹽)·해중식물(海中食物) 등을 조세로 받았다. 동예는 반어피(班魚皮)라는 독특한 물고기껍질이 생산되었다. 이 지역은 바다에서 고래잡이를 비롯한 어업이 활발했다. 타타르해협에 해당하는 해역도 고구려와 연관이 있었다. 『후한서』 동이전에는 '읍루는 옛 숙신국 땅이다. 남으로는 북옥저와 접해있다'고 3~4세기 전후의 상황을 말한다. 『삼국지』 동이전에 따르면 그들은 오곡농사를 짓고, 우마(牛馬)를 키우며, 마포(麻布)도 사용했다고 한다. 도 흑요석의 석촉을 사용하였는데, 독화살이었다. 바다에서 물고기도 사냥하였으며 조선술도 뛰어났다.

이처럼 고구려는 전성기에 이르면 자연환경이 크게는 바다와 대륙과 반도가 만나고, 내부는 초원·평원·삼림이 있는 육지, 사이를 흐르는 크고 작은 강들, 그리고 바다로 이루어진 하나의 유기체(有機體)가 되는 전형적인 해륙적 성격을 지닌 나라가 되었다. 고구려가 활동한 핵심 터인 남만주와 한반도 지역에서 강과 바다는 지리나 지형 등 자연환경을 넘어서는 역사활동의 주요한 터였다. 어업·농업·무역과 직접 연관이 됐으며, 강과 바다 초원과 바다, 평원과 바다를 연결해서 전체를 하나로 연결시키는 교통로이기도 하였다. 따라서 국가의 발전을 위해서는 정치·경제·사회·문화적

---

31 安田喜憲,「日本海を めぐる 歷史の 胎動」,『季刊考古學』15, 雄山閣出版社, 1986, pp.14~16에서 일본해 문화권이라는 또 다른 공간의 유형화가 필요하다는 점을 제기한다.
32 윤명철,「동해문화권의 설정 검토」,『동아시아 역사상과 우리문화의 형성』, 민속원, 2005.

으로 해륙국가(海陸國家)를 지향해야하며, 수도는 그런 정책을 효율적으로 수행하는 핵심역할을 해야 한다.

2) 수도 선정의 조건 검토

고구려의 자연환경은 앞에서 언급한바와 같다. 이러한 환경 속에서 국가 자체와 수도의 발전을 위해서는 수도는 해륙적 성격을 유지해야만 한다. 우선 수도의 일반적인 특성을 살펴보자. 일반적으로 수도(首都)는 통치의 중심지이며 정치권력의 집중지이므로 수도가 한 나라의 정치·군사·문화 등 모든 분야에 끼치는 영향은 실로 지대하다. 따라서 수도의 선택에는 국가의 운명이 달려 있을 수 있다. 그러므로 수도(首都)의 평가와 선택에는 수도의 기능과 역할에 대한 이해를 기본토대로 해야 한다.

수도의 기능은 첫 번째로 정치(政治)·외교(外交)의 중심지(中心地)이어야 한다.[33] 국가의 상징이므로 정부의 각 기관으로부터 전국 도처에 명령이 전달되고, 그 조치결과가 집결되어야 하며, 교통(交通)·통신망(通信網)이 방사(放射)되고 외국으로부터 정보가 입수되어야 한다. 그러기 위하여는 가능한 한 지리적으로 중앙에 위치(中央的 首都 central capital)하여야 하고, 최대한 교통의 이점이 있는 곳이어야 한다. 중앙적 수도는 중앙과 주변지역 간에 가장 짧은 거리를 유지함으로써 가장 광대한 영토를 통치할 수가 있다. 따라서 중앙집권화된 수도로서 적당하다.[34]

둘째, 수도는 군사도시의 역할을 잘 수행해야 한다. 고대사회에는 모든 권력과 기능이 수도로 집중되어 있으므로 적의 공격으로부터 안전해 한다. 때문에 동서고금을

---

33 수도는 中核地가 된다. 한 장소가 中核地가 되려면 많은 인구와 풍부한 자원, 집중된 정치권력, 교통상의 結節點(nodal point) 및 비농민을 부양할 수 있는 토지 등을 갖추어야 한다. 中核地의 개념에 대해서는 任德淳, 『政治地理學原論』, 일지사, 1988, p.249 참조.
34 任德淳, 위의 책, p.251, p.253 참조.

막론하고 수도(首都)의 위치와 역할에 대해서는 주로 군사적인 측면에 비중과 의미를 두고 분석한 경우가 많다. 중국의 수도 위치는 북방에 있는 최대의 이민족(異民族)의 위치와 깊은 연관을 맺고 있는 것처럼 보인다. 사실 전통왕조의 수도는 군대의 최대 주둔지인 동시에, 최대의 병참기지(兵站基地)였다고 한다.[35] 한국 역사의 경우에도 수도 선정에 방어상의 조건을 고려하였고, 실제로 그러한 기능을 수행하였다.

수도는 또한 경제의 중심지역할을 해야 한다. 일반적으로 고대에는 인간의 이동(移動)이 자유롭고 물자(物資)의 집결(集結)이 용이한 곳은 도시이다. 그리고 자급자족품목(自給自足品目) 외에 일상생활용품과 사치품 등을 필요로 하는 곳은 대도시 내지 수도이며 무역품이 모여드는 곳도 수도이므로 경제중심지 역할을 해야 한다. 중국역사에서 한대(漢代) 장안(長安)에는 9개의 시장이 남북 주요 간선도로의 동서 양편에 분포되어 있었다. 이렇게 시장이 집중적으로 형성된 것은 상업이 상당히 발달되었다는 것을 반영한다.[36] 동진(東晉)의 건강(建康), 송(宋)나라의 개봉(開封) 등은 대표적인 경제수도의 역할을 한 곳이다.[37]

뿐만 아니라 수도는 문화(文化)의 집결지(集結地)와 개화지(開化地)의 기능을 해야 한다. 특히 고대는 문화의 담당자들이 수도에 집중되었으므로 지방에 문화를 보급(普及)하는 공급원 역할을 해야 한다. 따라서 외국에서 문화를 수입 할 필요가 있는 경우에 수도의 위치는 외국과 직접 교통하기에 편리한 위치에 있어야 한다. 만약 수도 이외의 다른 도시에서 교통의 이점을 활용하여 문화의 성장이 이루어지는 경우에는 수

---

35 開封은 華北平原에 위치하여 육로와 수로가 사통팔달인 교통의 중심이다. 특히 성내로 漕運이 가능한 4개의 하천(金水河·五杖河·惠民河·汴河)이 貫通하고 있다. 박한제, 「中國歷代 수도의 유형과 사회변화」, 『역사와 도시』, 서울대학교출판부, 2000, p.69.
36 董鑒泓 等 編, 成周鐸 역주, 『中國 都城 發達史』, 학연문화사, 1993, p.46.
37 隋 王朝가 통일을 이룩한 후 만든 大運河는 국내 상업의 유통을 촉진시켰으며, 당시 대제국의 경제적 동맥 역할을 하였다. 董鑒泓 等 編, 成周鐸 역주, 위의 책, 1993, p.65.

도와 정치적인 갈등이 발생할 가능성이 많다.

국가라는 터의 기본 핵인 수도는 자체적으로도 완결적이고, 존재이유가 있다. 마치 인체의 경혈(穴)이 경락들을 이어주는 것처럼 다른 핵들과 선들을 이어주는 역할을 하므로 집합과 배분의 장소도 동시에 한다. 또한 다른 상태로 전화가 가능하므로 필요에 따라 관리와 조정기능을 하며 문화를 주변에 공급하는 능력도 있다. 내부적으로 다른 중요도시 및 기타 도시 지역들과 유기적인 관계를 맺어야 하는데, 일종의 목(項, spot)이지만 직선이나 나무(tree)형이 아니라 방사상(放射狀)으로 퍼지는 일종의 허브(hub)형이다. 이러한 특성들은 결국 국가단위의 교섭을 매개하는 역할도 보다 원활하게 할 수 있는 조건이 된다.

그러면 고구려에서 도시가 어떻게 발생했을까? 고구려라는 국가의 명칭이 성을 뜻하는 '구루(溝漊)'에서 나왔다는 설도 있을 정도로 성은 각별한 의미를 지닌다. 중국사에서 '도시(都市)'라는 말 대신 '성시(城市)'라는 용어를 사용하는 것은 城과 市가 갖는 의미를 잘 말해주고 있다. 중국고대에서는 도읍(都邑)을 원래 '城'이라고 불렀다. 城은 원래 정치적(政治的) 권위(權威 : 王)를 보위(保衛)하기 위한 고장벽루(高墻壁壘)라는 뜻이었다. 하지만 市의 의미가 덧붙여지면서 도시의 기능을 하게 되었다.[38] 고구려에서 城은 정치공간으로서 매우 중요한 역할을 했다. 『구당서(舊唐書)』에 따르면 60여 개의 성에 주(州)와 현(縣)을 두어 정치를 했다고 되어있다. 흘승골성(紇升骨城)·국내성(國內城)·장안성(長安城)·평양성(平壤城) 등은 수도의 역할을 한 성이고, 요동성(遼東城)·오골성(烏骨城)·장수산성(長壽山城) 등은 각각 해당지역의 정치중심지 역할을 담당하였다. 특히 단동(丹東) 근처의 봉성(鳳城)에 있는 오골성(鳳凰城)은 둘레가 무려 15km에 달하고 내부는 아주 평탄해서 10만 명 정도 거주할 수 있을 정도이다. 그래서 북한학자들은 이 성이 고구려의 부수도 가운데 하나인 북평양(北平壤)이었다고 주장하고 있

---

38 『강좌 한국고대사 7』, p.216.

다.

　성은 생활의 공간이므로 성 안에는 성주나 관리들이 거주하고, 군사들이 주둔하며 백성들도 일부는 성안에 살았다. 또한 경제공간이기도 하였다. 내부에서 이루어지는 생산과 교환과 소비활동 뿐만 아니라 다른 성 또는 다른 지역이나 나라와 이루어지는 무역도 역시 관련이 깊다. 성 안이나 근처에서 고대화폐들이 발견되는 것은 이 때문이다. 성은 문화공간의 역할도 담당하였다.

　하지만 고구려에서 성은 일단 유사시가 되면 전문적인 군사공간으로 탈바꿈하였다. 성을 중심으로 방어체제가 구축되고, 유사시에 방어거점구실을 하였다. 이러한 성의 특성과 역할 등을 고려하면 일종의 도시와 유사하였음을 알 수 있다. 그런데 중요한 성들의 위치를 살펴보면 대부분은 영토 전체의 자연환경과 마찬가지로 강 또는 바다 등 물과 관련이 깊다. 왕검(험)성(王險城)・국내성(國內城)・평양성(平壤城)・한성(漢城)・웅진성(熊津城)・사비성(泗沘城)・금성(金城)・상경성(上京城)・개경(開京)・한양(漢陽) 모두 그러하다.

3. 국내성의 海陸的 성격 검토 – 河港도시

1) 역사적 환경의 변화

　수도의 선정과 형성은 현실의 다양한 요인들이 복합적으로 작용하지만, 한 시대의 역사적인 발전이 반영된 산물이다.[39] 그러므로 수도의 선정과 천도의 기본 전제는

---

39 董鑒泓 等 편, 成周鐸 역주, 『中國 都城 發達史』, 학연문화사, 1993, p.8에는 '도성 발달의 시대구분에는 그 시대의 역사적 특성이 반영되어 있는 것을 알 수 있다. 따라서 그 전체의 시대구분은 마땅히 사회발

반드시 역사적인 전체 환경 속에서 살펴볼 필요가 있다.

앞에서 살펴본 자연환경을 지닌 고구려가 전형적인 해륙국가(海陸國家)임을 필자는 여러 연구에서 발표하였다. 그렇다면 고구려가 해륙국가의 전제조건인 강과 바다의 유기성을 활용하기 위해서 수도를 어떻게 선택하고, 활용해갔는가 살펴보자. 수도의 위치는 국가발전 전략, 동아시아 세계의 체제와 어떤 관련이 있을까?

고구려의 첫 수도는 홀승골성(訖升骨城)이다.[40] 『삼국사기』 고구려본기와 광개토왕릉비문에는 주몽이 비류수(沸流水)에서 건국하였다고 기록하였다. 『삼국지』 고구려전과 『후한서』 고구려전에 따르면[41] 압록강(鴨綠江)인 대수(大水)와 지류의 하나로서 혼강(渾江)유역인 소수(小水)의 홀승골성(紇升骨城)에서 건국하였다고 한다.[42] 소수가 혼강이 아니라는 견해도 있으나 첫 수도가 현재의 환인(桓仁)부근인 것에는 대부분 일치되고 있다.[43] 환인지역은 혼강(渾江)[44]이 지류와 산과 계곡으로 둘러싸였으며 평야도 발달했다.[45] 환인지역은 혼강 상류를 통해 통화로, 지류인 신개하(新開河)를 통하여 집안(集安)

달사를 중요 관점으로 삼아야만 한다. …도성은 장기간여 걸쳐 이루어진 것으로서 사회와 경제 및 기술적 조건의 제약을 많이 받으면서도 발달과 변화는 비교적 완만하게 이루어져 일정한 연속성을 가지고 있으므로 어떤 하나의 특수한 정치적 사건을 전후로 한 갑작스러운 변화는 없는 것 같다.' 라는 내용이 있어 도시발달과 역사상의 관계에 대한 이해를 돕는다.

40 『삼국사기』권13, 고구려본기, 始祖 東明聖王.
　『魏書』卷100, 列傳 第88, 高句麗.
41 『三國志』卷30, 魏書30, 東夷傳, 高句麗.
　'又有小水貊, 句麗作國, 依大水而居, 西安平縣北有小水, 南流入海, 句麗別種依小水作國, 因名之爲小水貊.'
　『後漢書』卷85, 東夷列傳 75, 句驪.
　'句驪一名貊, 有別種, 依小水爲居, 因名小水貊.'
42 이와 달리 李龍範은 桂婁部가 鐵産地인 豆滿江 유역에서 佳爾江 유역으로 팽창하였다고 주장하였다(李龍範, 「高句麗의 成長과 鐵」, 『韓滿交流史』, 동화출판공사, 1989, p.106).
43 필자는 다른 견해를 갖고 있으며, 여러 논문에서 견해를 피력한 바 있다.
44 渾江인데 길이는 445km로서 상류에는 비류수인 富爾江을 비롯하여 6개의 지류가 흘러들어오고 하류에선 압록강과 합류한다. 수심이 2.76m이고 최대 수심은 4.4m이다(李金榮 主編, 『桓因之最』, 1992, 桓因縣 蠻族自治縣地方志辦公室).

으로, 하류를 통해 압록강의 중류와 만나 황해로 들어간다. 또한 서쪽으로 소자하나 태자하 상류를 통하면 요동평원으로 나아갈 수 있는 교통의 요지이다.

주몽은 주변의 비류국을 점령한 후에 태백산 동남방에 있는 행인국(荇人國 : 현재 함경북도 지역)을 쳐서 점령하였다. 이어 기원전 28년에는 동북만주 연해주일대인 북옥저(두만강하구와 연해주남부지역)를 공격하여 복속시켰다. 10년 동안에 영토를 동해안 지역까지 넓힌 것이다. 하지만 환인은 해안선과 직접 닿을 수는 없고, 멀리 떨어진 소국들을 병합하는데 조차 곤란한 환경이다. 이러한 한계를 타개할 목적으로 초기부터 천도를 추진할 수밖에 없었다.

두 번째로 정해졌으며, 실질적으로 400여 년 동안 수도 역할을 한 곳이 국내성(國內城)이다. 현재 중국 길림성의 최남단이며 압록강 중류에 있는 집안시이다. 사방이 산으로 둘러싸인 동서 10km, 남북 5km의 분지로서 남쪽에는 압록강이, 서쪽에는 통구하가 흐르고 있다.

궁성(宮城)과 도성(都城)·행성(行城)은 구분해야하며, 국내성이 수도(首都)를 뜻하는 도성(都城)이라면 시내 한복판에 있었던 둘레가 총 2.7km인 사다리꼴 모양의 성은 수도의 한 부분인 평지궁궐이며, 수도는 집안분지 전체를 가리켜야 한다. 이곳은 온대 대륙성 기후대에 속하며 사계절이 뚜렷하다. 집안은 노령산맥의 산들이 막아주며, 남쪽에서는 압록강이 온대 계절풍을 실어다 주어 같은 위도상에 있는 다른 도시보다 따뜻한 편이다. 유리왕(琉璃王) 22(A.D 3)이 국내성(國內城)으로 천도하기 직전에 설지(薛支)가 천도(遷都)를 간(諫)한 글이 있다.[46] 이 글은 강의 중요성과 함께 경제적 이점 중에는 물고기의 획득이 중요하다는 사실을 보여주고 있다.[47]

---

45 동가강은 현재의 渾江이다.
46 『삼국사기』권13, 고구려본기, 유리왕 21年.(이하 『삼국사기』원본과 역주인용은 李丙燾, 『原本 三國史記』, 『國譯 三國史記』, 을유출판사, 1977 인용.) …見其山水深險, 地宜五穀, 又多麋鹿魚鼈之産, 王若移都, 則不唯民利之無窮, 又可免兵革之患也.

| 그림 3 | 高句麗圖 (이형석 『백두산 천지』, 가천문화재단, 1993, p.48 에서 재인용)

유리왕은 수도 천도를 단행한 후에 대외정복전쟁을 벌였다. 3대 대무신왕은 A.D 37년에 남쪽의 낙랑국(樂浪國)을 멸망시켰다. 뿐만 아니라 후한의 광무제에게 사신을 파견하여 고구려의 위상을 높였고, 압록강 하구의 영향력을 놓고 심각한 갈등을 벌였다. 4대 민중왕 때에는 동해사람인 고주리(高朱利)가 고래눈을 바쳤는데,[48] 그는 현지에 파견된 왕족이거나 귀족으로서 어로집단을 관리하며, 두만강 이북의 해안을 근거지로 삼았을 가능성이 크다.

이처럼 건국한 초기에는 강을 활용해서 대외정책들을 추진했다. 특히 압록강과 두만강은 고구려의 중심부를 각각 황해와 동해로 연결시켰다. 하지만 단순하게 활용하는 수준에 머물렀으며, 국내성은 내륙하항도시(內陸河港都市)의 단계였을 것이다. 그러나 점차 강과 바다는 더욱 중요한 역할을 하게 되었다. 5대 모본왕은 A.D 49년에 요하를 지나 북평(北平)·어양(漁陽)·상곡(上谷)·태원(太原) 등 현재 북경근처인 화북일대를 공격하였다.[49] 6대 태조대왕은 A.D 55년에 요서에 10성을 쌓았으며 여러 소국들

---

47 현재도 압록강에서 잡히는 물고기는 이 지역 사람들에게 중요한 식재료가 되고 있다.
48 『삼국사기』, 고구려본기, 閔中王 4年, …東海人高朱利, 獻鯨魚, 目夜有光.

을 병합하는 한편 동해까지 진출하였다. 그리고 146년에는 압록강 하구인 서안평(西安平) 공격을 단행한 후에 대방령(帶方令)을 죽이고 낙랑태수(樂浪太守)의 처자를 잡아왔다.[50] 또한 동쪽으로 진출하여 두만강 하구에 책성(柵城)을 설치하였으며, 또 동옥저를 완전하게 정복함으로써 동해안에서도 해양활동을 시작하였다.

이때 고구려의 영토는 북으로는 부여(夫餘)의 영토를 잠식하였으며, 동쪽으로는 두만강 하구에서 연해주(沿海州) 남부의 일부까지 닿았고, 타타르해의 일부와 동해북부에도 영향력을 행사하였다. 남쪽은 대동강 유역 가까이 진출해서 서해북부해역에 대한 영향력을 확대하였으며, 중국세력과 맞대고 있는 서쪽은 요하(遼河)의 동쪽 중간지대까지 진출하였으나 국경선이 확정되지 못한 채 공방전을 벌였다. 이러한 상황에서 강은 수도권 또는 내부를 연결하는 수로 기능을 넘어 바다로 유기적으로 이어지면서 국가발전의 중요한 요소로 비중이 높아졌다. 고구려의 フ 본핵(基本核)은 이러한 과정 속에서 확립되었다.

3세기에 들어와 동천왕 시대에 이르면 다시금 서안평(西安平) 공방전이 본격적으로 펼쳐진다. 서안평은 요녕성 단동시내 동북쪽 외곽에 있는데, 내륙국가(內陸國家)의 틀을 벗어나지 못한 고구려로서는 황해로 나가는 유일한 출구이며 국내성의 외항이었다. 고구려는 이곳을 이용해서 중국 본토와 군현 세력들 사이를 연결하는 육로와 해양교통로를 차단하였으며, 본격적으로 압록강과 서해북부를 연결하여 요동반도와 해양으로 진출할 수 있는 교두보를 확보하였다. 233년 이후에 오(吳)나라의 손권(孫權)과 교섭할 때 교섭한 항구였다. 손권이 235년에 파견한 사자(使者)들은 이 항구에서 말 80필 등을 싣고 돌아갔다. 고구려는 이제 국제정치에서 해양을 본격적으로 활용하는 단계에 이르렀다.

---

49 『삼국사기』, 고구려본기, 2년.
50 『삼국사기』, 고구려본기, 태조대왕 94년.

서천왕(西川王) 때(288년)에 해곡태수(海谷太守)가 고래눈을 바쳤다는 기록이 있다.[51]
『삼국지』동이전에는 고구려에서는 피지배계급인 하호(下戶)가 쌀·물고기·소금 등을 멀리서 지어 날랐다는 기록이 있다.[52] 같은 책에 따르면 동예(東濊)사람들은 고구려에 반어피(班魚皮)를 바쳤으며, 먼 바다까지 항해하였다.[53] 동옥저(東沃沮)는 바다 멀리까지 나가서 고기잡이를 하였다.[54] 이러한 기록들은 당시 동해(東海)에서 어로활동능력(漁撈活動能力)이 있었고 원양항해와 상업어업이 실시되었음을 보여준다.『삼국지』위지 동이전에 기록된 풍속 등을 근거로 동옥저인이 먼 바다로 항해를 하였는데, 그들이 말하는 동쪽의 큰 섬이 일본열도 북부엔 좌도(佐渡)섬이라는 견해도 있다.[55] 이 무렵에 연해주 지역의 읍루(挹婁)는 배를 타고 다니면서 노략질을 하였다.[56] 이렇게 해서 고구려는 강들과 함께 황해와 동해 등의 바다를 유기적이고 적극적으로 활용하는 단계까지 이르렀다.

　미천왕(美川王)은 302년에 3만명의 군사로서 현도군(玄兎郡)을 공격하고, 이때 사로잡은 8000명을 대동강 유역인 평양지역으로 옮겼다. 이어 311년에 서안평을 점령한 후,[57] 313년에 낙랑(樂浪)을 완전히 구축하고, 314년에는 대방(帶方)을 멸망시켰다.[58] 이는 압록강 하류를 완벽하게 장악하면서 황해북부항로를 안정적으로 확보하였음을 의미한다. 고국원왕은 연(燕)나라를 가운데 두고, 황해와 발해(渤海)를 황하여 화북의 후조(後趙)와 군수 물자를 주고받는[59] 군사외교를 벌이는 한편 양자강 하류인 건강(建康)

---

51 『삼국사기』, 고구려본기, 西川王 19年. 夏四月 … 海谷太守, 獻鯨魚, 目夜有光 ….
52 『三國志』, 魏書, 高句麗. … 下戶, 遠擔米糧魚鹽供給之.
53 『三國志』, 魏書, 濊.
54 『三國志』, 魏書, 東沃沮. 國人嘗乘船捕漁, 遭風見吹數十日, 東得一島.
55 王俠, 「集安 高句麗 封土石墓與日本須曾蝦夷穴 古墓」, 『博物館硏究』 42期, 1993-2期, p.43.
56 『後漢書』, 東夷列傳, 挹婁 ; 『三國志』, 魏書, 東沃沮 및 挹婁.
57 『삼국사기』, 고구려본기, 미천왕 3년, 12년.
58 『삼국사기』, 고구려본기, 미천왕 14년, 15년.

에 수도를 둔 동진에게도 사신을 파견하여 등거리 실리외교를 전개하였다.[60] 『일본서기(日本書紀)』에 의하면 고구려는 4세기부터 왜와 교섭을 하였다. 동해남부나 남해동부를 항해해서 일본열도에 진출했을 것이다.

    고구려는 점차 교통, 물류, 외교, 전쟁 등에 해양을 활용하면서 자국(自國)의 입지와 위상을 확대하는 한편 동아시아의 국제질서에도 영향력을 행사하였다. 이때 황해로 나가는 출구인 압록강은 수도와 해양을 원활하게 연결해야만 국가가 발전할 수 있고, 국내성은 국제도시로서의 위상을 차지할 수 있다. 이제 수도를 내륙항구도시(內陸港口都市)에서 강해도시(江海都市)로 변신시킬 필요가 생겼을 것이다.

    광개토대왕은 즉위하면서 경기만의 주변지역을 공격해 성공을 거두웠고, 6년 째 되던 396년에는 수륙양면작전을 통해서 한성을 주공목표로 삼고, 58성 700여 촌을 탈취하여 경기도를 중심으로 황해도, 충청도 일부지역과 해양을 광범위하게 점령하였다.[61] 400년에는 보병·기병 5만을 신라를 향해 진격시켰다. 이 작전은 백제를 압박하면서 신라에 대한 종주권을 확실히 하고, 동해남부 및 남해동부에 영향력을 행사하려는 목적이었다. 또 404년에는 육로 또는 수군을 동원하여 후연(後燕)을 공격하여 정벌하였다. 410년에는 산동반도의 남연(南燕)으로 사신(使臣)과 공물(供物)을 보내고 그 댓가로 연왕(燕王)은 답례품을 보내면서 양국은 공존관계가 된다. 이 무렵부터 요동반도와 그 남쪽 해양의 장산군도는 고구려의 영토이었으며, 산동은 고구려가 교섭하는데

---

59 『삼국사기』, 고구려본기, 미천왕 31년.
60 이 부분은 필자의 1993년의 학위논문과 그 후의 광개토대왕 관련 논문 및 『고구려 해양사 연구』에서 상세히 언급하였다.
61 朴性鳳,「廣開土好太王期 高句麗 南進의 性格」,『한국사연구』27, 1979 참고. 한편 李丙燾는『韓國古代史研究』, pp.381~382에서 '이 성과 촌은 주로 한강 및 임진강 유역에 불과하였던 것으로 대부분 다시 돌려주고 아마 방위상 필요한 임진 이북의 성읍만을 소유한 것 같다.' 라고 하였다. 그러나 당시의 전황으로 보아 한강 이북지역은 이미 대왕 元年 전투에서 확보했고, 이때는 한강 이남지역은 물론 경기만 이남까지 정복을 한 것으로 판단된다.

관계가 깊은 지역이었다.[62]

대왕은 8년(398)에 식신(息愼)을 정벌하였는데, 이것이 숙신(肅愼)인지에 대해서는 다른 견해들이 있지만,[63] 한국학계에서는 대체로 숙신설을 따르면서 동만주 연해주 방면으로 이해하고 있다. 410년에는 동부여(東夫餘)를 친정하여 복속시켰다. 당시의 동부여 위치는 영흥만(永興灣) 또는 두만강 하류라는 설이 있다.[64] 이때 동부여의 세력 속에는 미구루(味仇婁)가 속하였으므로 연해주 일대도 고구려의 영역으로 편입되었다고 볼 수 있다.[65] 이는 동해의 해양영토를 확대하는 일과 관련있다.

물론 동해로 진출하여 일본과 교류를 원활하게 하는 정책과도 관련있다. 이미 404년에 왜가 대방계를 침공한 이후에 왜국의 존재는 고구려에게 중요하게 되었다. 필자는 이 무렵 고구려인들은 동아지중해의 역학관계상 일본열도의 일부지역에 진출했을 가능성이 높다고 발표한 바 있다. 그 후에 고구려가 동해를 횡단하여 후쿠이현(越) 등에 도착한 기록들이 『일본서기(日本書紀)』에 있다. 규슈서북부 지역에 집중분포한 장식고분(裝飾古墳)과 고구려 고분벽화의 유사성을 주장하는 견해[66]도 있다. 또한 시마네(島根) 지역의 이즈모(出雲) 등에서 고구려문화의 흔적이 발견되었다고 한다.[67]

광개토대왕이 벌인 영토확장정책은 많은 부분이 해양과 직접 또는 간접으로 연결되었다. 요동반도를 장악함으로써 요동만, 서한만, 대동강 하구, 그리고 경기만을 잇

---

62 이 부분에 대한 연구는 필자의 논문인 「요동지방의 해양방어체제연구」, 『정신문화연구』 77, 1999 ; 「고구려의 요동 장산군도의 해양전략적 가치 연구」, 『고구려연구』 15, 2003을 참조바람.
63 천관우, 「광개토왕비재론」, 『전해종화갑기념논총』, 1979, p. 537.
64 신채호는 琿春說, 이병도는 文川說. 천관우는 農安방면으로 비정했다가 두만강 하류로 수정하였다.
65 손영종, 「광개토왕릉비를 통하여 본 고구려의 영역」, 『력사과학』 1986-2, p. 25. 오늘날의 牧丹江 유역 일대에서 연해주에 걸쳐 있었다는 견해를 나타내고 있다.
66 양연국, 『조선문화가 초기 일본문화에 끼친 영향』, 집문당, 1995, pp. 37~41.
67 조희승, 『초기조일관계사』 하, 사회과학출판사, 1989, pp. 303~304.
  이 부분에 대해서는 졸저, 『동아지중해와 고대일본』, 『고구려 해양사연구』 등을 비롯한 저서들 및 논문에서 상세히 언급하였다.

는 황해 동안의 연근해항로를 확보할 수 있었다. 따라서 황해중부 이북의 동쪽 바다를 안정된 내해(內海, inland-sea)로 삼아 영역권화 할 수 있었으며, 산동반도 등 남부지역들과 해양교섭을 벌이는데 유리했다. 또한 요동반도 남쪽의 해상에 있는 장산군도(長山群島) 등의 해안도서지역을 장악하고, 곳곳에 해양방어체제를 쌓아 해상봉쇄와 항로(長山群島)보호에 유효적절하게 활용하였다.

이렇게 해서 고구려는 전기와 달리 영토가 확장되고, 국가의 목표도 동아시아의 중핵국가(中核國家)를 실현시키는 일이었고, 이를 실현시키는 국가발전정책(國家發展政策)과 국토활용전략(國土活用戰略)에서 해양의 비중은 더더욱 높아졌다. 그에 따라서 수도의 역할과 위상에 대한 검토가 불가피해졌고, 이러한 요구는 광개토대왕을 거쳐 장수왕 대에 이르면서 최고조에 달하였다.

이러한 상황이 전개되는 가운데 평양지역은 고구려의 관심을 불러 일으켰다. 고국원왕은 평양성을 중시하다가 그 곳에서 371년 백제의 군대와 접전을 벌이는 와중에 유시(流矢)를 맞고 전사하였다. 광개토대왕은 백제와 전쟁을 하는 와중인 393년에 평양에 9사를 세웠고, 399년에는 평양으로 내려가 신라의 사신을 만났다.

2) 국내성의 한계

국내성(國內城)은 질적으로 변화된 국제관계에서 국저도시로서의 유효적절한 기능을 발휘하기 곤란한 점이 많았다. 몇 가지 한계 가운데 해양과 관련하여 살펴보고자 한다.

첫째, 교통망에 문제가 있었다. 국내성이 자리 잡은 집안지역은 만주와 한반도 북부를 이어주는 이점이 있고, 외계(外界)와 연결하는 통로가- 압록강(鴨綠江) 수로(水路)를 포함하여 크게 3갈래가 있다고 한다. 따라서 초기에는 중앙도시로서의 역할을 충분히 하였을 것으로 판단된다. 하지만 국내성은 점차 한계를 나타내기 시작했다. 우선 질적으로 변화된 국제관계에서 유효적절한 국제도시로서의 기능을 발휘하기 곤란한 점이 많았다.

북방지역을 제외하고, 중국지역의 나라들과 이루어지는 육로교통은 불편하고 위험부담이 컸다. 소위 5호(胡) 16국(國) 시대라는 갈등과 전쟁의 상황에서 요동반도 등 중간지역의 정치적인 상황은 불안정하였다. 따라서 북쪽 정권과의 교섭조차 해로교통(海路交通)을 이용하는 일이 불가피했다. 또한 동진(東晋)과 뒤를 이은 송(宋) 등 남조(南朝)국가와의 교섭은 항상 해로를 이용해야만 했다. 그런데 국내성은 신속하고 능동적으로 외교교섭을 벌이고, 해양활동을 활발하게 전개하는데 부적합했다. 무엇보다도 강과 바다 간의 연결이 매우 순조롭지 못했다.

국내성을 출발하여 압록강 하구까지는 길고 험한 육로(陸路) 또는 수로(水路)를 이용해야 한다. 『당서』, 「지리지」에는 당나라 시대 발해가 사용한 길이 기록되어 있다. 즉 "압록강 어구에서부터 배를 타고 백여 리를 가서 다시 작은 배를 갈아타고 동북쪽으로 3십 리를 거슬러 올라가 박작구(泊汋口)에 이르면 발해 지경에 도착하게 된다. 여기서 또 5백 리를 거슬러 올라가면 환도현성(丸都縣城)에 이르는데 옛 고려의 왕도이다." 이 기록을 따른다면 국내성에서 압록강 하구까지 연결된 수로의 길이는 무려 630여리이다. 그렇다면 고구려 사신단은 수로로 600여 리를 내려가야 국가항구였을 압록강하구의 서안평(西安平)에 도착하고 다시 출항(出港)해서 바다로 나갔다.

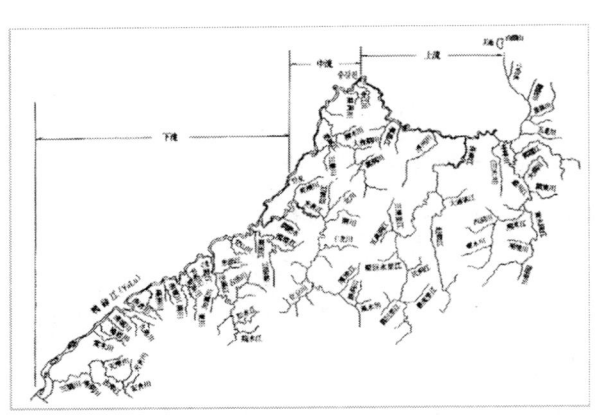

| 그림 4 | 압록강 본류와 지류의 명칭(이형석, 『백두산 천지』, 가천문화재단, 1993, p.83에서 재인용)

그런데 남조(南朝)로 가려면 북조정권의 해상봉쇄를 미연에 방지하기 위해서 보다 안전한 연근해항로를 포기하고 남(南)으로 방향을 잡아 항해를 내려간 다음에 다시 서남진(西南進)을 해야 한다. 그러므로 압록강 하구를 출항한 항로는 상대적으로 위험부담이 높았다.

둘째, 국내성은 정치 외교의 중심지로서 한계가 나타났다. 전성기에 이르면서 국가의 규모가 커지고 자연환경이 다양한 영토가 되었으며 다종족적(多種族的)인 국가로 형태가 변화했다. 필연적으로 내부의 통일성이 약해지고, 정치권력이 집중되는데 장애가 발생했다. 특히 해양세력들은 기본적으로 중앙정부에 예속되지 않으려는 속성이 강하다. 따라서 정부는 지방세력을 집중적으로 관리하고 권력을 집중시키기는 수단 가운데 하나로서 전 지역을 유기적으로 연결하는 교통망을 구축할 필요가 커졌다. 특히 해양과 관련된 외교 물류의 목은 중앙정부가 장악해야만 했다. 그런데 '국내성 단일 중심체제(國內城 單一 中心體制)'로는 허약한 면이 있었다.

셋째, 양질의 항구(港口)로서 부족한 점이 있었다. 해륙국가(海陸國家)의 역할을 하고자 할 때, 또 국제관계에서 해양교섭이 주를 이루는 상황에서는 국내성에는 사신선을 비롯한 군선 각종 선박들이 발착(發着)하는 훌륭한 항구시설이 필요했다. 국내성 궁궐의 남쪽 벽에는 압록강과 만나는 지점에 돌로 쌓은 부두시설이 있었다고 한다. 남아 있는 부분은 30m 정도인데 국내성의 성벽을 쌓은 수법과 유사한 것으로 보아 고구려시대에 쌓은 것으로 보여진다.[68] 그러나 변화된 지금의 환경을 갖고 판단하는 한계가 있지만 강변의 지형, 강폭, 섬 등 주변의 상황을 고려하면 문제가 많았을 것으로 추측된다.

압록강 하구에는 외항(外港)이 있었는데, 여러 기록들을 고려할 때 서안평성(西安平

---

[68] 손영종, 『고구려사』 2, 과학백과사전종합출판사. 1997, p.39.
『文物』 1984-1기. pp.39~40.

城)⁶⁹과 박작성(泊灼城)⁷⁰이 있는 박작구(泊灼口)였을 것이다. 두 성 모두 애하(靉河)와 압록강(鴨綠江)이 교차하는 지점에 있다. 1920년 대에 단동시(丹東市)에서도 부두석축시설이 드러났는데, 축조한 시대는 확인할 수 없지만 고구려 시대의 것으로 추정한다.⁷¹ 두우(杜佑)의 『통전(通典)』에는 압록강인 마자수(馬訾水)를 설명하면서 고구려에 대선(大船)이 있었다고 기술하고 있다.⁷² 그런데 박작성 터에서는 우물이 발굴되었고, 13m의 깊이에서 길이 3.7m의 배가 발견되었다. 그러나 전반적으로 압록강 하구 또한 외항으로서 조건이 불충분 했다.

넷째, 해양군사적인 측면에서 몇 가지 한계가 나타났다. 고구려는 수군을 양성하고, 이를 적절하게 이용할 필요가 있었다. 광개토대왕릉비문의 병신 6년 조⁷³에 나타나듯 광개토대왕은 수군(水軍)을 투입하여 백제의 58城과 700村을 탈취하였다. 대규모의 병선(兵船)과 군사가 동원된 이 작전은 남포만 이북이나 압록강 하구인 서한만을 주요한 발진기지(發進基地)로 하였고, 대왕(大王) 6년(丙申)조에는 옹진(甕津), 해주만(海州灣), 혹은 예성강구(禮成江口)를 최종발진기지로 하여 경기만(京畿灣)에 집결한 다음에 그 전에 탈취한 관미성(關彌城)을 중간거점으로 삼는 형태였다.⁷⁴ 404년에는 왜가 대방계를 침입했는데, 비문에 나타나듯이 배를 동원한 수전이 일어났다.⁷⁵ 물론 그 외에도

---

69 현지에서는 靉河尖古城으로 불리운다.
70 寬甸縣 虎山鎭 虎山村에 있다. 648년에 당나라 수군이 침입할 때 수군 3만이 산동반도의 萊州를 출발하여 압록수를 거슬러 올라와 100여리를 지나 박작성에 이르렀다. 이때 '박작성은 산을 의지하여 요새를 구축하였고, 鴨淥水가 가로막아 견고하였다.' 라는 기록이 있다.
71 손영종, 『고구려사』2, 과학백과사전종합출판사, 1997, p.39.
72 杜佑, 『通典』卷186, 邊方夷, 東夷 下, 高句麗
   …馬訾水一名鴨綠水東北水源出靺鞨白頭…西南至安平城入海…所經津濟皆貯大船….
73 '…六年丙申王躬率水軍討伐殘國軍至窠南首攻取壹八城 …於是得五十八城村七百…'
74 천관우는 396년의 전투에서 수군의 발진기지를 압록강 유역으로 보고있다(천관우, 「廣開土王의 征服活動」, 『한국사시민강좌』3, 일조각, 1983, 53쪽).
75 '十四年 甲辰而 倭不軌 侵入帶方界 和通殘兵□石城□連船, □□□, 王躬率往討 從平壤□□□鋒相遇

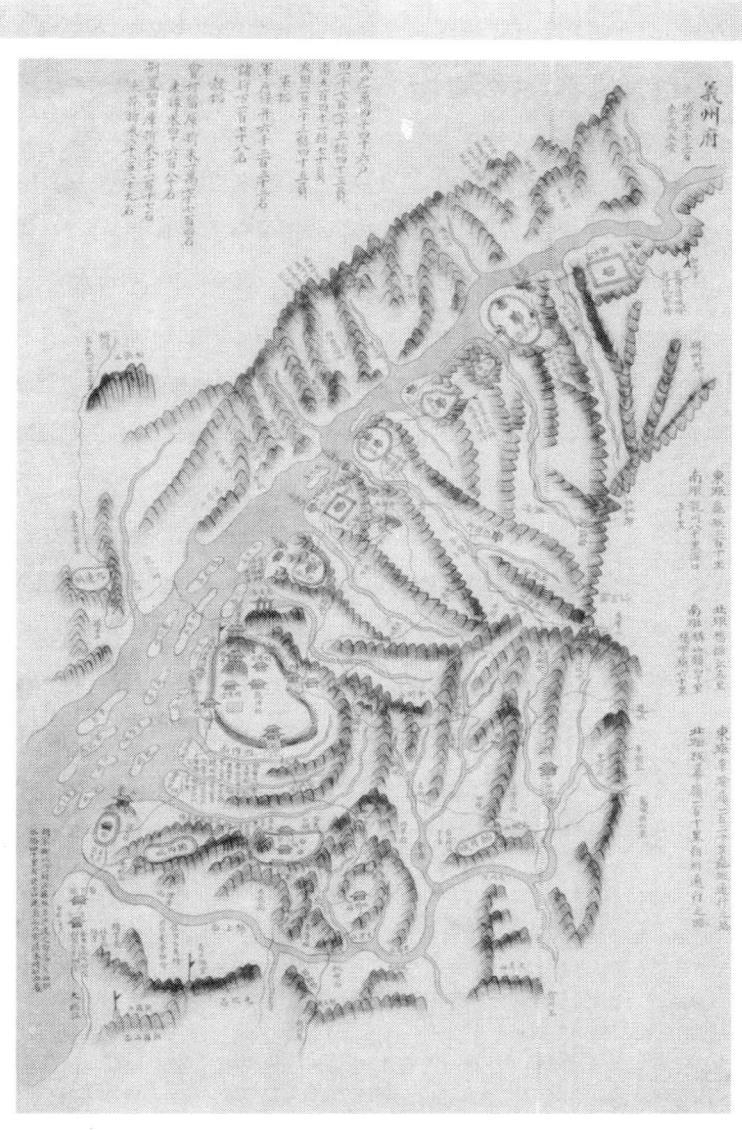

그림 5 「군현지도」의 주부

수군 작전이 벌어졌을 가능성이 있는 사건은 여러 번 있었다. 이러한 상황에서 수도는 활발한 수군활동과 연관을 맺을 수밖에 없었다. 주변에 조선소를 비롯하여 수군함대 기지 등을 설치하는 장소가 필요했다.

다섯째, 수도권 해양방어체제에서도 한계가 있었다. 고구려는 한 번의 전쟁이나 대규모 기동습격전투로 인하여 국가의 존망이 직접 영향을 받은 경우도 몇 번 있었으며, 심지어는 수도(首都)가 위협당하거나 점령당하는 사례까지 있었다.[76] 초기의 소국가 병합단계(小國家 倂合段階)를 벗어나 위(魏)·북방세력(北方勢力)과의 싸움으로 변화된 단계에서는 이미 방어조건에 부적합했다.[77] 국내성은 전선(戰線)에 노출되었고 방어종심(防禦縱深)이 짧아서 국가발전에 부정적인 면이 있었다. 때문에 수도권 방어체제를 구축하였는데, 그 가운데 하나가 해양방어체제의 구축이다.

요동반도의 전 해안을 비롯하여, 특히 수로(水路)로 수도권으로 진입하는 압록강의 좌(左)·우안(右岸)에 성을 짓는 등 방어진지를 구축했다.[78] 하지만 위험성을 완벽하게 제거할 수 없는 상황에서 수도의 천도와 시도를 여러 차례 추진했다.[79] 그 후에 벌어진 상황이지만 동아시아에서 해양전의 양상이 큰 비중을 차지했다. 고수전쟁(高隋戰爭)에서 나타나듯 심지어는 대동강 하구마저 중국세력의 해양작전범위 안에 들어가기도 했다.

고구려가 강국으로 발전하고 국제관계가 빈번해지는 상황에서 국내성은 여러 문

王幢要截瀏刺 倭寇潰敗 斬殺無數.'
王健群 林東錫 譯, 『廣開土王碑 硏究』, 역민사, 1985, p.273에서 재인용.
76 大武神王 11년, 東川王 20년, 故國原王 12년
77 北燕이 멸망하고 北魏와 국경을 맞대게 되자 長壽王은 미리 대비하기 위하여 平壤으로 천도하였다는 견해가 있다(李殿福·孫玉良의 앞의 책, p.73). 이러한 견해는 國內城이 가진 국방상의 한계를 인식한 때문이다.
78 손영종, 앞의 책, p.85, p.193 참조.
79 李殿福·孫玉良 著, 姜仁求·金瑛洙 譯, 『高句麗簡史』6장 참조.

제와 함께 해양과 관련하여 수군활동, 대외항로개척, 군사적인 요새구축 등 한계가 드러났으며, 이는 수도 이전(移轉)정책의 실현이었다. 국내성 같은 내륙하항도시(內陸河港都市)를 뛰어넘어 해륙(海陸)을 유기적(有機的)인 시스템으로 작동시킬 수 있는 강해도시(江海都市)적 성격의 수도가 필요해졌다.

4. 평양성의 해륙적성격 검토-江海도시

1) 역사적인 환경의 변화

장수왕이 등극할 무렵인 5C에 고구려는 이미 큰 나라였다. 국제적으로 위상이 높아지고, 동아시아 3核(혹은 3極), 즉 북방·중국·동방이라는 체제의 한 중핵을 차지하였다. 그런데 동아시아 세계는 여전히 복잡하고 혼란스러운 상황이었으며, 정치·군사적인 몇몇 사건들이 우발적 혹은 필연적으로 발생하면서 전면적인 변화가 생길 조짐을 보였다. 우선 중국지역에서 엄청난 지각변동이 일어났다. 남쪽에서는 피난정권으로서 잔명을 유지하던 동진(東晉)이 멸망하였고, 420년에는 유유(劉裕)가 송(宋)나라를 건국하였다. 송나라는 현재 산동반도의 남부부터 강소성, 절강성 등 남쪽으로 영토를 차지했다. 수도는 양자강 하구의 남경 근처인 건강(建康)에다 두었다.[80] 북쪽은 요서지방에서 북연(北燕)이 있었고, 화북일대는 북위(北魏)가 등장하기 시작했다.

이러한 국제질서의 재편을 둘러싸고, 각 나라들 사이에 전개된 외교활동의 구도는 다중방사상 구조(多重放射狀 構造)로 변모되었고, 군사활동 영역 역시 다중구조(多重

---

80 董鑒泓 等 편, 成周鐸 역주, 『中國 都城 發達史』, 학연문화사, 1993, pp.60~61.
313년 東晉이 建康이라고 했다. 남조정권의 수도였다.

構造)로 변화되었다.[81] 장수왕은 변모하는 동아시아 세계에서 역학관계의 실상을 정확하게 꿰뚫고, 그에 걸맞은 정책을 추진했다. 신속하고 능동적인 외교교섭(外交交涉)과 활발한 해양활동(海洋活動)을 하고자 할 때, 특히 남조와 교섭하려면 그에 상응하는 정책수립의 검토와 함께 수도(首都)의 남천(南遷) 또한 고려의 대상일 수 밖에 없다. 북연을 둘러싸고, 북위와 송과의 갈등이 첨예화했을 때 장수왕은 북연을 멸망시키는데 강한 영향력을 행사함으로써 요동반도 주변의 해역에 대한 지배권마저 완벽하게 장악하였다. 송의 협박을 받기도 하였지만, 군사적인 대응으로 이를 물리쳤다. 중간에 위치한 지정학적(地政學的)인 환경을 활용하여 명분과 실리를 모두 챙긴 것이다.

고구려는 지리적으로 만주와 한반도 중부 이북을 완벽하게 장악하고, 발해의 일부를 포함한 황해 중부와 동해 중부 이북의 바다에 영향력을 강화시켜야만 했다. 즉 해륙국가(海陸國家)의 형태를 갖추어야 했다. 이 때 해양을 본격적으로 활용할 뿐 아니라 강과 바다의 유기적인 시스템을 구축하고, 동서남북을 연결하는 핵(核, core)의 위상을 차지해야만 했다. 그는 해양력(海洋力)을 바탕으로 중핵(core)을 위한 다핵방사상(多核放射狀)외교의 토대인 대중등거리(對中等距離)외교를 추진하고, 동아지중해의 허브를 장악해서 물류의 거점 역할을 하는 것을 경제정책의 핵심으로 잡았다.[82]

그리고 국제적인 상황은 더욱 빠르게 변화해가고, 이러한 국제환경 속에서 남조(南朝)와 교섭할 때 해양활동은 필수적이다. 그럴 경우에 평양지역은 옛 낙랑·대방 시기에 교섭한 경험이 풍부하고, 남방항로를 이용하는 항해상의 이점이 있으므로 효율적인 활용이 가능했을 것이다. 또한 대백제활동(對百濟活動)을 염두에 둘 때 황해해상권을 장악하고, 대중국외교(對中國外交)를 독점하고 통제하는 일은 필수적이었다. 특히

---

81 이 이론에 대해서는 졸저 및 졸고에서 상세하게 설명하고 있다.
82 이러한 부분들은 필자의 논문 및 저서(『장수왕, 장보고 그들에게 길을 묻다.』, 『광개토태왕과 한고려의 꿈』 들에서 상세하게 설명하고 있다.

경기만을 장악해야만 했다. 경기만은 환황해권의 역학관계가 결정되는 거점핵(據點核)이었다.[83]

이러한 전략적인 가치 때문에 평양지역에 대한 관심은 일찍부터 있어왔다. 삼국사기의 고구려본기 동천왕조에는 21년조인 247년에 환도성이 점령당하자 평양성을 쌓고, 주민과 종묘사직을 옮겼다고 되어 있다. 물론 이 평양성이 어디인가에 대해서는 논란이 많다. 그리고 다시 100년 가까이 지나서 고국원왕 4년인 334년에 평양성을 증축(增築)하였다. 다시 고국원왕 13년인 343년에 환도성이 연의 모용황군에게 점령당하여 무너지자 평양(平壤) 동황성(東黃城)으로 옮겨 거처하였다.[84] 물론 이 때의 평양 역시 정확한 위치를 알 수는 없다. 다만 당시의 역사적인 상황으로 보아 현재의 평양지역일 가능성이 많다. 평양에 대한 관심은 매우 높아서 427년에 천도하기 이전에도 국가정책으로 중요하게 인식하는 모습을 보인다. 그 탓에 247년 이래 평양을 부수도로 사용했다는 주장도 나왔다.[85] 고구려가 평양성(平壤城)으로 천도하자[86] 백제는 막 바로 왜와 교섭을 갖고[87] 송(宋)과 빈번한 교섭을 시도하며[88] 신라(新羅)와 우호적(友好的)인 관계를 수립하였다.[89]

439년, 5호 16국 시대가 끝나고, 화북지방은 북위에 의해 통일되었다. 평양성으로

---

83 한반도 중부지역의 모든 정치세력을 통합하고, 강과 바다로 이어지는 물류시스템을 일원화할 수 있다. 뿐만 아니라, 군사전략적으로도 요충지였다. 또한 백제, 신라, 倭가 중국과 교섭하려면 꼭 통과해야 하는 해역이므로 황해해상권을 장악하는 군사・외교상의 거점이고, 해외교역의 수출입항이었다.
84 李丙燾,「평양동황성고」,『한국고대사연구』, 박영사, 1976, pp.370~373 ; 서영대,「고구려 평양천도의 동기」,『한국문화』2, 서울대, 1981, pp.114~137 참고. 그런데 채희국은 평양이란 수도라는 뜻으로 쓴 말이고, 황성이라고 한 것은 수도 안에 있는 개별적인 성을 말한 것이라고 주장한다.『고구려역사연구-평양천도와 고구려의 강성-』, 김일성 종합대학 출판사, 1982, p.11.
85 손영종, 위의 책, p.317.
86 『삼국사기』권18, 고구려본기, 장수왕 15년.
87 『삼국사기』권25, 백제본기, 비유왕 2년.
88 『삼국사기』권25, 백제본기, 비유왕 3~4년.
89 『삼국사기』권25, 백제본기, 비유왕 8년.

천도한 지 12년째가 되던 해이다. 완벽한 의미의 남북조(南北朝)시대가 도래하였고, 장수왕은 국제질서의 주도권, 교역의 이익, 문화의 흡수 등을 실현시키기 위한 조건을 마련하였다. 활발한 해양활동과 동시등거리외교, 무역을 통한 경제상의 이익을 추구하는 일이었다. 따라서 남진정책(南進政策)을 적극적으로 추진해서 백제와 신라를 공격하고, 한반도 중부이북의 땅을 영토화함으로써 동해 중부이북과 황해 중부이북의 해상권도 장악하였다. 이렇게 해서 광개토대왕이 추진한 해륙국가를 완성시켜 명실 공히 동아지중해(東亞地中海)의 중핵국가(中核國家)로 만들었다.

장수왕이 이러한 정책들을 추진하고 성공을 거둔 것은 평양성(平壤城) 천도(遷都)와 어떤 관련이 있을까?

2) 평양(遷都)지역의 환경

평양지역이 수도로서 적합한 조건은 여러 관점에서 살펴볼 수 있고, 또 이러한 연구성과는 앞에서 언급하였듯이 많이 있었다. 여기서는 국내성과 마찬가지로 본고의 주제에 한정하여 강 및 해양(海洋)과 관련된 부분에 대하여 언급하려한다. 평양지역이란 427년에 천도하여 궁궐로 삼은 안학궁(安鶴宮)과 대성산성(大城山城)의 체제 및 다음 단계에 평원왕대에 옮긴 평양성을 모두 포함하면서 주변의 지역을 포함한 수도권이라는 지역개념이다.

평양지역은 해륙국가의 중앙수도로서, 동아지중해의 중핵역할을 실현시키는 국가발전정책과 국제관계의 틀 속에서 위치상 적합한 면이 많다.

첫째, 군사(軍事)도시로서 적합하다. 앞에서 언급하였듯이 고대국가에서 수도가 가진 기능 가운데 가장 중요한 것은 군사적인 측면이다. 평양지역은 수도의 중요한 요건인 군사도시(軍事都市)로서 비교적 훌륭한 조건을 갖추고 있었다. 수도는 진출거점과 함께 방어능력이 뛰어나야 한다. 바다와 너무 가까운 강해도시(江海都市)는 진출의 강점도 있지만, 동시에 수비의 약점이 될 수 있다. 하지만 5세기처럼 국가의 성장기나 해양활동을 전제로 할 경우 강점으로 작용한다. 더구나 평양은 강해도시이면서도 내륙으로 깊숙하게 들어간 곳에 위치해 있다. 또한 평양지역은 방어상 거리적인 안정성이 크다. 북방유목(北方遊牧), 중국세력 등 적대국가들이 산재한 북방의 국경선으로부터 매우 먼 거리에 있다. 압록강을 건넌 다음에도 험준하고 동서로 뻗어있는 산맥과 강을 건너야하고, 곳곳에 설치해 놓은 방어체제에 걸려 수도권으로 접근하는 일이 거의 불가능하다. 특히 수도권에는 남북으로 대동강(大同江)・재령강(載寧江) 등의 강들과 사방의 산맥들이 첩첩이 둘러싸고 있어 자연적으로 난공불락의 요새같은 곳이다.[90]

한편 평양지역은 적극적으로 남진정책(南進政策)을 취할 때도 군사행동을 하기에 적합한 거점도시가 된다. 단거리로 육상공격을 할 수 있을 뿐 아니라 광개토대왕의 396년 전투에서 드러났듯이 수군작전에 매우 용이한 조건이다. 백제를 공격하면서 결국 475년에는 수도를 함락시키고, 한반도 중부 이북의 땅을 영토로 삼았다.

평양지역은 국토와 국가체제 속에서 뿐만 아니라 전술적으로 자체방어력도 뛰어났다. 성은 북쪽으로 금수산에 의지하고 동, 서, 남에는 대동강과 보통강이 자연해자를 이루어 천혜의 요새를 이루고 있다. 『신증동국여지승람』에는 "평양부의 경계가 경진(鯨津)을 마주했고 땅은 기러기 변방에 이었다. 『고려사』 김부식(金富軾)의 전(傳)에, 북쪽은 산을 등지고 삼면이 물에 막혀 있다." 하였다.[91] 대성산성의 남쪽으로 약 5km 되는 거리에는 대동강이 조롱박 모양으로 둘러싸고, 서쪽 4km되는 거리에는 북에서 남으로 흘러내려온 합장강이 대동강과 합류하고 있으며, 동쪽으로는 3.5km거리에 장수천이 역시 북에서 남으로 흘러내려 대동강에 합류한다. 평양성은 금수산 모란봉을

---

90 서일범, 「북한의 고구려산성」, 『고구려 산성과 해양방어체제 연구』, 백산출판사, 2000.
  서일범, 「북한지역 고구려 산성연구」, 단국대학교 박사학위논문, 1999 참고.
91 『신증동국여지승람』, 平壤府.

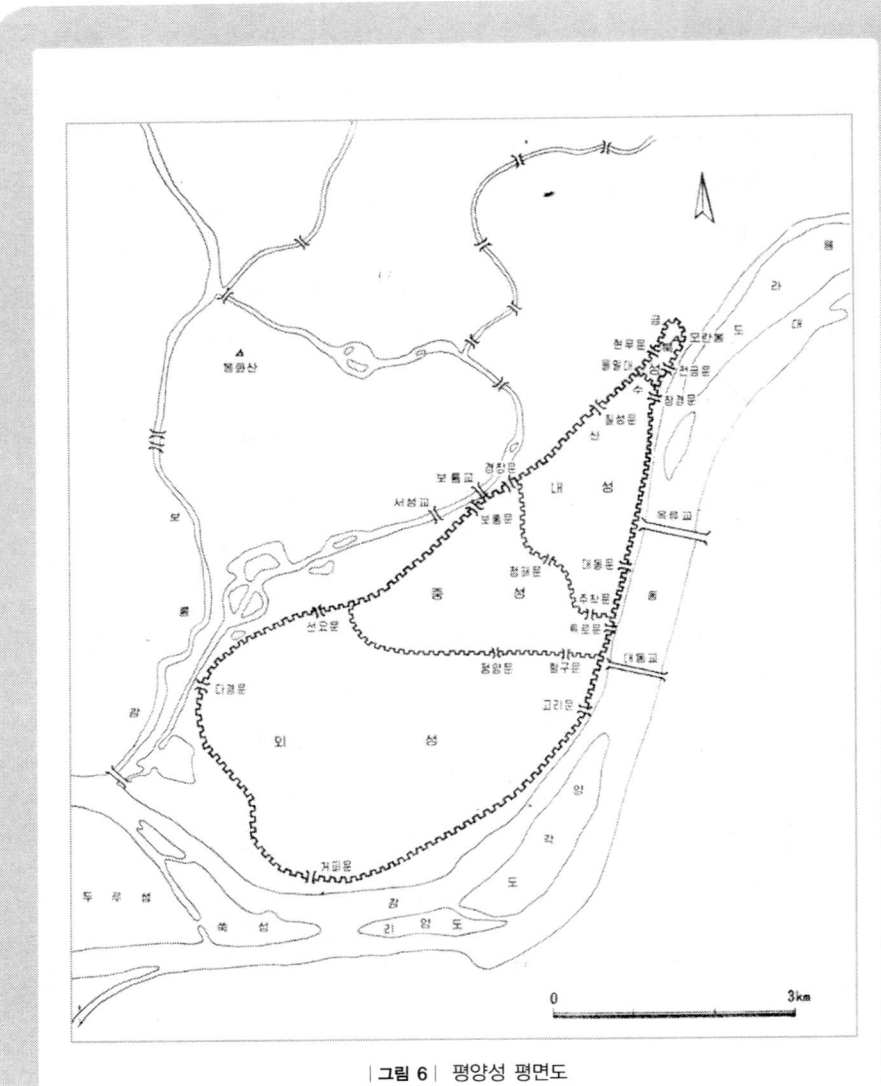

| 그림 6 | 평양성 평면도

기점으로 서남으로 을밀
대, 만수대를 타고 보통강
을 따라 뻗다가 보통강과
대동강이 합치는 목에서
동북으로 꺾이어 대동강을
거슬러 다시 모란봉으로
이어진다. 장안성(長安城)은
삼면이 강으로 둘러싸여
자연 조건을 합리적으로

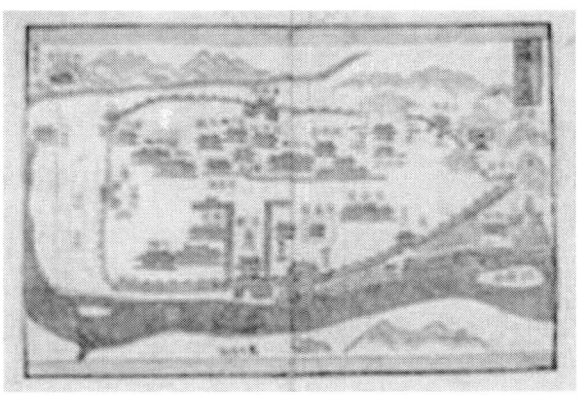

| 그림 7 | 환영지(瀛誌)』의 〈평양관부도(平壤官府圖)〉

이용하였다.[92] 실제로 평양지역은 대동강이 가진 이러한 지형조건을 이용한 전투를 통해서 바다에서 강으로 거슬러 오는 적들을 물리쳤다.

둘째, 교통이 발달하고 해안과 가까우며 내륙(內陸)과 연결에 편리하다. 육로교통(陸路交通)도 그러하지만 내륙수로교통(內陸水路交通)에도 적합해야만 실질적인 중앙적 수도(中央的首都)의 기능을 할 수가 있다. 평양지역은 육로교통과 수로교통 모두 편리한 위치에 있다. 한반도는 동고서저(東高西低)형으로 서쪽은 지형이 낮기 때문에 강들이 서해안으로 흘러들어가는 하계망(河系網)을 구성하고 있다. 대동강과 청천강(淸川江)이 있고, 남쪽으로는 예성강(禮成江), 임진강(臨津江), 한강(漢江)이 하계망을 구성하면서 서해 중부로 흘러들어가 경기만을 구성한다.[93] 대동강은 지류가 많다. 또 바깥의 남포만(南浦灣)·대동만(大東灣)·옹진만(甕津灣)·해주만(海州灣)·경기만(京畿灣)등과 이어지면서 해안을 장악하여 한반도 중서부지방을 통합하는 계기를 마련하기에 유리하다.

한편 평양지역은 해양항로를 통해서 대내교통과 국제교통에 적합하다. 대동강 하

---

92 『고구려 문화사』, pp.75~82 참조.
93 河系網의 이론에 대해서는 權赫在, 『地形學』, 법문사, 1991, pp.108~117 참조.

구에서 남행(南行)하면 경기만의 해역권으로 들어가고, 북행하면 청천강 하구의 해역권으로 들어간다. 대동강 하구는 항로라는 관점에서 보면 황해(黃海) 동쪽 해안의 남북을 종단(南行)하는 연근해항로(沿近海航路)가 반드시 거쳐 가고 통제받아야 하는 곳이다. 또 산동반도와 거리가 가까우므로 황해중부횡단항로(黃海中部橫斷航路)를 이용한 세력들이 이용하는 해양통로상에 있다.

고구려 입장에서는 서한만(西韓灣)을 출항하여 요동만(遼東灣), 발해만(渤海灣)을 거쳐 산동반도(山東半島), 또는 그 이하까지 내려가는 것 보다는 대동강구(大同江口)나 그 위로 조금 북상하였다가 직항하거나, 남진한 후 장산곶(長山串)에서 중부사단항로(中部斜斷航路)를 타는 것이 항해조건 상 유리하다. 평양지역으로 천도(遷都)한 이후 남조와 교섭이 증가한 것은 정치적인 상황의 변화와 함께 고구려(高句麗)의 항해환경이 질적으로 우수해지고, 교통상황이 한층 원활해진 때문이다. 장수왕(長壽王)은 439년에 강남에 있었던 송나라에게 말 800필을 보냈다. 이 때 우수한 능력을 갖춘 대규모의 선단(船團)이 대동강 하구를 최종적으로 출항했을 것이다.[94]

물론 앞에서 말한대로 항로(航路)가 발달하려면 양질의 내항(內港)이 필수적이다. 유능한 내륙항구는 몇 가지 조건을 갖추어야 한다. 우선 선단(船團)을 보유하고 정박할 수 있는 훌륭한 부두시설을 갖추고, 넓고 안정된 만이 발달되어야 한다. 그리고 만 안에는 흐름을 조절할 수 있는 섬들이 있어야 한다. 대동강의 평양 주변에는 능라도(綾羅島)를 비롯하여 두로도(豆老島), 독발도(禿鉢島), 두단도(豆段島), 이로도(伊老島), 벽지도(碧只島) 등 섬들이 많이 있었다.(『신증동국여지승람』)

청암리토성이 있는 평양시 대성구역의 동문 근처에는 작은 운하(運河)가 있어 성 안으로 배를 끌어들일 수가 있었다.[95] 한강과 마찬가지로 밀물이 밀려들어와 평양 근

---

94 尹明喆, 「高句麗發展期의 海洋能力에 대한 검토」, p.431에는 고구려 造船能力에 대한 몇 가지 예가 나와 있다.

처까지도 수면이 높아진다. 운하는 조수(潮水)를 이용하였는데, 1930년대 까지만 해도 운하의 일부 자취가 남아있었다고 한다.[96] 평양 외성(外城)에는 다경문 밑으로 해서 중성 정양문까지 약 3km구간에 운하를 굴설하였다. 다경문에 갑문시설이 있었다는 사실은 매우 중요하다.[97] 외항(外港)의 발달도 필수적인 조건이다. 외항은 바다가 가까우면서도 파도 바람 등에 직접 노출되지 않아야 하며, 부두시설 또한 양호해야 한다. 평양의 외항인 남포항(南浦港)은 몇 개의 내항과 연결하는데 매우 유리하다.[98]

셋째, 수도권에 방어체제가 견고하게 구축되어 있다. 평양지역은 수도권을 중심으로 방어체제가 구축되어 있고, 또 구축하기 적합한 지형이 많았다. 고방산성(高坊山城)은 대성산성 동남쪽 약 4km되는 대동강가에 있다. 서쪽에 쌓은 평지에 청호동토성이 있다. 그 사이의 대동강구역에서 고구려시기의 큰 나무다리 터가 발견되었다. 해양 및 강변방어체제도 구축되어있다. 수양(首陽)산성은 장수(長壽)산성으로부터 남쪽으로 약 20km 떨어진 황해남도 해주시 수양산에 위치했다. 황룡산성(黃龍山城)은 평양에서 서쪽으로 44km 정도 떨어져 있는 남포시 용강군 옥도리의 오석산에 위치해있다. 서해까지 바라보이며, 대동강을 거슬러오는 수륙 양쪽 통로의 길목에 위치해 있다. 남포시 항구구역은 동전리(東箭里)에 동전성(東箭城)과 룡강군(龍岡郡) 옥도리(玉桃里)에 황룡산성(黃龍山城)이 있어[99] 방어망을 구축하고 있다.[100]

군사활동과 관련해서는 수군이 활동하기에 적합하다. 수군활동(水軍活動)의 기지

---

95 『조선유적유물도감』3권 조선유적유물도감편찬위원회, 1989, p.108.
96 『고구려 평양성』, 과학백과사전출판사, 1978, pp.106~108.
97 손영종, 『고구려사』2, pp.39~40.
98 『신증 동국여지승람』에 따르면 중간 중간에 狹橋浦・揚命浦・燕浦・紫浦・南浦 麻屯津 등을 비롯하여 대동강진 梨川津 金灘津 衣巖津 觀仙津, 鳳凰津, 閑似亭津, 九津江津, 石湖亭津 등 항구역할을 할 수 있는 진과 포가 있었다.
99 손영종, 앞의 책, p.332.
100 서일범, 「북한의 고구려산성」, 『고구려 산성과 해양방어체제 연구』, 벅산출판사, 2000.
서일범, 『북한지역 고구려 산성연구』, 단국대학교 박사학위논문, 1999 참고.

(基地)가 되려면 내륙으로부터 군수물자(軍需物資)나 군인들의 이동이 용이해야 한다. 수도까지 이어진 만(灣)은 복잡하고 길어야 하며, 내부에 대규모의 선단(船團)을 감춰둘 수 있어야 한다. 또한 적의 해상공격으로 저지선이 돌파되었을 경우에 적의 선단(船團)을 만 안으로 깊숙히 끌어들여 사방에서 협공할 수 있는 지형조건을 가지고 있어야 한다.

황해도의 재령강이 흘러오는 황주 안악군과 대동강이 흘러내려오는 강서군이 만나는 지점은 꺾어서 이 지형에 익숙한 사람들에게는 유리하지만 들어오려는 적선에게는 매우 불리하다. 수군이 대동강 하구에서 황해중부지역으로 내려오면 한강 이남의 제해권(制海權)을 장악하기에 유리하다. 대동만(大東灣), 옹진만(甕津灣), 강령만(康翎灣) 등 몇 개의 큰 만을 거치면 곧 바로 최대의 만인 경기만(京畿灣)이 나타난다. 따라서 고구려의 수군(水軍)이 활동 할 경우 비교적 짧은 거리를 단시간 안에 통과하여 백제의 영역으로 접근해 들어갈 수가 있다.

넷째, 수도는 경제력이 집중되어야 한다. 평양은 경제적인 측면에서 강상수운(江上水運)의 이점을 가지고 있다. 해륙(海陸)교통과 수륙(水陸)교통의 합류점으로 내륙지방에서 생산한 물품을 바다로 운송할 수 있다. 해안지대와 가깝고 대동강·예성강 등의 강을 통해 내륙 깊숙히 연결되므로 해산물과 소금산지 등을 확보할 수 있고 공급할 수도 있었다.[101] 즉, 강·수로(水路)와 해로(海路)를 유기적으로 활용해서 공급지(供給地)와 수요지(需要地), 그리고 집결지(集結地)를 연결시켜 주기에 적합한 강해(江海)도시이다. 대동강(大同江), 재령강(載寧江) 유역은 농경에 매우 유리한 조건을 갖추고 있었다. 농경의 생산성이 다른 지역에 비해 높았다.[102] 뿐만 아니라 대동강 유역은 어렵경제(漁

---

101 『新增東國輿地勝覽』卷42·卷43의 황해도 편, 卷51·卷52 평안도 편 참조.
102 朴性鳳, 앞 논문, p.614 참조. 한길언, 앞 논문, p.161.
　 徐永大, 앞 논문, pp.123~125.
　 H. Lautensach 저, 金鍾奎 옮김, 『韓國의 氣候誌』, 한울아카데미, 1990, pp.78~79에는 大同盆地의 기후

獵經濟)로서의 조건이 좋다. 숭어·잉어·붕어·농어 등의 물고기들이 잡힌다.(『신증동국여지승람』) 이처럼 대동강 유역은 지경학(地經學, geo-economics)적으로 매우 의미있는 곳이었다.

결과적으로 평양지역은 지형상으로 육지와 강과 해양이 연결된 지역으로서 내륙 수로와 육로를 연결하여 경제 물류 및 내륙의 정치적인 통일을 이루는데 효율성이 높다. 또한 유기적인 시스템을 갖춘 하항(河港) 및 해항(海港)을 활용하여 동아지중해의 거의 대부분 지역과 이어지는 대외항로를 사용할 수 있다. 뿐간 아니라 견고한 방어체제를 토대로 기습에 대비한 안정성을 갖추고 남진정책을 추진하기에 최적의 군사도시이다. 5세기에 들어와 국가발전목표를 해륙국가(海陸國家)의 완벽한 실현과 동아시아에서 중핵역할로 삼은 고구려에게 평양지역은 위치상으로, 기능으로나 수도로서 적합한 지역이었다.

5. 결 론

서론에서 밝힌 바처럼 수도의 위상과 역할은 동아시아 전체라는 큰 틀, 그리고 지역 및 국가라는 보다 작은 단위의 틀 속에서 동시에 모색해야 한다. 또한 국가발전전략, 국토개편계획이라는 지향성과 국가목표(國家目標) 속에서 살펴볼 필요가 있다. 이를 위해 우선 우리 역사터의 성격을 자연환경과 역사 속에서 살펴보았다.

우리 역사터에서 수도란 동아지중해(東亞地中海)의 자연환경과 역사과정으로 보아 국가와 마찬가지로 해륙적인 성격과 기능을 해양과 동시에 양쪽 모두 발전할 수 있다.

수도를 비롯한 대·중·소도시(大·中·小都市)들은 하나의 시스템 속에서 국가발

조건에 대해서 설명되어 있다.

전 전략, 국토개편계획에 따라서 선정되고 배치되며, 시설들을 구축하면서 이용해야 한다. 그런 면에서 '터와 다핵(field & multi core)이론' 과 해양과 관련한 시스템 속에서 국내성이 어떤 성격을 지닌 수도(首都)이며, 변화한 국내외적인 환경 속에서 수도로서 어떤 한계가 있었는가를 살펴보았다. 그리고 평양지역 또한 같은 방식으로 규명하며, 해륙적(海陸的)성격을 지향하는 국가발전전략에 적합했는지 여부를 살펴보았다.

건국한 초기에 국내성(國內城)은 '내륙하항도시(內陸河港都市)' 로서 수도역할을 적절하게 담당했으나, 점차 확장되어가는 국제질서 속에서 해양과의 연관성이 약한 등으로 인하여 국가가 발전하는 데에 한계를 노정시켰다. 반면에 평양(平壤)지역은 지리(地理), 지형(地形), 해양환경(海洋環境) 등과 실처한 역할을 볼 때 '강해도시(江海都市)' 로서 국제질서 속에서 대륙과 황해를 주 무대로 삼은 해륙적성격인 국가의 수도로서 적합했다.

결과적으로 고구려가 5세기 이후 강력한 국가로 성공한 데는 신수도의 위치와 역할이 크게 작용했다고 판단된다. 수도의 선정(選定)이란 국가발전(國家發展) 정책(政策) 및 국토개편전략(國土改編戰略)을 치밀하게 고려하면서 이루어진 사업이며, 그렇다면 역으로 수도의 환경과 역할의 분석을 통해서 국가의 발전 전략과 지향점을 이해할 수도 있다.

Abstrat

Study on Strategic Uses of Sea and Land in the Capital City of Goguryeo

Professor Myung-Chul Yoon
Dongguk university

We can say that seas in the East Asia are similar to Mediterranean Sea, organically connecting seas as well as lands. In order to play a key role in the ancient East Asia, it was essential to create a country which can use sea and land strategically.

Most of the Capital cities in the East Asia were located in estuaries and ports. Especially some major Capitals were located at the areas where sea and river meet.

Goguryeo was founded and developed in Southern Manchuria. Guknae-Seong, Capital city of Goguryeo, had many difficulties in playing a crucial role as an international city.

In particular it had critical weak points in terms of using the ocean as follows.

First, the Capital had difficulty in trading with other areas by sea.

Second, it had limitations in taking a role as a center of politics and diplomacy in the complex international relationships of the East Asia.

Third, there were not enough qualified ports.

Fourth, maritime defence systems around the Capital city were not reliable enough.

Goguryeo moved the Capital from Guknae-Seong to Pyongyang in 427.

In Pyongyang, in which a land and a river was connected, it was easy to link inland waterways and land routes.

Second, it has high efficiency in economic distribution of resources and in accomplishing inland political unification.

Third, it is connected to most of the countries in East Asia by utilizing inland ports and sea ports.

Fourth, it is a military city proper to advance south.

Pyongyang-Seong, the new Capital of Goguryeo, played an important role in making a success as a core nation in East Asia as it came into power in the ocean and land.

Key word   sea and land strategically, Goguryeo, Capital, Guknae-Seong, Pyongyang, core, river-city

04
경주의 *海港都市的*인 성격에 대한 검토[*]
— 신라시대를 중심으로 —

1. 서 론

　　필자는 역사의 공간을 바라보는 관점을 '터이론' 속에서 전개하고 있다. 역사적인 상황과 함께 자연환경을 상대적으로 중요시하며, 그에 따라 동아시아를 해양과 대륙을 하나의 유기적인 관계로 보는 동아지중해(東亞地中海, EastAsian-Mediterranean-Sea)라는 모델 속에서 해석하고 있다. 이는 국가나 넓은 지역 또는 도시 또한 유사하다. 이러한 동아지중해의 특성상 해륙국가(海陸國家)를 만들고, 해륙적 성격을 충분하게 구현하려면 국토개편계획이나 국가발전정책 등이 필요하고, 그 가운데 하나가 '수도(首都)의 역할'이다. 따라서 성공할 수 있는 수도라면 가능하면 해륙적 성격(海陸的 性格)을 지녀야 한다.[1] 이는 수도와 국가의 일반적인 관계에서도 당연한 일이다.

　　따라서 본고의 주제인 수도(首都)를 선택과 이용은 물론이고, 수도와 유기적인 시스템 속에 편재된 중요도시의 선택 또한 그러한 관점에서 이루어질 필요가 있다. 즉 국

---

[*] 「경주의 해항도시적 성격에 대한 검토」, 『동아시아 고대학』 20집, 2009.
[1] 윤명철, 『광개토태왕과 한고려의 꿈』, 삼성경제연구소, 2005.
　　윤명철, 『장수왕, 장보고 그들에게 길을 묻다』, 포럼, 2007 등에서 이러한 논점을 피력하고 현재적인 가치로 해석했다.

가발전정책(國家發展政策)과 수도(首都)의 역할은 일치되어야 한다. 이러한 가설 속에서는 역(逆)으로 수도의 위치·성격·역할 등의 규명을 통해서 국가의 성격, 발전방향, 지향성(指向性) 등을 이해하고, 발전의 한 원동력을 모색하는 일도 가능하다.[2] 본고는 경주(慶州)지역을 수도 또는 수도권으로 삼는 신라왕도(新羅王都) 자체에 대한 연구가 아니다. 즉 왕도라는 도시공간의 지리적 정치적 범주인, 궁궐 등을 비롯한 내부 구조, 왕경(王京) 혹은 도성(都城)의 형성과정과 시기 및 정치권력과의 상관성, 도시계획과 울산 등 주변도시와의 연관성, 금성(金城)을 비롯한 특정 궁성(宮城)의 위치비정, 방어체제 및 교통로, 신앙시설 및 구조, 시장 및 공방 등의 상업시설을 규명하는 작업이 아니다.

본고는 동아시아의 자연환경과 역사속에서 도시의 기본 성격과 구조를 해양과 연관해서 살펴보고, 국가발전정책과의 관련성 등을 검토한 후에 '해항도시(海港都市)'라는 명칭과 개념에 대하여 살펴본다. 그리고 신라의 수도였던 경주지역를 모델로 선택해서 해양을 비롯한 자연환경을 검토한 후에, 도시구조와 시설, 역할 등이 필자가 개념화한 '해항도시(海港都市)'의 역할과 성격에 어느 정도로 부합하는가를 검토한다. 또한 해양과 관련하여 신라가 어떠한 역사적인 활동을 벌였고, 국가발전에 영향을 끼쳤는지를 평면적으로 살펴보면서 해항도시들의 존재 가능성을 살펴본다. 이어 경주의 궁궐·방어체제·교통로·항구 등을 기존의 연구성과에 의존하여 분석한 다음 해항도시에 부합되는 가를 구체적으로 검토한다. 따라서 이 논문은 정치경제적 의미가 강한 도성(都城) 자체에 대한 연구가 아니며, 도시지역의 연구라는 측면이 강하다. 이 글은 몇 가지 한계를 갖고 있다. 신라의 왕경(王京) 또는 도성(王京)과 관련된 연구사 검토

---

2 배영수,「도시사의 최근 동향」,『西洋史硏究』17에서는 '요즈음에는 공간이 그러한 변형을 통해서 거꾸로 사회에 어떤 영향을 끼치는가 하는 문제가 주목을 끌고 있다.' (p.236), '또 공간이 사회적 구성물일 뿐만 아니라 사회적 과정의 일부이기도 하다면, 그것은 거꾸로 사회적 과정에 영향을 줄 수도 있는 것이다 (p.248). 등 페브르 등의 견해를 소개하면서 도시사에 대한 동향을 소개하고 있다.

가 불충분하며, 신라사 및 신라왕도에 대한 역사 고고학적인 이해 또한 미흡하다. 이는 연구목적과 접근방법론의 차이에도 이유가 있다. 또한 본고의 궁극적인 목표인 경주가 해항도시(海港都市)로서의 특성, 역할의 구체성, 그리고 국가가 단계별로 추진한 해양정책과 어떠한 연관성을 가졌는지에 대해서는 연관성을 분석하지 못하였으므로 다음 작업으로 미루고자 한다. 이 글을 작성하면서 자체에 '구체성'의 차이들 속에서 역사를 규명해오는 과정에 나온 몇 가지 개념과 용어들을 사용하고자 한다.

2. 고대의 도시의 해양적 성격

1) 고대도시의 개념과 이해

역사에서 공간이란 자연 또한 단순한 지리, 지형, 기후, 동식물의 분포도 등의 생태적(生態的)인 공간만을 뜻하지는 않는다.[3] 또한 기하학적(幾何學的)인 공간(空間), 물리적인 차원의 평면(平面)만을 의미하지는 않는다. 역사공간이란 지리정치적(地理政治的, geo-politic)으로는 영토이며, 지리경제적(地理經濟的, geo-econcmic)으로 생산장소와 시장이며, 지리문화적(地理文化的, geo-culture)으로는 소속된 주민들, 세계와 사물을 바라보는 관점, 인간과 집단이 지닌 가치관 등의 결정체이다.[4] 그러므로 역사공간의 성격을 이해하려면 생태와 풍토 문제 등 자연지리의 개념과 틀을 포함하면서 역사(歷史)와 문

---

3 '풍토학', '환경결정론' 등의 부정적인 측면은 공간을 자연에게 귀속시킨 결과이다.
4 공간은 실제적인 측면 외에도 명분으로도 인간에게 근원적으로 중요한 의미를 지니고 있다. 세포의 형성과정부터 시작하여 존재의 원근거를 모색하는 행위, 그리고 나아가 집단의 탄생과 발전과도 직결되어 있다. 인간 개체와 마찬가지로 집단도 존재의 정당성과 우월성을 입증받고 싶어한다. 앞으로 역사학에서 공간문제는 새로운 각도에서 접근해야 한다.

화(文化) 또는 문명(文明)의 개념으로 접근할 필요가 있다. 이는 역사공간의 핵심체인 도시(都市) 또한 이와 유사하다. 도시에 대한 보편적인 정의는 불가능하다는 것이 일반적인 견해이다. 도시(都市)에 관해서는 일반적인 기능, 구조, 성격, 사상성, 미학, 정치권력, 심지어는 기술적인 문제에 이르기까지 다양한 부분이 규명의 대상이었다.[5] 특히 도시사(都市史)[6]라는 입장에서 구체적으로 역사에 적용한 글들도 있고, 이론을 위해 실제적인 예로 든 도시도 동서고금을 막론한다. 이 장은 도시에 대한 정의가 아니라 우리 고대역사상을 찾고 재구성하는 과정에서 한 도구로서 수도의 보편적인 성격을 살펴보는 것이다. 특히 경주지역의 역사적인 성격을 해양과 관련시켜 규명하고, 해항도시(海港都市)로서의 위상과 역할을 재정립하는 작업의 일환이다. 그러므로 도시에 대한 기존의 연구 중에서 우리의 통념에 변화를 가져오고, 해항도시의 성격과 연관될 수 있는 부분에 국한해서 언급한다.

보통 도시는 도회(都會), 도회지(都會地), 대처(大處)라고도 하는데 「큰사전(한글학회)」에는 '시가지(市街地)를 이룬 도회(都會)'라고 했으며, 도회(都會)는 도회지(都會地)라고도 하여 '사람이 많이 살고 번잡한 곳'이라고 한다. 또한 동양적(東洋的) 개념으로 '도(都)'는 국왕 또는 천자가 거주하는 곳, 즉 수도를 뜻하고 '市'는 물건을 팔고, 사는

---

[5] 董鑒泓 等 편, 成周鐸 역주, 『中國 都城 發達史』, 학연문화사, 1993, p.7. '중국도성발달사는 도성을 여러 종류의 물질적 요소로 구성된 하나의 종합체로 보고 이를 연구하는 것이다. 말하자면 도성의 총체적 배치의 변천(도로망, 주거지역, 상가분포, 녹지 및 수로 등을 포함), 도성 계획의 이론과 중심사상, 도시 공간 배치의 예술성, 도성의 유형 및 그 분포 등등을 종합적으로 연구하는 것이다.'
이 외에 동양사학회 편, 「中國歷代 수도의 유형과 사회변화」, 『역사와 도시』, 서울대학교출판부, 2000.
[6] 민유기, 「서평 : 프랑스의 도시사 연구의 새 경향」, 『서양사론』 92, pp.353~354.
도시사(Uran history)는 19세기 급격한 도시화가 낳은 사회적 문화적 구조 변동과 이것이 인간 삶에 미친 변화를 설명하는 '도시성(The Urban; Urbanity)'이란 개념이 일반화된 20세기 초에 등장했다. 20세기 중반까지는 특정 도시의 탄생, 성장, 변화를 다루는 도시의 일대기(City Biography)로서 '도시의 역사(Town's History)' 혹은 시사(市史) 연구가 진행되어 왔다. 하지만 1960년대부터 연구영역, 방법론, 사료 등에 대한 집단적 고민의 결과로 역사학의 새로운 영역으로 확립되었다.

저자(市場)를 뜻하며, 수도나 시장은 모두 사람이나 물자가 많이 모여드는 곳이다.[7] 그런데 주민의 성분과 인구규모를 갖고 도시의 기준과 성격을 구분하는 경우가 많다. 보편적으로 도시(都市)는 단위면적에 대한 인구밀도가 일반적으로 촌락(村落)에 비해서 크다. 그리스에서 도시국가(都市國家, polis)의 개념은 도시인이 생활을 의지하고 있는 주변의 촌락지역을 포함하고 있었고, 인구는 작은 것은 7만 명 정도였고, 그 중 4분의 1이 도시 거주자였다.[8] 이는 일반적인 특성이었을 것이다. 또 다른 예가 있다. 1000년 전 무렵에 아메리카의 유카탄과 과테말라에서 도시를 발굴한 결과에 따르면 거대한 규모였다. 도시에서 농촌지역으로 넘어가는 경계가 인식하기 어려울 정도로 애매하고, 도시인구에는 도시인이 아닌 주민을 많이 포함하고 있었다.[9]

이것은 여러가지를 시사한다. 그 가운데 하나는 도시의 범주와 인구 속에서는 도시와 함께 주변지역의 인구도 포함한다는 사실이다. 즉 성채(城砦) 등으로 둘러싸인 도시의 핵심 외에 경계가 불분명한 촌락의 농부 등도 포함하고 있다는 점이다. 물론 도시는 촌락과 달리 주민이 농경 등 1차 생산작업에 종사하는 사람들보다는 기술자 등 다른 산업이나 정치·종교 등과 연관된 사람들로 주로 구성되었다.[10] 다시 말하면 도시는 농업·어업·임업 등 직접생산을 담당하는 주민들과 시스템으로 구성된 것이 아니라 2차·3차 산업에 종사하는 기술 전문직 정치인·군사·종교인 등의 존재로 구성된 것이다.

그렇다면 삼한소국들의 인구나 규모 등과 비교하면 시사하는 바가 크다. 참고로 일본열도의 소국들은 『삼국지』 왜인전에 기술되었듯이 대마국(對馬國)·일지국(一支

---

7 姜大玄, 『도시지리학』 교학사, 1980, p.2.
8 에머리 존스 저, 이찬·권혁재 역, 『人文地理學 原理』 법문사, 1985, p.195.
9 머리 존스 저, 이찬·권혁재 역, 위의 책, p.197.
10 姜大玄, 『도시지리학』 교학사, 1980, pp.3~4 참고.

國)·말로국(末盧國)·이도국(伊都國) 등은 규모가 작은 편이다. 하지만 대표격인 야마다이(邪馬臺)국은 만여가(萬餘家)라고 했으니 대략 5만에서 7만 명의 인구를 수용하는 국가이다. 당연히 도시격에 해당하는 공간의 주민들뿐만 아니라 외부의 농민거주자들까지 포함한 것이다. 이것은 초기 금성의 인구수를 다른 관점에서 추정하고, 신라사회를 이해하는데 도움을 받을 수 있다.

도시의 형성에는 여러 가지 요인이 있다. 도시의 기능과 역할과 연관된 정치 군사 경제 문화 등의 요구에 부응해서 형성된다. 하지만 이러한 요인들도 전략적인 가치, 시대적인 상황에 따라 달라지고, 역할(役割)의 비율(比率)과 놓여진 위치(位置)에 따라서 달라진다. 수도 및 대도시는 몇 가지 조건을 갖추어야 한다. 우선 자연환경을 고려해야한다.[11] 첫째, 정치(政治)·외교(外交)의 중심지(中心地)이어야 한다.[12] 중앙적 수도(中央的 首都, central capital)는 중앙과 주변지역 간에 가장 짧은거리를 유지함으로써 광대한 영토를 통치할 수 있다.[13] 한 장소가 중핵지(中核地)[14]가 되려면 많은 인구와 풍부한 자원, 집중된 정치권력, 교통상의 결절점(結節點, nodal point) 및 비농민(結節點)을 부양할 수 있는 토지 등을 갖추어야 한다. 특히 정치적인 역할을 하는 도시는 명령이 신속하게 전달되고, 그 조치 결과가 집결되어야 하며, 교통(交通)·통신망(通信網)이 방사(放射)되고 외국에서 정보를 쉽게 입수해야 한다. 그리스의 폴리스(polis)나 로마의 키비타스(civitās)도 농업중심지가 아니라 항구에서 하루면 오갈 수 있는 곳에 있었다. 고대에도

---

11 도시를 건설하는 위치에 대해서는 에머리 존스 저, 이찬·권혁재 역, 『人文地理學 原理』 법문사, 1985, p.207 참조.
12 수도는 中核地가 된다. 한 장소가 中核地가 되려면 많은 인구와 풍부한 자원, 집중된 정치권력, 교통상의 結節點(nodal point) 및 비농민을 부양할 수 있는 토지 등을 갖추어야 한다. 中核地의 개념에 대해서는 任德淳, 『政治地理學原論』, 일지사, 1988, p.249 참조.
13 任德淳, 위의 책, p.251, p.253 참조.
14 中核地의 개념에 대해서는 任德淳, 위의 책, p.249 참조.

중요한 도시들은 가능한 한 일정한 단위(單位)의 지리적인 중앙 뿐만 아니라, 교통의 이점 등을 포함하여 역할과 기능의 핵심에 있었다.

그런데 정치의 중심지는 곧 군사의 중심지이며, 도시는 방어 공간이라는 의미이다. 고대사회는 모든 권력과 기능이 수도로 집중되었으므로 적의 공격으로부터 안전해야 한다. 때문에 종래에는 수도(首都)의 위치변화 문제를 군사적인 측면에 비중을 두고 고찰하는 경향이 컸다.[15] 실제로 도시의 위치는 방어를 위한 절대적(局地的)입지[16]였다. 고구려라는 국가의 명칭이 성을 뜻하는 '구루(溝漊)'에서 나왔다는 설도 있을 정도로 성은 각별한 의미를 지닌다. 『구당서(舊唐書)』에 따르면 60여개의 성에 州와 縣을 두어 정치를 했다고 되어있다. 그런 의미에서 고구려에서 城이란 도시에 해당하는 중요한 역할을 했다. 고구려의 첫 수도인 홀승골성[17]은 그러한 예이다. 이는 백제도 마찬가지였다. 중국고대에서는 도읍(都邑)을 원래 '성(城)'이라고 불렀다. 성은 정치적 권위(王)를 보위(保衛)하기 위한 고장벽루(高墻壁壘)라는 뜻이었다. 거기에 시(市)의 의미가 덧붙여지면서 도시의 기능을 하게 되었다.[18] 그리이스의 아크로폴리스는 '고지(高地)의 도시' 라는 의미이다. 산정도시(hiltop town)가 있다. 이오니아인(Ionian)이나 아카이아인(Achaean) 더 나아가 후세의 도리아인(Dorian)들은, 정복 흘 민족에 대한 지배를 유지하기 위해 성채를 구축하였으며, 그 성채가 훗날 도시의 발전으로 이어졌던 것이다.[19] 그 외에도 도시의 중요한 가능이 방어라는 예는 무수히 찾을 수 있다.

---

15 朴漢濟,「中國歷代 수도의 유형과 사회변화」,『역사와 도시』, 서울대학교출판부, 2000, p.43.
16 도시의 입지는 고정적인 자연환경을 중심으로 평가되는 절대적 입지(site)와 가변적인 인문환경을 중심으로 평가되는 상대적 입지(situation)로 분류된다. 류제현 편역, 테리 조든 비치코프 · 모나 도모시 지음, 『세계문화지리』살림, 2008, p.254.
17 문헌기록으로 산 위에 있다고 하였다. 만약 현재 桓仁의 오녀산성이라면 이는 전형적인 山頂수도가 된다.
18 『강좌 한국고대사』7 - 촌락과 도시, 가락국 사적개발연구원, 2002, p.216.
19 Sibil Moholy-Nagy 著, 崔宗鉉 · 陳景敦 譯,『都市 建築의 歷史』, 1990, ⊃.22.

도시는 또한 경제의 중심지역할을 담당했다. 일반적으로 고대에는 내부에서 다양한 형태의 생산이 이루어지고 물자(物資)의 집결(集結)이 용이한 곳이 도시이다. 인간의 이동(移動)이 자유롭고 자급자족품목(自給自足品目) 외에 일상생활용품과 사치품 등의 교환이 일어나는 곳도 수도를 비롯한 대도시이다. 또한 다른 지역이나 나라와 무역이 이루어지는 곳도 도시와 수도이다. 도시 내부나 근처에서 고대화폐들이 발견되는 것은 이 때문이다. 전통적으로, 도시의 입지의 선정에는 '방어와 교역'에 대한 욕구가 가장 많이 반영되었다. 예를 들면, 고대 그리스의 도시는 '아크로폴리스(Acropolis)'와 '아고라(Agora)'라는 두 가지의 기능지대로 선명하게 분화되어 있었다. 아크로폴리스는 메소포타미아 지방 도시에 있는 성채와 기능이 유사하였다. 종교 사원, 창고, 행정기관 등이 있었다.[20] 교역을 위한 도시들은 대부분 특정한 입지조건을 갖춘 곳에 발달하였다.[21] 중국사에서 '도시(都市)'라는 말 대신 '성시(城市)'라는 용어를 사용하는 것은 성과 시가 갖는 또 하나의 의미를 잘 말해주고 있다. 동진(東晋)의 건강(建康), 송(宋)나라의 개봉(開封), 남경(南京) 등은 대표적인 경제수도의 역할을 한 곳이다.[22]

도시는 문화의 공간역할도 수행해야 한다. 지배계급이 다수 거주하는 도시는 중요한 문화의 집결지(集結地)와 개화지(開化地)이며, 생산지(공급)이고, 소비지(수요)이다. 전 근대 사회에서 외국문화를 처음 받아들이는 곳은 수도가 아니라 접촉이 손쉬운 국경지역의 도시들이다. 해로를 이용한 경우에는 바닷가의 항구도시들이 그러한 역할을 담당했다. 또한 도시는 신앙공간의 역할을 담당하였다. 지배계급이 있는 곳에는 신앙공간이 반드시 있다. 인도의 하라파를 비롯하여 메소포타미아의 도시들, 그리스의

---

20 류제현 편역, 테리 조든 비치코프 · 모나 도모시 지음, 『세계문화지리』, 살림, 2008, p.260.
21 위의 책, pp.253~257 참조.
22 隋 王朝가 통일을 이룩한 후 만든 大運河는 국내 상업의 유통을 촉진시켰으며, 당시 대제국의 경제적 동맥 역할을 하였다. 董鑒泓 等 編, 成周鐸 역주, 위의 책, 1993, p.65.

몇몇 폴리스들은 이러한 신앙공간을 갖추었다. 그리고 이는 중세도시의 특징이기도 하였다. 우리 역사에서 삼한(三韓)은 신시(神市)에 해당하는 소도(蘇塗)라는 신앙공간이 있었으며, 국읍(國邑)과 천신(天神)의 존재는 삼한의 도시를 이해하는데 시사하는 바가 크다.

이처럼 수도 또는 대도시는 종합적 목적을 갖고 형성되었으며, 종합적인 기능을 수행했다. 때문에 정치시설물, 방어용의 군사시설, 신전(神殿) 같은 종교시설물, 지배계급의 고분군(古墳群), 그 외에 대외교류와 연관된 시설물들을 갖추고 있어야 한다.[23] 중세 유럽도시도 방어, 정치, 행정, 경제, 종교 등의 5대 기능을 수행했다.

인류 역사에서 도시의 기원과 시작단계에 대해서는 여러 설이 있고, 지금도 계속 수정되고 있다. 일반적으로는 기원전 3,000년 전 부터 오늘날의 중동지방에서 도시가 형성되었다고 본다.[24] 물론 더 이른 시기에 형성되었다는 주장들도 많다. 인도지역의 하라파 등이 그 하나이다. 그런데 동아시아에서도 도시의 시작 연대를 올려 잡고 있다. 그 가운데 하나가 요서(遼西)지방에 위치한 홍산(洪山)문화와 뒤를 이은 하가점(夏家店)하층문화시대에 존재했던 도시이다.

내몽골 적봉(赤峰)과 요녕성 건평현에 있는 우하량(牛河梁) 유적은 거대한 규모의 제단(壇), 여신전(廟), 적석총(塚)이 삼위일체(三位一體)를 이룬 홍산문화(B.C 3,500~2,400년)의 대표적인 신석기유적이다. 길이 160m, 너비 50m의 규모에 거대한 적석총들이 있고, 내부에는 석관묘들이 있다. 석관에서는 다양한 형태의 가공수준이 뛰어난 옥(玉)제품들이 다수 나왔고, 아름답고 기묘한 형태의 채색토기가 발굴됐다. 이는 조직적인 기술자 집단과 활발한 교역의 존재를 입증하는 유물들이다. 이 시대를 초기국가단계

---

23 선사시대 고대 중세에 이르기까지 중요한 도시들을 열거하면서 특성을 설명하고 있다. 류제헌 편역, 테리 조든 비치코프·모나 도모시 지음, 『세계문화지리』, 살림, 2008, pp.192~197.
24 에머리 존스 저, 이찬·권혁재 역, 『人文地理學 原理』, 법문사, 1985, p.192.

에 들어온 '고국(古國)'이라고 말한다. 물론 그 중심에 해당하는 우하량지역은 도시였다.[25] 뒤를 이은 하가점(夏家店)하층문화(B.C 2,400~15,000년)는[26] 농업이 발달한 시대였는데, 초기 청동기시대이지만 고국의 뒤를 이은 '방국(方國)'이라고 명명할 정도로 정교한 조직과 정치력을 갖춘 정치체제가 탄생하였다.[27] 이 문화에서 대량의 주거지와 함께 대략 70여개에 달하는 석성들이 발견됐다. 적봉시 외곽의 삼좌점성(三座店城)은 산의 윗부분에 석성을 둘러쌓고 내부에 규격화된 거주지를 마련하였다. 성벽은 부분에 따라서 이중방어벽을 구축했는데, 치(雉)가 무려 13개나 되며, 성돌 가운데 일부는 잘 다듬은 견치석들이다. 필자는 유적의 위치·규모·성격 등을 고려해서 일종의 산정도시(山頂都市, hiltop town)형태라고 생각한다.

한편 중국 양자강 중류인 호남성에서 발굴되는 성두산(城頭山)유적이 있다. 6,000년 전의 유적이다. 주위는 성벽에 둘러싸였으며, 동·남·북에는 문이 있고, 내부에서는 제단이 발견되었다.[28] 이 또한 도시유적으로 해석하고 있다. 그런데 일본에서는 도시의 개념을 보다 느슨하게 설정하면서 성두산 유적과 연관된 5,700년 전의 아오모리(青森)현 산나이마루야마(山內丸山)유적을 정연하게 계획적으로 조성된 조몬(繩文)형 도시라고 부르기도 한다.[29] 이러한 새로운 발굴과 과감한 해석들은 우리 고대사를 해석

---

25 李亨求,「발해연안 석묘문화의 원류」,『한국학보』50, 일지사, 1988.
   尹乃鉉,『고조선연구』, 일지사, 1994.
   郭大順,『龍出遼河源』百花文藝出版社, 2001.
   趙賓福 著 崔茂藏 譯『中國東北新石器文化』集文堂, 1996, pp.92~126에 종합적으로 정리되어 있다.
26 하가점 하층 및 상층문화에 대해서는 복기대,『요서지역의 청동기문화』, 백산자료원, 2002에 성격의 연구와 함께 연구사 및 쟁점들을 소개하고 있다.
27 북한의 김영근은「하가점 하층문화에 대한 고찰」,『단군학 연구』14, 단군학회, 2006 에서 최근북한학계의 견해를 반영하며 하가점 하층문화를 고조선주민들이 창조한 문화로 해석하고 있다.
28 이시 히로유끼, 야스다 요시노리, 유아사 다케오 지음, 이하준 옮김,『환경은 세계사를 어떻게 바꾸었는가』, 경당, 2003. 주로 야스다의 견해, pp.70~74.
29 위의 책, pp.87~91.

하고 평가하는데 의미있는 시사점을 제공한다.

그렇다면 우리역사에서 고대도시는 어떠한 위치에 있으며, 어떤 성격을 지녔을까?[30] 일반적으로 도시의 형성과정이 중국과 같이 정치적 요인에 의해서 발생하고 성쇄했다고 한다. 홍산문화, 하가점하층문화, 하가점상층문화 등과의 관계, 고조선 체제 속에서의 도시문제 등은 관심과 연구의 대상이다. 본고와 관련해서 고조선의 말기 수도였던 왕검성(王儉(險)城)은 의미가 크다. 왕검성의 규모나 위치 성격 등을 알기는 어렵다. 다만 당시의 사회상, 발생한 역사적인 사건들과 연관시켜 보면 항구도시(港口都市)의 형태를 띄운 것은 분명하다. 당시에 전개된 조한(朝漢)전쟁의 전황을 보더라도 바닷가 가까이 있는 것이 분명하다. 현재 그 위치로 추정되고 있는 몇몇 지역들도 강 하구와 바다가 만나는 지역이다.[31] 한편 한사군의 하나인 낙랑군 치소(治所)로 알려진 곳, 황해도 사리원의 대방군 치지(治地)로 알려진 곳을 도시적 성격을 지닌 취락으로 보는 견해도 있다. 토축의 위벽(圍壁)으로 둘러있고, 그 안에는 정연한 건축군의 초석, 벽돌(甓塼)로 포장된 포도, 하수도 등의 유적이 있기 때문에 도시로 본다.[32] 물론 이곳이 한사군과 연관된 것인지는 확증할 수 없다. 반면에 이 무렵 남부지방에 있었던 삼한 소국들은 강력한 부족연맹체조직이 부족하여 도시의 형성 역시 미약했고, 도읍(都邑)과 촌락(村落)이 분화되지 않은 상태였다는 견해도 있다.

---

30 姜大玄, 『도시지리학』 교학사, 1980, p.61. 우리 역사에서 도시의 발달과정을 5단계로 구분하는 견해도 있다.
31 왕검성의 해륙적 성격과 위치 등에 대해서는 졸고, 「黃海文化圈의 形成과 海洋活動에 대한 연구」, 『先史와 古代』 11호, 한국고대학회, 1998, 12.(『한민족의 해양활동과 동아지중해』 학연 2002에 수록) 4장 pp.20~21에서 언급하고 있다. 『史記』 朝鮮列傳 第55 元封2年秋, 遣樓船將軍楊僕從齊浮渤海, 兵五萬人, 左將軍荀彘出遼東, …… 樓船將軍將齊兵七千人先至王險. ……. 口는 강과 해안이 마주치는 곳이다. 樓船을 齊로 부터 渤海를 건너게 했다는 것은 洌口의 위치가 최소한 遼河 以西일 가능성이 있다. 대동강이었다면 大海 혹은 다른 명칭으로 표현 했을 것이다. 다만 구체적인 위치는 적시하고 있지 않았었다.
32 姜大玄, 위의 책, p.62.

2) 해항도시적(海港都市的) 성격

우리 역사에서 고대도시를 이해하려면 먼저 역사공간에 대한 심층적인 이해가 필요하다. 필자는 역사공간을 1차적으로 영토나 영역, 정치장소로서 성격을 살펴본 다음에 총체적인 연결망, 즉 네트워크의 개념으로 접근한다. 왜냐하면 하나의 공간에서도 중심부와 주변부를 구분하고, 시대와 역할에 따라 모습이 달라져야 한다. 따라서 필자는 역사공간을 '터와 다핵(field & multi core) 이론'[33]을 통해서 해석하고 있다. 항성(恒星)에 해당하는 핵(核)은 행정적 기능을 가진 대성(大城)에 해당한다. 교통과 통신의 길목으로서 방사상(放射狀)으로 퍼지는 일종의 허브(hub)형이다. 자체적으로도 존재이유가 있지만, 다른 상태로 전화가 가능하므로 필요에 따라 관리와 조정기능을 할 수 있다. 또한 인체의 경혈(穴)이 경락들을 이어주는 역할을 하는 것과 마찬가지로 집합과 배분기능을 동시에 하면서 문화를 주변으로 이를 공급하는 능력도 있다. 터이론에서는 중핵(中核)문화를 모방하거나 변형된 주변부의 행성(行星)과 위성(衛星)들도 피동적인 주변부가 아니라 핵인 항성으로 향하면서 중핵 및 전체 터에 영향을 끼친다. 즉 전입(轉入)과 전파(傳播)가 일방통행이 아니라 하나로 연결되어 환류하면서 영향을 주고 받는다. 여러 요소들이 일방적 관계나 격절된 부분이 아니라 전체가 부분 되고, 부분들이 전체로 되돌아가는 유기적(有機的)인 관계이다. 이러한 '터이론'[34]의 성격과 시스템은 동아시아 전체 우리역사의 터 또는 수도(首都) 및 대도시(大都市)에도 적용할 수

---

33 필자가 개념화한 '터'는 자연 지리 기후 등으로 채워지고 표현되는 단순한 공간은 아니고, 생태계 역사 등이 모두 포함된 총체적인 환경이다.
34 터이론을 이용하여 역사상의 실제적인 분석한 몇몇 연구가 있다. 졸저, 『고구려는 우리의 미래다』, 고래실, 2004 ; 『장수왕 장보고 그들에게 길을 묻다』, 포럼, 2006 ; 졸고, 「장보고를 통해서 본 경제특구의 역사적 교훈과 가능성」, 남덕우 편, 『경제특구』, 삼성경제연구소, 2003 ; 「동아시아의 해양공간에 관한 재인식과 활용 -동아지중해모델을 중심으로-」, 『동아시아 고대학』14, 동아시아 고대학회, 경인문화사, 2006.

있다.

동아시아라는 역사의 '터'는 자연지리적인 관점에서는 중국이 있는 대륙, 그리고 북방으로 연결되는 대륙의 일부와 한반도, 일본열도로 이루어졌다. 즉 크게는 대륙(大陸)과 해양(海洋)이 만나고 엮어지는 해륙적(海陸的) 환경의 지역이다. 또한 기후라는 면에서는 온대성·아열대성·아한대성이 섞여 있으며, 생태적으로는 바다와 평원·초원·사막·대삼림과 강 등이 한 터에 있으면서 상호작용하고 있다. 그리고 무엇보다도 주민들의 생활양식과 혈통과 언어를 달리하는 종족들의 분포, 정치체제는 중층적이고 복합적이다.[35] 따라서 문화적으로는 한반도를 가운데 둔 채 바다 주변의 주민과 문화들이 상호간에 영향을 주고받는 일종의 '환류(環流)시스템'을 이루고 있었다. 필자는 동아시아의 이러한 지리적이고 문화적인 특성을 설명할 목적으로 동아시아의 내부 '터'이면서 동방문명의 중핵으로서 동아지중해(東亞地中海, EastAsian-Mediterranean-Sea)란 범주를 설정하고 학문적인 모델로서 제시하였다. 이 이론 속에서는 몇몇 국가들이 독특하게 대륙과 해양을 유기적으로 연결한 '터' 속에서 생성하고 발전한 해륙국가(海陸國家)였으며, 그래서 발전했다고 주장해왔다.[36] 그 국가들의 수도는 자연환경, 역사적인 계승성, 국제관계를 고려할 때 해륙도시(海陸都市)의 성격을 가졌음을 강조하였다. 그 외에 중요한 도시 또는 성들 또한 수도 및 국토 전체와 유기적 체제(有機的 體制)를 가져야하는 만큼 해륙적 성격을 가졌을 가능성을 고구려의 예를 들어서 언

---

35 최근에 발표한 윤명철, 「渤海 유역의 역사문화와 동아시아 세계의 이해- '터(場, field) 이론'의 적용을 통해서-」, 동아시아 고대학회, 2007, 「고구려 문화형성에 작용한 자연환경의 검토-터이론을 통해서-」, 『한민족 연구』4, 2007 등 참고.
36 윤명철, 『海洋史觀으로 본 한국 고대사의 발전과 종언」, 『한국사연구』123, 2003, 「한국사 이해를 위한 몇 가지 제언」, 『한국사학사학회보』9, 한국사학사학회, 2004, 「한국 고대사 연구의 반성과 대안」, 『단군학연구』11, 단군학회, 2004, 「東아시아의 海洋空間에 관한 再認識과 活用-동아지중해모델을 중심으로-」, 『동아시아 고대학』14, 동아시아 고대학회, 경인문화사, 2006, 기타.

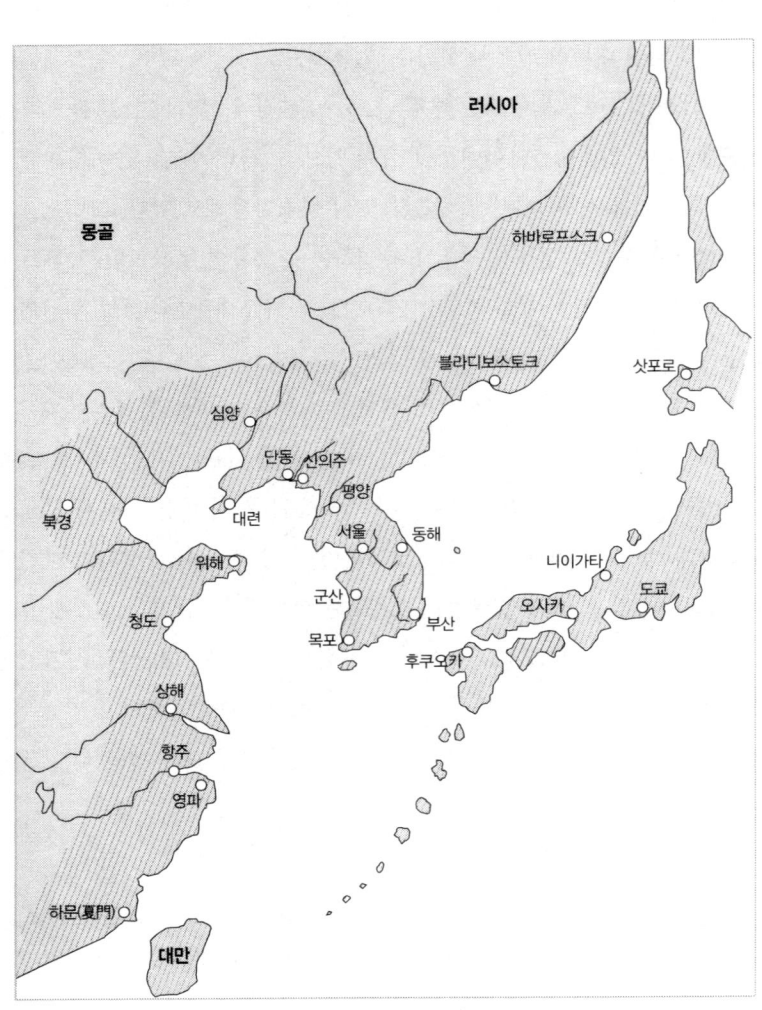

| 그림 1 | 동아지중해의 범위도

급하였다.[37]

    그렇다면 동아지중해 또는 우리 역사터에서 한반도 중부 이남지역에서는 고대에 어떤 과정을 거쳐서 도시가 발달했으며, 역사의 전개에서 어떤 역할을 담당했을까? 어느 시대를 막론하고 서해안과 남해안을 구체적으로 살펴보면 도시나 촌락들은 지형상으로 육지(陸地)와 강과 해양(海洋)이 연결된 지역, 즉 강가의 나루나 바다의 포구(浦口)에서 형성됐다. 물론 동해안은 백두대간과 단조로운 해안선, 거친 해양환경으로 인하여 비율이 상대적으로 적었다.

    항구도시가 되려면 구체적으로 몇 가지 조건을 갖추어야한다. 첫째로, 양질의 항구(港口)와 부두시설이 구비되어야 한다. 국제관계에서 해양교섭이 주를 이루는 상황에서는 사신선을 비롯한 군선 등 각종 선박들이 발착(發着)하는 훌륭한 항구시설이 필요했다. 고구려는 두 번째 수도인 국내성 궁궐의 남쪽 벽에 돌로 쌓은 부두시설이 있었다고 한다.[38] 압록강 하구에는 외항(外港)이 있었는데, 여러 기록들을 고려할 때 서안평성(西安平城)과 박작성(泊灼城)이 있는 박작구(泊灼口)였을 것이다. 1920년대에 단동시(丹東市)에서도 부두석축시설이 드러났는데, 축조한 시대는 확인할 수 없지만 고구려 시대의 것으로 추정한다.[39] 백제는 한성시대에 풍납(風納)토성에 항구는 물론이고, 양질의 부두시설이 있었을 가능성이 높다. 또한 외항역할을 했을 것으로 추정되는 관미성(關彌城)이 한강하구 또는 강화도에 있었으며, 인천지역에도 한진(大津)[40]등의 외항이 있었다. 마찬가지로 해안가의 소국들은 시설이 훌륭한 부두가 있어야 하며, 큰 소국이거나 도시가 내륙으로 들어온 지역일 경우에는 바다와 만나는 곳에 외항(外港)을 따로

---

37 윤명철, 「고구려 수도의 海陸的 성격 검토 -江海都市論을 중심으로-」, 『백산학보』80호, 2008. 4.
38 손영종, 『고구려사』2, 과학백과사전종합출판사, 1997, p.39.
   『文物』1984-1기, pp.39~40.
39 손영종, 『고구려사』2, 과학백과사전종합출판사, 1997, p.39.
40 인천시 남구의 옥련동에 있는 凌虛臺 자리.

구비해야 한다.

둘째는 교통의 발달, 특히 대외항로와 쉽게 연결되어야 한다. 수도나 도시가 교통의 결절점에 있어야 함은 앞에서 언급하였다. 그런데 우리지역처럼 해륙적인 환경 속에서, 또한 국가가 해양을 중요시하는 정책을 취할 경우에는 육로교통(陸路交通)도 중요하지만 내륙수로교통(內陸水路交通)에도 적합해야 한다. 강은 일반적으로 물자를 운반하는 데에 편리하고 수송량이 많기 때문에 물자를 유통시키는 물류망(物流網)으로 절대적인 역할을 담당했다. 또한 내륙수로(內陸水路)와 육로(陸路)를 연결한 후 해로(海路)와 통합되어 공급지와 수요지, 그리고 집결지를 연결하기에 적합한 역할을 한다. 그리고 구릉성산지가 발달한 노년기지형에다 강이 발달한 한반도에서는 강을 장악하면 정치적으로 내륙을 통합(統合)하는 데 유리하고, 물류도 원활하게 이루어진다. 하나의 생활권, 경제권을 만들면서 자연스럽게 내륙의 정치적인 통일(統一)을 이루는데 효율성이 높다. 또한 모든 지역이 바다와 연결될 뿐 아니라 대외적으로 교섭을 할 필요가 있으므로 항구와 가깝고 해양교통에도 유리해야 한다. 일본 고대사에서 소국(小國)들의 위치선정이 해양과 관련있음을 각국 간의 거리를 계산해서 추정한 연구가 있다. 송지정근(松枝正根) 씨의 계산법은 다음과 같다. 해류인 흑조(黑潮)는 평균 2~4노트다. 이때 노꾼 10인으로서 항해거리를 계산한다면 4노트로서 1일 8시간 항해하여, 1일 항해거리는 약 32마일(약 59km)이 된다. 이 거리를 중시한다면 수도(首都)라고 생각되는 지점에서 약 60km 마다 만이 발달해야 한다. 그런데 송지정근 씨는 위 계산법에 의거해 항로와 거리 일수 등을 열거하면서 유적의 분포와 일치함을 주장하고 있다.[41]

세 번째는 군사력과 해양방어체제가 갖추어져야 한다. 우리 역사터의 자연환경과 지형을 고려할 때 도시란 해양군사적인 측면에서 몇 가지 조건이 필요하다. 그 가운데

---

41 松枝正根, 『古代日本の軍事航海史』上, pp.191~192.

하나는 수군을 양성하고, 적절하게 이용할 수 있어야 한다. 백제시대까지만 살펴보더라도 수군 작전과 연관된 사건들이 벌어졌을 가능성은 여러 번 있었다. 이러한 상황에서 수군활동과 연관해서 주변에 조선용 숲, 조선소를 비롯하여 수군함대기지 등을 설치하는 장소가 필요했다. 그런데 바다와 너무 가까운 해항도시 또는 내륙으로 일부 들어간 '강해도시(江海都市)'는 해양으로 진출하는데 강점으로 작용할 수 있지만, 동시에 수비의 약점이 될 수 있다. 특히 대규모의 상륙군이 급습을 한다면 해양의 메카니즘상 본질적으로 방어상에 문제가 노출된다. 따라서 도시는 방어적인 측면에서 강변방어체제(江邊防禦體制)[42] 및 해양방어체제(海洋防禦體制)[43]와 유기적인 시스템을 구축해야 한다. 서해안처럼 리아스식 해안이 발달한 곳은 곶(串)과 포(浦), 만(灣)이 많아, 장소와 전술적인 목적을 고려하여 '곶성(串城)', '포구성(浦口城)', '진성(津城)'을 쌓는다. 하지만 만 전체를 주변지역과의 유기적인 관계 속에서 작전을 수행하기 위하여 반도의 한가운데, 반도와 육지가 이어지는 부분, 내륙에 있는 대성(大城) 내지 치소(治所)와 이어지는 곳에는 규모가 큰 거점성을 건설한다. 조선시대에 설치한 진성(鎭城)들의 일부는 이러한 성격을 지녔다. 이외에도 조선을 하는데 필수적인 숲의 존재 등도 항구도시가 성립되는데 고려해야 할 요소 가운데 하나이다.[44]

　이러한 다양한 조건을 갖춘 곳은 대체로 하항도시, 해항도시의 역할을 했다. 역사시대에 들어오자 각 나라들은 해양의 중요성을 실감하고 점유한 지역을 중심으로 치

---

[42] 윤명철, 「한강 고대 강변 방어체제 연구-한강하류지역을 중심으로-」, 『향토서울』61, 서울시사편찬위원회, 2001, 「고대 한강 강변방어체제연구 2」, 『鄕土서울』64호, 서울시사편찬위원회, 2004, 「국내성의 압록강 방어체제연구」, 『고구려 연구』15집, 고구려연구회, 2003.
[43] 해양방어체제의 성격과 기능에 대하여는 윤명철, 「江華지역의 해양방어체제연구-關彌城 위치와 관련하여」, 『사학연구』58·59 합집호, 1999 및 신형식 등의 공저인 「경기만 지역의 해양방어체제」, 『고구려 산성과 해양방어체제』, 백산출판사, 2000 참조.
[44] 조선용 목재의 중요성과 그것이 국가의 흥망과 연관된 부분은 존 펄린 지음, 송명규 옮김, 『숲의 서사시』, 따님, 2006, 참조.

밀하고 복합적이며, 다양한 해양관련시설을 구축하였는데, 그 가운데 하나가 일종의 항구역할을 하는 포구(浦口)나 진(津)이다. 삼한(三韓) 78개 국의 상당수가 강하구(江河口)나 해안가 가까이 위치해 있다. 따라서 소국들은 해양문화가 발달했고, 만안이나 나루, 포구 등에서 정치적으로 성장하고 교역을 통해서 번창한 '도시국가' 의 성격을 가지고 있었다. 일종의 '나루국가' 였다. 유사한 시대에 일본의 노국(江河口)·말로국(末盧國)·이도국(伊都國) 등은 그러한 해항도시국가(海港都市國家)였을 것이다.[45] 이 때 소국(小國)을 소위 고대국가나 근대국가에서 이해하는 국가개념으로 파악할 필요는 없다. 우두머리 무덤 혹은 수장묘의 존재와 그 위치 확인은 대체로 읍락(邑落)과 나라(國) 수준의 지역집단에서 가능한 바 중심지 역시 읍락이상의 지역집단에서나 찾을 수 있는 것이다.[46]

역사가 발전하면서 해양거점을 중심으로 형성된 정치세력은 해양도시국가를 수도인 중핵으로 삼아 영역을 확장시켜가면서 고대국가로 성장하였다. 이러한 예는 왕험성(王險城)·국내성(國內城)·평양성(平壤城)·한성(平壤城) 및 미추홀(彌鄒忽)·웅진성(熊津城)·사비성(泗沘城)·금성(金城)·상경성(上京城)·개경(上京城)·한양(漢陽) 등이 되며, 중국에서는 남경(南京) 및 항주(杭州), 일본의 오사카(옛 難波) 등이 해당된다. 신라의 출발점이며, 핵심지역이며 왕도인 경주지역이 이러한 단계를 밟았을 것으로 추정된다. 해항도시가 되려면 또한 도시의 일반적인 조건인 정치 행정의 중심지이어야 하

---

45 윤명철, 『동아지중해와 고대일본』, 청노루, 1996, pp.93~94.
　江上波夫,「古代日本の對外關係」,『古代日本の國際化』, 朝日新聞社 1990, p.72 참조.
　武光 誠, 『大和朝廷は古代の水軍がつくった』 JICC, 1992, pp.32~36 참조.
46 이청규는 「경주 고분으로 본 신라 1000년」, 『역사비평』, p.280에서 "대체로 산천을 경계로 하는 지리적 범위에 다수의 마을이 모여 고대 문헌기록에 나타난 읍락(邑落)을 구성한 것으로 이해된다. 다수의 읍락이 모여 일정한 네트워크를 구축하여 일정한 지역집단 혹은 정치체제를 결성하게 되면 이른바 '국(國)' 이 된다." 라고 하였다. 이는 필자가 주장해온 삼한 소국들의 해양도시국가의 개념과 유사한 부분이 있다.

며, 시장 등 상업지구가 발달해야 한다. 그 외에 대외교류의 흔적들이 구체적으로 나와야 하며, 특히 역사발전과 직접적인 관계를 맺어야한다.

3. 신라의 해양적 역사상-경주의 해항도시적 성격 규명과 관련하여

경주가 '해항도시'의 성격을 갖기 위해서는 앞장에서 언급한 구체적인 조건들을 갖추어야 한다. 그리고 신라에게 해양활동은 국가발전의 필수적인 요소이며, 실제로 해양활동이 활발했어야 한다. 항로를 이용하여 활동한 구체적인 증거들이 있어야 한다. 다른 지역과 교류가 활성화됐고, 항해를 통해서 주민들의 진출과 정착이 활발해야 한다. 어업·패총·항해업 등이 발달하고, 주변의 항구도시들과 관계를 맺어야한다. 또한 정치적으로 다른 국가(고구려, 신라 및 중국)들과 해양을 통해서 교류한 증거들이 나타나야 한다. 이 장에서는 경주의 해항도시적인 성격을 규명하는 과정으로서 신라와 관련된 해양적인 역사상을 평면적으로 살펴보고자 한다.

신라는 건국과 더불어 일본열도의 세력(倭, 倭人, 倭兵, 倭軍, 倭軍 등을 모두 포함)과 관계를 맺었다. 박혁거세(朴赫居世) 38년에 호공(瓠公)이 본래 왜인(倭人)로서 표주박을 허리에 차고 건너왔으며, 결국 재상이 되었다.[47] 2대인 남해 차차웅 때에는 왜인이 병선 100여 척에 나누어 타고 영일군 등 해안을 침범하였다.[48] 그 후에도 때때로 대규모로 침입하였으며, 수도를 위협한 적도 있었다. 만약 수도가 토함산 등 너머의 경주분지 안에 있지 않았다면 심각한 상황에 직면했을 것이다. 물론 신라는 방어만 한 것은 아니었고, 수군을 동원하여 적극적으로 공격하고, 일본열도로 진출하거나 공격을 가했

---

47 『삼국사기』 권1, 「신라본기」 朴赫居世 38년 조.
48 『삼국사기』 권1, 신라본기 南海次次雄 條.

을 것이다. 4대 탈해(脫解) 이사금은 왜국으로부터 표류해서 도착한 인물이다. 그는 즉위 3년에 왜국과 친교를 맺고 사신을 교환하였다.⁴⁹ 가야와 황산진구(黃山津口)에서 싸웠는데, 동해남부와 남해동부를 놓고 두 나라는 경쟁하지 않으면 안 되었다. 8대 아달라(阿達羅)왕 20년(173년) 5월에는 왜국의 여왕인 비미호(卑彌乎)가 사신을 보내어 수교하였다. 그녀는 야마대국의 여왕으로서 이 무렵에 대방은 물론 위(魏)나라와도 교섭을 하였다. 이 시기가 연오랑과 세오녀가 일본열도로 건너가는 무렵이다.

그런데 『고사기(古事記)』와 『일본서기(日本書紀)』에는 신라와 관계된 기록들이 유달리 많이 나타난다. 일본신화를 보면 스사노오노미코도는 아마테라스오오미카미(天照大神)와 벌인 싸움에서 패배하자 근국(根國)인 신라로 돌아간다. 또 다른 기록에는 그가 신라국에 내려와 살다가 흙(埴土)으로 만든 배를 타고 이즈모(出雲) 지방의 도리가미노다께(鳥上峯)에 내려왔다고 한다. 그는 신라계이면서 동시에 철신(鐵神)이었다.⁵⁰ 이러한 신화적인 상황을 역사적으로 보기도 한다. 1세기경 한반도의 동해안에서 건너온 신라인계 집단이 선주의 해인족(海人族)을 구축하고, 그들은 2세기 경부터 동쪽으로 이동하여 이즈모(出雲)의 사철지대를 점령하였다.⁵¹ 그 후 한단야(韓鍛冶)라는 한반도에서 건너온 제철 기술자들에 의하여 새로운 방법으로 철이 주조 되었다.

그런데 『삼국유사』에 따르면 8대 아달라(阿達羅)왕 때(158년) 연오랑(延烏郎)과 세오녀(細烏女)가 일본에 건너가 소국의 왕과 왕비가 되었다. 이는 신라에서 종교적인 집단이 배를 타고 일본열도에 진출하여 소국가를 형성하는 과정과 이로 인해서 신라 내부에 혼란이 벌어졌던 상황을 표현한 것이다. 이와 비슷한 이야기가 『일본서기(日本書

---

49 『삼국사기』 권1, 신라본기 倭國結好交聘.
50 眞常弓忠, 『古代の鐵と神神』 學生社, 1991, p.34.
　출운은 제철의 생산이 가능한 砂鐵地帶가 많은 지역으로서 神門川, 裴伊川 유역은 대표적이다. 『出雲國風土記』에 보면 각 지역에서 철을 생산하는 장소를 표시하고 있다.
51 文脇禎二, 『出雲の 古代史』, NHK ブックス, 1986, p.27.

紀)』에도 있다. 스이닌(垂仁) 3년에 신라의 왕자인 천일창(天日槍)이 배를 타고 건너왔는데, 그는 7가지 고귀한 보물을 가지고 왔다. 천일창은 혼슈 남단의 동해와 붙은 시마네(島根)현의 이즈모(出雲)지역에 정착한 세력을 말한다.[52] 해양조건상 규슈지역이 가야 백제적인 성격을 가지고 있었다면 출운지역은 신라계의 왜였던 것이다.[53]

신라인들은 시마네현과 북쪽의 돗토리(鳥取)현 등의 해안가에 정착하였고, 일부는 신라본국으로 돌아가기도 했을 것이다. 그 가운데에 능력있고 활달한 사람들은 상인으로 배를 타고 양쪽을 오고가면서 교역을 했다. 한편 일부는 혼슈 남부를 가로지르는 척량산맥을 넘어 기히(吉備, 현재의 오카야마 지방)으로 가서 거대한 전방후원분들을 축조하였다. 쓰키야마고분에서 나온 말자갈, 행엽 등의 말장식품은 경주에서 나온 것들과 매우 유사하다. 또 근처인 구로야마 2호분에서는 초기 신라계 토기들도 많이 출토됐다.

10대 내해(奈海) 이사금 때인 209년에 낙동강 하류와 경상남도 남해안의 항구일대에 있던 8개의 소국, 즉 포상팔국(浦上八國)이 난을 일으켜 김해지역에 있었던 가라를 공격하였다. 이 때 신라는 군사를 파견하여 물리치고 이를 구원하였다. 조분왕(助賁王) 때인 233년에는 해상에서 왜와 화공전을 벌였으며, 유례(儒禮) 이사금 때인 289년에는 왜국이 쳐들어온다는 정보를 듣고 병선을 수리했다. 295년에는 백제와 공모하여 왜국을 치려는 계획을 세웠으나 일부의 반대로 중지하였다. 이 무렵까지는 주로 일본열도와 연관을 맺은 것을 알 수 있다.

그런데 4세기 말에 이르러 신라의 해양활동과 정책에는 변화가 생긴다. 고구려의 등장이다. 광개토대왕릉비문에는 대왕 9년(399)인 기해(己亥)조에 '왜인만기국경(倭人滿其國境)'이라고 하여 왜군이 대대적으로 신라에 침공하였음을 알려준다. 태왕은 이

---

52 이 부분에 대해서는 졸고, 「海洋條件을 통해서 본 古代 韓日關係史의 理解」, 『日本學』14 동국대 일본학연구소, 1995, pp.93~99 및 졸저, 『동아지중해와 고대일본』, 1996에 관련자료들과 함께 기술하고 있다.
53 김석형, 『고대한일관계사』(원서명 『초기 조일관계사』, 1966년 판) 한마당, 1988.

듬 해(400년)에 보기(步騎) 5만을 보내 신라를 구원하였다.[54] 그 직후 고구려에 인질로 억류당했던 실성(實聖)은 귀환하여 즉위하자마자 왜국과 우호관계를 맺고, 내물왕의 아들인 미사흔(未斯欣)을 인질로 보냈다. 그럼에도 왜군은 3년 만에 경주의 명활성까지 공격하였고, 다음해에 해안으로 공격해왔다. 그러자 실성왕은 408년에 대마도를 정벌하려는 계획을 수립하였다.[55] 왜는 눌지 마립간 때도 집요하게 침입하였으며, 444년에는 수도인 금성을 10일 동안이나 포위한 적도 있었다. 자비(慈悲)마립간 때인 459년에는 4월에 왜인들이 병선 100여 척으로 공격하고, 월성(月城)을 포위했다. 이어 양산을 공격하고 사람들을 납치해갔다.

왜의 침입을 막기 위하여 신라는 보다 능동적이고 적극적인 정책을 집행한다. 하나는 강력한 수군을 양성하는 일이고, 다른 하나는 방어체제를 공고히 하는 것이다. 자비 마립간 때인 463년에는 연해변(沿海邊)에 성 2개를 쌓았으며, 467년에는 전함을 수리했다.[56] 이어 소지마립간 15년인 493년에는 임해진(臨海鎭)과 장령진(長嶺鎭)을 서둘러 설치하였다. 왜인은 497년을 전후해서 쳐들어왔고, 500년에는 장봉진(長峯鎭)이 함락 당하는 일까지 생겼다.

신라는 일본열도의 세력과 해양에서 충돌하는 와중에 동해안에서 고구려군과 공방전을 펼쳤다. 장수왕은 481년에 말갈병을 함께 거느리고 금성(金城 : 경주)근처인 미질부(彌秩夫 : 홍해)까지 공격하였다. 이는 내륙 동쪽에 대한 영향력을 확대하려는 목적도 있지만, 동해남부까지 해양력을 확대하려는 의도가 강했다.[57] 이때 신라는 백제 등

---

54 이 작전이 해류국가를 지향하는 광개토태왕의 국가발전전략의 일환이라는 필자의 주장은 여러차례 밝힌 바 있다. 윤명철,「廣開土大王의 對外政策과 東亞地中海戰略」,『軍史』30, 국방군사편찬위원회, 1995 등.
55 『삼국사기』에 따르면 왜군들은 대마도에다 군영을 마련하고 군대와 무기, 식량 등 각종의 군수물자들을 쌓아 놓고 신라를 습격하려 했다.
56 『삼국사기』권3,「신라본기」慈悲 麻立干 10년.
57 이러한 관점은 졸고,「長壽王의 南進政策과 東亞地中海 力學關係」,『고구려 남진경영연구』, 백산학회,

의 힘을 빌어 역공을 취하면서 니하(泥河 : 강릉)까지 추격하였다. 이렇게 신라와 고구려가 동해중부연안과 해상권을 놓고 갈등을 벌이는 상황 속에서 울릉도의 해양 전략적인 가치는 매우 높았고,[58] 결국 신라는 수군을 동원해 울릉도를 복속시켰다. 그 후 신라는 낙동강 수계를 완전하게 손에 넣어 한강으로 이어진 한반도 내륙 수운로(內陸 水運路)를 확보하였다. 또한 섬진강 이동의 남해안을 장악하여 현재 사천만 남해도 거제도 등이 신라의 바다로 편입되었다. 일본열도와 교섭하는 주요한 항구지역들을 모두 차지하므로써 가야 및 백제의 해양세력을 잠식하고, 왜와 백제의 교섭에 위협을 가할 수 있는 전략적 우위를 확보한 것이다. 신라는 이 무렵, 즉 560년과 561년의 두 차례 등 왜국에 사신을 보냈는데, 전과는 달리 강한 태도로 외교적인 압박을 가했다. 이는 안라를 비롯한 가야 남부의 일부지역을 이미 병합했던 정치적인 상황을 반영한다.

그 후 삼국을 통일한 신라는 고구려와 백제가 이룩해왔던 해양능력과 해양활동범위를 흡수하였다. 발해의 남방한계선인 동해의 원산 혹은 강릉 이남의 해역을 차지하였으며, 남해 전체, 그리고 대동강 하구 이남의 황해해역을 차지하였다. 특히 경기만의 완전한 장악은 신라의 해양력을 비약적으로 향상시켰다. 하지만 일본과의 관계는 악화일로에 있었다. 일본은 신라에 대해 기본적으로 적대적인 태도를 취했다. 하지만 양국 간의 관계가 완전히 끊어진 것은 아니었으며, 668년부터 779년까지 사절에 의한 공적인 관계는 지속되었다. 이때 견신라사(遣新羅使)가 24회에 걸쳐 파견되었고, 상대적으로 신라의 견일본사는 그 2배에 해당하는 47회를 파견했다. 670년부터 710년까지 『일본서기』에는 출국하고 귀국한 대당(對唐)학문승, 대신라(對新羅) 학문승의 숫자가 24명으로 나타난다. 그러나 신라와 일본 간에는 해양을 통한 소규모의 군사적 충돌이

1995, 4,「高句麗發展期의 海洋活動能力에 대한 檢討(5-6세기를 중심으로)」,『阜村 申延澈敎授停年退任論叢』일월서각, 1995 참조.
58 윤명철,「독도와 해양정책-울릉도와 독도의 해양 역사적 환경검토」, 1회 해양정책세미나 논문집, 2001, 5 외.

지속됐으며, 대규모 전쟁이 발발하기 직전까지도 이른 적도 있었다. 9세기에 이르면 신라와 일본의 관계가 매우 험악해진다. 견신라사(遣新羅使)도 836년을 끝으로 더 이상 보내지 않았으며, 신라사 역시 9세기에 들어오면 없다고 봐야 할 정도다. 9세기 중반을 넘기면서 상황은 더욱 심각해졌다. 신라의 해적들이 끊임없이 일본의 해안을 공격한 탓이다.[59]

이렇게 신라는 건국 당시부터 멸망할 때 까지 해양과 밀접한 관련을 맺으면서 역사를 발전시켜왔다. 신라가 구체적으로 해양정책을 어떻게 추진하고 실천했으며, 그 성공과 실패가 국가의 발전에 어떠한 영향을 끼쳤는지는 추후의 작업으로 넘기고자 한다. 다만 수도인 경주의 해항도시적인 성격을 규명하는데, 신라의 해양활동이 얼마나 중요했는가를 개괄적으로 살폈다.

4. 경주 지역의 海港都市的 조건 검토

신라의 도성은 처음부터 고대국가의 수도로서 입지가 선정되고, 계획도시로서 성장한 것이 아니다. 신라는 현재 경주시내로 추정되는 사로(斯盧) 6촌(村)에서 시작되었고, 사로국이 신라건국의 주역이었으므로 수도의 역할을 담당한 것이다. 물론 사로 6촌 세력이 승자가 되는 데에는 거주지역의 선택도 작용했을 것이다. 신라의 수도와 연관된 명칭은 금성(金城)·반월성(半月城)·왕경(王京)·왕도(王都)·왕기(王畿)·도성(都城) 등의 다양하며, 범주와 성격을 놓고서는 더욱 복잡한 양상을 보인다.[60] '도성(都城)'이라

---

59 이 부분에 대해서는 崔在錫, 「9世紀 신라의 西部日本進出」, 『韓國學報』 69, 1992에 상세하게 연구되어 있다.
60 이외에도 다양한 명칭들이 있는데, 이 부분에 대한 종합적인 연구는 김용성, 『신라왕도의 고총과 그 주변』의 제 9장인 「신라왕도의 범위에 대하여」 학연문화사, 2009에 정리되어 있다.

함은 통치집단의 치소(治所)를 보호하는 목적으로 축성되어 행정기관과 백성을 수용하는 성곽(城郭)을 말하나, 신라에서는 이러한 도성의 흔적이 확인되지 않기 때문에 왕궁이었던 월성(月城), 금성(金城), 만월성(滿月城) 등을 칭하는 뜻으로 사용하고 있다.'[61]는 견해가 있다. 반면에 도성을 궁성과 백성들이 거주하는 공간인 거주성을 포함하는 개념으로 보는 경우도 있다.[62] 또한 도성의 중심인 왕경(王京)에는 궁궐을 비롯하여 그 주위로 사찰과 민가 등이 밀집되면서 이루어졌다는 견해도 있다.

그럼에도 불구하고 기본 핵(核)은 역시 사로 6촌이 된다.[63] 초기의 중핵인 사로 6촌의 위치는 여러 설이 있는데, 경북일대와 경주시, 경주군을 포함한 지역, 그리고 경주 또는 경주평야 안이라는 견해들이다.[64] 초기에 궁성으로 사용된 것은 금성인데, 어느 곳에 위치했는지에 대해서는 사실상의 궁(宮)역할을 한 월성(月城)을 비롯하여 여러 설들이 있다.[65] 사로 6촌은 진한(辰韓) 6부(유리왕 9년인 32년)로, 다시 왕경(王京) 6부로 바뀌었다. 점차 상황과 요구에 적응하고, 성격의 변화를 요구받음에 따라 구조와 형태에도 변화가 생겼다. 점차 중핵(中核)의 범주가 확장, 또는 이동하였는데, 이는 도시계획의 일환으로 추진되기도 하였다.[66] 왕경(王京)의 성립을 지방과 수도의 구분이 명확해지고, 명실상부한 도시로서의 기능과 수도로서의 행정조직이 갖추어지는 단계로 보고, 자비(慈悲)마립간 12년부터 법흥왕(法興王) 7년 사이로 보는 견해도 있다. 이 무렵에 기능묘역 신성구역 경제구역과 수도로서 행정조직이 정비되기 때문이다.[67]

이러한 다양성 속에서 가장 보편적이면서, 본고가 논지를 적용하는데 타당한 설

---

61 朴方龍,「都城, 城址」,『韓國史論』15, 국사편찬위원회, 1985, p.337.
62 邢基柱,「都城計劃綜考」,『일본학』5, 동국대 일본학연구소, 1987, p.279.
63 吳英勳,「新羅王京에 대한 考察-成立과 發展을 中心으로-」,『경주사학』11집, p.3.
64 吳英勳,「新羅王京에 대한 考察-成立과 發展을 中心으로-」,『경주사학』11집, p.11.
65 金鎬詳,「新羅王京의 金城研究」,『경주사학』18집에서 종합적으로 다루고 있다.
66 金秉模,「도시계획」,「歷史都市 慶州」, 열화당, 1984, p.130.
67 吳英勳,「新羅王京에 대한 考察-成立과 發展을 中心으로-」,『경주사학』11집, p.2, p.10.

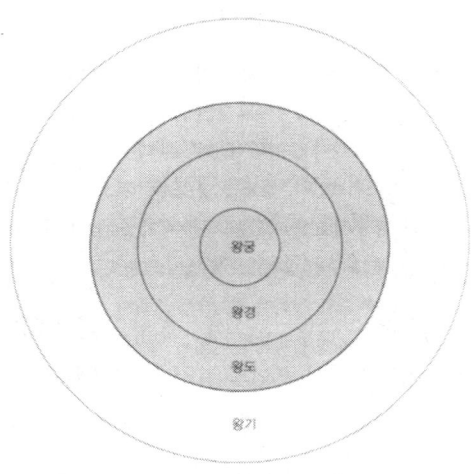

| 그림 2 | 신라 수도의 개념(김용성 작도)

은 금성은 초기의 궁성임과 동시에 왕도 전체를 가리키는 대명사이며,[68] 경주 분지 전체가 신라의 왕도 역할을 한 것으로 보는 견해이다. 결국 초기 중핵을 그대로 둔 상태에서 상황에 적응하여 확장하면서 약간의 구조변화를 해왔다면 신라의 발전과 연관된 경주지역의 기본구조와 성격에는 변화가 없다고 보는 것이 합리적이다. 더구나 고구려, 백제 등과 직접 충돌할 가능성이 희박하고, 왜적과는 충돌해야하는 군사적인 환경도 크게 변화가 없었다.

그렇다면 시간의 변화과정에 크게 변모하지 않는 구조적이며 태생적인 특성을 규명할 필요가 있다. 통시적으로 변모하지 않는 것 가운데 하나는 자연환경이며, 특히 해양환경은 더욱 그러하다.[69] 동해의 해양 및 해안선은 서해안 남해안에 비하여 상대적으로 변화가 적은 편이다. 이는 해항도시(海港都市)로서의 성격에도 마찬가지였다고 생각된다.

---

68 朴方龍, 「都城·城址」, 『韓國史論』15, 1985, pp.341~342.
『三國史記』, 『三國遺事』에는 경주를 '王都', '京城', '京師', '都城', '金城' 등으로 표현하였는데, 금성은 고대의 섬 개념과 마찬가지로 방어개념이 아닌 왕도전체를 가리키는 대명사로 보아야함을 주장하고 있다.
69 육지의 지형은 부분적으로 변한다. 고대사연구를 하면서 이러한 변모를 간과하는 경향이 있는데, 특히 경주연구와 관련해서 이러한 문제점을 지적한 논문이 있다. 金鎬詳은(「新羅王京의 金城研究」, 『경주사학』18집, p.27.) '신라시대의 지형을 현재의 지형과 같은 것으로 가정하고 연구를 진행했다는 것이다.' 라고 기술하고 있다.

1) 자연환경 검토

신라의 수도 내지 수도권을 현재의 경주지역[70]으로 보면서 경주와 연관된 자연환경을 살펴보자. 경주 또는 신라의 수도는 분지도시로 이해하는 경향이 있다. 전근대에도 이러한 인식을 지녔다. 즉 "땅은 산이 험(險)한 데가 많다. 『수서(隋書)』에, '땅은 산이 험한 데가 많다.' 하였으며, 또 "전지(田地)는 매우 비옥하며 물에 심는 곡식과 마른 땅에 심는 것을 겸해 할 수 있다." 하였다.[71] 이청규는 고고학적인 분석을 통해서 이렇게 정의하고 있다. "우선 경주지역권을 살피는데 일차적인 중심지는 대릉원(大陵園)과 월성이 자리잡고 있는 서천과 남천, 북천 사이가 주목된다. 이렇게 세 하천으로 둘러싸인 고대 왕경의 지리적 범위를 경주지역의 1차 중심지로 삼고자 한다. 대체로 이 지역은 대릉원(大陵園)을 중심으로 반경 2km 내외가 된다. 다음으로 경주 도시의 외곽을 싸고도는 선도산, 남산의 정상, 명활산, 소금강을 포괄할 경우 반경 3km 내외가 된다. 이를 2차 중심지로 규정하고자 한다. 경주권은 기본적으로 주변지역과의 관계에서 길목이 되거나 단절이 되는 결절지점을 경계로 삼을 수 밖에 없다. 경주 1차 중심권은 세 강의 지류로 둘러싸인 저지대에 있지만, 그 중심지 바깥으로는 하천변을 따라 길게 이어지는 산간 계곡 혹은 곡간(谷間)의 대지가 형성되었다. 따라서 남천이 이어지는 울산 방면과 형산강 상류로 계족되는 언양 방면의 곡간(谷間) 그리고 서쪽의 대천으로 이어지는 영천 방면의 곡간(谷間) "북쪽의 형산강 하류로 이어지는 안강 방면 곡간을 경주 주변의 지리적 공간으로 규정할 수 있다."고 하였다. 이어서 "대체로 행정구역상 현재

---

70 『신증동국여지승람』, 제21권 경상도.
　경주부는 동쪽으로 蔚山郡界까지 61리, 長鬐縣界까지 83리, 남쪽으로는 彦陽縣界까지 62리, 서쪽으로는 淸道郡界까지 76리, 永川郡界까지 53리이며, 북쪽으로는 迎日縣界까지 36리이고, 서울과의 거리는 7백 83리이다.
71 『신증동국여지승람』, 제21권 경상도.

의 경주시와 그 지리적 범위가 일치 하는데. 다만 토함산 이동의 동해안지역은 제외된다. 대체로 월성을 중심으로 반경 15km 내외의 거리이다."라고 하였다.[72] 이는 경주지역의 범주와 특성을 명확하게 보여준다. 경주지역이 분지의 특성을 지니고 있는 것은 분명하다. 그러나 해양과 연관해서는 토함산 이동의 부분까지 경주지역권에 포함시키는 것이 바람직하다.

위의 인용문에서 언급하였듯이 경주지역에서 강의 존재는 중요하다. 강은 물자를 유통시키는데 효율적이며, 큰 강의 주변에는 토지를 이용하는 마을과 도시가 형성된다. 또한 강의 하류를 장악하면 정치 경제 군사적으로 매우 유리하다. 경주지역은 형산강의 지류들로 촘촘하게 연결되어 있는데 크게 보면 3지류이다. 강의 서쪽은 거대한 내남(內南)평야가 있고, 경주에서 모량천(毛良川) · 아화천(阿火川) · 기린천 · 서천(西川) · 교천(蛟川) · 관천(關川) · 황천(荒川) · 굴연천(掘淵川)이 만나고 다시 안강읍에서 한천 달성천과 만나 형산(兄山)과 제산(弟山) 사이로 흘러 영일만으로 흘러 들어간다. 중간에 형산포(兄山浦)가 있는데 안강(安康)현의 동쪽 24리에 있다.[73] 그런데 남천은 울산의 외동방향과 통하여 해안으로 양남면에 이른다. 이 통로는 아진포에서 석탈해 집단이 경주로 들어오는 길이면서, 당연히 왜구의 침입로이기도 하다. 상류를 따라서는 울산 언양 방향과 경주의 서부지역으로 각각 통할 수 있다. 또 경주에서 치술령(鵄述嶺)을 넘어 울산으로 가면 주변에 서생포(西生浦) · 포이포(包伊浦) 등의 포구들이 있다. 태화강은 48.5km에 달하는 긴 강이므로 경주를 교통의 결절점(結節點)으로 만드는데 역할을 하였다. 또한 지마왕은 10년(121)에 대중산성을 축조하였는데 이를 보면 낙동강 하류까지 세력을 확장시켰다고 볼 수 있다.

그렇다면 해양환경은 어떠할까? 해항도시의 성격을 갖고, 국가가 해양정책을 펼치

---

72 이청규, 앞 논문, pp. 282~283.
73 『신증동국여지승람』 권21 경상도 경주부 산천조.

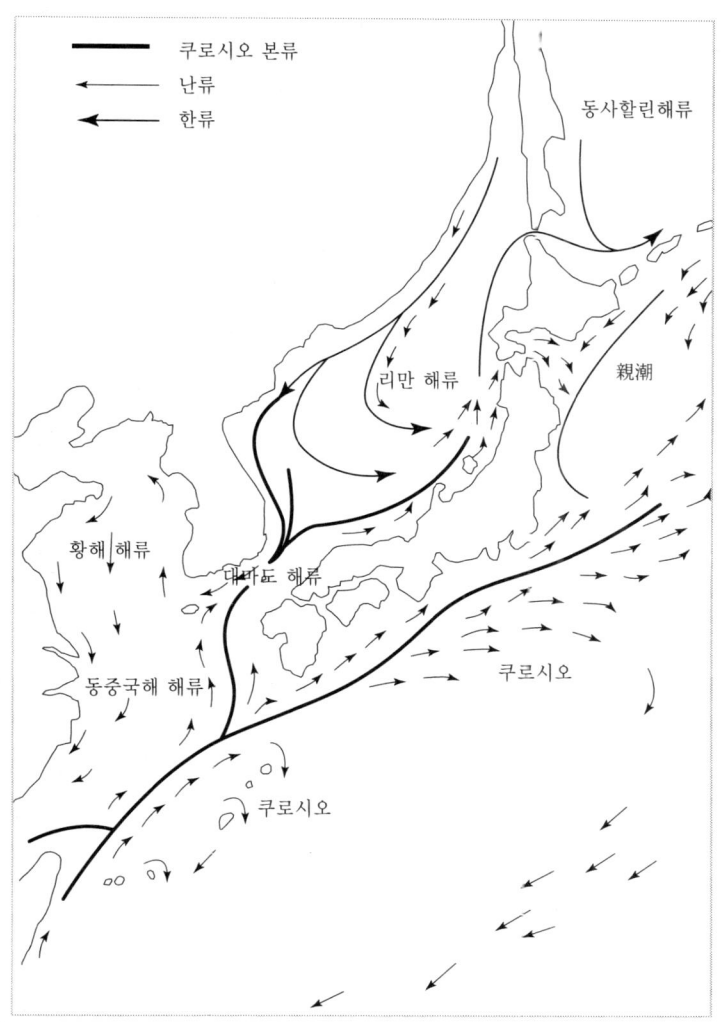

| 그림 3 | 동아시아 海流圖
동아지중해 해역은 한류와 난류가 교차하는 해역으로 해류의 흐름과 함께 문화가 전파되었을 것으로 생각되고 있다.

는 데는 해양환경 및 해양의 메커니즘에 영향을 받는다. 동해는 일반적으로 해안선이 단조롭고, 서쪽으로 해발 1000m 이상의 태백산맥 능선이 발달하고 있다. 평지가 부족해서 농경이 발달하지 않았다. 또한 대륙붕이 짧아 수심이 갑자기 깊어지고 조석 간만의 차이가 거의 없어서 어업 또한 불리하다. 섬들이 적은데다가 원양에 노출되어 있으므로 파도의 큰 영향으로 무동력항해에 불편하다. 때문에 일부지역을 제외하고는 인간이 거주하기에 좋은 환경은 아니었다. 때문에 다른 해역에 비하여 상대적으로 주민과 문화의 교류(交流)와 만남이 적었고, 문화가 활발하지 못했다. 이러한 것들은 동해남부와 연접한 신라의 발전을 더디게 한 요인도 되었지만, 상대적으로 신라가 경주를 중심으로 해양과의 연관성을 국가발전의 주된 정책으로 활용해야 함을 의미하기도 한다.

반면에 다른 이점도 많았다. 그림 3과 같이 동중국해에서 동북상한 난류(黑潮)가 대마도를 가운데에 두고 통과하는 흐름은 한반도 남동단을 지나 북북동으로 흘러 원산(元山) 외해(外海)와 울릉도 부근에 이르러 동쪽으로 전향한다. 반면에 북쪽에서는 한류가 연근해를 타고 내려온다. 이 흐름을 타고 인간과 문화의 이동이 가능하며, 또한 난류와 한류가 만나는 곳이므로 물고기들이 많이 잡힌다.

동아시아는 계절에 따라 바람이 방향성[74]을 가진 계절풍 지대이다. 때문에 바람은 인간의 해상 이동에 상당한 영향을 끼치며, 특히 동해와 연변한 신라의 역사에 직접 영향을 끼쳤다.

삼국시대의 대외사행(對外使行)에는 계절풍과 해류의 영향이 작용했다.[75] 백제와 중국의 관계[76] 신라와 왜의 관계, 통일신라와 일본의 관계에서 동일하게 나타난다. 일

---

74 金光植 외 14인, 『한국의 기후』, 일지사, p.129.
75 졸고, 「海洋條件을 통해서 본 古代韓日 關係史의 理解」, 『日本學』15, 동국대 일본학연구소, 1995. 졸고, 「渤海의 海洋活動과 동아시아의 秩序再編」 고구려연구 6, 학연문화사, 1988 등에 도표가 자세하게 나와 있다.
76 鄭鑛述, 「韓國先史時代海上移動에 관한 硏究」, 『忠武公 李舜臣 硏究論叢』 해군사관학교, 1991, p.45 도표 참조.

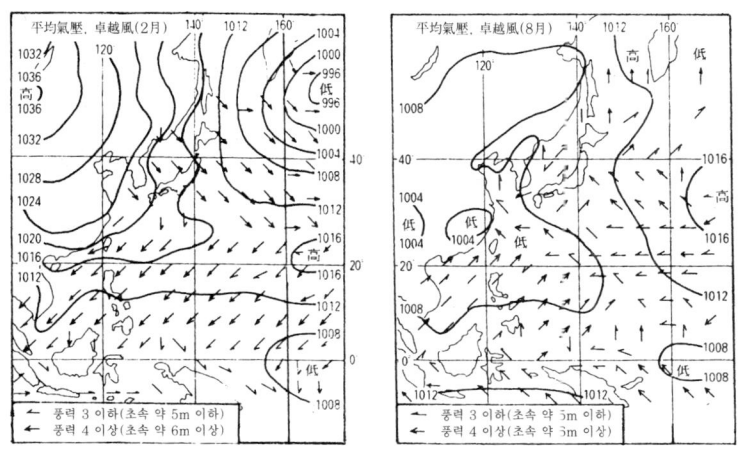

| 그림 4 | 계절풍 도표 (왼쪽은 1월, 오른쪽은 5월)[77]

본(日本, 倭)의 대신라관계(對新羅關係) 월별통계를 보면[78] 왜의 침입이 봄철에 집중되어 있어 남풍계열, 즉 남동풍을 활용하였음을 알 수 있다. 그 후 남북국시대에도 바람의 중요성은 마찬가지였다. 신라에서 일본으로 갈 때, 10월에서 3월까지의 6개월 동안에는 40번, 그 나머지는 21번이다. 특히 650년 부터 700년 경은 일본입국시기가 10월에서 12월 사이에 거의 집중되고 있다. 북풍계열의 겨울 계절풍을 이용하고 있음을 알 수 있다. 반면에 일본에서 신라로 향하는 경우에는 봄에서 초여름, 가을에 걸쳐 있다. 남풍계열의 바람을 이용했기 때문이다.[79] 「발해사 항해시기 도표」[80]를 보면 발해인들

---

77 이와 함께 일본측의 茂在寅南의 『古代日本の航海術』, 小學館, 1981, pp.96~97 및 荒竹淸光, 「古代 環東 シナ海 文化圏と對馬海流」, 『東アジアの古代文化』 29號, 大和書房 1981, p.91 등의 것이 참조된다.
78 申瀅植, 『新羅史』, 이화여대출판부, 1988, p.212.
79 吉野正敏, 「季節風と航海」, 『Museum Kyushu』 14호, 1984, p.14 도표 참조.
80 吉野正敏, 앞 논문, pp.16~17에는 발해의 遣日使들의 月別分析을 통해서 항해가 계절풍의 영향을 절대적으로 받았음을 보여준다.

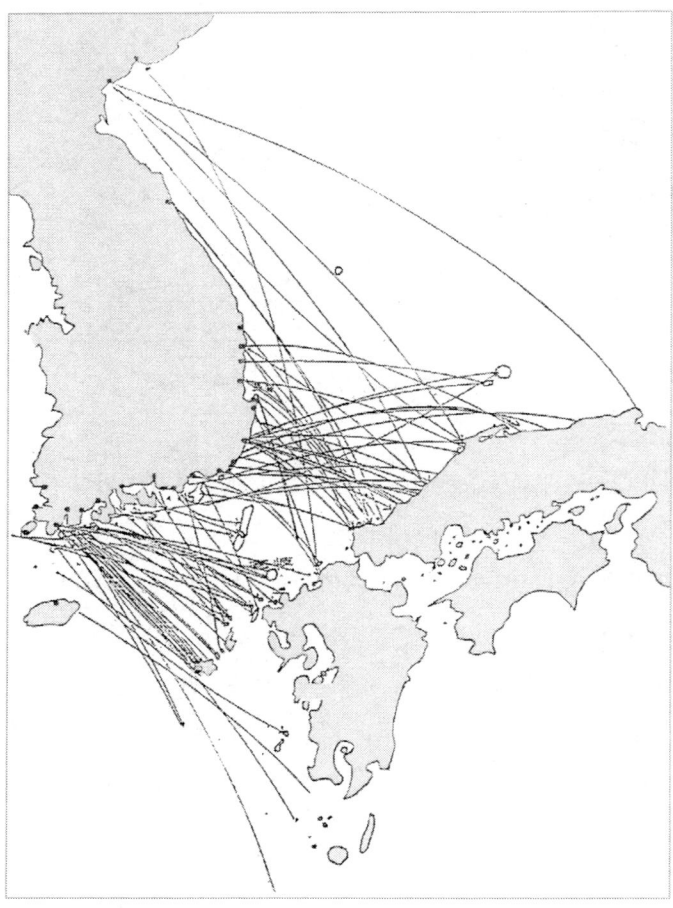

| 그림 5 | 표류도
1629~1840년 동안 조선에서 일본에 표류한 선박들의 길.(시바다게이시, 손태준 작성)
울산, 포항, 울진 등에서 출발한 배들은 야마구치현과 시마네현에 집중적으로 닿고 있다.

은 일본에 갈 때는 늦가을부터 초봄에 걸쳐 부는 북풍계열의 바람을 이용하였다. 반면에 귀국할 때에는 늦봄부터 여름에 걸쳐 부는 남동풍계열을 이용하였다. 이러한 해양환경과 역사의 메커니즘은 신라에서 경주의 위상과 역할은 물론 주로 국가발전과 깊은 관계에 있었다. 그림 5를 보면 동해남부 지역에서 자연환경의 영향으로 표류할 경우에 일본열도 혼슈 남단지역에 표착하는 모습을 확인할 수 있다.

2) 경주의 도시형태 및 구조 검토

도시를 비롯한 수도의 선정과 형성은 현실의 다양한 요인들이 복합적으로 작용하지만, 한 시대의 역사적인 특성이 반영된 산물이다.[81] 그러므로 자연환경 뿐만 아니라 역사적인 환경 속에서 살펴볼 필요가 있다. 우선 경주의 형태 및 도시구조를 역사적으로 검토해보아야 한다.

(1) 상업지구 및 행정지구

4세기 말 무렵 신라는 생산기술이 발달되고 영토가 확장되면서 경제력이 급성장하게 되는데 이와 궤를 같이하여 물류유통(物類流通) 또한 활발하게 진행되었을 것이다.[82] 왕경(王京)지역에서는 월성(月城) 내에서의 관영수공업외에도 왕경의 여러 곳에서 관영수공업과 사영수공업이 이루어졌다. 수공업 유적으로 성동동(城東洞) 북문로공

---

81 董鑒泓 等 編, 成周鐸 역주, 『中國 都城 發達史』, 학연문화사, 1993. p.8에는 '도성 발달의 시대구분에는 그 시대의 역사적 특성이 반영되어 있는 것을 알 수 있다. 따라서 그 전체의 시대구분은 마땅히 사회발달사를 중요 관점으로 삼아야만 한다. -도성은 장기간에 걸쳐 이루어진 것으로서 사회와 경제 및 기술적 조건의 제약을 많이 받으면서도 발달과 변화는 비교적 완만하게 이루어져 일정한 연속성을 가지고 있으므로 어떤 하나의 특수한 정치적 사건을 전후로 한 갑작스러운 변화는 없는 것 같다.' 라는 내용이 있어 도시발달과 역사상의 관계에 대한 이해를 돕는다.
82 朴方龍, 「新羅王京과 유통」, 『신라왕경의 구조와 체계』, p.65.

방유적(北門路工房遺蹟), 동천동(東川洞) 공방유수(工房遺隨), 황룡사(皇龍寺) 동쪽 왕경지(王京址) 공방유적(工房遺蹟)을 비롯하여 많은 공방들이 있었음이 발굴조사 결과 밝혀졌다.[83] 현대의 철공소(鐵工所)와 같은 기능을 한 곳, 유기공방(鍮器工房)같은 금속공예방(金屬工藝房)[84]과 선부(船府 : 司舟府, 利濟府)[85]같은 부서의 존재는 해항도시의 성격과 연관하여 주목할 만하다.

공방에서 생산된 물건들은 시장에서 거래되었다. 본격적인 고대도시는 사람들이 모여들고 조직적인 유통이 이루어지는 시장이 존재해야 한다. 신라가 수도에 시장(市場)을 열었음을 처음 기록한 것은 소지왕 때이고,[86] 이어 지증마립간때에도 나온다. 하지만 그 이전부터도 향시(鄕市)나 촌락에서 열린 자연시장의 성격을 뛰어넘는 본격적인 형태의 시장이 왕경에 있었을 것은 자명한 일이다. 수도의 중심지에 있었던 관시(官市)는 방향에 따라 동시(東市), 서시(西市), 남시(西市)가 있었다. 이곳에서는 왕경 중심지와 외곽지역 또는 지방에서 온 곡물(穀物)과 직물(織物), 소금, 농구(織物), 무기(武器), 금속류(金屬類 : 鐵, 鋼, 金, 銀), 각종의 가공생산물품에 이르기까지 다양한 물품들이 거래되었다.[87] 때문에 이시기에 들어와 비로서 경주지역이 명실상부한 도시로서의 기능을 갖추었다고 보기도 한다.[88] 지방에서는 향시(鄕市)가 있었다.

신라는 관영수공업의 발달과 시장을 바탕으로 무역을 국가의 중요한 사업으로 삼았다. 공방에서 생산된 물건들은 외국으로 수출되고, 수입된 물건들은 시장에서 거래되었다. 7세기 이후에 신라가 당과 일본에 보낸 물품 종류는 토산품을 비롯하여 수공

---

83 朴方龍,「新羅王京과 유통」,『신라왕경의 구조와 체계』, p.68.
84 朴方龍,「新羅王京과 유통」,『신라왕경의 구조와 체계』, p.68.
85 『三國史記』39卷 雜志8 職官條宮中(官營)手工業場을 관장하는 18개의 부서가 있다.
86 『삼국사기』권3, 炤知麻立干 12년(490)조 " … 初開京師市肆 以通四方之貨."
87 朴方龍,「新羅王京과 유통」,『신라왕경의 구조와 체계』, p.86.
88 吳英勳,「新羅王京에 대한 考察-成立과 發展을 中心으로-」경주사학 11집, p.9.

업 제품 등 실로 다양하다.[89] 엔닌의 『입당구법순례행기』에는 고급 '신라도자(新羅刀子)'를 주었다는 기록이 나오는데, 일본에서 사용되었다.[90] 서역에도 다양한 물품을 수출했다.

신라는 초기에는 철을 교역의 수단으로 이용하였다. 즉 『삼국지(三國志)』[91]의 기사를 고려해보면 신라는 어떠한 형태의 것이든 교역의 매개수단이 있었다. 당(唐)의 화폐인 개원통보(開元通寶)가 발굴되었지만, 몇 점 안되는 것으로 보아 일상적으로 사용된 화폐는 아니었다.[92] 신라는 당과 교역을 벌였으며, 일본에는 대모·자단(紫檀)·침향(沈香)·공작미(孔雀尾)·슬슬(瑟瑟)·毬毬·비취모(翡翠毛) 등 소위 '남해박래품'을 보냈다. 일종의 중계무역이다.[93] 신라는 사치품의 수입이 심각하여 한 때는 향목(香木)·毬毬·毯镫 등에 대한 사용을 금하는 법령[94]을 내릴 정도였다. 사치품의 생산지이며 소비지인 수도가 국제항구 가까이 있다는 점도 크게 작용했을 것이다.

혜공왕 15년(779)에 두절된 신라와 일본 간의 국교는 9세기에 이르러 재개되었다. 하지만 얼마 후인 809년에는 다시금 단절된다. 하지만 이러한 기간 동안에도 민간상인들의 활동은 그치지 않았다. 그 가운데 장보고 선단이 있다. 장보고는 대당매물사(大唐賣物使)를 교관선이라는 무역선에 실어 파견하였으며, 현재의 후쿠오카시에 지점을 설치하고 회역사(廻易使)라는 무역선을 보내어 사무역은 물론 공무역 까지도 시도하였

---

89 劉敎聖,「韓國商工業史」,『한국문화사대계』3, 정치경제사(中), 고려대학교 민족문화연구소, 1979, p.1016 참조.
90 『日本書紀』권29, 天武 8년.
91 『삼국지』권30 魏書 烏丸鮮卑東夷傳 弁辰條. '國出鐵韓濊皆從取之 諸市買皆用鐵 如中國用錢 又以供給二郡' 『後漢書』도 유사한 기사가 있다. '國出鐵濊倭馬韓幷從市之凡諸貿易皆以鐵爲貨'
92 朴方龍,「新羅王京과 유통」, p.72.
93 『삼국사기』권33 雜志 2의 色服 車騎 器用 屋舍조.
94 李龍範,「三國史記에 보이는 이슬람 商人의 貿易品」,『李弘稙博士回甲記念韓國史學論叢』, 新丘文化社, 1969, p.103.

다. 신라가 이처럼 외국과 활발하게 무역을 한 국가였다는 점은 경주의 해항도시적인 성격을 규명하는데 매우 중요한 요소이다. 신라로서는 고구려·백제가 아닌 모든 교역이 해양을 이용할 수 밖에 없기 때문이다.

(2) 수도 내부 및 주변도시들과의 교통

신라가 차지한 지경학적인 위치와 당시 국제관계로 보아 신라가 공산품을 수출하고, 또한 수입하는 수단은 육로가 아니라 해로였다. 다만 해안가로 이동하는 중간 과정으로서 육로는 의미가 있었다. 수도를 중심으로 운송수단[95] 및 교통로가 발달할 것은 자명한 일이다. 수도 내부에도 도로는 초기부터 존재했다.[96] 초기의 상태를 벗어나 계획도시가 되면서 도로를 건설하는 일은 첫 번째로 중요한 사업이었을 것이다.[97]

발굴결과를 토대로 재구성하면 신라는 왕경을 중심으로 몇 개의 도로들이 있었다. 1980년대에 황룡사지남외곽동서도로(皇龍寺址南外郭東西道路)의 발굴조사를 시작으로 상당수의 도로유구가 확인되었다. 또 2004년에는 도로를 통한 도시계획을 검토한 결과 신라왕경의 도시계획은 3차에 걸쳐 이루어졌다고 한다.[98] 해안가와 연관된 것을 보면 황성동(皇城洞) 제철유적 동쪽 남북도로는 형산강 방향과 동일한 북동-남서방향의 도로 유구가 발견되었는데 통일신라시대에 축조된 것이다.[99] 남산토성에서 도당산

---

95 이 부분에 대해서는 朴方龍, 「新羅王京과 유통」, pp.79-81 참조.
96 도로 및 국도의 정의에 대해서는 다양한 견해가 있으나, 본고와 관련돼서는 경화면이나 배수구의 존재 등의 정비된 도로에는 못 미치더라도 국가가 특정한 목적을 갖고 자연상태의 것을 인공적으로 보완하여 정비한 공간을 의미한다. 朴方龍, 위 논문, p.184.
97 朴方龍, 「新羅都城의 交通路」, 『경주사학』제16집, p.167.
98 도로의 너비 등 구조에 대해서는 黃仁鎬, 「新羅王京의 變遷-道路를 통해 본 都市計劃-」, 『東アジアの古代文化』, 大和書房(古代社會研究所編), 2005에 나와 있다고 한다.
99 국립경주박물관, 『경주 성황동 유적발굴조서약보고서(住1공아파트 건립부지 第2次地區)』, (1981, 8), p.10.

으로 이어지는 부분에도 고도로 추정되는 도로가 남아있는데, 포항방면으로 연결되는 곳에 있다.[100] 그런데 『삼국사기』의 아달라(阿達羅)이사금 3년조(256)에는 계립령로가 개척되었음을 기록하였다. 그 2년 후인 258에는 죽령로(竹嶺路)가 개척되었다. 연오랑과 세오녀가 일본열도로 이주 또는 진출하는 무렵이다. 이러한 사실을 보면 신라는 3세기 무렵부터는 관도가 정비되었음을 알 수 있다. 이는 지방 통치조직의 일환이기도 하다. 그렇다면 왕경과 가까우면서도 일종의 도성권(都城圈)인, 대외관계에 필수적인 해안지방으로 연결되는 관도 또한 그 규모나 구조는 알 수 없지만 일찍부터 개척되었을 것은 자명하다. 『삼국향과』에는 박(김)제상이 떠났다는 소식을 듣고 부인이 쫓아가는 장면이 나온다.[101] 이 일화를 보면 망덕사 앞을 지나 율포(栗浦)가 있는 울산(蔚山)방면으로 가는 도로가 있었음을 알 수 있다.[102] 나라에는 4개의 큰 도로가 있었으며,[103] 이 도로들은 동해와 연결됐음을 알 수 있다.

그 외에 교통로와 연관된 것이 역(驛)체제이다. 역은 소지마립간 9년(487)에 전국적으로 설치되었다. 왕경의 중심에 경도역(京都驛 : 都停驛)이 있었고 이를 중심으로 하여 지방(地方)의 역(驛)으로 연결되었던 교통체계(交通體系)를 갖추고 있었다.[104] 경도역(京都驛)에서 왕경외곽의 도성지역과 지방이 시작되는 경계부근에 오문역(五門驛)이 있었다.[105] 이 오문역(五門驛)은 왕경에서 지방으로 연결되었던 오도(五道)[106]와 관계가 있

---

100 朴方龍, 「新羅都城의 交通路」, 『경주사학』제16집, p.175.
101 『삼국유사』권1, 기이1, 奈勿王 金堤上 조.
102 朴方龍, 「新羅王都의 交通路-驛院을 中心으로-」, 『신라문화제학술발표회논문집』16집, 신라문화선양회, 1995, p.180
103 『삼국사기』권32, 잡지1, 제사 조.
 '四大道祭 東古里 南, 簷幷樹, 西 渚樹, 北 活倂岐'.
104 朴方龍, 「新羅王京과 유통」, 『신라 왕경의 구조와 체계』, p.83.
105 朴方龍, 「新羅王都의 交通路-驛院을 中心으로-」, 『신라문화제학술발표회논문집』16집, 신라문화선양회, 1995, pp.99~118 참조.

다. 자비 마립간시대에는 왜가 오도로 침공하였다. 이 오문역은 고려시대까지도 사용되었다고 한다.[107] 조선시대의 역을 통해서 역의 위치를 비정하였는데, 인비역(仁庇驛) 육역(六驛) 등은 현재 포항시내에 있다.[108] 종합적으로 고려하면 교통로 또한 경주의 해항도시적인 성격을 보완해준다.

(3) 해양방어체제의 구축

국가방어체제는 주된 방어대상, 진출경로 및 국가의 발전전략과 관련하여 구축한다. 신라는 초기에는 주변의 소국들과 쟁패전을 벌였지만, 한편으로는 왜의 침입을 받았다.[109] 이 무렵 신라를 침공한 왜의 존재와 거주지역, 공격방향에 대해서는 여러 설이 있다. 한반도 남부지역과 규슈북부지역과의 깊은 관련성은 왜와 가야인의 동일성 내지 깊은 관련성을 주장하는 견해로도 나타나고 있다. 해양조건을 고려할 경우 가야인의 일본열도 진출은 활발했으며 규슈북부지역에 거점을 확보한 후에는 본국(本國) 내지 모국(母國)과의 정치적 결합 내지 경제적 결합을 추진했을 가능성이 충분히 있다.[110] 침입한 존재의 성격이 어떠하든 분명한 것은 침공로가 바다라는 점이다. 이는 해양방어체제의 구축이 수도와 궁성 보호에 필수적임을 알려준다.

---

106 『삼국사기』3, 신라본기 3, 慈悲 麻立干20년 (477)조.
"二十年夏五月 倭人擧兵 五道來侵…"
107 朴方龍, 「新羅王京과 유통」, p.84. 신라시대에 축조된 驛과 幹線官道는 고려·조선시대를 거치면서도 큰 변화 없이 사용되었다고 할 수 있을 것이다. 그렇다면 전 근대 시대에는 내내 거의 유사한 교통체계를 갖추고 있다고 보는 것이 타당하다.
108 朴方龍, 「新羅王都의 交通路-驛院을 中心으로-」 p.191.
109 금성에 침입한 것만 '夏四月 倭人猝至圍金城'(『삼국사기』助賁 이사금 3년).
'倭兵猝至風島 抄掠邊戶 又進圍金城急攻'(『삼국사기』沾解 이사금 37년).
'夏五月 倭人來圍金城 五日不解'(『삼국사기』奈勿 이사금 38년).
'夏四月優兵圍金城十日'(『삼국사기』訥祇 마립간 28년).
110 물론 이것은 해양을 매개로 한 만큼 결속력이 강한 강고한 조직은 아니었을 것이다.

경주에는 나성(羅城)이 없었다는 견해들이 많다. 왕도(王都) 내에는 현재까지 11개소의(正宮인 月城을 제외함)신라 성곽이 알려져 있다. 방어시설을 3기로 나누어 분석한 경우도 있다.[111] 1기에는 월성 주변에 도당산(都堂山)토성과 낟산(南山)토성을 축조하였다. 명활산토성이 중요한데, 왕도를 방어하기 위한 최초의 산성이다. 물론 이때의 적은 왜병이다. 2기에 해당하는 5~6세기에 이르면 왕경 전체를 지킬 성곽이 필요하여 남산토성, 남산신성, 동쪽으로 명활산석성(서쪽 포함), 서쪽에 서형산성, 북쪽에 북형산성 등이 축조되었다. 이 성들은 대체로 교통의 요충지이며, 월성 둘레 3.5km 안에 있다.

동쪽의 명활산성은 최초의 석성으로 알려져 있는데, 양북면의 해안과 영일 오천 지역과 통하는 길목에 있다. 교통의 측면 외에 규모나 왕경방어의 역할을 고려할 때 이 방면 거점성의 역할을 실제로 담당하였다.[112] 즉 해양방어 체제의 일환이다. 북형산성(北兄山城)은 왕경의 북쪽 지역이 확대됨에 따라 포항, 영일(迎日)지역의 동해안(東海岸)으로 출몰하는 왜적으로 부터 왕경(王京)을 지키기 위한 역할을 하였다.[113] 이 또한 일종의 해양방어체제였다.

이어 3기에 해당하는 삼국말기에서 통일초기에는 왕경이 확대되고, 방어체제도 더욱 견고해졌다. 왜적의 침입에 대비한 대표적인 례가 신대리성(新垈里城)과 모벌군(毛伐郡)성(關門城 長城)이다. 신대리(新垈里)성은 양남면(陽南面) 일대와 양북면(陽北面) 해안이 내려다보이는 곳에 있는데, 7세기 후반의 성으로서 울산 일대의 왜적의 침입에 대비한 산성이다.[114] 모벌군성(毛伐郡城)은 성덕왕 21년(722)에 동남쪽으로 침입하는 왜

---

111 朴方龍, 「新羅王都의 守備-慶州地域 山城을 中心으로-」, 『신라문화』 제 9집. 그는 크게 3기로 나누어 분석하고 있다. 閔德植, 「新羅王京의 防備에 관한 考察」, 『史學硏究』39, 1987 참조.
112 『삼국사기』권3 實聖 마립간 4년 및 『삼국사기』권3 訥祗 마립간 15년 기사, 『삼국유사』 '己未年倭國兵 來侵 始築明活城入避 來倭梁州城 不克而還' 기사.
113 吳英勳, 「新羅王京에 대한 考察-成立과 發展을 中心으로-」, 『경주사학』11집, p.27 참조.
114 鄭永鎬, 「신라 關門城에 대한 小考」, 『古文化』5집, 한국대학교 박물관협회, 1977, pp.2~18, 특히 p.5.

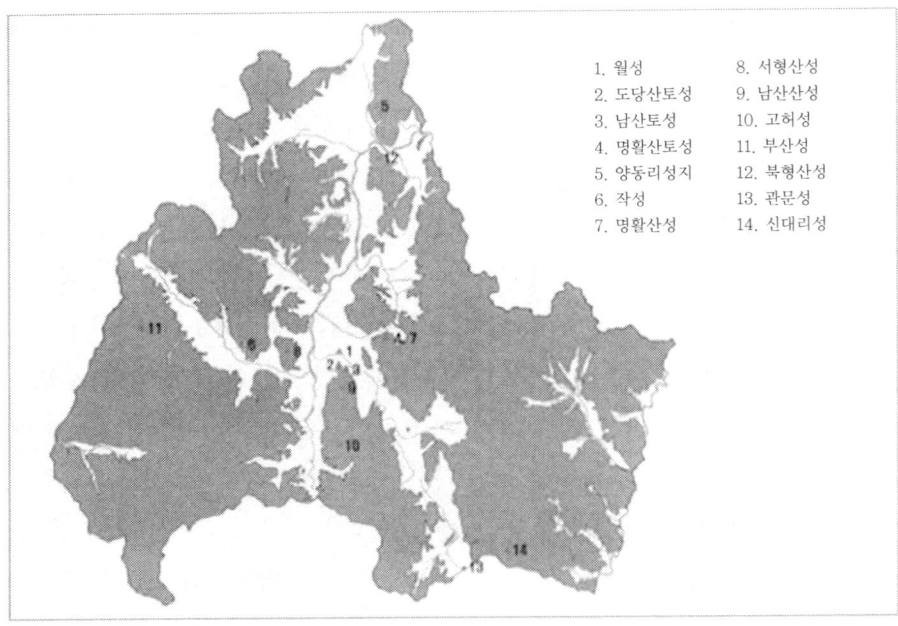

| 그림 6 | 경주지역 신라성 분포도[115]

적의 침입을 차단하고 왕경을 보호하기 위해 만든 장성(長城)임을 『삼국유사』와 『삼국사기』[116]의 기록을 통해서도 알 수 있다. 모벌군성(毛伐郡城)의 2개 문지는 왕경의 동남쪽으로 통하는 관도가 연결되고 있다. 특히 모화리 문지는 일본사신의 왕래가 잦은 곳이었다고 한다.[117]

삼국시대에는 사방을 방어하기 위해 성곽(城廓)을 쌓았으나 통일신라시대에는 주로 일본의 침입을 저지할 목적으로 축성이 이루어졌다.[118] 당시의 국제정치적인 상황

---

115 김용성, 『신라왕도의 고총과 그 주변』, 학연문화사, 2009, p.286.
116 『삼국사기』 신라본기 8 성덕왕 21년 '冬 十月-築毛伐郡城 以遮日本賊路.'
117 朴方龍, 「新羅都城의 交通路」, 『경주사학』 제 16집, p.189.

과 전쟁의 규모 등을 고려한다면 일본의 침입은 물론이고, 기본적으로 방어체제가 견고해야하고, 해안가 산 수도권을 불문하고 해양방어체제의 시스템 속에 편재될 수밖에 없었다.

 그렇다면 수도권의 해양방어체제는 어떻게 구성되었을까?[119] 포항(浦項)지역은 '연오랑과 세오녀'의 설화에서 보이듯 신라의 국가항구역할을 한 곳이다. 남미질부성(南彌秩夫城)은 포항시 흥해읍 남쪽에 쌓은 토성이다. 『삼국사기』에 따르면 지증왕 5년(504) 9월에 파리성(波里城)·미실성(彌實城)·진덕성(珍德城) 등 12개의 성을 쌓았는데, 그 가운데 미실성이 남미질부성이다. 북미질부성(北彌秩夫城)은 흥해읍 흥안리에 있는 토성이다. 지증왕 5년(504)에 쌓았으며 남미질부성과 동서로 마주보는 전형적인 곶성(串城)이다. 만리(萬里)산성은 포항시 남구에 있는데, 경주에서 울산까지 이어진 일종의 해안장성이다. 신라시대에 왜구를 방어하던 성으로서 고구려의 대행성 등과 유사한 기능을 했을 것이다. 고현성(古縣城)은 포항시 남구 오천읍 원리에 있는데, 진한 12국 가운데 하나인 근기국(勤耆國)이며, 근오지현(近烏支縣)의 치소였다. 문성(文星)산성은 북구 기계면에 있는데, 백마(白馬)산성이라고도 한다. 삼국 혹은 신라 시대의 성이다.

 다음은 영덕군(盈德郡)지역이다. 영덕읍에는 읍성이 있다. 아달라왕(阿達羅王) 9년(162)에는 왕이 사도성(沙道城)에 가서 군사를 위로했다. 조분왕(助賁王) 4년(233) 5월에는 왜구가 침입하자 우로(于老)를 보내 격퇴시켰다. 유례왕(儒禮王) 9년(292)에는 대곡(大谷)을 보내 왜구를 막고 사도성을 개축하였다. 이러한 기록들이 있는 것으로 보아 사도성은 신라 때부터 왜구의 침입을 방어하는 해양방어체제의 하나임을 알 수 있다. 병곡면 병곡리에는 포성(浦城)이 있는데, 삼국시대의 초기를 전후한 시대에 축조되었다고

---

118 朴方龍,「新羅王都의 交通路-驛 院을 中心으로-」,『신라문화제학술발표회논문집』16집, 신라문화선양회, 1995, p.188.
119 이 부분은 전덕재교수가 작성한 『장보고 시대의 포구조사자료』를 토대로 재작성한 것이다.

한다. 온정면에는 신라가 쌓은 백암산성(白岩山城)을 비롯해 조선시대의 월송진성(越松鎭城)이 있다.[120] 울진은 포항의 북쪽에 있지만 역시 경주의 해양방어체제와 깊은 연관을 맺었다. 죽변지역의 죽변성(竹邊城)은 진흥왕(眞興王) 때 국경인 소공령(召公嶺)과 해상에서 쳐들어오는 외적을 방어하기 위하여 쌓은 토성이다. 또한 장산성(長山城)이 있는데 우진(于珍) 읍성으로 불리었으며, 경순왕(敬順王) 초기에 파괴되었다. 경주의 남쪽에도 방어체제가 촘촘하게 구축되었다. 경주(慶州) 주변지역에는 산성 외에 봉수대도 있었다. 독산(禿山) 봉수대는 감포읍 대본리에 있는데,『세종실록지리지(世宗實錄地理志)』에는 독촌(禿村) 봉수로 기록되어 있다. 대점(大岾) 봉수대는 경주 시내인 외동읍 모화리에 있는데, 시대는 알 수 없으나 관문성(關門城)에서 북쪽으로 200m 가량 떨어진 곳에 있으므로 신라와 연관있을 가능성이 높다. 그 외에도 많은 수의 봉수(烽燧)들이 있었는데, 해안가의 봉수란 군사적인 목적 외에 항로의 표시기인 등대의 역할도 겸하였다.

신라는 소위 삼국통일을 이룩한 후에 일본열도의 세력과 군사적인 충돌이 발생할 정도로 긴장이 조성되었다. 그 무렵의 긴장상황과 신라인들의 인식을 엿볼 수 있는 몇 가지 상황이 있다. 문무왕(文武王)은 죽어서 큰 용(龍)이 되어 나라를 수호(守護)하려 한다는 유언과[121] 국인(國人)들이 대왕암(大王岩)에 제사(祭事)지냈다는 사실, 또한 문무왕이 감은사의 공사를 착수한[122] 사실, 신문왕(神文王)이 동해구(東海口)에서 용(龍)이 된 문무왕(文武王)과 천신(天神)이 된 김유신장군(金庾信將軍)으로부터 만파식적(萬波息笛)을 받은 사실들은[123] 해양방어체제를 구축하는 일과 직결되었다. 결국 신라는 도성인 경주 내부와 주변 및 수도권에 방어체제를 구축하였는데, 이는 초기 일부의 예와 고구려

---

120 『한국의 해양문화』, 동남해역(上) 해양수산부, 2002, pp.416~418 참고.
121 『삼국유사』권2 紀異 2 文虎(武)王 法敏 조.
122 『삼국유사』권2, 萬波息笛 조.

와 동해중부해안 쟁탈전을 제외하고는 주적인 일본열도의 세력과 연관하여 벌인 해양방어체제의 구축이었다.

(4) 항구 및 부두의 존재

해항도시로서의 역할을 하려면, 특히 항로(航路)가 발달하려면 양질의 내항(內港)이 필수적이다. 대규모 선단(船團)을 보유하고 정박할 수 있는 훌륭한 부두시설을 갖추고, 넓고 안정된 만(灣)이 발달되어야 한다. 만(灣) 안에는 흐름을 조절할 수 있는 섬들이 있어야 한다. 그런데 자연조건이 적절하게 갖추어졌어도 양질의 항구인 것은 아니며, 한 항구가 모든 시대를 일관해서 사용 되었던 것은 아니다. 정치적인 상황, 군사적인 목적, 국제환경의 변화에 따른 대외교섭의 방향 등 시대상황에 따라 이용방식이 달라지기 때문이다. 경주 주변 지역에서 사용되었을 항구들은 해당시대의 유적·유물을 기본으로 조선시대에 개방되고, 사용되었던 포구들을 통해서 추정할 수 있다.

포항은 연오랑(延烏郞)과 세오녀(細烏女)와 관계가 깊다. 8대 아달라왕(阿達羅王) 즉위 4년에 그들 부부는 바위를 타고 바다를 건너가 일본에서 소국가의 왕이 되었다.[124] 영일군(迎日郡) 연일면(延日面)에 오천(烏川)이 있는데 이곳이 연오랑이 출발한 지역이다. 신라인들이 집단적으로 출발하는 국제 항구였을 것이다. 울산은 석탈해와 연관이 있다. 『삼국사기』에는 석탈해가 왜국(倭國)에서 동북(東北)으로 1,000리 되는 곳에 있는 다파나국(多波那國) 출생[125]으로서 상자(櫃)속에 넣어져 표류의 형식을 통해서 가야(伽

---

123 이 외에도 몇 가지를 왜와 연관 시키고 있다. 朴方龍,「新羅王都의 守備-慶州地域 山城을 中心으로-」, 『신라문화』제9집, pp.31~32 참조.
124 『三國遺事』권1, 紀異 2.
125 『삼국유사』에는 龍城國 출신. 탈해가 도착한 阿珍浦口의 위치를 迎日(李丙燾『國譯 三國史記』) 혹은 下西로 보고 있다.(井上秀雄,「任那日本府と倭」), 多婆那國의 위치는 왜국의 동북쪽이므로 出雲地方으로 비정하는 견해도 있다.(金澤均,「三國史記 新羅의 對倭關係記事 分析」, 『江原史學』6집, 강원대 사학

鄕)를 거쳤다가 신라(新羅)의 아진포(阿珍浦)에 들어온 것으로 기술되어 있다.[126] 5세기 초에 박제상(朴堤上 : 삼국유사에는 김제상이라고 되어있다.)이 내물왕의 아들인 미사흔(未斯欣)을 구하기 위하여 출발한 율포(栗浦)도 이 해역이다.[127] 감포(甘浦)는 비록 항구는 작고, 면적이 좁으나 출발장소로 사용되었다. 경주와 가장 가까우며, 동시에 일본열도에서 경주지역으로 들어오는 첫 상륙지이기도 하였다. 그래서 감포에는 문무왕이 왜적을 막기 위해 용이 된 수중릉과 감은사가 있는 것이다. 시대에 따라 그 중요도에는 변화가 있었고, 진출과 방어라는 기능적인 측면에서도 역할의 비중은 변화했을 것이다. 다만 위치, 역사상을 고려할 때 울산이 가장 중요한 국가항구일 가능성이 크다. 처용설화가 등장하는 시기인 49대 헌강왕(憲康王)대(879년)에는 울산이 국제무역항이었다.[128]

(5) 대외항로의 연결

항로의 메커니즘의 대해서는 필자가 여러 글에서 밝힌 바가 있다. 간단히 언급하면 해양환경을 고려할 때 특정지역에서 출항하면 특정지역에 도착할 수밖에 없는 구조라는 점이다. 경주지역이 해항도시(海港都市)의 성격을 갖고 가능하려면 항로의 발달이 필수적이다. 동아지중해의 역사에서는 다양한 항로들이 사용되었다. 그 가운데에서 경주지역과 연관있는 부분을 약술하고자 한다.

회, 1990. p.10) 이즈모지역의 철생산과 한반도와의 관련성은 眞常弓忠,『古代の鐵と神神』學生社, 1991, p.15 참조.
126 『삼국유사』의 '駕洛國記'에는 역사적 사실로서 보다 구체적으로 기술하고 있다.
127 『삼국유사』 김제상 조에 기술된 望德寺를 望海寺로 추정하고 蔚州郡 靑良面 栗里의 靈鷲山 東麓일 것으로 판단하고 있다.(李鍾恒.)
128 이용범,「처용설화의 一考察 唐代 이슬람의 商人과 新羅」,『진단학보』32, 1969.

가. 동해연근해항로

동해의 서쪽인 한반도 쪽 해안을 북-남으로 이어주는 항로로서,[129] 선사시대부터 사용되었다. 1947년에 발견된 함경도의 서포항 패총유적지는 구석기시대, 신석기시대, 청동기시대의 문화층이 함께 있다. 강원도 양양군 오산리(鰲山里)유적은 기원전 6,000년~4,500년 사이의 유적이다. 융기문토기와 함께 다량으로 출토된 결합식조침(結合式釣針)은 부산의 동삼동, 상노대도 등의 유적지에서도 발견되어 연결성을 보여주고 있다.[130] 청동기시대에 무문토기도 동해안을 따라 확산정착된 것으로 나타난다.[131] 동해권의 전파로와 관련하여 경주 지역과 직접 연관된 것은 암각화이다. 영일만지역의 칠포리 암각화를 비롯하여, 근처인 울주(蔚州) 대곡리에도 대형의 반구대 암각화, 경주 및 고령의 암각화가 있다. 암각화의 기원과 문화적 성격에 관하여 많은 논란이 있다. 전파의 입장에서 그동안 연구성과를 정리하면 북방 연해주지역에서 내려온 것으로 이해하고 있다.[132] 물론 동해연근해항로와 직결되어있으며,[133] 특히 울산(蔚山) 반구대(盤龜臺) 벽화의 곤돌라형의 선문(船文)은[134] 가장 원시적 항해수단인 뗏목형태와 유사하다.

나. 동해 남부 횡단항로

동해남부 횡단항로는 신라가 초기부터 사용하였다. 경주의 외항인 울산 포항 감포 등지를 출발하여 동해남부를 횡단한 다음에 일본열도의 혼슈 남부지역인 산음지

---

129 이 항로의 일반적인 성격은 윤명철, 「渤海의 海洋活動과 東아시아의 秩序再編」, 高句麗硏究 6, 학연문화사, 1998.12.) 등 참고
130 任孝宰, 「신석기 시대의 한일문화교류」, 『한국사론』, p.16, p.17, p.21.
131 江原道, 『江原道史』(歷史編), 1995, p.220.
132 송화섭, 「한국 암각화의 신앙의례」, 『한국의 암각화』, 한길사, 1996, p.264.
133 윤명철, 「동해문화권의 설정 검토」, 『동아시아 역사상과 우리문화의 형성』, 한국학 중앙연구원 동북아고대사연구소, 2005.
134 國分直一, 「古代東海の海上交通と船」, 『東アジアの古代文化』29號, 大和書房, 1981, p.37 참조, 金元龍, 「蔚州盤龜臺 岩刻畵에 대하여」.

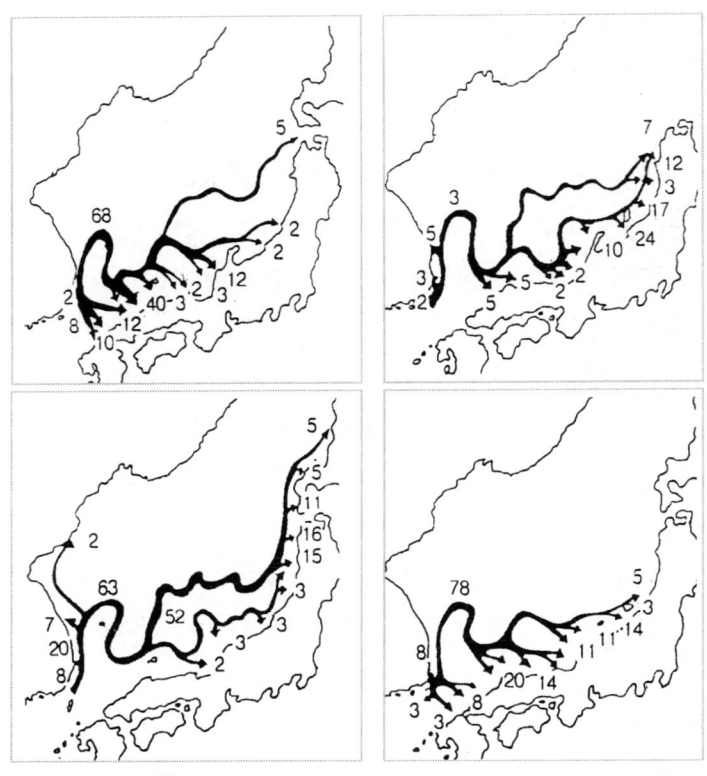

| 그림 7 | 해류병도[135]
대한해협에서 투입한 표류병의 도착 상황. 겨울에는 전체의 40%가 이즈모 지역에 도착하고 있다.

방의 돗토리(鳥取)현의 但馬, 伯耆, 시마네(島根)현의 이즈모(出雲), 오키(隱岐), 야마구치(山口)현의 나가토(長門) 등에 도착한다. 그 다음에는 연안 혹은 근해항해를 이용하여 북으로는 후쿠이(福井)현의 쓰루가(敦賀)지역으로, 남으로는 규슈지역으로 들어가기도 했다. 연오랑과 세오녀의 설화에 나오는 항로이다. 앞에서 언급한 해양환경과 아래의

---

135 日本海洋學會・沿岸海洋研究部會 編, 『日本全國沿岸海洋誌』, 東海大學出版會, 1985, pp.925~926.

그림을 고려하면 가장 자연스러운 항로임을 확인할 수 있다.

이즈모 지역은 신라인들이 도착하는 가장 대표적인 곳이다.[136] 『일본서기』 수인천황(垂仁天皇) 3년 조에는 신라국의 왕자라는 천일창(天日槍)이 7개 또는 8개의 보물을 갖고 정(艇)을 탄 채 일본열도에 와서 정착하는 과정이 있다. 그런데 『고사기』에서는 天日(之)矛라는 명칭으로서 8가지 보물을 가져왔다고 했다. 그런데 그 보물이 당시에 사용된 항해계기라는 주장도 있다.[137] 한편 시마네(島根)현지역의 이즈모 등에는 고구려 문화의 흔적이 있다.[138] 조희승은 고구려인들이 동해를 건너 이즈모 일대에 정착하였다가 다시 척량산맥을 넘고 쓰야마분지 일대에 정착한 것으로 생각한다고 하였다.[139]

다. 남해항로

남해항로는 남해동부를 출발하여 대마도를 경유, 규슈 북부에 도착하는 항로이다. 해류와 조류의 작용을 고려한다면 최종 출항지는 김해해역이 아니라 거제도권이다.[140] 거제도는 김해세력의 외항(外港)역할을 했거나 아니면 독자적인 해상세력 집단의 거점일 가능성이 크다.[141] 김해는 교역의 관점에서 수출항적 성격보단 수입항적인 성격을 띠

---

136 울산이나 포항지방과 위도가 북위 35.5도로 거의 비슷하다. 때문에 동해남부나 남해에서 리만한류를 타고 항해를 하다, 북위 30도 부근에서 대한난류를 횡단하여 본류에 올라타면 시마네현 앞에 있는 오키(隱岐)제도를 경유하여 비교적 자연스럽게 도달할 수 있다. 거기다가 북서 계절풍을 활용한다면 항해는 크게 어렵지 않다.
137 茂在寅男, 『古代日本の航海術』, 小學館, 1981, pp.170~173 참조.
138 조희승, 『초기조일관계사』하, 사회과학출판사, 1989, pp.303~304.
139 조희승, 『초기 조일관계사』상, p.303.
140 이 부분에 대한 상세한 언급은 졸고, 「海路를 통한 先史時代 韓.日 양지역의 文化接觸可能性檢討」, 『韓國上古史學報』2집 한국상고사학회, 1989, 참조, 森 繁弘, 『發見 邪馬臺への航跡』講談社, 1987, p.192.
141 교역의 관점에서 수입항적 성격보단 수출항적인 성격을 띠었다. 신경철은 대성동 양동리 등의 倭系遺物들은 本加耶의 鐵에 대한 대역품으로 받은 것이란 견해를 보였다.(「최근 加耶地域의 考古學的 成果」, 『加耶史論』고려대 한국학 연구소, 1993, pp.114~118.

었다.[142]

반면에 산인(山陰)의 이즈모(出雲)에서 출발하는 경우는 규슈북부까지 대마해류의 반류에 타고 대마도를 경유하여 북동진하는 해류에 타서 한반도의 동해남부 혹은 남해동부 해안에 도착할 수 있다.[143] 더구나 봄에 남풍계열의 바람을 이용하면 더욱 쉬워진다. 선사시대 일본열도계의 유물이 한반도 남해서부, 즉 부산(釜山) 동삼동(東三洞)이나 조도(朝島)패총에서,[144] 그리고 동해남부인 울산(蔚山)의 서생

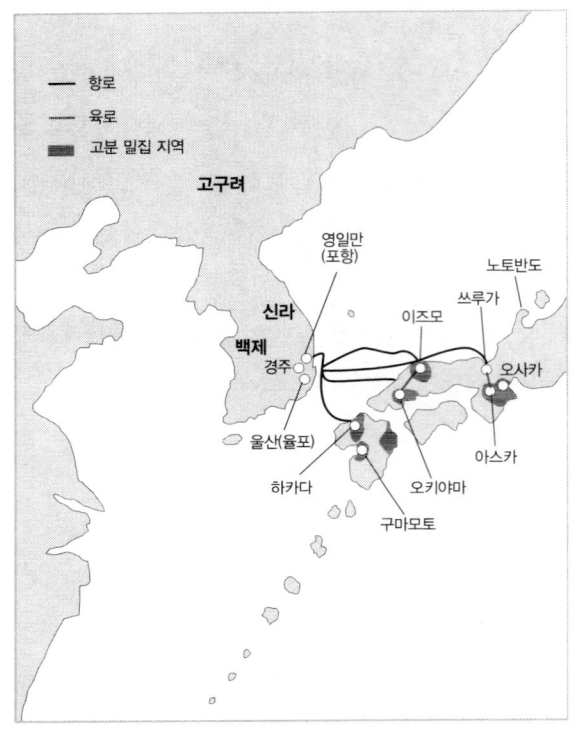

| 그림 8 | 통일전 신라의 대일본 항로

포(西生浦) 등에서 발견된다. 이 또한 일본열도 혹은 대마도(對馬島)에서 흘러오는 해조류의 흐름과 바람을 자연스럽게 이용한 것을 입증한다.[145] 이러한 다양한 해양환경을

---

142 신경철은 대성동 양동리 등의 倭系遺物들은 本加耶의 鐵에 대한 대역품으로 받은 것이란 견해를 보였다.(「최근 加耶地域의 考古學的 成果」, 『加耶史論』고려대 한국학 연구소, 1993, pp.114~118.
143 松枝正根·松枝正根, 『古代日本の軍事航海史』上, かや書房, 1994, pp.109~111.
144 林墩, 「朝島의 史的考察」외, 孫兌鉉, 「古代에 있어서의 海上交通」, 『논문집』15, 한국해양대학 1980, 江坂輝彌, 「朝鮮半島 南部と西九州地方の先史 原史時代における 交易と 文化交流」, 『松阪大學紀要』第4號 1986, p.7, '五島列島 북부의 宇久島, 小値賀島 에서는 가을날의 쾌청한 날 등에는 조선반도의 서남부의 해상에 있는 제주도의 한라산을 보는 것이 가능하다.'

고려할 때 고대에도 일본열도 세력들이 쉽게 도착할 수 있는 지역이 신라의 해변이다. 때문에 삼국사기에는 왜와 관련된 기사가 500년 까지 50여 회에 달할 정도였다.[146] 이상을 고려한다면 신라는 일본을 향해 항해할 때는 주로 동해남부와 남해항로를 사용하였다. 물론 그 외에도 통일 전에는 황해중부를 활용한 대중국항로가 있었으며, 통일 후에는 황해중부 이남과 동중국해 등에서 정부와 민간인들이 활용한 다양한 항로가 있었다.[147]

5. 결론

필자는 '동아지중해 모델'을 설정한 후에 동아시아 역사와 한민족의 역사를 해양적인 관점에서 해석해왔다. 그 가운데 하나가 본고의 주제인 '해항도시론(海港都市論)'이다. 신라는 해양과 깊은 연관을 맺으면서 발전해왔다. 해양환경을 포함한 자연환경과 역사적인 환경 속에서 그렇게 될 수밖에 없었다. 동해남부는 해양환경상 해양활동을 하기에 적합한 면이 많았고, 경주 및 주변지역은 수륙(水陸)과 해륙적(海陸的) 성격을 공유하였으며, 물류망이 육상과 강·바다로 이어지는 유기적인 체제가 가능했다.

진흥왕 이전까지는 발생지와 인접한 동해남부를 중심으로 활동을 해왔으며, 해양교섭의 대상은 일본열도의 세력이었다. 초기에는 주로 일본열도로부터 공격을 받는

---

145 조류에 흐름에 대해서는 많은 논문이 있으나 가장 정확하게 길을 제시 한 논문은 市田惠司·高山久明, 「古代人の航海術對馬海峽 시뮤레이션」, 『考古學 ジャナル』12월, 通卷 212號, 뉴 사이언스사, 1982에 컴퓨터 분석에 의한 각종 도표가 있다. 尹明喆, 「海路를 통한 先史時代 韓日 양 지역의 文化接觸 可能性 檢討」, 『한국상고사학보』2, 1989.
146 이 부분에 대해서는 申瀅植, 『新羅史』이화여대출판부, 1988, pp.210~213 참조.
147 이와 관련된 해양활동 및 항로에 대해서는 필자의 연구성과 등을 참조하기 바란다.

것으로 기술되어 있다. 이는 피해자의 인식을 반영한 삼국사기의 입장이다. 한·일(韓·日) 양측의 사서에서 나타나는 일부의 기록들과 유적 및 유물들을 고려하고, 무엇보다도 그 당시 동아시아의 국제관계, 한일 양 지역의 역학관계, 해양의 메커니즘, 그리고 신라의 해양능력을 고려한다면 신라인들은 초기부터 일본열도로 진출하였으며, 점차 정치적, 무역의 목적을 띄고 조직적으로 진출하였다.

일본세력과는 존속기간 내내 갈등과 협력의 관계를 연출했고, 이는 해양과 직결된 문제이었다. 따라서 신라에게 해양이란 생존과 발전의 문제였으며, 그에 따라 국가발전전략으로 해양정책을 추진할 수밖에 없었다. 이 부분에 대해서는 추후에 체계적으로 언급하려고 한다. 그리고 이러한 국가정책의 한 부분으로서 수도인 경주지역의 위상과 역할이 있었다. 경주지역은 태생부터 해양과 연관이 깊었고, 점차 역사가 발전하는 과정에서 해양과의 관계가 더욱 깊어졌다. 그리고 해항도시로서의 면모와 성격을 갖추어갔다.

본고는 경주가 해항도시에 해당하는 성격과 기능을 가졌음을 입증할 목적으로 본문에서 몇 가지 작업을 시도하였다.

제2장에서는 경주 또는 한국사에서 이해해온 도시의 개념을 넘어 우리 역사 및 경주와 유사성이 있다고 판단되는 주변지역과 서양의 고대도시들에 대한 성격을 간략하게 살펴보았다. 그리고 필자가 설정한 해항도시라는 것이 어떤 것인가를 서술하였다. 도시의 형성은 매우 오래된 시기부터 형성하였으며, 전형적인 도시와 촌락을 하나의 시스템 속에서 보았고, 상업적 성격과 농업적 성격을 겸하고 있는 것으로 보았다. 또한 고대의 도시들은 특별한 예외를 빼놓고는 큰 강의 하구와 바닷가 포구를 중심으로 발달하였으며, 항구의 역할을 직접 수행하거나, 항구와 위치나 기능상 긴밀하게 연관되었음을 알 수 있었다. 제3장에서는 신라의 역사과정을 통해서 해양과 밀접한 관련이 있었음을 살펴보았으며, 필자가 주장해 온 '터이론', '역사유기체설' 등의 논리를 적용하면서 수도인 경주는 해양과 불가분의 관계를 맺을 수밖에 없음을 역설하였다.

제 4장에서는 수도인 그 당시의 금성(현재의 경주)의 도시형태와 구조 등을 검토하여 해항도시의 조건에 얼마나 근접하는지를 검증하였다. 특히 해양방어체제의 위치와 기능 등을 살펴보았고, 필수적인 대외항로와 연결되는 효용성 여부, 주변의 외항들에 대한 항구조건 등을 살펴보았다. 그 결과 수도 내지는 수도권이였을 금성(경주지역)은 모든 요건을 고려할 때 '해항도시(海港都市)'[148]의 성격을 가지고 있다고 결론내렸다.

신라의 역사에서 수도(首都)는 국가와 마찬가지로 해륙적(海陸的) 성격을 갖는 것이 바람직하며 강과 바다, 그리고 다양한 육지 등을 유기적으로 연결시킬 수 있는 시스템을 갖추고, 이는 구체적으로 통로(通路)의 문제와 연관된다. 물론 서론과 각 장에서 언급한 바 있지만 이는 1차 시도인 만큼 평면적인 분석과 서술에 그친 한계가 있다. 추후에 몇 가지 분석도구를 사용하여 보다 구체적으로 해항도시의 성격을 규명하고자 한다. 특히 국가발전정책의 일환으로서의 해항도시의 역할이 무엇이었는가 등은 본 연구주제의 궁극적인 목표라고 생각한다.

---

[148] 윤명철, 「강해도시 김포시의 역사성과 21c가치 효용성」, 『김포 수로도시 국회 공청회』, 김포저널, 기타.

Abstrat

Role of Kyung-ju in Silla history
-on oceanic city-

Professor Myung-chul Youn
Dong-guk university

It is necessary to interpret Korean History with a view of land and sea historical view which understands the ocean and continents as an organic relationship. As a characteristic of East Asian Mediterranean-sea, each nation aims at completion of ocean-land country, and for such purpose, reorganization of national land plan, development of nation policies, and 'role of capital city' are in order.

Silla advanced to the Japanese Island at early stage through southern area of East-sea, which caused both conflicts and cooperation with the Japanese force.

Thus, it was inevitable to forward oceanic strategies as the policy for national development. As a part of the national policy, there was a role of Kyung-ju, the capital of the nation.

Kyung-ju is basically considered as a oceanic city based on its environment. It is not yet clear that if Silla's decision to make Kyung-ju a capital city based on the geographical reason was intentional. However, consequently it was suitable for the capital city of the nation that aimed for oceanic characteristic, and it played a fundamental role in the history.

There are few conditions it has to hold to perform as an oceanic city, which would be status, structure, security system of surroundings, and the world view. Even Silla was a basin, it had a characteristic that it was connected with short distance to Southern East, land route, and waterway. At early times, it strengthened the oceanic power through the harbors of Po-hang, Gam-po, Ul-san and etc, and attempted to advance to the Japanese Island through various routes. It established the oceanic defense system around the capital city and the seashore to protect from attack. Also, even it is not certain yet, we assume that the system of transportation such as the land routes would have a deep relationship with the ocean. When studying the overall history of Silla, the oceanic power was a great importance, and as the core, Kyung-ju area controlled the entire system.

Key word　　a view of land and sea historical view. ocean-land country. Silla Kyung-ju. capital city. an oceanic city routes. oceanic defense system.

참고문헌

『三國史記』,『三國遺事』,『高麗史』,『三國志』,『新增東國輿地勝覽』,『日本書紀』,『續日本紀』

▶ 단행본

姜大玄,『도시지리학』, 교학사, 1980, pp.1~346.
江原道,『江原道史』(歷史編), 1995.
국립경주박물관,『경주 성황동 유적발굴조사약보고서』(住1公아파트 건립부지 第2次地區), 1981, 8.
김석형,『고대한일관계사』(원서명『초기 조일관계사』, 1966년판) 한마당, 1988.
김용성,『신라왕도의 고총과 그 주변』, 학연문화사, 2009, pp.1~400.
董鑒泓 等 편, 成周鐸 역주,『中國 都城 發達史』, 학연문화사, 1993, pp.1~257.
복기대,『요서지역의 청동기문화』, 백산자료원, 2002.
손영종,『고구려사』2, 과학백과사전종합출판사, 1997.
申瀅植,『新羅史』, 이화여대출판부, 1988.
에머리 존스 저, 이찬·권혁재 역,『人文地理學 原理』, 법문사, 1985, pp.1~280.
尹乃鉉,『고조선연구』, 일지사, 1994.
윤명철,『장보고 시대의 해양활동과 동아지중해』, 서울: 학연, 2002, p.1~319.
윤명철,『한민족의 해양활동과 동아지중해』, 서울: 학연, 2002, pp.1~512.
윤명철,『고구려 해양사 연구』, 서울: 사계절, 2003, pp.1~534.
윤명철,『한국 해양사』, 서울: 학연, 2003, pp.1~432.
윤명철,『동아지중해와 고대일본』, 청노루, 1996, pp.1~309.
이시 히로유끼·야스다 요시노리·유아사 다케오 지음, 이하준 옮김,『환경은 세계사를 어떻게 바꾸었는가』, 경당, 2003.
任德淳,『政治地理學原論』, 일지사, 1988.
조희승,『초기조일관계사』하, 사회과학출판사, 1989.
존 펄린 지음, 송명규 옮김,『숲의 서사시』, 따님, 2006.
테리 조든 비치코프·모나 도모시 지음, 류제헌 편역,『세계문화지리』, 살림, 2008.
SIBIL MOHOLY-NAGY 著, 崔宗鉉·陳景敦 譯,『都市 建築의 歷史』, 1990.

郭大順, 『龍出遼河源』, 百花文藝出版社, 2001.
武光 誠, 『大和朝廷は古代の水軍がつくつた』, JICC, 1992.
茂在寅南, 『古代日本の航海術』, 小學館, 1981, pp.1~238.
文脇禎二, 『出雲の 古代史』, NHK ブックス, 1986, pp.1~262.
森 繁弘, 『發見 邪馬臺への航跡』, 講談社, 1987.
松枝正根, 『古代日本の軍事航海史』上, かや書房, 1994.
眞常弓忠, 『古代の鐵と神神』, 學生社, 199.

▶ 논문

姜泰昊, 「新羅 都城의 空間構造 形成過程에 관한 硏究」, 『慶州史學』第 15輯, 동국대학교 국사학과, 1996, pp.25~53.

김영근, 「하가점 하층문화에 대한 고찰」, 『단군학 연구』14, 단군학회, 2006.
김용성, 「신라왕도의 범위에 대하여」, 『신라왕도의 고총과 그 주변』제9장, 학연문화사, 2009.
金澤均, 「三國史記 新羅의 對倭關係記事 分析」, 『江原史學』6집, 강원대 사학회, 1990.
金鎬詳, 「新羅王京의 金城硏究」, 『慶州史學』第 18輯, 동국대학교 국사학과, 1999, pp.27~49.
동양사학회 편, 「中國歷代 수도의 유형과 사회변화」, 『역사와 도시』, 서울대학고출판부, 2000.
閔德植, 「新羅王京의 防備에 관한 考察」, 『史學硏究』39, 1987.
朴方龍, 「都城, 城址」, 『(韓國史論』15, 국사편찬위원회, 1985.
朴方龍, 「新羅王都의 交通路-驛院을 中心으로-」, 『신라문화제학술발표회논문집』16집, 신라문화선양회, 1995.
朴方龍, 「신라 도성의 교통로」, 『慶州史學』第 16輯, 1997, 동국대학교 국사학과, pp.167~206.
朴方龍, 「신라왕경과 유통」, 『신라왕경의 구조와 체계』, pp.63~104.
朴方龍, 「신라 왕도의 수비」, 『신라문화』9집, pp.25~38.
朴漢濟, 「中國歷代 수도의 유형과 사회변화」, 『역사와 도시』, 서울대학교출판부, 2000.
孫兒鉉, 「古代에 있어서의 海上交通」, 『논문집』15, 한국해양대학, 1980.
송화섭, 「한국 암각화의 신앙의례」, 『한국의 암각화』, 한길사, 1996.
市田惠司 高山久明, 「古代人의 航海術對馬海峽 시뮤레이션」, 『考古學 저널』12월, 通倦 212號, 뉴 사이언스사, 1982.
신형식 등의 공저, 「경기만 지역의 해양방어체제」, 『고구려 산성과 해양방어체제』, 백산출판사, 2000.
吳英勳, 「新羅王京에 대한 考察-成立과 發展을 中心으로-」, 『경주사학』11집.
劉敎聖, 「韓國商工業史」, 『한국문화사대계』3, 정치·경제사(中), 고려대학교 민족문화연구소, 1979, p.1016.
윤명철, 「渤海의 海洋活動과 동아시아의 秩序再編」, 『고구려연구』6, 학연문화사, 1988.
윤명철, 「黃海文化圈의 形成과 海洋活動에 대한 연구」, 『先史와 古代』, 한국고대학회, 1998, 12.
윤명철, 「海路를 통한 先史時代 韓·日 양지역의 文化接觸可能性檢討」, 『韓國上古史學報』2집, 한국상고사학

회, 1989, pp.91~118.
윤명철,「海洋條件을 통해서 본 古代韓日 關係史의 理解」,『日本學』15, 동국대 일본학연구소, 1995, pp.67~113.
윤명철,「高句麗發展期의 海洋活動能力에 대한 檢討.(5-6세기를 중심으로)」,『皐村 申延澈敎授停年退任論叢』, 일월서각, 1995.
윤명철,「長壽王의 南進政策과 東亞地中海 力學關係」,『고구려 남진경영연구』, 백산학회, 1995.4.
윤명철,「江華지역의 해양방어체제연구-關彌城 위치와 관련하여」,『사학연구』58・59 합집호, 1999.
윤명철,「한강 고대 강변 방어체제 연구-한강하류지역을 중심으로-」,『향토서울』61, 서울시사편찬위원회, 2001.
윤명철,「독도와 해양정책-울릉도와 독도의 해양 역사적 환경검토」,『해양정책세미나 논문집』1집, 2001. 5.
윤명철,「海洋史觀으로 본 한국 고대사의 발전과 종언」,『한국사연구』123, 2003.
윤명철,「국내성의 압록강 방어체제연구」,『고구려 연구』15집, 고구려연구회, 2003.
윤명철,「고대 한강 강변방어체제연구 2」,『鄕土서울』64호, 서울시사편찬위원회, 2004.
윤명철,「한국사 이해를 위한 몇 가지 제언」,『한국사학사학회보』9, 한국사학사학회, 2004.
윤명철,「한국 고대사 연구의 반성과 대안」,『단군학 연구』11, 단군학회, 2004.
윤명철,「동해문화권의 설정 검토」,『동아시아 역사상과 우리문화의 형성』, 한국학 중앙연구원, 민속원, 2005, 9, pp.1~44.
윤명철,「영일만 지역의 해양환경과 암각화의 길의 관련성 검토」,『한국 암각화연구』78집, 2006. 12.
윤명철,「東아시아의 海洋空間에 관한 再認識과 活用 -동아지중해모델을 중심으로-」,『동아시아 고대학』14, 동아시아 고대학회, 경인문화사, 2006.
윤명철,「渤海 유역의 역사문화와 동아시아 세계의 이해- '터(場, field) 이론' 의 적용을 통해서-」, 동아시아 고대학회, 2007.
윤명철,「고구려 문화형성에 작용한 자연환경의 검토-터이론을 통해서-」,『한민족 연구』4, 2007.
윤명철,「고구려 수도의 海陸的 성격 검토 -江海都市論을 중심으로-」,『백산학보』80호, 2008.
李龍範,「三國史記에 보이는 이슬람 商人의 貿易品」,『李弘稙博士回甲記念韓國史學論叢』, 新丘文化社, 1969.
이용범,「처용설화의 一考察「唐代 이슬람의 商人과 新羅」,『진단학보』32, 1969.
李亨求,「발해연안 석묘문화의 원류」,『한국학보』50, 일지사, 1988.
鄭永鎬,「신라 關門城에 대한 小考」,『古文化』5집, 한국대학교 박물관협회, 1977.
鄭鎭述,「韓國先史時代海上移動에 관한 硏究」,『忠武公 李舜臣 硏究論叢』, 해군사관학교, 1991.
趙賓福 著, 崔茂藏 譯,『中國東北新石器文化』, 集文堂, 1996.
崔在錫,「9世紀 신라의 西部日本進出」,『韓國學報』69, 1992.
邢基柱,「都城計劃綜考」,『일본학』5, 동국대 일본학연구소, 1987.
黃仁鎬,「新羅王京의 變遷 -道路를 통해 본 都市計劃-」,『東アジアの古代文化』大和書房(古代社會硏究所編), 2005.

▶ 외국논문

江上波夫,「古代日本の對外關係」,『古代日本の國際化』, 朝日新聞社, 1990.

江坂輝彌,「朝鮮半島 南部と西九州地方の先史 原史時代における交易と文化交流」,『松阪大學紀要』第4號, 1986.

國分直一,「古代東海の海上交通と船」,『東アジアの古代文化』29號, 大和書房, 1981, p.37.

吉野正敏,「季節風と航海」,『Museum Kyushu』14호, 1984.

荒竹淸光,「古代 環東シナ海 文化圈と對馬海流」,『東アジアの古代文化』29號, 大和書房, 1981, p.91.

05 서산의 海港都市的인 성격에 대한 검토*
—백제시기를 중심으로—

1. 서 론

도시(都市)에 관해서는 일반적인 기능이나 구조, 성격, 사상성, 미학, 정치권력 등과의 관계 등이 규명의 대상이었다. 적지 않은 연구자들이 도시에 관심을 가진 채 연구해왔다.[1] 특히 도시사(都市史)[2]라는 입장에서 구체적으로 역사에 적용하면서 발표한 글들도 있다.

---

* 「서산의 해항도시적인 성격 검토」, 『서산문화춘추』5, 서산문화발전연구원, 2009.
1 董鑒泓 等 편, 成周鐸 역주, 『中國 都城 發達史』, 학연문화사, 1993, p.7. '중국도성발달사는 도성을 여러 종류의 물질적 요소로 구성된 하나의 종합체로 보고 이를 연구하는 것이다. 말하자면 도성의 총체적 배치의 변천(도로망, 주거지역, 상가분포, 녹지 및 수로 등을 포함), 도성 계획의 이론과 중심사상, 도시 공간 배치의 예술성, 도성의 유형 및 그 분포 등을 종합적으로 연구하는 것이다.'
「中國歷代 수도의 유형과 사회변화」, 『역사와 도시』, 서울대학교출판부, 2000.
『강좌 한국고대사』7 - 촌락과 도시, 가락국 사적개발연구원, 2002.
2 민유기, 「서평 : 프랑스의 도시사 연구의 새 경향」, 『서양사론』92, pp.353~354.
도시사(Uran history)는 19세기 급격한 도시화가 낳은 사회적 문화적 구조 변동과 이것이 인간 삶에 미친 변화를 설명하는 '도시성(The Urban; Urbanity)'이란 개념이 일반화된 20세기 초에 등장했다. 20세기 중반까지는 특정 도시의 탄생, 성장, 변화를 다루는 도시의 일대기(C.ty Biography)로서 '도시의 역사(Town's History)' 혹은 시사(市史) 연구가 진행되어 왔다. 하지만 1960년대부터 연구영역, 방법론, 사료 등에 대한 집단적 고민의 결과로 역사학의 새로운 영역으로 확립되었다.

필자는 역사의 공간을 바라보는 관점을 '터이론' 속에서 전개하고 있다. 역사적인 상황과 함께 자연환경을 상대적으로 중요시하며, 그에 따라 동아시아를 해양과 대륙을 하나의 유기적인 관계로 보는 동아지중해(東亞地中海, EastAsian-Mediterranean-Sea)라는 모델 속에서 해석하고 있다. 이는 국가나 넓은 지역 또는 도시 또한 유사하다.

본고의 주제가 되는 수도(首都) 또는 도시(都市)의 선택과 성격은 문명의 방향과 국제환경 속에서 국가발전전략과 관계가 깊을 수밖에 없다. 동아시아 및 우리역사에서 해양과의 연관성은 중요하고 이는 고대로 올라갈수록 비중이 높아진다. 동아지중해의 특성상 해양(海洋)을 매개로 인간의 이동, 문화의 교류, 국가의 정치역학관계가 이루어지는 경향이 강하기 때문이다.

한반도 서해안지역은 선사시대부터 몇 군데 중요한 지역 가운데 하나이다. 그 중의 하나로서 서산(瑞山), 태안(泰安), 당진(唐津) 등을 포함한 터가 있다. 이를 '내포(內浦)문화권'이라고 부르기도 한다.

서산은 독특한 지리와 지형, 그리고 바다와의 연관성이 있다. 이 글은 단순하게 서산의 위상과 성격을 규명하는 작업이 아니다.[3]

본고는 우선 한민족의 역사활동지역을 중심으로 고대도시의 해양적 성격을 살펴보고, '해항도시(海港都市)'라는 명칭과 개념에 대하여 살펴본다. 또한 서산을 모델로 선택해서 자연환경을 해양적 관점에서 검토한 후에, 기타 구조와 역할 등이 해항도시의 개념과 성격에 부합하는가를 검토한다. 그리고 서산이 실제 해항도시로서 역사적인 활동이 있었는지를 살펴보면서, 우리 고대사에서 해항도시 또는 해양도시국가의 존재가능성에 대하여 모색하는 계기로 삼는다.

---

[3] 필자는 윤명철,「동아시아속의 서산과 그 해양문화의 의미」,『백제문화연구』제 34집, 공주대학교 백제문화연구소, 2005, 12. 윤명철,「서산지역의 해양환경과 역사상」,『서산의 문화』제 20호, 서산향토문화연구회, 2008에서 서산에 관한 졸고를 발표했다. 이 글은 지난 발표를 토대로 미진한 부분을 보완하는 형식을 취하면서 해항도시라는 모델 설정에 주안점을 두고 있다.

이 글에서 논리를 전개하면서 필자는 동아지중해라는 틀 속에서 역사를 규명해가는 과정에 나온 몇 가지 개념과 용어들을 사용하고자 한다. 이 논문을 작성하면서 필자의 작업 외에 몇 가지 기본 자료들을 활용하였다.

첫째는 『서산시지』(특히 『서산의 역사』, 『서산의 지리』, 『서산의 문화유적』)[4]이고, 둘째는 『한국의 해양문화』[5]이다. 그 외에 『백제(百濟)의 역사(歷史)와 문화(文化)』, 『유적・유물로 본 백제1, 2』[6]도 참고하였다. 따라서 이 책들에서 재인용한 고고학적인 연구와 발굴성과에 대해서는 꼭 필요한 것은 제외하고는 일일이 각주를 달지 못했다. 대신에 연구자들을 한 번에 거론하여 소개하는 방식을 취했다.

2. 고대의 도시의 해양적 성격

역사에서 자연 또한 단순한 지리・지형・기후・동식굴의 분포도 등의 공간만을 뜻하지는 않는다. 공간은 기하학적(幾何學的)인 공간(空間) 혹은 자연적(自然的)인 공간(空間), 또 물리적인 평면(平面)만을 의미하지는 않는다. 지리정치적(地理政治的, geo-politic)으로는 영토이며, 지리경제적(地理經濟的, geo-economy)으로 생산장소와 시장이며, 지리문화적(地理文化的, geo-culture)으로는 소속된 주민들, 세계와 사물을 바라보는 관점, 인간과 집단이 지닌 가치관의 결정체이다.[7] 그러므로 역사 공간의 성격을 이해

---

4 서산시지 편찬위원회, 『서산시지』, 2002, 6.
5 『한국의 해양문화』(서해해역 상 충청편) 해양수산부, 2002 참고.
6 『百濟의 歷史와 文化』, 『유적・유물로 본 백제1, 2』, 충청남도 역사문화연구원, 2008.
7 공간은 실제적인 측면 외에도 명분으로도 인간에게 근원적으로 중요한 의미를 지니고 있다. 세포의 형성과정부터 시작하여 존재의 원근거를 모색하는 행위, 그리고 나아가 집단의 탄생과 발전과도 직결되어 있다. 인간 개체와 마찬가지로 집단도 존재의 정당성과 우월성을 입증받고 싶어한다. 앞으로 역사학에서 공간문제는 새로운 각도에서 접근해야 한다. 특히 동물행동학 유전학 등은 인간의 활동범위와 성격 등을 이

하려면 자연지리의 개념과 틀을 포함하면서 역사(歷史)와 문화(文化) 또는 문명(文明)의 개념으로 접근할 필요가 있다. 도시(都市) 또한 유사하다고 생각한다. 도시에 대한 정의는 너무 많으므로 불가능하다는 것이 보편적이다. 구조, 기능, 위치, 의미 심지어는 기술적인 문제까지 다양하며, 각각의 이론을 위해 실제적으로 예를 든 도시도 동서고금을 막론하고 있다.

이 글은 도시에 대한 정의를 내리는 것이 아니라 우리 고대역사상을 찾고 재구성하는 과정에서 한 도구로서 도시를 살펴보는 것이다. 특히 서산을 비롯한 바닷가의 역사적인 지역의 성격을 규명하고, 해항도시로서 위상과 역할을 재정립하고자 하는 작업의 일환이다.

그러므로 도시에 대한 기존의 연구에서 우리가 지녔던 통념에 변화를 가져올 수 있고, 해항도시의 성격과 연관될 수 있는 부분에 국한해서 언급하려고 한다.

보통 도시는 도회(都會), 도회지(都會地), 대처(大處)라고도 하는데 「큰 사전(한글학회)」에 보면 '시가지(市街地)를 이룬 도회(都會)'라고 했으며, 도회(都會)는 도회지(都會地)라고도 하여 '사람이 많이 살고 번잡한 곳'이라고 한다. 또한 동양적(東洋的) 개념으로는 '도(都)'는 국왕 또는 천자가 거주하는 곳, 즉 수도를 뜻하고 '시(市)'는 물건을 팔고, 사는 저자(市場)를 뜻하며, 수도나 시장은 모두 사람이나 물자가 많이 모여드는 곳이다.[8] 하지만 커뮤니케이션의 한 체계이기도 하다.

그런데 주민의 성분과 인구규모를 갖고 도시의 기준과 성격을 구분하는 경우가

해하는데 매우 유익한 시각을 제공한다.
인간이 자연공간을 이용하는 능력과 방식에 대해서 통념을 깨고 전향적인 인식을 할 필요성이 있다. 이러한 예는 그레이엄 크랄크 지음, 정기문 옮김, 『공간과 시간의 역사』, 푸른길, 1999 참조. 공간을 바라보는 관점은 실로 다양하다. 특히 역사학에서 활용할 만한 책은 문화의 관점에서 바라보는 에드워드 홀 지음, 최효선 옮김, 『숨겨진 차원-공간의 인류학을 위하여』, 한길사, 2005 참조.
8 姜大玄, 『도시지리학』, 교학사, 1980, p.2.

많다. 보편적으로 도시(都市)는 단위면적에 대한 인구밀도는 일반적으로 촌락(村落)에 비해서 도시(都市)가 크다. 그리스의 도시국가의 개념은 도시인이 생활을 의지하고 있는 주변의 촌락지역을 포함하고 있었고, 그 인구는 작은 것은 7만 명 정도였고, 그 중 4분의 1이 도시거주자였다.[9]

아마 이런 것은 일반적인 특성이었을 것이다. 또 다른 예를 들면 1000년 전 무렵에 아메리카의 유카탄과 과테말라에서는 발굴결과에 따르면 도시가 거대한 규모였다. 하지만 도시에서 농촌지역으로 넘어가는 경계는 인식하기 어려울 정도로 애매하고, 따라서 도시인구에는 지금까지 뜻한 도시인이 아닌 주민을 많이 포함하고 있었다.[10]

이것은 여러 가지 점을 시사한다. 그 가운데 하나는 도시인구가 많다는 점보다는 도시의 범주와 인구 속에서는 도시와 함께 주변지역의 인구도 포함한다는 사실이다. 즉 성채 등으로 둘러싸인 도시의 핵심 외에 경계가 불분명한 촌락이 농부 등도 포함하고 있다는 점이다. 하지만 도시가 촌락과 다른 점은 주민의 구성이 농경 등 1차 생산작업에 종사하는 사람들보다는 기술자 상인 등 다른 산업이나 정치 종교 등과 연관된 사람들로 주로 구성되었다.[11] 다른 말로 하면 농업, 어업, 임업 등 직접생산을 담당하는 주민들, 시스템으로 구성된 것이 아니라 2차·3차 산업에 종사, 기술전문직, 정치인, 군사 종교인 등의 존재로 구성된 것이다. 그렇다면 삼한의 소국들 인구나 규모 등 범주와 비교하면 시사하는 바가 크다. 참고로 일본의 소국들의 규모를 보면 삼국지 왜인전에 기술된 대마국(對馬國)·일지국(一支國)·말로국(末盧國)·이도국(伊都國) 등은 규모가 작은 편이지만 대표격인 야마다이(邪馬臺)국은 만여가라고 했으니 대략 5만에서 7만 명의 인구를 수용하는 국가이며, 이 소국은 도시격에 해당하는 공간 밖의 농민거

---

9 에머리 존스 저, 이찬·권혁재 역,『人文地理學 原理』, 법문사, 1985, p.195.
10 위의 책, p.197.
11 姜大玄,『도시지리학』, 교학사, 1980, pp.3~4.

주자들을 포함한 것이다.

도시의 형성은 여러 가지 요인이 있다. 도시의 기능과 역할이 될 수 있는 정치, 군사, 경제, 문화 등의 요구에 부응해서 형성된다. 하지만 전략적인 가치, 시대적인 상황에 따라 달라지고, 역할의 비율을 어디에 두느냐에 따라 달라지고, 놓여진 위치에 따라서도 달라진다. 도시의 기능 가운데 일반적인 특징은 잘 알려져 있다. 수도 또는 크고 중요한 도시는 몇 가지 조건을 갖추어야 한다. 즉 정치(政治) · 외교(外交)의 중심지(中心地)이어야 한다.[12] 중국고대에서는 도읍(都邑)을 원래 '성(城)'이라고 불렀다. 성(城)은 정치적 권위(王)를 보위(保衛)하기 위한 고장벽루(高墻壁壘)라는 뜻이었다. 하지만 시(市)의 의미가 덧붙여지면서 도시의 기능을 하게 되었다.[13] 고구려라는 국가의 명칭이 성을 뜻하는 '구루(溝漊)'에서 나왔다는 설도 있을 정도로 성은 각별한 의미를 지닌다. 『구당서(舊唐書)』에 따르면 60여개의 성에 주(州)와 현(縣)을 두어 정치를 했다고 되어있다 그런 고구려에서 성(城)은 도시에 해당하는 중요한 역할을 했다. 이는 백제도 마찬가지였다.

정치의 중심지라는 것은 곧 군사의 중심지이며, 도시는 방어 공간이라는 의미이다. 그만큼 절대적이었기 때문이다. 때문에 종래에는 수도(首都)의 위치변화문제를 군사적인 측면에만 한정시켜 고찰하는 경향이 있었다.[14] 도시의 위치는 방어를 위한 절대적(국지적)입지[15]였다. 방어입지로 좋은 곳은 다양하다. 그 가운데에 산정도시(hiltop

---

12 수도는 中核地가 된다. 한 장소가 中核地가 되려면 많은 인구와 풍부한 자원, 집중된 정치권력, 교통상의 結節點(nodal point) 및 비농민을 부양할 수 있는 토지 등을 갖추어야 한다. 中核地의 개념에 대해서는 任德淳, 『政治地理學原論』, 일지사, 1988, pp.249 참조.
13 『강좌 한국고대사』, p.216.
14 朴漢濟, 「中國歷代 수도의 유형과 사회변화」, 『역사와 도시』, 서울대학교출판부, 2000, p.43.
15 도시의 입지는 고정적인 자연환경을 중심으로 평가되는 절대적 입지(site)와 가변적인 인문환경을 중심으로 평가되는 상대적 입지(situation)로 분류된다. 류제헌 편역, 테리 조든 비치코프 · 모나 도모시 지음, 『세계문화지리』, 살림, 2008, p.254.

town)가 있다. 고구려의 첫수도인 흘승골성[16]은 그러한 예이다. 그리스의 아크로폴리스는 '고지(高地)의 도시'라는 의미이다. Ionia인이나 Achaean인 더 나아가 후세의 Dorian인들은, 정복할 민족에 대한 지배를 유지하기 위해 성채를 구축하였으며, 그 성채가 후의 도시의 발전으로 이어졌던 것이다.[17] 그 외에도 도시의 중요한 기능이 방어라는 예는 무수히 많다.

또한 도시는 경제의 중심지 역할을 담당했다. 일반적으로 고대에는 내부에서 다양한 형태의 생산이 이루어지고 물자(物資)의 집결(集結)이 용이한 곳도 도시이다. 또한 인간의 이동(移動)이 자유롭고 자급자족품목(自給自足品目) 외에 일상 생활용품과 사치품 등을 필요로 하여 교환이 일어나는 곳도 수도를 비롯한 도시이다. 또한 다른 지역이나 나라와 무역이 이루어지는 곳도 도시와 수도이다. 따라서 도시 내부나 근처에서 고대화폐들이 발견되는 것은 이 때문이다. 중국사에서 '도시(都市)'라는 말 대신 '성시(城市)'라는 용어를 사용하는 것은 성(城)과 시(市)가 갖는 또 하나의 의미를 잘 말해주고 있다.

도시는 문화의 공간역할도 수행해야 한다. 지배계급이 거주하는 도시는 중요한 문화의 집결지이며, 생산지이고, 소비지이다. 특히 전 근대 사회에서 외국문화를 처음 받아들이는 것은 수도가 아니라 접촉이 가능한 국경지역의 도시들이다. 해로를 이용한 경우에는 바다가의 항구도시들이 그러한 역할을 담당해야만 한다. 한편 도시는 신앙공간의 역할을 담당하였다. 지배계급이 있는 곳에는 반드시 수반되는 곳이 신앙공간이다. 인도의 하라파를 비롯하여 메소포타미아의 도시들, 그리스의 몇몇 폴리스들은 이러한 신앙공간을 갖추었다. 그리고 이는 중세도시의 특징 가운데 하나이기도 하

---

16 문헌기록으로 산 위에 있다고 하였다. 만약 현재 桓仁의 오녀산성이라면 이는 전형적인 山頂수도가 된다.
17 SIBIL MOHOLY-NAGY 著, 崔宗鉉・陳景敦 譯, 『都市 建築의 歷史』, 1990, p.22.

였다. 우리 역사에서 삼한(三韓)은 소도(蘇塗)라는 신앙공간이 있었다. 국읍(國邑)과 천신(天神)의 존재는 시사하는 바가 크다.

결국 수도 또는 도시는 종합적 목적을 갖고 형성되었으며, 종합적인 기능을 수행했다. 때문에 정치시설물, 방어용의 군사시설, 신전(神殿) 같은 종교시설물, 지배계급의 고분군(古墳群) 등, 그리고 대외교류와 연관된 시설물들이 있어야 한다.[18] 중세 유럽 도시도 마찬가지로 방어, 정치, 행정, 경제, 종교 등의 5대 기능을 수행했다. 그렇다면 이러한 도시들은 어디에 조영했을까? 우선 자연환경을 고려한다.[19] 한 장소가 중핵지(中核地)가 되려면 많은 인구와 풍부한 자원, 집중된 정치권력, 교통상의 결절점(結節點, nodal point) 및 비농민을 부양할 수 있는 토지 등을 갖추어야 한다.[20] 특히 정치적인 역할을 하는 도시의 경우에는 명령이 전달되고, 그 조치결과가 집결되어야 하며, 교통(交通)·통신망(通信網)이 방사(放射)되고 외국으로부터 정보가 입수되어야 한다. 그리스의 폴리스나 로마의 키비타스(도시국가)도 농업중심지에 자리잡은 게 아니라 항구에서 하루면 오갈 수 있는 곳에 도시가 있었다.

고대에도 중요한 도시들은 가능한 한 한 단위의 지리적인 중앙 뿐만 아니라, 교통의 이점 등을 포함하여 역할과 기능의 핵심에 있었다. 그런데 실질적으로 이익과 직결된 위치는 교역 및 방어였다. 전통적으로, 도시의 입지의 선정에는 '방어와 교역'에 대한 욕구가 가장 많이 반영되었다. 예를 들면 고대 그리스의 도시는 '아크로폴리스(acropolis)'와 '아고라(agora)'라는 두 개의 기능지대로 선명하게 분화되어 있었다. 아크로폴리스는 메소포타미아 지방 도시에 있는 성채와 기능이 유사하였다. 종교 사원,

---

18 선사시대 고대 중세에 이르기까지 중요한 도시들을 열거하면서 특성을 설명하고 있다. 류제현 편역, 테리 조든 비치코프·모나 도모시 지음, 『세계문화지리』, 살림, 2008, pp.192~197
19 도시를 건설하는 위치에 대해서는 에머리 존스 저, 이찬·권혁재 역, 『人文地理學 原理』, 법문사, 1985, p.207 참조.
20 中核地의 개념에 대해서는 任德淳, 『政治地理學原論』, 일지사, 1988, p.249 참조.

창고, 행정기관 등이 있었다.[21] 교역을 위한 도시들은 대부분 특정한 입지 조건을 갖춘 곳에 발달하였다.[22]

인류역사에서 도시의 기원, 시작에 대해서는 여러설이 있고, 지금도 계속 수정되고 있다. 그런데 일반적으로는 기원전 3000년 전 부터 오늘날의 중동지방에서는 이미 도시가 형성되었다고 본다.[23] 물론 그보다 더 이른 시기에 형성되었다는 주장들도 많다. 인도지역의 하라파 등에서도 도시의 발생을 이야기한다. 그런데 우리와 관련해서는 동아시아에서도 도시의 시작 년대를 올려 잡고 있다는 점이다. 그 가운데 하나가 요서지방에 위치한 홍산(洪山)문화와 뒤를 이은 하가점(夏家店) 하층문화시대에 있었던 도시이다. 내몽골 적봉(赤峰)시에 있는 우하량(牛河梁) 유적은, 거대한 규모의 제단(壇), 여신전(廟),적석총(塚) 3위 일체의 거대 유적을 갖춘 신석기문화이다. 길이 160m, 너비 50m의 규모에 거대한 적석총들이 널려있고, 내부에 석관묘들이 있었다. 석관에서는 다양한 형태의 가공수준이 뛰어난 옥(玉)제품들이 다수 나왔고, 아름답고 기묘한 형태의 채색토기가 출현했다. 기술자 집단과 교역의 존재를 입증하는 유물들이다. 초기국가단계에 들어온 고국(古國)이라고 말한다. 물론 그 중심에 해당하는 우하량 지역은 도시였다.[24]

뒤를 이은 하가점(夏家店)하층문화 시대는[25] 농업이 발달한 시대였는데, 초기 청동기시대라고 하지만 '방국(方國)'이라고 부르자는 견해가 있을 정도로 정교한 조직과

---

21 류제헌 편역, 테리 조든 비치코프・모나 도모시 지음, 『세계문화지리』, 살림, 2008, p.260.
22 『세계문화지리』, p.253~257 참조.
23 에머리 존스 저, 이찬・권혁재 역, 『人文地理學 原理』, 법문사, 1985, p.192.
24 李亨求, 「발해연안 석묘문화의 원류」, 『한국학보』 50, 일지사, 1988.
　尹乃鉉, 『고조선연구』, 일지사, 1994.
　郭大順, 『龍出遼河源』, 百花文藝出版社, 2001에 종합적으로 정리되어 있다.
25 하가점 하층 및 상층문화에 대해서는 복기대, 『요서지역의 청동기문화』, 백산자료원, 2002에 성격의 연구와 함께 연구사 및 쟁점들을 소개하고 있다.

정치력을 갖춘 정치체가 탄생하였다.[26] 주거지와 함께 대략 70여개에 달하는 석성들이 발견된 것이다. 대표적인 성은 지가영자성(遲家營子城)이다. 적봉시 외곽의 삼좌점성(三座店城)은 산의 윗부분에 석성을 둘러쌓고 내부에 규격화된 거주지를 마련하였다. 부분에 따라서 이중의 방어벽을 구축했고, 성돌 가운데에는 잘 다듬은 견치석들도 보이고 치(雉)가 무려 13개나 된다. 일종의 산정도시(山頂都市)형태라고 생각한다.

마찬가지로 중국의 양자강 중류인 호남성 성두산(城頭山) 유적이 있다. 6,000년 전의 성벽에 둘러싸였는데, 동·남·북에는 문이 있고, 제단이 발견되었다.[27] 그런데 일본에서는 도시의 개념을 보다 느슨하게 설정하면서 5,700년 전에 아오모리(青森) 현의 산나이마루야마(山內丸山) 유적을 정연하게 계획적으로 조성된 조몬(繩文)형 도시라고 부르기도 한다.[28] 이러한 발굴과 해석들은 우리 역사를 해석하고 평가하는데 상당한 시사를 한다.

그렇다면 우리 역사에서 고대도시는 어떠한 위치에 있으며, 어떤 성격을 지녔을까? 도시의 형성과정이 중국과 같이 정치적 요인에 의해서 발생하고 성쇠했다는 것은 일반적이다.[29] 홍산문화 등과의 관계, 말기 이전의 고조선 체제 속에서의 도시문제 등은 관심과 연구의 대상이다. 본고와 관련해서 왕검(王儉, 險)성(城)은 의미가 있다. 그 규모 위치 성격 등을 정확하게 알기는 어려우나 당시의 사회상 발생한 역사적인 사건들과 연관시켜 볼 경우에 항구도시의 형태를 띠웠을 것이다. 추정지역들도 강 하구와 바다가 만나는 지역일 뿐 아니라 당시에 전개된 조한(朝漢)전쟁의 전황을 보더라도 바

---

26 북한의 김영근은 「하가점 하층문화에 대한 고찰」, 『단군학 연구』 14, 단군학회, 2006에서 최근북한학계의 견해를 반영하며 하가점 하층문화를 고조선주민들이 창조한 문화로 해석하고 있다.
27 이시 히로유키·야스다 요시노리·유아사 다케오 지음, 이하준 옮김, 『환경은 세계사를 어떻게 바꾸었는가』, 경당, 2003, 주로 야스다의 견해, pp.70~74.
28 이시 히로유키·야스다 요시노리·유아사 다케오 지음, 이하준 옮김, 위의 책. pp.87~91.
29 우리 역사에서 도시의 발달과정을 5단계로 구분하는 견해도 있다. 姜大玄, 『도시지리학』, 교학사, 1980, p.61.

닻가 가까이 있는 것은 분명하다.[30] 한편 한사군의 하나인 낙랑군 치소(治所)로 알려진 곳, 황해도 사리원의 대방군 치지(治地)로 알려진 곳을 도시적 성격을 지닌 취락을 보는 견해도 있다. 토축의 위벽(圍壁)으로 둘려있고, 그 안에는 정연한 건축군의 초석, 벽돌(甓塼)로 포장된 포도, 하수도 등의 유적이 있기

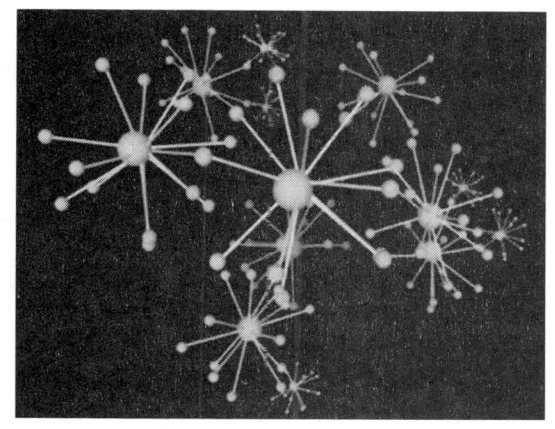

| 그림 1 | 중핵과 네트워크

때문으로 본다.[31] 그런데 이 무렵 남부지방에 있었던 삼한 소국들을 강력한 부족연맹체조직이 부족하여 도시형성 역시 미약하고, 도읍(都邑)과 촌락(村落)이 분화되지 않은 상태를 이루었다는 견해가 있다.

고대도시를 이해하기 위하여 먼저 역사공간에 대한 이해가 필요하다. 필자는 역사공간[32]을 1차적으로 영토나 영역, 정치장소로서 성격을 살펴본 다음에 총체적인 연

---

30 왕검성의 해륙적 성격과 위치 등에 대해서는 졸고, 「黃海文化圈의 形成과 海洋活動에 대한 연구」, 『先史와 古代』, 한국고대학회, 1998, 12(『한민족의 해양활동과 동아겨중해』, 학연, 2002에 수록), 4장 pp.20~21에서 언급하고 있다. 『史記』朝鮮列傳 第55 元封2年秋, 遣樓船將軍楊僕從齊浮渤海, 兵五萬人, 左將軍荀彘出遼東, ……樓船將軍將齊兵七千人先至王險. ……. □는 강과 해안이 마주치는 곳이다. 樓船을 齊로 부터 渤海를 건너게 했다는 것은 洌口의 위치가 최소한 遼河 以西일 가능성이 있다. 대동강 이었다면 大海 혹은 다른 명칭으로 표현 했을 것이다. 다만 구체적인 위치는 적시하고 있지 않았다.
31 姜大玄, 『도시지리학』, 교학사, 1980, p.62.
32 배영수, 「도시사의 최근 동향」, 『西洋史硏究』17에서는 '요즈음에는 공간이 그러한 변형을 통해서 거꾸로 사회에 어떤 영향을 끼치는가 하는 문제가 주목을 끌고 있다.' (p.236), '또 공간이 사회적 구성물일 뿐만 아니라 사회적 과정의 일부이기도 하다면, 그것은 거꾸로 사회적 과정에 영향을 줄 수도 있는 것이다(p.248). 등 페브르 등의 견해를 소개하면서 도시사에 대한 동향을 소개하고 있다.

결망, 즉 네트워크의 개념으로 접근한다. 왜냐하면 하나의 공간에서도 중심부와 주변부를 구분하고, 시대와 역할에 따라 모습이 달라져야 한다. 필자는 역사공간을 '터와 다핵(field & multi core) 이론'[33]으로 이해하고 있다. 핵은 행정적 기능을 가진 대성(大城)에 해당한다. 일종의 교통의 길목으로서 방사상(放射狀)으로 퍼지는 일종의 허브(hub)형이다. 자체적으로도 존재이유가 있지만, 다른 상태로 전화가 가능하므로 필요에 따라 관리와 조정기능을 할 수 있다. 또한 인체의 혈(穴, 경혈)처럼 경락들을 이어주는 역할을 하므로 집합과 배분기능도 함께 하면서 문화를 주변에 공급하는 능력도 있다.

하지만 터이론에서는 중핵(中核)문화를 모방하거나 변형된 행성(行星)과 위성(衛星)들도 중심으로 향하면서 영향을 끼친다. 즉 전입과 전파가 하나가 연결되어 영향을 주고 받는다. 여러 요소들이 일방적 관계이거나 격절된 부분으로서가 아니라 전체(全體)가 부분(部分)이 되고, 부분(部分)들이 전체(全體)로 순환되는 유기적(有機的)인 관계에 있다. 이러한 '터' 이론[34]의 성격과 시스템은 동아시아 전체 우리역사의 터 또는 도시에도 적용할 수 있다.

동아시아라는 역사의 '터'는 지리적인 관점에서는 중국이 있는 대륙, 그리고 북방으로 연결되는 대륙의 일부와 한반도, 일본열도로 이루어졌다. 즉 크게는 대륙(大陸)과 해양(海洋)이 만나고 엮어지는 해륙적(海陸的) 환경의 지역이다. 또한 기후라는 면에서는 온대와 아열대 아한대가 섞여 있으며, 바다와 평원, 초원, 사막, 대삼림과 강 등이 한 터에 있으면서 상호작용하고 있으며, 생활양식과 종족들의 분포 정치체제는 이루

---

[33] 필자가 개념화한 '터'는 자연·지리·기후 등으로 채워지고 표현되는 단순한 공간은 아니고, 생태계 역사 등이 모두 포함된 총체적인 환경이다.
[34] 이 이론의 보다 상세한 소개와 이론을 이용하여 역사상의 실제적인 분석한 몇몇 연구가 있다. 졸저, 『고구려는 우리의 미래다』, 고래실, 2004 ; 『장수왕, 장보고 그들에게 길을 묻다』, 포럼, 2006 ; 졸고, 「장보고를 통해서 본 경제특구의 역사적 교훈과 가능성」, 남덕우 편, 『경제특구』, 삼성경제연구소, 2003 ; 「동아시아의 해양공간에 관한 재인식과 활용—동아지중해모델을 중심으로—」, 『동아시아 고대학』 14, 동아시아 고대학회, 경인문화사, 2006.

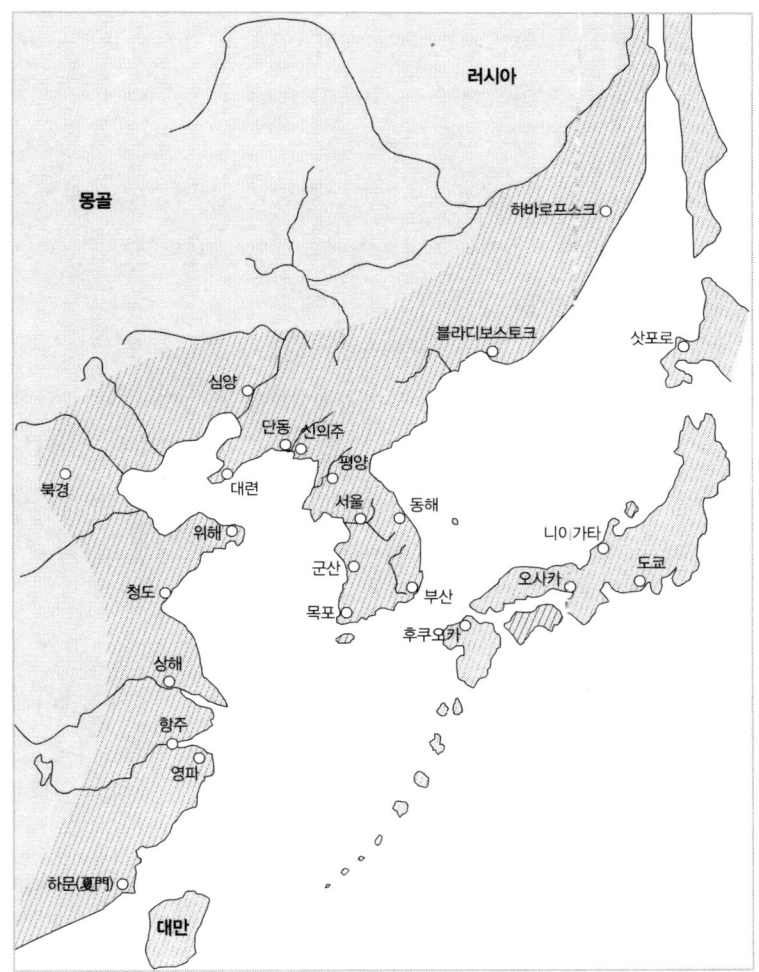

| 그림 2 | 동아지중해 범위도

말 할 수 없이 복합적이다.[35] 또한 문화적으로도 한반도를 가운데 두고 바다 주변의 주민과 문화는 상호간에 영향을 주고받는 일종의 '환류(環流)시스템'을 이루고 있었다. 필자는 동아시아의 이러한 지리적이고 문화적인 특성을 설명할 목적으로 동아시아의 내부 '터'이면서 동방문명의 중핵으로서 동아지중해(東亞地中海, EastAsian-Mediterranean-Sea)란 모델을 설정하고 학문적으로 제시하였다.

그리고 이 이론 속에서는 몇몇 국가들은 드물면서 독특하게 대륙과 해양을 유기적으로 연결한 '터' 속에서 생성하고 발전한 해륙국가(海陸國家)임을 주장해왔다.[36] 그리고 자연환경, 역사적인 계승성, 국제관계를 고려할 때 그 국가들의 수도는 보다 구체적인 정책의 하나로서 해륙도시(海陸都市)의 성격을 가졌음을 강조하였다. 그 외에 중요한 도시 또는 성들도 수도 및 국토와 유기적 체제(有機的 體制)를 가져야하는 만큼 그러한 성격을 가졌을 가능성을 고구려의 예를 들어서 언급하였다.[37] 이러한 일종의 해항(海港)도시 또는 하항(河港)도시는 왕험성(王險城) · 국내성(國內城) · 평양성(平壤城) · 한성(漢城) · 웅진성(熊津城) · 사비성(泗沘城) · 금성(金城) · 상경성(上京城) · 개경(開京) · 한양(漢陽) 등이 해당한다. 중국의 남경(南京), 일본의 오사카(옛 難波) 등은 대표적인 도시이다.

그렇다면 동아지중해 또는 우리 역사터에서 한반도 중부 이남지역에서는 고대에 어떤 과정을 거쳐서 도시가 발달했으며, 역사의 전개에서 어떤 역할을 담당했을까?

---

35 윤명철, 「渤海 유역의 역사문화와 동아시아 세계의 이해- '터(場, field) 이론'의 적용을 통해서-」, 동아시아 고대학회, 2007. 「고구려 문화형성에 작용한 자연환경의 검토-터이론을 통해서-」, 『한민족 연구』 4, 2007 등 참고.
36 윤명철, 「海洋史觀으로 본 한국 고대사의 발전과 종언」, 『한국사연구』 123, 2003. 「한국사 이해를 위한 몇 가지 제언」, 『한국사학사학회보』 9, 한국사학사학회, 2004. 「한국 고대사 연구의 반성과 대안」, 『단군학 연구』 11, 단군학회, 2004. 「東아시아의 海洋空間에 관한 再認識과 活用-동아지중해모델을 중심으로-」, 『동아시아 고대학』 14, 동아시아 고대학회, 경인문화사, 2006 기타.
37 윤명철, 「고구려 수도의 海陸的 성격 검토-江海都市論을 중심으로-」, 『백산학보』 80호, 2008. 4.

서해안과 남해안을 구체적으로 살펴보면 도시나 촌락들은 지형상으로 육지(陸地)와 강(江)과 해양(海洋)이 연결된 지역에 있다. 내륙수로(內陸水路)와 육로(陸路)를 연결한 후 해로(海路)와 통합되어 공급지와 수요지, 그리고 집결지를 연결시켜 주기에 적합한 곳이다. 또한 자연스럽게 내륙의 정치적인 통일(統一)을 이루는데 효율성이 높다. 또한 유기적인 시스템을 갖춘 하항(河港) 및 해항(海港)을 활용하여 동아지중해의 대부분 지역과 이어지는 대외항로(對外航路)를 사용하여 주변 소국이나 외국과 교섭을 하면서 무역상의 이익을 얻을 수 있다. 그리고 무엇보다도 충적평야에서 이루어지는 농경(農耕)이나 바다를 활용한 소금의 획득과 어로(漁撈) 등 생활상의 이익을 얻을 수 있다. 따라서 대부분의 정치세력들은 강가의 나루나 바다의 포구(浦口)에서 건국했고, 수도나 중요한 도시 등을 건설하여 나라의 힘을 강하게 키우고 백성들을 잘살게 하는데 활용했다. 일종의 하항도시 또는 해항도시이다.

　그런데 이러한 항구도시가 되려면 더 구체적으로 몇 가지 조건을 갖추어야한다. 첫째로, 양질의 항구(港口)와 부두시설이 구비되어야 한다. 국제관계에서 해양교섭이 주를 이루는 상황에서는 사신선을 비롯한 군선 각종 선박들이 발착(發着)하는 훌륭한 항구시설이 필요했다. 고구려도 두 번째 수도인 국내성 궁궐의 남쪽 벽에 돌로 쌓은 부두시설이 있었다고 한다.[38] 압록강 하구에는 외항(外港)이 있었는데, 여러 기록들을 고려할 때 서안평성(西安平城)과 박작성(泊灼城)이 있는 박작구(泊灼口)였을 것이다. 1920년대에 단동시(丹東市)에서도 부두석축시설이 드러났는데, 축조한 시대는 확인할 수 없지만 고구려 시대의 것으로 추정한다.[39] 백제는 한성시대에는 풍납(風納)토성에 항구는 물론이고, 부두시설이 있었을 가능성이 높다. 또한 외항으로서 그 역할을 했을

38　손영종, 『고구려사』 2, 과학백과사전종합출판사, 1997, p.39.
　　『文物』 1984-1기, pp.39~40.
39　손영종, 『고구려사』 2, 과학백과사전종합출판사, 1997, p.39.

것으로 추정되는 관미성(關彌城)이 한강하구 또는 강화도에 있었으며[40] 인천지역에도 한진(大津)[41] 등의 외항이 있었을 것이다. 마찬가지로 해안가의 소국들은 시설이 훌륭한 부두가 있어야 하며, 큰 소국이거나 도시가 내륙으로 들어온 지역일 경우에는 외항을 따로 구비해야 한다.

둘째는 교통의 발달, 특히 대외항로와 쉽게 연결되어야 한다. 수도나 도시가 교통의 결절점에 있어야 함은 앞에서 언급하였다. 그런데 우리지역처럼 해륙적인 환경 속에서, 또한 국가가 해양을 중요시하는 정책을 취할 경우에는 육로교통(陸路交通)도 중요하지만 내륙수로교통(內陸水路交通)에도 적합해야하고, 무엇보다도 모든 지역이 바다와 연결될 뿐 아니라 대외적으로 교섭을 할 필요가 있으므로 해양교통에도 유리해야 한다.

세 번째는 군사력과 해양방어체제가 갖추어져야 한다. 우리 역사터의 자연환경과 지형을 고려할 때 도시란 해양군사적인 측면에서 몇 가지 조건이 필요하다. 그 가운데 하나는 수군을 양성하고, 적절하게 이용할 수 있어야 한다. 백제시대까지만 살펴보더라도 수군 작전과 연관된 사건들이 벌어졌을 가능성은 여러 번 있었다. 이러한 상황에서 수군활동과 연관해서 주변에 조선용 숲, 조선소를 비롯하여 수군함대기지 등을 설치하는 장소가 필요했다. 그런데 바다와 너무 가까운 해항도시 또는 내륙으로 일부 들어간 강해도시(江海都市)는 해양으로 진출하는데 강점으로 작용할 수 있지만, 동시에 수비의 약점이 될 수 있다. 특히 대규모의 상륙군이 급습을 한다면 해양의 메커니즘상 본질적으로 방어상에 문제가 노출된다. 따라서 도시는 방어적인 측면에서 강변방어체제(江邊防禦體制)[42] 및 해양방어체제(海洋防禦體制)[43]와 유기적인 시스템을 구축해야

---

40 윤명철, 「江華지역의 해양방어체제연구-關彌城 位置와 관련하여」, 『사학연구』 58·59 합집호, 1999, 12 에서 강화도의 봉천산설을 주장하였다.
41 인천시 남구의 옥련동에 있는 淩虛臺 자리.
42 윤명철, 「한강 고대 강변 방어체제 연구-한강하류지역을 중심으로-」, 『향토서울』 61, 서울시사편찬위원

한다. 서해안처럼 리아스식 해안이 발달한 곳은 곶(串)과 포(浦), 만(灣)이 많아, 장소와 전술적인 목적을 고려하여 '곶성(串城)', '포구성(浦口城)', '진성(津城)'을 쌓는다. 하지만 만 전체를 주변지역과의 유기적인 관계 속에서 작전을 수행하기 위하여 반도의 한 가운데, 반도와 육지가 이어지는 부분, 내륙에 있는 대성(大城) 내지 치소(治所)와 이어지는 곳에는 규모가 큰 거점성을 건설한다. 조선시대에 설치한 진성(鎭城)들의 일부는 이러한 성격을 지녔다. 이러한 곳은 대체로

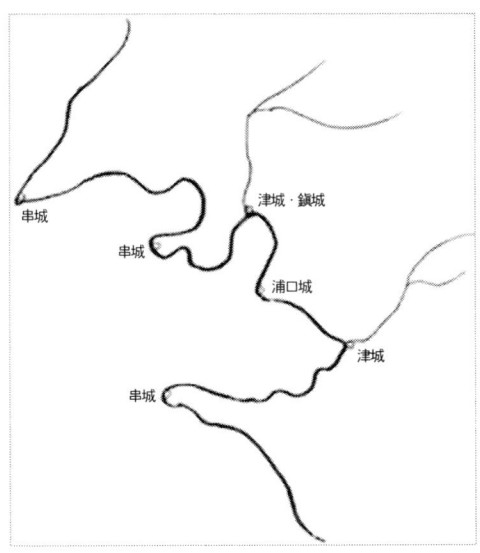

| 그림 3 | 해양방어체계의 개념도

해항도시의 역할을 한 곳이고, 삼한의 소국들이 주로 있던 곳이다. 삼한(三韓) 78개국의 상당수가 강하구(江河口)나 해안가 가까이 위치해 있다.

이 사실은 소국들의 성격과 함께, 특히 소국의 성격을 이해하는데 의미가 있다. 때문에 소국들은 해양문화가 발달했고, 만안이나 나루, 포구 등에서 정치적으로 성장하고 교역을 통해서 번창한 도시국가의 성격을 가지고 있었다. 하항(河港)도시・해항(海港)도시이고, 일종의 '나루국가'였다. 유사한 시대에 일본의 노국(奴國)・말로국(末盧

회, 2001.「고대 한강 강변방어체제연구 2」,『鄕土서울』64호, 서울시사편찬위원회, 2004.「국내성의 압록강 방어체제연구」,『고구려 연구』15집, 고구려연구회, 2003.

43 해양방어체제의 성격과 기능에 대하여는 윤명철,「江華지역의 해양방어체제연구-關彌城 위치와 관련하여」,『사학연구』58・59 합집호, 1999 및「경기만 지역의 해양방어체제」,『고구려 산성과 해양방어체제』, 백산출판사, 2000 참조.

國)·이도국(伊都國) 등 비교적 큰 도시들은 해항도시국가(海港都市國家)였을 것이다.[44]

하지만 역사가 발전하면서 이러한 해양도시국가들의 위상에 변화가 생겼다. 해양거점을 중심으로 형성된 정치세력은 교역의 중개지 역할은 물론 교역의 성격, 교역로, 교역품 등의 관리 및 통제기능을 한다. 때로는 국가 간의 정치교섭에 마저 영향력을 행사할 수 있다. 거기다가 중앙에서의 통제가 용이하지 않다. 그러므로 지방의 해양세력들은 호족적 성격을 띠우면서 중앙중심의 역사에서는 변방취급을 받아왔다.

3. 서산지역의 해항도시적 환경과 구조

그러면 본고의 주제인 서산은 해양과 어떤 관계를 맺고 있으며, 구체적으로 앞글에서 제시한 해항도시의 성격과는 어느정도 부합되고 있을까? 자연환경과 구조 그리고 역사상을 통해서 살펴보고 이해하고자 한다. 서산을 살펴봄에 있어서 앞글에서 '터이론'을 적용하여 서산 태안 안면도 해미 당진 등을 포함하여 하나의 터로서 이해하고자 한다. 아마도 이것이 소위 말하는 내포문화권과 유사할 것이다.

1) 해양환경의 검토

먼저 가장 근본적인 자연, 특히 해양환경을 검토해볼 필요가 있다. 충청해역은 해안선의 길이가 992.8km이며, 약 250여 개의 크고 작은 섬으로 이루어졌다.[45] 연안지역

---

44 윤명철, 『동아지중해와 고대일본』, 청노루, 1996, pp.93~94 및 江上波夫, 「古代日本の對外關係」, 『古代日本の國際化』, 朝日新聞社, 1990, p.72 참조. 武光 誠, 『大和朝廷は古代の水軍がつくった』, JICC, 1992, pp.32~36 참조.
45 노도양, 「충청남도」, 『한국민족문화대백과사전』 22, 한국정신문화연구원, 1991, p.679.

에는 가야산(678m)·오서산(790.7m)·성주산(680m) 등의 산을 제외하고 낮은 구릉지대이며, 이 구릉지대는 충적평야와 연결된다. 아산만으로 흘러드는 삽교천·무한천·곡교천, 그리고 천수만으로 흘러드는 황정천이 있고, 웅천천 등이 직접 바다로 유입된다.[46] 즉 강과 평야 그리고 바다가 하나로 만나는 전형적인 동아지중해의 해안지역이다. 농업과 어업이 동시에 가능하며, 수륙교통과 해류교통이 하나로 이어지는 교통의 결절점이다.

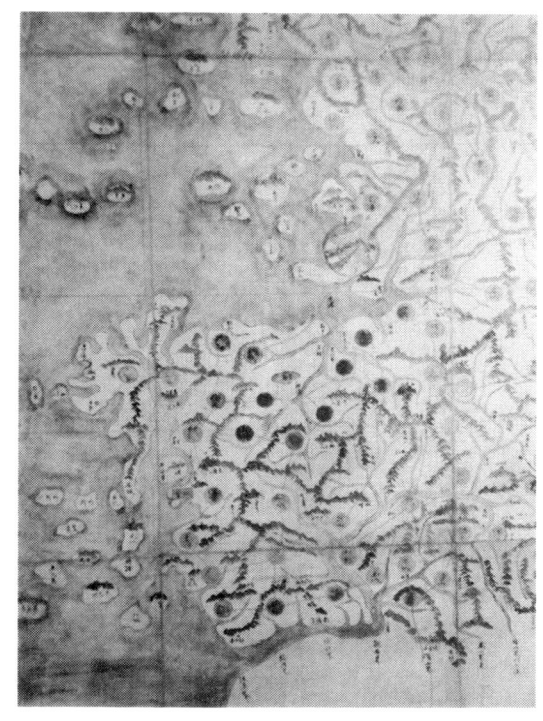

| 그림 4 | 『我東輿地圖』(19세기 전반)의 서해안 부근

또한 한반도에서 가장 복잡한 만의 하나로서 최소한 5개 이상의 만으로 연결되었으며, 현재 태안 안면도 홍성 광천 보령의 일부, 그리고 북으로는 당진 등이 방사형으로 뻗어가는 중심도시이다. 북쪽에는 가로림만과 서산만이, 남쪽에는 천수만과 적돌만이 내륙 깊숙이 파고들고 있어 해안지방의 굴곡이 심하고, 해안선의 길이가 길다.[47] 당진만·대호만·아산만 등이 있다. 태안반도는 충청해역에서 가장 큰 반도이다. 남북 방향의 소반도와 만들이 많이

---

46 『한국의 해양문화』(서해해역 상 충청편), 해양수산부, 2002, p.294.
47 「자연과 환경」, 『서산의 지리』, 서산시지 제 1권, 2002, p.60.

발달되어 있다. 안면도(113.46km²)를 비롯한 격렬비 열도 등의 섬들이 있고, 바깥에는 덕적도 등이 있다. 천수만은 반폐쇄성 만으로서 약 40km 정도가 만입된다. 가로림만은 태안반도의 북단에 형성된 만이다. 안흥량(安興梁) 등은 유명한 난파처이므로 과거부터 이곳에 운하를 파려는 시도를 했었다.⁴⁸ 그 외에도 이러한 만들은 진입하고자 하는 외부세력들에게는 엄청난 장애요인으로 작용하지만 지역물길에 익숙한 집단은 그 지역의 해상권을 장악하고 세력화할 수 있다. 일종의 해상호족세력(海上豪族勢力)이 존재하기에 유리한 환경이다.

또한 서산은 물길이 발달했다. 아산만으로는 무한천을 따라 예산군 고덕면 구만포까지, 삽교천에서는 돈곶 또는 장곶까지 내륙 깊숙한 곳까지 배가 닿아서 물자를 실어 나를 수 있었다. 지금은 대호지방조제로 막혔지만 성연면 명천리 창말까지, 가로림만에서는 팔봉면 호리까지, 태안 원북면의 소근진까지, A지구방조제에 막히기 전까지 해미천을 통하여 해미면 응평리까지 배가 왕래했다고 하며, 옛 홍주에 이르는 길목은 광천 포구였다.⁴⁹

육로교통을 보면 웅진에서 예산 삽교 서산을 거쳐 태안에 이르고 있다. 바다로 나가려면 서산을 경유하고 있었다.⁵⁰ 이렇게 지형과 지리적인 환경을 보면 서산은 소위 내포(內浦)문화권의 한 가운데에서 정치의 중심지, 방어(防禦)의 거점(據點), 물류(物流)의 허브 역할을 할 만한 곳이다.

해양환경 가운데 해류가 있다. 남중국해에서 동북방향으로 흘러 들어오는 쿠로시

---

48 권혁재, 『한국지리: 각 지방의 자연과 생활』, 법문사, 1995, p.255.
 안흥량이 풍랑이 심해서 고려시대 때 운하를 파서 천수만과 연결시키고자 하였다. 이 가적운하는 고려 인종 12년(1134년)에 운하건설이 추진되었으나 성공하지 못했고, 조선시대에도 여러 차례 건설이 거론된 바 있다.
49 이해준 집필, 『한국의 해양문화』(서해해역 상 충청편), 해양수산부, 2002, p.63.
50 노중국·권오영, 『百濟 歷史와 文化』(백제문화사대계 개설서) 제 6편 지배체제, 충청남도 역사문화연구원, 2008, p.34.

오의 한 지류는 대만을 거쳐 제주도로 북상을 하다 양쪽으로 갈라진다. 그 한 흐름이 서해남부해안으로 부딪쳐 서해연안을 타고 올라오면서 문물과 역사의 이동로가 된다. 서해를 타고 올라간 해류는 다시 서한만(西韓灣)과 발해만(渤海灣)을 거쳐 황해 서부 즉 중국동안을 타고 아래로 내려온다.[51] 그런데 대양이 아니고 연안 혹은 근해이며, 근해항해(近海航海)를 할 경우에는 조류가 중요한 역할을 한다. 한반도 서해안과 중국의 동해안은 조류의 흐름이 매우 빠르고 방향의 지역적 편차가 심하다.[52]

아산만에서는 조석간만의 대조차가 8.5m에 달하여 우리나라에서 가장 크다. 이처럼 서산을 포함한 내포만 지역은 연안의 조차가 크고, 외해의 파랑을 직접 받는다. 물론 만 깊숙하게 들어오거나 천수만처럼 태안반도와 안면도가 막아주는 곳은 파랑을 직접 받지는 않지만 대신 조류의 흐름이 복잡하다. 특히 강물과 바닷물이 섞이는 해역은 조류의 흐름이 불규칙하다. 그 사이를 뚫고 수로를 찾아 항해한다는 것은 무리이다.

한편 항해환경에 있어서 바람의 영향은 지대하다. 연안항해는 물론이지만 근해항해 원양항해에서 바람의 이용이란 거의 필수적이다. 동아시아에서는 계절풍을 항해와 대외교류에 최대한 활용하였다. 태안반도를 비롯한 서산지역은 다른 해역 및 지역과 마찬가지로 겨울철에 북서풍이 세차게 불며, 여름에는 남서풍이 탁월하게 분다.[53] 당연히 이 바람을 이용했을 것이다. 일본승려인 엔닌(圓仁)은 신라배를 이용하여 귀국하

---

51 바트 T 보크 · 프츠란시스 W 라이트 지음, 정인태譯, 『基本航海學』, 대한교과서주식회사, 1963, pp.178~219 참조.
  이석우 · 김금식 共著, 『海洋測量學』, 집문당, 1984, pp.329~374 참조. 특히 pp.350~356에는 우리나라 潮汐에 대한 설명이 나와 있다.
  茂在寅南, 『古代日本の航海術』, 小學館, 1981, pp.81~88.
52 해당지역의 水路誌 및 海圖 참고. 조류의 움직임이 얼마나 복잡한가는 舟山灣 · 靑島灣 · 孟骨水道 · 黑山諸島 · 古群山群島 · 京畿灣 등 몇몇 특정 지역의 조류를 보아서 알 수가 있다.
53 「자연과 환경」, 『서산의 지리』, 서산시지 제1권, 2002, p.79.

면서 이러한 기록을 남기고 있다. 책의 개성(開成) 4년(839)조 4월 17일에는 "등주(登州) 근처에서 동쪽으로 가면 신라가 있다. 바람만 좋으면 2~3일 만에 도착할 수 있다."[54] 물론 서산해역과 관련이 깊다. 한편 해안지역의 산들 또한 해양환경과 깊은 관련이 있다. 항해시 가장 중요한 것 가운데 하나는 자기 위치를 정확하게 파악하고, 항로를 정하는 일이다. 천문항법을 활용하지 못할 경우에는 육지의 물표를 통해서 확인하는 지문항법에 의존해야 한다. 크고 높은 산은 항해자에게 등대의 역할을 한다.

서산지역은 서쪽으로 튀어나온 태안반도와 연결되고 있다. 태안반도 해역은 황해 연근해항로를 통해서 선박들이 남북으로 오고 갈 때 경유한다. 또한 황해중부 횡단항로를 이용할 때 남에서 출항한 선박들이 먼 바다로 뜰 때 멀리서 경유하면서 항해상의 물표로 삼을 수 있다.

그때 항해자들에게 태안반도와 서산지역의 높은 산들은 훌륭한 물표역할을 하였을 것이다. 가야산(伽倻山, 677m)·삼준산(三峻山, 490m)·상왕산(象王山, 307m)·도비산(島飛山, 352m)·팔봉산(八峯山, 362m)·망일산(望日山, 302m) 등이 있다. 특히 도비산과 팔봉산은 바다에서 보일뿐 아니라 바다를 볼 수 있으므로 해양과 깊은 관련이 있다. 구체적으로 어느 정도의 거리에서 확인이 가능한가를 알아보는 방식이 있다. 시인거리(視認距離)[55]라고 하는데, 그 방식에 따라 관찰자의 눈높이를 7m로 하고 677m인 가야산을 물표로 삼고 계산하면 시인거리는 약 60km 정도가 나온다. 항해하고 목표로 삼는데 매우 유리하다. 이외에도 다양한 해양환경이 서산 지역이 해항도시의 역할을 하

---

54 圓仁, 『入唐求法巡禮行記』 권1.
55 이 방법은 視認距離를 계산하는 방법이다. Bart J. Bok · Frances W. Wright 지음, 정인태 역, 앞의 책, p.26 및 茂在寅南, 『古代日本の航海術』, 小學館, 1981, p.22 참조.
   K(해리) = $2.078(\sqrt{H}+\sqrt{h})$
   ** H = 목표물의 최고 높이
      h = 관측자의 眼高(7m)

는 데 적지않은 영향을 끼쳤다.

2) 형태 및 구조의 검토

자연환경 외에 이 지역 또는 도시의 형태 및 구조를 검토해보아야 한다.

그 가운데에서 항구 및 부두의 존재는 비중이 크다. 해항도시로서의 역할을 하려면, 특히 항로(航路)가 발달하려면 양질의 내항(內港)이 필수적이다. 앞에서 언급한 바처럼 선단(船團)을 보유하고 정박할 수 있는 훌륭한 부두시설을 갖추고, 넓고 안정된 만(灣)이 발달되어야 한다. 그리고 만(灣) 안에는 흐름을 조절할 수 있는 섬들이 있어야 한다. 또는 길게 내륙으로 뻗어온 만이 있어야 한다. 서산지역은 앞글에서 언급자대로 몇 개의 만과 반도로 이루어져 있다. 태안반도와 안면도로 이어진 천수만은 안정적인 넓은 해양공간이 마련된 일종의 소지중해(小地中海) 같다. 또한 외항도 발달해야 한다. 단순한 어항과 달리 국가의 공적인 업무와 관련된 사업을 하는 외항은 바다가 가까워 대기하다가 즉시 먼 바로 뜰 수 있어야 한다. 하지만 파도나 바람 등에 직접 노출도지 않아야 하며, 부두시설이 견고해야 한다. 서산지역은 해안선의 형태가 매우 복잡한데다가 깊숙하게 이어진 5개 이상의 크고 작은 만들은 기본적으로 항구와 부두를 많이 만들어 놓는다. 즉 곳곳에 포(浦)와 나루(津)가 있다. 이러한 곳에서 정치세력들이 형성되고 성장하면서 소국을 이루었고, 이는 해항도시국가의 형태를 띄웠을 것이다. 이어 백제가 중앙정부의 체제 속에 편입시킨 이후에는 일종의 해항도시로 활용되었을 것이다.

그런데 자연조건이 적절하게 갖추어졌다 해도 양질의 항구로 사용되는 것은 아니며, 한 항구가 모든 시대를 일관해서 사용되는 것도 아니다. 정치적인 상황, 군사적인 목적, 그리고 국제환경의 변화에 따른 대외교섭의 방향 등의 시대상황에 따라 용도의 방식이 달라지기 때문이다. 이 지역에서 항구로서 사용되었을 가능성있는 항구들은 그 해당시대의 유적 유물과 함께 조선시대에 개방되고, 사용되었던 포구들을 통해서 추정할 수 있다. 『증보문헌비고』권34, 「輿地考」(關防)의 해방조(海防條)에는 서해안 지역의 주요 포구 56개소가 거론되고 있다.[56] 이 가운데 적지않은 수는 백제시대에도 부두로서 사용되었을 것이다. 다만 가장 중심항구는 어디였는가는 다시 찾아보아야 한다. 다만 위치로 보나, 역상상을 고려할 때 토미성 부근의 정포(碇浦, 닷개)는 대당무역의 거점이었을 가능성이 크다(1927년에 발행된 『서산군지』의 기항포 기록에는 지곡 산성리 닷개포에서는 지나염 어염 등의 대중국무역이 최근 년까지 이루어졌음을 알리는 기록이 있어 중요한 전거로 뒷받침되고 있다).[57]

또한 서산지역이 해항도시로서의 성격을 갖고 가능을 하려면 항로가 발달해야 한다. 동아지중해의 역사에서 다양한 항로들이 사용되었다. 그 가운데에서 서산해역과 연관된 항로는 다음과 같다. 황해중부 횡단항로는 한반도의 중부지방,[58] 즉 경기만 일대와 그 아래지역의 여러 항구와 산동반도의 여러 지역을 횡단성 항해로 연결하는 항로이다. 백제가 많이 이용한 항로이다. 한반도 쪽의 출발지로서는 인천만 지역, 강화도와 주변지역, 남양만 일대의 여러 항구들이다. 그리고 시기와 상황에 따라 남쪽의 당진, 서산, 태안반도와 서천, 익산, 부안 등의 항구도 사용되었다. 황해 서안에서 대표

---

56 이 가운데에서 서산해역과 직접 간접으로 연관된 포구는 다음과 같다.
　결성: 동산포, 석곶포, 장포, 모산당포.
　서산: 평신진, 왜현포, 남곶, 위곶, 안면곶, 요견량, 파지도, 대산곶, 백사정, 창포.
　태안: 안흥진, 소근포, 부포, 안지영산곶, 대소산곶, 굴포, 안흥량, 이산곶, 신곶, 백사정.
　당진: 당진포, 채원포, 맹곶.
　면천: 전선창, 대진포, 창택곶, 가리도.
　『한국의 해양문화』(서해해역 상 충청편), 해양수산부, 2002, p.374.
57 「백제시대의 서산」, 『서산의 역사』, 서산시지 2권, 2002, p.40.
58 엄격하게 지리적인 기준으로 구분하면 한반도 남부해안에서 산동반도 하단부로 이어지는 해역도 황해중부에 해당한다. 그러나 한반도를 기준으로 분류를 할 경우에는 서해중부해역만을 황해중부로 인식하고자 한다.

적이었던 항구는 산동성 북부 해안의 봉래(登州港), 연대, 산동반도의 동쪽 끝인 성산(成山, 城山)와 동남쪽인 석도(赤山浦), 청도만의 랑야(瑯琊)였다. 그리고 남쪽의 양자강 하구였다.

당나라의 소정방은 성산을 출항한 다음에 황해를 횡단했고, 서산 앞바다인 덕적도에 머물렀다가 금강 상륙작전을 성공시켰다. 2003년도 실행된 장보고호 뗏목 탐험도 역시 이곳에서 황해로 진입했다. 장보고호는 동남진하면서 1차 상륙추정 지역이 서산과 군산 일대였다가 남풍을 받아 북상하면서 덕적도 주변해역으로 접근

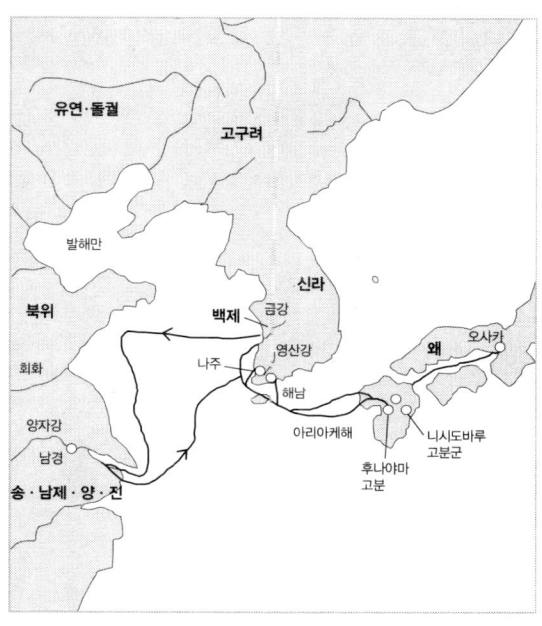

| 그림 5 | 백제 전성기의 항로도

하였다. 엔닌은 847년 9월 2일에 석도(石島)앞의 막야구(莫耶口)를 출발하였는데, 4일 오전에 백제의 땅인 웅주서계(熊州西界)의 해역에 들어섰다. 이곳은 항법상으로 보아 현재 태안반도 근해일대로 보여 진다. 이처럼 황해중부횡단항로는 백령도, 현재의 연평군도, 덕적도 등 근해의 섬들을 멀리서 보면서 서해 근해를 남항하다가 중간에 태안반도 금강하구 영산강 하구 등을 물표로 삼거나 경유, 상륙하거나 최종목적지를 향했다.

그런데 백제가 사용한 황해중부 횡단항로는 2개로 분류된다. 첫째는 황해도를 출발하여 옹진반도(甕津半島)의 백령도(삼국시대 때 鵠島)를 지나 먼 바다로 나아가 직횡단을 한 후에 산동반도의 동단 혹은 북단에 도착하는 항로이다. 황해도의 육지에서 산동까지는 직선거리로 약 250km이다. 두 번째 항로는 경기만의 하단지역, 예를 들면 남

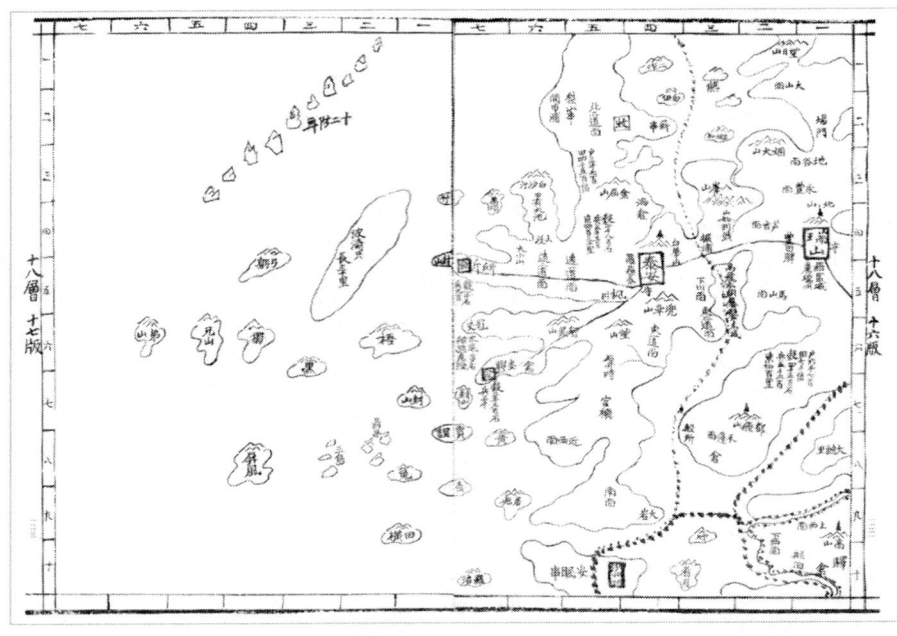

|그림 6| 「대동여지도」의 내포문화권

양만이나 그 이하인 서산해역권에서 출발한 후에 남풍계열 혹은 동풍계열의 바람을 이용하여 직접 횡단성 항해를 한 다음에 등주지역이나 그 아래인 청도만의 여러 항구로 도착하는 항로도 있다. 옹진반도 끝에서 직횡단 하는 것보다 시간은 더 걸릴 수 있는 반면에 효율적이고 안전하게 항해할 수 있다. 이 항로는 백제인들이 한성백제 시대에 서진 및 동진 등과 교섭하던 항로와 동일하다고 판단된다.

또한 충청도 해안, 전라도의 일부해안을 출항하여 서진하다가 근해에 들어서거나 멀리서 육지가 바라보이는 해역에서 남진하여 양자강 하구지역으로 진입하는 항로도 있다. 백제는 웅진시대와 사비시대에 남조와 교섭을 벌였을 때 이 항로를 이용하였을 가능성이 크다. 그런데 황해남부를 사단한 후에 서해안을 따라 북상하여 충청만으로 진입하거나 반대로 충청해역을 출항해서 황해남부해상을 가로질러 도착하는 항로가 있다. 필자는 이 항로가 이미 선사시대부터 사용됐다고 생각하지만 백제를 거쳐 신라 통일신라 고려시대에 활발하게 사용되었다. 그 항로를 정확하게 보여주는 것이 송나라의 사신인 서긍(徐兢)이 기록한 『고려도경(高麗圖經)』의 내용이다. 이 곳에는 서산해역과 연관된 부분이 있다.[59]

서산지역은 대외항로뿐만 아니라 해안과 가까우며 내륙(內陸)과 연결에 편리하여 남북의 여러 항구 또는 지역과 해로로 연결되는데 큰 역할을 담당하였다. 외해로 나가 격렬비열도를 넘어서지 않고 바로 천수만 가로림만 등 서늘(西南)쪽 방향의 만을 빠져나가 남행하면 충남과 전북해안의 여러 해안과 연결된다. 한편 서북방향의 만, 즉 당진 등의 만으로 북행하면 경기만으로 자연스럽게 빠져나가 아산 남양 안산, 인천, 강화만 등[60]과 쉽게 연결될 수 있다. 즉 서산해역은 서해안의 중부에서 해양으로 돌출한 특성으로 인하여 남과 북의 항로를 연결시켜줄 수밖에 없는 위치에 있고, 이를 충분히 활용할 수 있는 해양환경을 구비하였고, 백제시대를 비롯한 특정한 상황 속에서는 역사적인 역할도 담당하였다.

연안교통의 거점 역할을 한 사실들은 다음 장에서 언급할 유적의 위치와 유물의 성격들을 분석하면 이해된다. 조선시대에 이용되던 해로의 길을 보면 고대의 상황을

---

59 고려에서 북송으로 떠날 때 7월 13일에 순천관을 떠났고, 15일에 다시 큰 배에 올랐으며, 16일에 합굴에 이르렀고, 17일에 자연도에 이르렀고, 22일에 소청서 · 화상도 · 대청서 · 쌍녀초 · 당인도 · 구두산을 지났는데 이날 마도에서 정박하였다. 23일에 馬島 (현재 서산시 해미면 양림리)를 떠나 알자섬을 지나 洪州山을 바라보았으며, 24일에 횡서를 지나 군산문을 들어가 군산도 아래서 정박하였다.(『고려도경』제34권 海道 1~제39권 해도 6 참조).

60 안흥량(서산군 근흥면 안흥 앞바다)은 물길이 험난하여 삼남지역의 세곡선의 전복사고가 잦았으며 태종 14년(1414)에는 전라도 조선 66척이 패몰, 200명의 익사자와 5,800석의 곡식이 손실되는 엄청난 해난사고가 발생하기도 하였다. 李重煥의 『擇里志』에서 뱃사람들이 물길에 익숙하고 장사치들도 역시 많아서 '안흥량 가기를 마치 뜰 안 밟듯이 한다'고 할 정도였다. 『한국의 해양문화』(서해해역 상 충청편), 해양수산부, 2002, p.377 인용.

추정할 수 있다. 신경준은 『도로고(道路考)』(海路條)에서 서해안의 해로들을 언급하였다.[61] 물론 이러한 해로망을 쉽게 이용할 수는 없다. 여러모로 항해에 어려운 해역이 도사리고 있기 때문이다. 하지만 이러한 조건은 경험과 기술을 보유한 토착해양세력에게는 유리한 점으로 작용했다. 그 외에 육로교통(陸路交通)도 그러하지만 내륙수로교통(內陸水路交通)에도 적합해야만 실질적인 효율적인 도시의 기능을 할 수가 있다.

해항도시의 군사기능과 조건에 대해서는 앞에서 언급하였다. 서산 지역은 해항도시로서 군사력과 방어력을 구축하기에 알맞은 조건을 갖추고 있다. 북으로는 아산만이 깊숙하게 들어온 곳에 있다. 남으로는 안면도와 태안반도 사이의 좁은 만을 통과해서 들어오면 아주 넓은 만이 있는데 현재 서산 해미 보령 홍성으로 둘러싸인 일종의 소지중해(小地中海)와 같다. 밖에서는 내부의 움직임이 관측되지 않으므로 수군함대를 감추어둘 수 있다. 이는 조선시대에 설치한 수영 등에서도 확인할 수 있다. 또한 갯뻘이 많아 선박의 진입과 접안이 어려우므로 적선의 공격을 반격하는데도 유리한 환경이다. 특히 안면도와 태안반도 남쪽 사이에는 좁은 해협으로서 통과하기 힘들다. 들어왔다 해도 협공을 가하기에 적하하다. 따라서 서산은 해양을 통해서는 북·남·서를 효율적으로 방어할 수 있어 동쪽의 육지내부와 특히 웅진 등의 중심부를 방어하기 좋은 해양전략적인 가치가 높다. 더구나 백제의 웅진시대말기에는 서산지방이 백제의 통치력이 미쳤으므로, 고구려에 대한 방어선의 일부역할을 하였다고 한다.[62]

서산의 이러한 전략적인 가치를 활용하여 곳곳에 방어체제가 구축되었다. 태안의 백화산(白華山)과 서산의 팔봉산(八峯山) 사이의 만은 남쪽의 만과 만나면서 지형적으로 아주 잘룩한 목에(掘浦) 해당한다. 서산지역에 축성한 백제시대의 성들은 대체로 해양

---

61 그 가운데 서산해역과 연관된 부분은 다음과 같다. 대난지도-소난지도-황금도-만대도-독진포-소근-갈두도-안흥량-마도-죽도-경도-안면도-항개초외도-원산도-눌도-효자문도-회도-죽도-마량진. 『한국의 해양문화』(서해해역 상 충청편), 해양수산부, 2002, p.377 인용.
62 「백제시대의 서산」, 『서산의 역사』, 서산시지 2권, 2002, p.40.

방어체제의 성격을 지니고 있다. 그 가운데 대표적인 성은 신송리산성, 연암산성, 반양리산성, 부성산성 등이 있다.[63] 특히 지곡(地谷)의 부성(富城)산성은 좌우에 바다를 끼고, 해로와 밀접한 관련이 있어 대중 교통로상에 위치해 있었다.[64] 서산 대산읍 영탑리에 소재한 미륵산성(彌勒山城)은 백제 시대에 쌓은 성으로 추정한다. 태안군 근흥면 두야리의 구수산성(狗睡山城)도 마찬가지로 백제시대에 축성한 것으로 여겨진다. 특히 태안읍에서 만리포가 안흥으로 향하는 길이 갈라지는 분기점에 위치하고 있어, 해안에서 내륙으로 진출하는 길목을 차단하는 요충지라고 할 수 있다. 그 외에 홍성읍 구룡리에 있는 고모루성(古牟婁城)은 토성인데, 396년 광개토왕이 수군을 거느리고 점령한 고모루성으로 비정하는 주장도 있다.[65]

이러한 산성들 외에 봉수들이 있다. 태안 백화산(白華山) 봉화, 서산 도비산(島飛山) 봉화대, 서산 주산(主山) 봉수, 서산 북산(北山) 봉수, 태안 주산 봉수, 해미 안국산(安國山) 봉수, 당진 고산(高山) 봉수, 면천 창택산(倉宅山) 봉수 등이 있다.[66] 이처럼 해안가에 있으며 시계가 좋은 곳에 위치한 봉화나 산성들은 육지방어라는 군사용도 뿐만 아니라 항해자들에게 길을 안내하는 역할도 겸했다.

이렇게 해서 해양환경과 함께 서산지역의 구조를 통해서 서산이 고대에 해항도시로서 조건을 갖추고 있는가를 살펴보았다. 서산은 정치적 군사적으로, 그리고 경제와 문화적으로 주변의 여러지역을 포함하면서 몇몇 소도시나 촌락들을 거느린 일종의

---

63 해양방어체제에 속한 산성들에 관해서는 「관방유적」, 『서산의 문화유적』, 서산시지 제 7권, 서산시, 2002 참고. 그리고 그 보다 먼저 조사한 이원근·최근무·로헌식, 『한국의 城郭과 烽燧』中, 한국보이스카우트연맹, 1989 조. 기타 논문 및 조사보고서 참조.
64 李南奭, 「瑞山 富城山城의 考察」, 『古文化』52집, 한국대학박물관협회, pp.23~27.
65 이 부분은 『한국의 해양문화』, 서해해역 상, 해양수산부, 2002.
서산문화원, 『태안·서산문화유적(上·下)』, 1991.
瑞山文化院, 『瑞山圈域 文化遺蹟-精密地表調査報告書-』, 1996 등의 내용을 참조하여 작성하였다.
66 충남대백제연구소, 「瑞山郡管內 古代山城址 分布調査」, 『百濟研究』12집, 1981.

해항도시였다.

4. 해항도시로서의 역할 검토-역사상을 통해서

앞장에서 살펴본 바와 같이 서산지역은 해항도시국가로서, 나아가 해항도시가 될 수 있는 몇 가지 조건을 갖추었다. 하지만 역사에서 의미있는 역할을 담당하며 위상을 확보하려면 단순하게 인간이 거주한 것으로는 부족하다. 항로와 육로를 활용하여 활동한 구체적인 증거들이 있어야만 한다. 다른 지역과 교류가 활성화되어야 하고, 이주민들이 항해를 통해서 유입해서 정착한 흔적이 강하며, 어업·패총·항해업 등 생활의 무대가 바다와 연관성이 깊어야 한다. 뿐만 아니라 정치적으로 주변의 항구도시들과 관계를 맺어야하며, 다른 국가와의 관계(고구려, 신라 및 중국)도 해양을 통해서 맺어진 증거들이 나타나야 한다.

서산지역이 해항도시로서의 역할을 했는가를 시대에 따라서 살펴보고자 한다. 서산 지역은 이미 구석기 시대부터 인간이 거주했고, 이는 유물의 발견위치로 보아 생활반경이 바다와 밀접했다. 패총도 여러 군데서 발견되었고, 고남리 유적의 신석기시대 조개더미에서는 종류의 동물뼈가 출토하였다. 독살과 같은 어로법이 사용되었을 것으로 추정된다. 천수만 해안지역, 대산반도, 안면도 고남리 조개더미 유적 등에서 간석기와 돌화살촉 등이 채집되었다. 충청지역에서 발견된 고인돌은 500여 기에 이른다. 보령과 서천 지역에 집중화된 현상을 보이지만 태안에서도 발견되고 서산 인지면에서는 고인돌이 22기가 발견되었다.[67] 고인돌은 바다를 통해서 전파되었고, 축조집단들이 해안가나 포구들을 통해서 상륙했을 것이다. 고인돌은 요동성뿐만 아니라 산

---

67 『한국의 해양문화』(서해해역 상 충청편), 해양수산부, 2002.(한창균 집필)

동성 일부지역에서도 발견된다.[68] 이런 현상을 보면 황해유역의 여러 지역 간에는 해양을 통해서 문물과 주민의 이동이 있었다.[69]

그런데 서해안의 청동기문화, 특히 금강유역의 청동기 문화권[70]은 황해직항과 관련하여 의미있는 시사를 한다. 대산읍 대로리의 청동기시대 즈거지나 인지면 둔당리 남정리의 고인돌의 존재를 볼 때 고대국가가 발전할만한 역사적인 배경을 갖추고 있었다. 특히 대로리 명지마을에서 대규모의 토광묘군이 발견돼었다. 따라서 서산일대에는 일찍부터 독립된 정치세력이 존재했을 가능성이 충분히 있다. 그런데 기원전 4~3세기를 전후하여 무덤의 구조에 변화에 일어난다. 또한 출토유물의 양이 다양하게 증가되고, 껴묻거리로서 청동유물이 중요한 비중을 차지하는 점은 매우 주목할 만한 현상이다. 이와 같은 요소는 바로 마한의 실체를 직접적으로 예고하는 고고학적인 증거가 된다.[71] 이는 사료에 나오는 소국들이 성립을 시사하고, 이때의 소국은 해양과의 연관성을 고려할 때 해항도시국가의 형성과 직접 관련이 있을 것이다.

이 무렵 동아지중해권에서는 국제적인 항로가 개설되어 조직적이고 정치적인 교류가 있었다.[72] 중국 내부의 정치적인 변동으로 이동한 동이인(東夷人)들은 황해전체와 남해로 해서 일본열도로 이어지는 거대한 활동권, 무역권이 형성되는 단초를 열어놓

---

68 하문식, 『고조선 지역의 고인돌 연구』, 백산자료원, 1999.
69 하문식은 고인돌의 분포현황을 고려해 '환황해 고인돌 문화권'을 설정하는 일이 가능하다고 한다. 필자도 환황해문화권을 이야기 하면서 그 근거의 하나로서 고인돌을 거론한 적이 있다. 동아지중해라는 모델을 설정할 정도의 자연 역사적 환경이라면 비단 고인돌 뿐만 아니라 대부분의 문물이 해양을 매개로 하였음은 당연한 일이다.
70 전영래의 錦江文化圈은「韓國 靑銅器文化의 硏究-錦江 流域圈을 中心으로-」,『마한백제문화』6 및「錦江流域 靑銅器 文化圈 新資料」,『마한백제문화』10.
71 주 64)와 동일
72 고조선 및 삼한시대 동아시아의 해양활동에 대해서는 졸고,「黃海文化圈의 形成과 海洋活動에 대한 연구」,『先史와 古代』11호, 한국고대학회, 1998 참조 및 졸고,「황해의 지중해적 성격연구1」,『한중문화교류와 남방해로』, 국학자료원, 1997.

왔다. 연(燕)이 발해를 나가 왜와 해상왕래하였고,[73] 월인(越人)들은 한반도를 거쳐 일본열도까지 진출했을 가능성이 크다.[74] 그 후에 진(秦)나라는 산동지방의 서복(徐福)을 파견하여 동방개척 또는 물류망 확대정책을 폈을 가능성이 높다.[75] 이렇게 동아지중해권은 점차 해양문화 수준이 높아지고 활동범위가 넓어지면서 환황해(環黃海) 전체를 하나의 원(circle)으로 연결하는 권이 형성되었다.[76]

기원전 2세기 초, 조선의 말왕인 준왕(準王)은 위만(衛滿)에게 나라를 빼앗긴 채 바닷길로 사람들을 이끌고 와서 마한을 공격하여 한왕(韓王)이 되었다.[77] 이미 한(韓)이라는 토착세력들이 정치단위를 구축하고 있었던 것이다.[78] 『삼국지』한조에는 '조선상(朝鮮相) 역계경(歷谿卿)이 왕인 우거에 반하여 2,000여 호의 백성을 데리고 신국(辰國)으로 망명하였다.'는 기사가 있다. 이 또한 황해연근해항로를 사용하면서 경기만과 충남해안을 경유했을 가능성이 크다. 그 후 위만조선(衛滿朝鮮)과 한(漢)사이에 일어난 전쟁은 황해를 둘러싼 무역갈등에도 원인이 있다.

당시 황해를 가운데 두고 산동지역, 한반도 중부, 일본열도는 문헌자료와 고고학적 유물로 보아 활발했다.[79] 제주도의 산지항에서는 왕망의 신(新, 기원 후 8~24년)때 만들어진 화천(貨泉)·대천오십(大泉五十)·화포(貨布)·동경(銅鏡) 등이 발견되었다. 해남의 군곡리, 경남김해 패총, 다호리 유적, 경남 마산의 성산(城山)패총, 삼천포의 늑도(勒

---

73 李永采・王春良 盖莉, 魏峰 著, 『海洋開拓爭覇簡史』, 海洋出版社, 1990, pp.52~57 참조.
74 岡田英弘, 「倭人とシルクロード」, 『東アジアの古代文化』17號, 大和書房, 1978, p.7.
75 윤명철, 「서복의 해상활동에 대한 연구-항로를 중심으로-」, 『제주도연구』21, 제주학회, 2002, 6 참조.
76 이 부분에 대해서는 尹明喆, 「黃海文化圈의 形成과 海洋活動에 대한 연구」, 『先史와 古代』11호, 한국고대학회, 1998, p.142 및 p.152 등 참조.
77 『三國志』東夷傳 韓傳.
78 準王의 도착지점에 대해서 전영래는 금강유역으로 강하게 시사하고, 이기동은 『마한백제문화』10에서 內浦 연안임을 주장하고 있다.
79 王仲殊, 『中國からみた古代日本』, 桐本東太 譯, 學生社, 1992.

島)패총 등에서도 비슷한 시대의 화폐들이 발견되었다. 강진(康津, 일설에는 務安) 등에서 명도전(明刀錢)이 발견되었다.[80] 그 외 일본열도 등지에서도 유사한 시대의 화폐들이 발견됐다. 이러한 화폐의 발견은 기원을 전후한 무렵에 이미 해양을 매개로 무역이 활발했음을 보여주고, 이러한 해안가의 유적들이 일종의 해항도시였을 가능성을 높혀준다.[81] 이런 정치적 상황 속에서는 나라 간의 무역을 삼한의 장(長)이 통제하는 경우도 있겠지만, 그것보다는 78개의 각 소국이 자율성을 유지하고, 그 내부에서도 소규모의 개별집단으로 상대적인 독자성을 가지고 활동하였을 것이다.[82]

백제는 그 마한의 한 소국과 관련이 깊었다. 비류와 온조의 정착과정도 해양과 관련이 깊다. 전기 수도였던 하남 위례성(풍납토성으로 추정) 등은 일종의 '하항(河港)도시'였다. 비류는 현재의 인천으로 추정되는 해빈(海濱, 미추홀)[83]로 가서 일종의 해항도시를 건설하였다. 이어 삼국사기에는 온조왕(溫祚王)이 43년(AD.25년)에 아산원(牙山原)에서 5일 동안 사냥을 하여 사슴을 잡았다는 기록이 있다. 아산원을 현재의 아산지역으로 비정하면 해양정책과 관련이 생긴다. 아산지역은 위로는 남양만, 아래쪽에는 내륙으로 한번 접어든 만이며, 서산 등과 연결된다. 이 만을 빠져 마다로 나가면 덕적(德積)군도가 나타난다.

그런데 3세기 전반에는 『진서』에 따르면 함녕(咸寧)[84] 3년(277년)에 마한으로 알려

---

80 李基東,「馬韓史 序章」,「馬韓文化硏究의 諸問題』, 10회 마한백제문화학술회의, 1989, p.113에서 명도전의 출토가 일본 備後, 備前 지방을 비롯하여 오키나와의 那覇(나하) 등지에서 나온 것을 중시하여 康津의 明刀錢 발견을 한반도 서남해안의 산물로 이해하고 있다.
81 松枝正根,『古代日本の軍事航海史』上, pp.191~192. 즉 당시의 해양수준으로 1일 항해거리는 약 32마일(약 59km)로 잡았다. 그리고 이 거리를 중시한다면 수도라고 생각되는 지점에서 약 60km 마다에 港이 발전해야만 한다. 그러면서 위 계산법에 의거해 항로와 거리, 일수 등을 열거하면서 유적의 분포와 일치함을 주장하였다.
82 일본열도 내의 야요이 시대 각국들이 각각 독립된 정치체로서 자율성을 가진 것은 三韓의 상황을 이해하는데 시사점을 준다.
83 『삼국사기』권 35 지리지, '邵城縣 本高句麗買召忽縣 景德王改名 今仁州(一云 慶原 買召一作彌鄒)'

진 백제제역의 여러 나라들이 대진교섭(對晉交涉)[85]을 시도한다. 신미국(新彌國, 영산강 유역으로 추정)등 마한의 29개 소국이 서진과 교섭을 한다. 마한은 태강(太康) 원년(280년)부터 10년까지 10년 동안 5회 이상 사신을 파견한 것이 된다. 진한(辰韓) 또한 사신을 보내어 토산물을 바쳤다.

이때 진(晉)과 교역한 마한은 백제라고 보는 견해도 있다.[86] 하지만 온조왕(溫祚王) 27년 이후 잔존한 세력이 서해연안을 거점으로 삼은 해상세력일 경우, 마한(馬韓)은 당시까지 존속하였고, 소국들은 서진(西晉)과 독자적으로 교섭했을 것이다. 이 과정에서 서산지역의 소국들은 어떠한 형태로든 참여했을 것이다. 마한 소국들은 군현(郡縣)들과 교섭하고자 할 때도[87] 충남해안지역이 거치는 길목이었다. 이러한 교류들의 결과로 외국물건들이 들어왔다. 최근의 발굴성과로 인하여 엄청난 규모로 밝혀진 풍납토성은 백제가 초기부터 교역이 활발했고, 한강변의 하항(河港)도시로서 이점을 충분하게 활용했음을 알려준다.

이는 충청지역의 다른 소국들에게도 마찬가지였을 것이다. 충청지역은 청동기시대에서 삼국 시대의 초기까지 마한의 소국 중에서 15개 정도가 자리잡고 있었다고 한다. 여러 견해들을 살펴보면 대체로 치리국국(致利鞠國)·자리모로국(咨離牟盧國)·신소도국(臣蘇塗國)·염로국(冉路國) 등을 서산지역에 비정하고 있다. 특히 치리국국은 지곡면 산성리의 부성산지역으로 추정한다. 이들 소국들은 백제의 중심인 한성지역과 가까워 오랫동안 존속하지 못했으며, 해양적인 역할도 경기만에 비하여 미비했을 것이다.

이러한 상황은 일본열도도 유사했다. 『삼국지』 위서 왜인전에는 대방(帶方)을 떠

---

84 咸寧은 西晋 武帝의 년호 (275~279).
85 全榮來, 「馬韓時代의 考古學과 文獻史學」, 『마·백』 12집, pp.50~51에는 중국사료를 통해서 교섭의 과정과 실상을 보여주고 있다.
86 崔夢龍, 「考古學的 資料를 통해서 본 黃海交涉史 硏究 서설」, 『震壇學報』 66.
87 盧重國, 「馬韓의 成立과 變遷」, 『마한백제문화』 10집, p.40.

나 일본열도의 야마다이국(邪馬臺國)까지 가는 길이 기록되어 있다.[88] 위(魏)나라는 왜의 내정을 간섭했을 뿐만 아니라 무역도 했다. 그 시대에 고분에서 발견된 각종 동경 등은 무역과 관련이 깊다. 그러므로 위(魏), 대방(帶方), 경기만, 한반도 남부, 일본열도의 규슈지역을 연결하는 해상네트워크가 형성되었고, 서산해안은 무역의 한 거점이고 해양세력을 감시 통제하는 검문소의 구실을 할 만한 지역이다. 이 무렵에 백제에서는 고이왕(古爾王)이 3년(236)에 "十月에 왕은 서해의 大島에서 사냥을 하였는데, 왕은 손수 사슴 사십 마리를 쏘아 잡았다"[89]는 사건이 일어났다. 이 때 서해의 큰 섬은 강화도, 영종도, 덕적도로 추정되는데, 강화도일 가능성이 높다. 3섬은 모두 해상방어의 요충지일 뿐 아니라, 해양진출을 시도하고 해상권을 장악하기에 적합한 곳이다. 이러한 몇몇 사건들은 이 시기까지 백제(百濟)가 서해해상권을 완전히 장악하지 못했음을 반증하고, 동시에 백제가 해양정책에 비중을 두었음을 알려준다 이러한 상황 속에서 서산지역은 점차 약화되는 독립성을 유지하면서 해상세력으로서 자기 역할을 모색했을 것으로 여겨진다. 서산의 명지리 고분군은 시기적으로 삼국시대에 해당되지만, 마한시대의 전통을 그대로 계승하고 있다. 서산시 대산면에 위치하며, 약 20여기의 토광묘가 군집되어 있다. 이 가운데 3기가 조사되었는데, 환두대도 등 유물로 보아 강력한 정치체(政治體)를 형성하였음을 알 수 있다.[90]

그러나 역사의 발전에 따라 상황은 변화되었다. 경기만을 놓고 백제와 고구려는 본격적으로 바다와 육지에서 전쟁을 벌이는 시대로 이어진다. 따라서 해양력의 강화는 절대적으로 요구되는 국가발전 정책이었다. 근초고왕 때 백제는 바다를 건너 일본

---

88 소국들에 대한 최초의 기록은 『漢書』 地理志에서 倭란 명칭으로 나타난 이후 『後漢書』, 『三國志』 등에 나온다.
89 『삼국사기』권24, 백제본기 古爾王 3년조.
   '三年冬十月 王獵西海大島 王手射四十鹿.'
90 『한국의 해양문화』(서해해역 상 충청편), 해양수산부, 2002, p.545.

열도와 교류했고, 372년부터 황해를 횡단 또는 사단하여 양자강 하구인 건강(建康, 현 南京)에 수도를 둔 동진과 교섭하였다. 이러한 과정에서 서산일대는 백제의 중앙정치체제로 편입되었다. 근초고왕은 部의 유력자들이 이전에 지녔던 독자적인 세력기반과 군사운용권을 해체하고, 지방통치조직을 만들어 중앙집권적인 국가체제를 만들었다.[91] 이 무렵의 상황을 알 수 있는 유적 가운데 하나가 서산 기지리 주구묘인데 대략 4시기 전반~중엽 경을 중심연대로 본다. 그리고 부장리는 4세기 후반에서 5세기 중엽으로 비정한다. 부장리 주구묘 가운데 5호분구에서 나온 금동관·금동이식 등의 위세품들이 다수 있다. 그 무렵의 서산이 지닌 정치적인 위상을 엿볼 수 있다.[92]

서산은 『신증동국여지승람(新增東國輿地勝覽)』에 따르면 백제 시대에 기군(基郡)을 비롯하여 3현이 있었다고 한다. 서산·태안지역은 기군(基郡)에 속하였으며, 그 하부 행정단위로 지육현(知六縣, 현 지곡지방), 성대혜현(省大兮縣, 현 태안지방), 혜성군(槥城郡, 현 당진군 면천지방)의 영현(領縣)이었던 여촌현(현 서산시 운산지방)이 있다. 이렇게 지방통치제가 실시되면서 독자적인 소국들이 소멸되고, 소국수장들은 중앙귀족화 되었다. 즉 종래 소국의 중심이었던 국읍(國邑)은 담로의 치소가 되었고, 읍락들에는 성이 축조되어 치소의 지배를 받았다.[93]

이 시기의 국제항로는 중국지역의 서진과 뒤를 이은 동진 및 송을 대상으로 황해 중부 횡단항로를 사용했을 것이다. 주로 경기만의 강화·인천·남양만 등을 사용하여 직항하거나 또는 산동해역 가까이 진입한 후에 근해항해를 통해서 양자강 하구 유역까지 남하하였을 것이다. 한편 일본열도로 가는 방법은 몇 가지를 상정할 수 있는데, 만약 전남해안지역에서 출항할 수 있을 만한 정치적인 역량이 성숙되지 못했다면,

---

91 노중국·권오영, 『百濟 歷史와 文化』(백제문화사대계 개설서) 제 6편 지배체제, 충청남도 역사문화연구원, 2008, p.224.
92 박순발 집필, 『유적·유물로 본 백제 1』, 충청남도 역사문화연구원, 2008, pp.80~83.
93 노중국·권오영, 위의 책, pp.232~233 참조.

경기만 충남해안 전북해안 등의 항구를 사용했을 것이다. 이 무렵의 서산지역의 역할을 살펴보는 것도 의미있는 일이다.

그러다가 백제로서는 불리한 상황으로 급격하게 변화가 발생하였다. 광개토태왕(廣開土太王)은 백제를 정벌하여 6년(396)에는 대규모의 수군(水軍)을 투입하여 백제의 58성(城)과 700촌(村)을 탈취하였다. 이때 주공목표는 왕도인 한성과 경기만 일대이었다. 경기만은 해상교통 및 한반도의 중부지역을 통합시키는 내륙수로교통의 요충지였으므로 서해연안의 요충지들을 점령하고 수군활동을 마비시키는데 더없는 공격목표였다. 이 때 점령된 성 가운데 소가성(掃加城)은 서산의 소근리(所斤里)로, 돈발성(敦拔城)은 서산의 동음리(冬音里)로 비정하는 견해도 있다.[94] 물론 고구려군은 회군을 했지만, 만약 진입했었다면 당시의 상황으로 보아 서산지역의 역할과 위상에는 적지않은 변화가 발생했을 것이다.

그 후 비유왕(毗有王)은 양자강 유역에 수도를 둔 송나라에 역림(易林), 식점(式占), 요노(腰弩) 등을 요청하였다.[95] 그 후에 백제는 더욱 중국지역 및 일본열도와 각종 물품들을 교환하면서 무역을 벌였다. 이 가운데에는 생필품등도 있었고, 심지어는 고도의 조선술과 항해술을 요구하는 말의 운송까지 이루어졌다.[96] 이 무렵에 백제가 경기만의 항구를 그대로 사용했을 가능성은 별로 없다. 장수왕은 남진정책을 적극적으로 추진하면서 해상봉쇄를 추진했고, 이에 맞서 개로왕은 돌파구를 모색했다. 북위와의 교섭과 우호적인 관계를 원하는 정책은 필연적으로 외교통로인 해양의 중요성을 부각시켰다. 하지만 백제는 결국 고구려의 해상봉쇄로 인하여 실패했고, 475년 전면적인 공격을 받았다. 개로왕은 전사하고 백제는 웅진(熊津)에 임시로 수도를 정할 수밖에 없

---

94 朴性鳳, 「廣開土好太王期 高句麗 南進의 性格」, 『한국사연구』 29, 1979, p.54.
95 『宋書』 권97 열전 57 백제국전 元嘉 27년.
96 양기석, 『백제의 경제생활』, 주류성, 2006, p.216 인용.

었다.

　이후 문주왕(文周王)과 동성왕(東城王)을 거치면서 백제는 남진을 추진하여 제주도까지 복속시키는 한편 일본열도와 긴밀한 관계를 구축하였다. 그리고 중국의 남조정권과 교섭을 적극적으로 추진하였다. 그 당시 중국의 남조정권은 말년의 송(宋)과 뒤를 이은 제(齊)로 이어지고 있었다. 송은 산동반도의 일부까지 장악하였으나 남제와 뒤를 이은 양(梁)은 전 국가들과 동일하게 양자강 하구인 건강(建康, 남경)을 수도로 삼았다. 따라서 황해남부 사단항로를 사용해야만 했고, 경기만을 상실했으므로 출항항구는 경기만 이하일 수밖에 없었다. 그런데 당진 등은 고구려의 간접적인 영향권 아래에 있었을 가능성이 크다.

　『삼국사기』의 기록을 보면 문주왕(文周王) 2년 3월에 송(宋)에 사신을 보냈지만 고구려의 방해로 실패하고 말았다. 동성왕(東城王) 6년 7월에 남제(南齊)로 사신을 파견하였으나 서해상에서 고구려의 군사를 만나 가지 못했다. 이는 한성시대에 활용한 항로를 부분적으로 활용한 결과로 보인다. 바다에서 사신선이 봉쇄당한 예는 여러 번 나타난다. 심지어는 고구려도 송 및 남제와 교섭하는 과정에서 북위군에게 나포 당했었다.

　반면에 잦은 혼란과 문주왕 동성왕이 피살된 상황을 보면 그 무렵에 금강하구는 기존의 한성백제세력과 토착세력들과의 역학관계 등으로 인하여 정치적으로 안정되지 못했을 것이다. 그러한 상황에서 수도권에 가깝고, 해양으로 연결되는 통로였던 서산지역은 백제내에서 정치 경제 문화 등에서 비중이 높았을 것이다. 서산지역의 적당한 곳을 한시적이지만 국가항구로서 사용했을 가능성이 있다. 즉 웅진백제시대의 초기에는 선단이 경기만과 가까운 당진의 아래인 서산 등에서 출항하여 만을 빠져나온 다음에 덕적도 등을 항해물표로 삼아 황해중부를 횡단하다 남항(南航)하거나 또는 처음부터 남부사단항로를 이용하였을 것이다. 백제는 점차 정치적으로 안정을 회복하면서, 특히 금강 하구세력에 대한 완전한 통제를 바탕으로 해서 금강 하구 등을 최종 출항지로 삼았을 것이다. 그리하여 고구려 수군의 영향권을 벗어난 곳을 이용하여 서해중부에서 횡단성항해를 하다가 산동반도의 남단으로 접근하거나 또는 먼거리 해상에서 남항하여 양자강 하구로 들어갔을 것이다. 그 후에 국가의 중요한 항구로서 금강하구유역이 활용되었다 해도 서산해역은 부분적으로 사용되었으며, 국가의 공식적이 아닌 교류는 필요에 따라 이루어졌을 가능성이 높다.

　내포(內浦)문화권의 한 만을 구성하고 있는 당진지역은 백제가 웅진으로 천도하기 전부터 중국지역으로 출항하는 항구 또는 해항도시의 구실을 일부 담당했을 것이다. 광개토태왕의 병신년 작전 이후에 이미 경기만 해역은 고구려 수군의 작전권 안에 들어온 이상 수도에 가깝고, 기존의 항로를 어느 정도 활용할 수 있는 당진만을 국가항구로 사용했을 것이다. 그러나 그 시기는 매우 짧았고, 횟수도 미약했을 것이다. 백제가 웅진으로 천도한 후에는 위험한 해역이 되었다. 당진은 남양만(南陽灣)의 아래인 아산만과 연결되는 곳으로서 하나의 해역이나 마찬가지였다. 후에 백제의 북진이 시도되지만 결국 2차 나제동맹의 결과 경기만은 다시 신라의 수중에 들어갔다. 그러므로 당진은 역시 신라의 영향력이 강하게 작용하는 위험지구로서 백제의 국가항구구실을 하기에는 무리가 있었을 것이며 해항도시로서의 기능도 서산에 비하면 미약했을 것이다. 다만 백제의 해양활동을 지원하는 수군세력이 진주해있을 만한 군사지역이다. 따라서 이 주변에는 해양방어체제들이 구축되었고, 그 흔적들이 성유적으로 남아있다.

　이러한 환경 속에서 서산의 중요성이 클 수밖에 없었다. 그 증거 가운데 하나로서 서산일대에서 발견되는 불교유적인 마애불을 들 수 있다. 마애불이 조성되던 시대는 이미 정치적으로 안정되어 금강 하구에 대한 장악을 완료하였다. 뿐만 아니라 교역의 대상국이 남제(南齊)와 뒤를 이은 양(梁)이다. 따라서 당진과 서산 태안 등은 항해상으로 보아도 부여나 강경 서천보다 항구조건이 불리하다. 그럼에도 불구하고 서산지역을 이용한 것은 확실하다. 태안반도의 바다가 바라다보이는 서쪽 끝인 백화산 상봉의 절벽에 소위 태안(泰安) 마애삼존불(磨崖三尊佛, 보물 432호)이 있다. 위덕왕 때의 작품이다. 또한 태안반도의 북쪽 당진만에서 가까운 상왕산 계곡에는 서산(瑞山) 마애삼존불

(磨崖三尊佛, 국보 84호)이 있다.[97] 무왕(600~640) 초의 작품이다. 그 외에 그 시대의 작품으로 근처인 예산의 용화산 마애불과 봉산면 사면석불(四面石佛) 등이 있다.[98] 공주나 부여에서도 조성되지 않았던 이 마애불들은 중국 지역과 연관이 깊으며, 위치로 보아 해양 및 항로와 불가분의 관계가 있고, 해양신앙과 관련이 있을 수 있다. 적어도 부여로 천도하기 이전까지는 백제의 불교문화가 서산지역에서 거점을 이루었다는 주장도 있다.[99] 이는 결국 백제 중앙정부와 해상세력의 근거지로서 외래문물을 활발히 수용함으로써 사실상 백제의 정치·경제·군사·문화의 중심지가 되어 있었다는 주장도 있다.[100]

그러나 앞에서 살펴보았듯이 본격적인 국가항구는 아니었다고 판단된다. 서산 지역의 이러한 해양적 전통은 그 후 신라와 통일신라기를 거쳐 고려에 이르기까지 여러 형태로 계승되었다. 의상과 선묘(善妙)가 연관된 부석사가 도비산에 있고, 최치원은 부성군(지금의 서산시) 태수로 와서 왕명을 받아 이곳 성주산의 개조인 낭혜화상(朗慧和尙)의 비문을 쓴다.[101] 이어 왕건(王建)을 도와 고려건국과 통일을 이룩한 박술희(朴述熙)와 복지겸(卜智謙) 등은 서산지역과 연결되는 해상세력들이다. 『신증동국여지승람(新增東國興地勝覽)』에 따르면 복지겸은 당으로부터 면천지역에 도착한 복학사(卜學士)의 후손이고, 고려사 열전에는 박술희 또한 면천인 혜성군 출신으로 되어 있다. 현재 서산군 운산면이 당시 혜성군 영현이었다.[102] 고려 때도 주로 중국에 왕래하는 귀항지로 이용

---

97 황수영, 「서산마애삼존불상에 대하여」, 『진단학보』20집, 1959.
98 김춘실 집필, 『유적·유물로 본 백제 2』, 충청남도 역사문화연구원, 2008, pp.315~322에 도판과 설명이 소개되어있다.
99 秦弘燮, 『삼국시대의 美術文化』, 同和출판공사, 1976, pp.227~254.
100 최완수, 「내포지역의 불교」, 『열린충남』18호, 2002, pp.68~70 참조.
『한국의 해양문화』(서해해역 상 충청편), 해양수산부, 2002, p.407.
101 최완수, 「내포지역의 불교」, 『열린충남』18호, 2002, pp.72~75 참조.
102 서산시지 제 2권, 『서산의 역사』, 서산시, 2002, pp.53~54 참조.

하였던 닷개(碇浦)와 소근포 등에 귀착하였을 것이다.[103]

5. 결론

본고는 고대도시(만약 도시가 있었다면)의 해양적 성격을 살펴보고, 그 가운데 하나인 해항도시(海港都市)의 성립 조건을 검토하고, 서산이 그 모델로서 적합한가를 살펴보는 것이었다.

그리고 서산이 해항도시로서 역사적인 활동이 있었으며. 우리 고대사에서 해항도시 또는 해양도시국가가 존재할 가능성, 존재한 증거들을 모색하는 것이었다.

본문의 전개과정을 통해서 아래와 같은 결론을 내릴 수 있었다. 고대도시의 성격과 기능 시원 등에 대해서 다양한 견해들이 있었다는 것을 확인할 수 있었다. 이를 통해서 우리역사상에서 고대도시의 존재를 확인할 수 있으며, 그 성격과 역할 위치 등에 대한 구체적인 접근이 가능하다는 것을 깨달았다. 특히 고대도시의 시원과 범주 역할 등에 대해서는 인식의 수정이 필요하고 이에 따라 연구가 병행되어야 한다.

고대 도시의 한 종류로서 강 또는 바다와 연관된 항구도시의 존재를 부각하였다. 과거부터 주장해온 '하항(河港)도시', '해항(海港)도시', '나루국가설'을 '동아지중해'라는 '해륙적' 역사공간 속에서 발생할 수밖에 없는 당위적 존재로 보았으며, 거기에 걸맞는 조건들을 제시하였다.

이어 3장에서는 서산의 자연(해양)환경, 서산지역의 구조를 해항도시의 조건과 연

---

103 1927년 발행된 서산군지의 寄航浦 기록에는 지곡 산성리 닷개포에서 支那鹽과 魚鹽 등 대중국 무역이 최근년까지 이루어졌음을 알리는 기록이 있어 이는 중요 증거로 뒷받침되고 있다. 『한국의 해양문화』 (서해해역 상 충청편), 해양수산부, 2002, p.545에서.

관시켜 분석하였다. 즉 양질의 항구와 부두, 국제 및 대내항로의 존재와 실용성, 해방체제와 수군활동을 목적으로 한 군사적 효율성 등을 살펴본 결과 서산지역 및 해역은 어느정도 부합되는 부분이 많음을 확인할 수 있었다. 이어 4장에서는 서산지역이 역사에서 어느정도로 해항도시의 역할을 담당했는가를 살펴보았다. 물론 백제시대를 중점으로 삼았지만 선사시대부터 시작하여 태생적 가능성을 입증하고자 하였다. 다만 전공영역이 아닌 관계로 고고학적인 성과를 충분하게 활용하지 못했을 뿐 만 아니라 연구자들의 성과를 알리는 일조차 소홀히 했다.

필자는 1990년대 초부터 삼한 소국들의 나루국가설을 주장했다. 이후 용어들이 약간씩 변했지만, 그 소국들 가운데 상당수가 해양과 밀접한 관련이 있고, 그러한 환경이 정치체제 등을 비롯한 소국 또는 삼한사회에 유기적으로 작용했을 것이라는 생각은 변함이 없다. 이 글은 이러한 이론을 보강하는 작업의 일환이었는데, 결국은 전에 비해서 조금 진전했구나 하는 정도로 끝이 났다.

서산은 마한의 소국으로서 해양적 성격이 강한 일종의 해항도시국가였으며, 백제의 중앙정치체제로 편입되면서는 수도의 주변도시로서 해양과 연관하여 일정한 역할이 있었다. 그 가운데 하나가 항로의 사용과 관련된 것이다. 그리고 웅진백제시대로 넘어오면서 한시적이지만 국가항구도시의 역할을 했을 가능성이 높았다. 이어 사비백제 시대로 가면서 금강하구의 몇몇 도시들이 국가항구의 역할을 하였지만, 독특한 성격의 마애불들이 존재 한 점 등으로 보아 미흡하나마 해항도시의 역할을 한 것으로 보여진다. 동아시아의 해양환경과 국제관계 항로 등을 고려할 때 이러한 조건들은 효용성을 완전하게 상실하지는 않는다. 그 후 의상을 비롯하여 통일신라시대의 최치원 관련 사건들, 복지겸 박술희 같은 해상세력들의 등장과 역할 등은 서산지역의 해양적 가치가 지속되었음을 알려준다. 하지만 항구기능 및 외부문화의 유입처, 혹은 출발지의 구실, 즉 항해의 종착지나 출발지의 기능을 본격적으로 하기는 힘들었을 것이다. 다만 해양중계지(海洋中繼地)로서의 역할을 하거나 경유항로(經由航路)의 역할을 하였을 것이다. 특히 태안반도일대는 연근해를 항해하는 선박들이 1차 상륙하는 곳이거나 혹은 접안하여 피항(避港)하는 장소의 기능도 하였을 것이다. 제목에서 밝혔듯이 서산지역은 백제시대에 해항도시의 성격을 완전하게 갖춘 것으로 보이지는 않는다. 그러나 이론의 지속적인 계발과 함께 역사상의 연구물들을 보완한다면 더욱 그러한 해항도시의 모델에 접근하리라고 생각한다.

    이 글을 작성하면서 도시에 관해서는 실로 다양한 이론과 실예들이 있으며, 이는 심지어 건축학 도시학 환경학 등의 학문에서도 연구되고 있음을 확인할 수 있었다. 역사학 전공자로서 많은 한계를 느끼면서 도시이론에 관한 한은 깊은 연구없이 다양한 자료의 독서를 바탕으로 적용했음을 고백한다. 그 과정에서 도시지리학 연구자들이 우리 역사상에 도시모델을 적용시킬 때 역사학의 과거 연구성과를 자료로 삼은 한계가 있으며, 기본적으로 사관에도 문제가 있음을 알았다. 따라서 우리 역사상에 나타난 고대도시에 대하여 역사적이면서도 정교한 이론적인 접근이 필요하고, 주변의 여러 지역 도시들과 비교하면서 정당하게 평가해야함은 물론이고, 우리 역사공간을 해석하는 데 합당한 도시모델을 찾아야함을 느꼈다.

06
백제 수도 한성의 해양적 연관성 검토 1*
―자연환경 및 역사상을 중심으로―

1. 들어가는 글

 백제는 기원전 18년 현재의 한강하류유역인 한성지역을 중심으로 건국한 나라이다. 그 후 475년 고구려 장수왕의 공격을 받고 함락당한 후 웅진(熊津)으로 천도하기 까지 500년 동안 수도 역할을 담당하였다. 이 기간 동안 백제는 한반도의 중부 서쪽 지역을 통일하였을 뿐 아니라 대외진출을 활발하게 전개하였다. 4세기 무렵부터 일본열도로 진출하였으며, 그 지역에 정치적인 영향력을 행사하였다. 뿐만 아니라 중국지역을 대상으로 외교행위는 물론이고 군사활동 또한 감행하였다. 특히 중국 남쪽지역의 국가들(南朝)과 황해남부를 사단(斜斷)항해하여 외교관계를 맺었으며 교역을 담당하였다. 그 후에 경기만의 실함으로 인하여 활동범위가 약화되었지만 해양을 중시하는 국가로서 발전을 이룩하였다. 공교롭게도 신라 · 당나라 연합수군의 범금강상륙작전으로 인하여 수도가 함락당하면서 멸망의 결정적인 계기가 되었고, 부흥운동의 마지막 단계인 백강(白江 : 白村江)전투의 패배 또한 해양과 연관이 깊었다. 이러한 사실들은 백제

---

* 「백제 수도 한성의 해양적 연관성 검토1」, 『위례문화』11 · 12합본호, 하남문화, 2009.
  본고는 발표지면의 특성을 고려하여 가능한 한 각주를 줄였으며 문장 또한 소략하였음을 밝힌다.

가 탄생부터 멸망까지 해양과 유기적인 관계를 맺고 있었으며, 이는 국가발전전략을 수립하고 정책을 추진하는데에 해양을 비중있게 고려했음을 알려준다.

　본고는 백제국의 해양적인 성격을 국가시스템의 핵심인 수도의 위치와 성격 역할 등을 통해서 살펴보는 작업의 일환이다. 한성(漢城)은 필자가 오랫동안 주장해왔던 전형적인 항구도시, 그 가운데에서도 하항도시(河港都市)에 해당한다. 한성시대 백제 궁성의 위치에 관해서는 몇 가지 설들이 있다. '몽촌토성설(夢村土城說)'이 있고, 최근에 대대적인 발굴과정과 발견된 유물을 통해서 '풍납토성설(風納土城說)'이 다시 주장되고 있다. 그리고 정약용(丁若鏞)이 『여유당 전서』에서 주장하였으며, 이병도(李丙燾)·천관우(千寬宇) 등이 주장하였다가 근래에 표면화되는 현재 하남시의 교산동(校山洞)·춘궁동(春宮洞) 일대설 등이 있다.[1] 그 외 장수왕에게 점령당한 당시에 나타나는 북성과 남성을 구분하여 비정하는 견해도 있다.[2] 본고는 궁성(宮城)을 넘어서는 도성(都城)개념을 적용하면서 풍납토성, 몽촌토성, 하남시 일대, 한강 북쪽의 광장구 일대 등을 포함하여 한성지역이라는 포괄적인 개념으로 표현하면서 논리를 전개하고자 한다.

　하항도시가 되려면 다양한 조건과 환경이 구비되어야 한다. 또한 역사상에서 하항도시로서 위상을 부여받고자 할 때는 그 조건들에 대한 검증작업이 수반되어야 한다. 본고에서는 1차적으로 한성지역의 자연환경과 역사상을 해양과 연관하여 살펴보면서, 하항도시로서의 성격을 규명하는 작업에 다가서고자 한다.

1　오순제, 「백제 한성시기 하남시 고골 일대의 도성체제」, 『21세기 하남의 재발견』, 하남역사문화연구회, 국학자료원, 2001. 이 글에서 고골을 중심으로 한 하남시 일대를 한성으로 보고 있다.
　尹明喆, 「하남지역의 방어체제 연구노트 1」, 『백제역사문화자료집』창간호, 백제문화연구회, 2000, p.58.
2　北城은 風納土城, 南城은 夢村土城으로 추정하는 견해가 있다. (李道學, 「백제 한성시기의 도성제에 관한 검토」, 『한국상고사학보』9, 1992, pp.36~38.)

2. 우리역사에서 공간의 이해

역사에서 공간이란 지리·지형·기후·동식물의 분포도 등의 자연생태적(自然生態的)인 공간만을 뜻하지는 않는다. 또한 기하학적(幾何學的)인 공간, 물리적인 차원의 평면(平面)만을 의미하지는 않는다.[3] 역사공간이란 지리정치적(地理政治的, geo-politic)으로는 영토이며, 지리경제적(地理經濟的, geo-economic)으로 생산장소와 시장이며, 지리문화적(地理文化的, geo-culture)으로는 세계와 사물을 바라보는 관점, 인간과 집단이 지닌 가치관, 생활양식 등의 결정체이다. 그러므로 일정한 역사공간의 성격을 이해하려면 생태와 풍토 등 자연지리의 개념과 틀을 포함하면서 역사(歷史)와 문화(文化) 또는 문명(文明)의 개념으로 접근할 필요가 있다.

역사공간 내부에서는 자연지리와 인문지리가 소통(疏通)하고, 내부의 인간 즉 주민들 간에도 활발한 교류(交流)와 습합이 이루어져야 한다. 특히 유형화된 역사공간은 내부에 유사한 요소들이 많고, 각개의 요소들이 불가분하게 유기적으로 연결되어 있음을 개관적으로 확인할 수 있어야할 뿐 아니라, 구성원들 다수가 공동의 문화를 창조한다는 인식을 가져야 한다. 또한 구성원들은 서로를 존립의 필수적인 존재로 인식하고, 공동의 이익에 문제가 생길 때에는 공동대응(共同對應)하는 시스템을 갖추어야 한다. 이러한 조건들이 구비되면 자연공간에서 역사공간으로 탈바꿈할 수 있다.

이렇게 형성된 일정한 역사공간에서는 구성원들의 혈통과 언어, 문화가 다르고, 거주공간이 중심부와 주변부 간의 거리가 멀거나 국부적인 자연환경과 정치체제의

---

[3] 공간은 실제적인 측면 외에도 명분으로도 인간에게 근원적으로 중요한 의미를 지니고 있다. 세포의 형성과정부터 시작하여 존재의 원근거를 모색하는 행위, 그리고 나아가 집단의 탄생과 발전과도 직결되어 있다. 인간 개체와 마찬가지로 집단도 존재의 정당성과 우월성을 입증받고 싶어한다. 필자는 역사학에서 공간문제를 물리학, 생물학, 뇌과학, 동물행동학 등의 다양한 관점에서 접근하고 있다.

차이가 있어도 느슨한 하나의 '통일체(統一體)' 또는 '역사유기체(歷史有機體)',[4] '문명공동체(文明共同體)'를 이룰 수 있다. 예를 들면 고구려·부여·동예·옥저·백제·신라·가야·왜 등은 각각 다른 정치체들이며 역사적인 경험은 물론 자연환경에 차이가 있다 해도 통일체임이 분명하다.[5]

필자는 역사공간을 이해하는 방식으로서 '터이론'을 주장하고 있다. 역사공간은 몇 가지 요소(또는 단위)로 구분한다. 우선 전체이면서 부분인 터(場, field)가 있다. 필자가 개념화한 '터'는 지리·기후 등으로 채워지고 표현되는 단순한 자연공간이 아니라, 생태계 인간의 거주형태·국가 등의 정치체제·경제와 문화 등이 포함된 총체적인 환경이다. 터의 중심은 부분(部分)의 합(合)인 전체(全體)로서 다른 전체와 비교되는, 독특하면서도 완벽한 기본핵(基本核 : 中核, core)구조로 되어있다. 포괄적인 터의 성격이 집약되고, 대표성을 지닌 곳이다. 주변에는 몇몇 행성(行星)들과 위성(衛星)들이 돌고 있고(multi-core), 이 모든 핵들을 중첩적으로 연결하는 線(line)들로 이루어졌다고 이해한다. 즉 '다핵다중방사상(多核多重放射狀) 형태'를 띠우고 있다.[6]

이러한 시스템은 몇 가지 특성을 지니고 있다. 모든 단위들이 유기적인 관계를 맺고 있다. 그리고 상호보완적이며, 각각의 고유한 역할을 담당하고 있지만, 상황의 변화에 따라서 변동을 가져오기도 한다. 즉 항성인 중핵(中核)문화를 모방하거나 변형된

---

[4] 유기체라는 용어는 단순하게 기계적인 것에 대응하는 개념으로 이해할 수 있으나, 이는 필자의 의도는 다르다. 구조상으로는 일종의 네트워크시스템이며, 내용은 생명현상을 함유한 개념이다. 몇몇 논문에서는 대안으로 초유기체, 또는 생명체라는 용어를 사용하기도 했으나 가설 상태이다.

[5] 윤명철, 「동해문화권의 설정 검토」, 『동아시아 역사상과 우리문화의 형성』, 민속원, 2005.
윤명철, 「東아시아의 海洋空間에 관한 再認識과 活用-동아지중해모델을 중심으로-」, 『동아시아 고대학』 14, 동아시아 고대학회, 경인문화사, 2006.
윤명철, 「고구려 문화형성에 작용한 자연환경의 검토-터이론을 통해서-」, 『한민족 연구』4, 한민족학회, 2007 등.

[6] 이러한 이론을 바탕으로 필자는 고구려 전성기의 외교형태를 다핵다중방사상외교라고 규정하면서 논리를 전개했다. 필자의 박사학위 논문 및 졸저, 『고구려 해양사연구』 사계절, 2003 등.

주변부의 행성(行星)과 위성(衛星)들도 피동적이고 수동적인 주변부가 아니라 핵인 항성으로 향하면서 중핵 및 전체 터에 영향을 끼친다. 즉 전입(轉入)과 전파(傳播)가 일방통행이 아니라 하나로 연결되어 환류(環流)하면서 영향을 주고 받는다. 여러 요소들이 일방적 관계나 격절된 부분이 아니라 전체가 부분이 되고, 부분들이 전체로 되돌아가는 유기적(有機的)인 관계이다. 이러한 해석틀을 '터와 다핵(多核, field & multi core) 이론'이라고 명명했다.[7]

'터이론'의 성격과 시스템은 동아시아 역사 전체는 물론이고, 우리역사의 전개공간 또는 수도(首都) 및 대도시(大都市)에 적용할 수 있다. 동아시아라는 역사의 '터'는 아시아 대륙의 동쪽 아래에 있으면서 자연지리적인 관점에서는 중국이 있는 대륙, 북방으로 연결되는 대륙의 일부와 한반도, 일본열도로 이루어졌다. 그런데 한반도와 일본열도는 동해(東海) 및 남해(南海)로 밀접하게 연결되었고, 중국지역과 한반도는 황해연안 및 동중국해로 이어지는, 즉 대륙(大陸)과 해양(海洋)이 만나고 엮어지는 해륙적(海陸的) 환경의 지역으로서 지중해적인 형태와 성격을 갖추고 있다. 따라서 동아시아역사를 구체적으로 이해하려면 동아시아 전체를 하나의 유기적인 단위로 보고, 이들 지역들을 연결하는 황해·동중국해와 남해, 동해, 타타르해協 등의 전 해양 또한 유기적으로 이해하는 일이 필수적이다. 특히 국제적인 역학관계를 이해하려면 해양의 특성을 부각시킬 필요가 있다.

---

[7] '터이론'의 정식명칭은 '터와 다핵(field & multi core)이론'이다. 줄인다는 의미에서 또 터는 다핵을 포함한 개념이므로 약칭 '터이론'이라고 한다. 아래 문장에서는 터이론이라고 줄여서 사용한다. 그동안 발표했던 내용은 졸고,「동아시아의 해양공간에 관한 재인식과 활용 —동아지중해모델을 중심으로—」,『동아시아 고대학』14, 동아시아 고대학회, 경인문화사, 2006, 12 ;「동해문화권의 설정 검토」,『동아시아 역사상과 우리문화의 형성』, 민속원, 2005 참조.
터이론을 이용하여 역사상의 사건들을 실용적으로 분석한 몇몇 연구가 있다. 졸저,『고구려는 우리의 미래다』, 고래실, 2004 ;『장수왕, 장보고 그들에게 길을 묻다』, 포럼, 2006 ; 졸고,「장보고를 통해서 본 경제특구의 역사적 교훈과 가능성」, 남덕우 편,『경제특구』, 삼성경제연구소, 2003.

이 지역은 주변의 나라들이 내해(內海, inland-sea)를 공유하고, 길고 긴 연안(沿岸)이 여러 나라로 갈라져 있으므로 국경이 불분명하고, 또 때에 따라 변화가 심하다. 또한 기후라는 면에서는 온대성, 아열대성, 아한대성이 섞여 있으며, 생태적으로는 바다와 평원·초원·사막·대삼림과 강 등이 한 터에 있으면서 상호작용하고 있다. 그리고 무엇보다도 주민들의 생활양식과 혈통과 언어를 달리하는 종족들의 분포, 정치체제는 중층적이고 복합적이다.[8] 따라서 문화적으로는 한반도를 가운데 둔채 바다 주변의 주민과 문화들이 상호간에 영향을 주고받는 일종의 '환류(環流)시스템'을 이루고 있었다. 필자는 동아시아의 이러한 지리적이고 문화적 역사적인 특성을 설명할 목적으로 동아시아의 내부 '터'이면서 동방문명의 중핵으로서 동아지중해(東亞地中海, EastAsian-Mediterranean-Sea)란 범주를 설정하고 학문적인 모델로서 제시하였다.

  동아지중해의 터에서 한민족은 중핵(中核) 역할을 구현하는 것을 목표로 삼았으며, 자연환경, 역사적인 계승성, 당시의 국제관계를 고려할 때 그것을 실현시킬 구체적인 정책으로 공간과 연관해서는 해륙국가(海陸國家)의 구현이 필수적이다.[9] 해륙국가를 만들고, 해륙적 성격을 충분하게 구현하려면 그와 연관된 국토개편계획이나 국가발전정책 등이 필요하고, 그 가운데 하나가 '수도(首都)의 역할'이다. 성공의 가능성이 높은 수도라면 자연환경, 역사적인 계승성, 국제관계를 고려할 때 해륙적 성격을

---

[8] 최근에 발표한 윤명철, 「渤海 유역의 역사문화와 동아시아 세계의 이해-'터(場, field) 이론'의 적용을 통해서-」, 동아시아 고대학회, 2007, 「고구려 문화형성에 작용한 자연환경의 검토-터이론을 통해서-」, 『한민족 연구』4, 2007 등 참고.
[9] 윤명철, 「海洋史觀으로 본 한국 고대사의 발전과 종언」, 『한국사연구』123, 2003.
윤명철, 「한국 고대사 연구의 반성과 대안」, 『단군학 연구』11, 단군학회, 2004.
윤명철, 「천리장성의 구축 SYSTEM 및 해륙적 성격의 검토」, 『韓民族共同體』제16호, 사단법인 海外韓民族硏究所, 2008.
윤명철, 「고구려 문화형성에 작용한 자연환경의 검토-터이론을 통해서-」, 『한민족 연구』4, 한민족학회, 2007.

지니는 것이 바람직하다.[10] 이는 수도와 국가의 관계에서 당연한 일이다.

　　수도를 선택하고 이용하는 일은 물론이고, 국가전체구조 및 수도와 유기적인 시스템 속에 편재된 중요도시의 선택 또한 그러한 관점에서 이루어질 필요가 있다. 즉 국가발전정책(國家發展政策)과 수도(首都) 및 대도시의 역할은 일치되어야 한다. 수도의 환경과 역할을 우리 역사터의 전체, 동아시아 전체 틀 속에서 보아야 한다. 이러한 이론틀 속에서는 역(逆)으로 수도의 위치·성격·역할 등의 구명을 통해서 국가의 성격, 발전방향, 지향성(指向性) 등을 이해하고, 또한 발전의 원동력을 모색하는 일 또한 가능하다.[11]

　　도시는 동양적(東洋的) 개념으로 '도(都)'는 국왕 또는 천자가 거주하는 곳, 즉 수도를 뜻하고 '시(市)'는 물건을 팔고, 사는 저자(市場)를 뜻하며, 수도나 시장은 모두 사람이나 물자가 많이 모여드는 곳이다.[12] 수도가 되려면 몇 가지 조건을 갖추어야 한다. 예를 들면 위치문제이다. 고대에도 중요한 도시들은 가능한 한 일정한 단위(單位)의 지리적인 중앙 뿐만 아니라, 교통의 이점 등을 포함하여 역할과 기능의 핵심에 있었다. 중앙적 수도(中央的首都, central capital)는 중앙과 주변지역 간에 가장 짧은 거리를 유지함으로써 광대한 영토를 통치할 수 있다. 수도는 중앙의 명령이 지방으로 신속하게 전달될 수 있고, 그 조치결과가 집결되어야 하며, 교통(交通)·통신망(通信網)이 방사(放射)

10　윤명철, 「고구려 수도의 해류적 성격」, 『백산학보』제80호, 백산학회, 2008, 4.
　　윤명철, 「서산의 해항도시적인 성격 검토」, 『백제시대의 서산문화』, 서산발전연구원, 서산문화원, 2009, 4.
　　윤명철, 「경주의 해항도시적인 성격검토」, 『동아시아 세계와 삼국』, 동아시아 고대학회 전통문화학교, 2009, 5.23~5.24.
11　배영수, 「도시사의 최근 동향」, 『西洋史硏究』17에서는 '요즈음에는 공간이 그러한 변형을 통해서 거꾸로 사회에 어떤 영향을 끼치는가 하는 문제가 주목을 끌고 있다.' (p.236), '또 공간이 사회적 구성물일 뿐만 아니라 사회적 과정의 일부이기도 하다면, 그것은 거꾸로 사회적 과정에 영향을 줄 수도 있는 것이다.(p.248) 등 페브르 등의 견해를 소개하면서 도시사에 대한 동향을 소개하고 있다.
12　姜大玄, 『도시지리학』교학사, 1980, p.2.

되고 외국에서 정보를 쉽게 입수할 수 있어야 한다. 그리스의 폴리스(polis)나 로마의 키비타스(civitas)는 농업중심지가 아니라 항구에서 하루면 오갈 수 있는 가까운 거리 내에 있었다. 수도와 대도시는 경제의 중심지 역할을 담당했다. 내부에서 다양한 형태의 생산이 이루어지고, 자급자족품목(自給自足品目) 외에 일상 생활용품과 사치품 등의 교환이 활발해야 한다. 또한 다른 지역이나 나라와 무역이 활발하게 이루어질 수 있어야 한다. 또한 자연환경을 살펴보면 고대국가 이전의 소국들은 농경이나 어로 등 생활상의 이익을 위해 강 주변이나 바다 가까이 있는 것이 유리했다. 또한 주변의 다른 소국이나 외국과 교섭하고, 바다를 통해서 들어온 물품들을 내륙으로 공급하기 위해서 공급지와 수요지, 집결지를 수로로 연결시켜 주는 큰 강의 나루나 바다의 만(灣) 내부, 포구(浦口) 등에서 성장하는 것이 유리했다.

그런데 『삼국지(三國志)』 한전(韓傳)에 따르면 한강 이남에는 78개의 소국이 있었고, 이 소국(小國)들은 강 주변이나 바다 가까이 있었다.[13] 이 국가들은 수 천 명에서 수만 명의 인구를 가졌다. 이 때 소국(小國)을 소위 고대국가나 근대국가에서 이해하는 국가개념으로 파악할 필요는 없다. 우두머리 무덤 혹은 수장묘의 존재와 그 위치 확인은 대체로 읍락(邑落)과 나라(國) 수준의 지역집단에서 가능한 바 중심지 역시 읍락이상의 지역집단에서나 찾을 수 있는 것이다.[14]

주민의 성분과 인구규모를 갖고 도시의 기준과 성격을 구분하는 경우가 많다. 보

---

13 고구려 건국 초기의 주변국가들, 三韓 78개국의 일부는 그러한 성격을 가지고 있었을 것으로 여겨진다. 일본의 奴國・末盧國・伊都國 등은 그러한 海港國家였을 것이다.(江上波夫, 「古代日本の對外關係」, 『古代日本の國際化』, 朝日新聞社 1990, p.72 참조. 武光 誠, 『大和朝廷は古代の水軍がつくった』, JICC, 1992, pp.32~36참조). 필자는 '나루국가' 라는 용어를 사용하고자 한다.
14 이청규는 「경주 고분으로 본 신라 1000년」, 『역사비평』, p.280에서 "대체로 산천을 경계로 하는 지리적 범위에 다수의 마을이 모여 고대 문헌기록에 나타난 읍락(邑落)을 구성한 것으로 이해된다. 다수의 읍락이 모여 일정한 네트워크를 구축하여 일정한 지역집단 혹은 정치체제를 결성하게 되면 이른바 '국(國)' 이 된다." 라고 하였다. 이는 필자가 주장해온 삼한 소국들의 해양도시국가의 개념과 유사한 부분이 있다.

편적으로 도시(都市)는 단위면적에 대한 인구밀도가 일반적으로 촌락(村落)에 비해서 크다. 그리스에서 도시국가(都市國家, polis)의 개념은 도시인이 생활을 의지하고 있는 주변의 촌락지역을 포함하고 있었고, 인구는 작은 것은 7만 명 정도였고, 그 중 4분의 1이 도시거주자였다.[15] 이는 일반적인 특성이었을 것이다. 도시에서 농촌지역으로 넘어가는 경계가 인식하기 어려울 정도로 애매하고, 도시인구에는 도시인이 아닌 주민을 많이 포함하고 있었다.[16] 즉 성채(城砦) 등으로 둘러싸인 도시의 핵심 외에 경계가 불분명한 촌락의 농부 등도 포함하고 있다는 점이다. 물론 1차 생산작업에 종사하는 사람들보다는 기술자, 상인 등 다른 산업이나 정치, 종교 등과 연관된 사람들로 주로 구성되었다.[17] 참고로 일본열도의 소국들은 『삼국지』 왜인전에 기술되었듯이 대마국(對馬國)·일지국(一支國)·말로국(末盧國)·이도국(伊都國) 등은 규모가 작은 편이다. 하지만 대표격인 야마다이(邪馬臺)국은 만여가(萬餘家)라고 했으니 대략 5만에서 7만 명의 인구를 수용하는 국가이다. 당연히 도시격에 해당하는 공간의 주민들뿐만 아니라 외부의 농민거주자들까지 포함한 것이다. 일종의 도시국가에 해당한다.

결과적으로 소국들은 해양문화가 발달했고, 만안이나 나루, 포구 등에서 정치적으로 성장하고 교역을 통해서 번창한 '도시국가'의 성격을 가지고 있었다. 필자는 소국들의 이러한 성격을 중시해서 일종의 해양폴리스인 '나루국가' 라는 용어를 사용한 바가 있으며,[18] 이를 발전시켜 해항도시국가, 하항도시국가 이론을 계발하였다. 유사한 시대에 일본열도의 소국들 가운데 노국(奴國)·말로국(末盧國)·이도국(伊都國) 등은

---

15 에머리 존스 저, 이찬·권혁재 역, 『人文地理學 原理』 법문사, 1985, p.195.
16 머리 존스 저, 이찬·권혁재 역, 위의 책, p.197.
17 姜大玄, 『도시지리학』 교학사, 1980, pp.3~4 참고.
18 윤명철, 「한반도 서남해안의 海洋歷史的 환경에 대한 검토」, 전주박물관죽막동 유적 학술회의, 1995.
 윤명철, 「古代 東아시아의 歷史像에 있어서 海洋의 問題-古代 韓日關係를 中心으로-」, 『역사와 문화』 2집, 동의대 인문과학연구소, 1997 등.

전형적인 해항도시국가(海港都市國家)였을 것이다.[19]

해양거점을 중심으로 형성된 정치세력은 역사가 발전하면서 해항도시국가 또는 하항도시국가를 중핵인 수도로 삼아 영역을 단계적으로 확장시켜가면서 고대국가로 성장하였다. 즉 초기에는 강가나 바다와 만나는 하류의 포구(浦口)에서 건국했고, 최대한 활용하여 국력을 강하게 키우고 백성들을 잘살게 하는데 활용했다. 하지만 방어상의 목적, 면적의 문제 등으로 인하여 내륙으로 이동을 시작하고, 강과 바다가 만나는 접점에서 도시를 발전 시켰다. 필자는 이러한 성격의 도시를 강해도시(江海都市)라고 개념화시켰다.[20] 왕검성(王儉城)·국내성(國內城)·평양성(平壤城)·한성(漢城)·웅진성(熊津城)·사비성(泗沘城)·금성(金城)·상경성(上京城)·개경(開京)·한양(漢陽) 등은 그러한 성격을 지니고 있다. 중국에서는 남경(南京) 및 항주(杭州) 등이 그러하고, 일본에서는 현재의 후쿠오카, 오사카(옛 難波) 등이 해당된다. 54개 국이 모인 최대의 연맹체인 마한은 경기도·충청도·전라도 일대를 포함하는 백제지역과 일치하고 있다. 김포에는 현재 대명지역에 속노불사국(速盧不斯國)이 있었다고 한다.(이병도) 백제는 출발점이며, 핵심지역이며 왕도인 한성지역이 이러한 단계를 밟았을 것으로 추정된다.

그렇다면 백제 역사에서 이러한 성격을 지닌 한성지역은 어떤 위치에 자리잡고 있었을까? 정확한 위치규명에 앞서서 한성 지역에 대한 전반적인 성격을 이해할 필요가 있다.

---

19 윤명철,『동아지중해와 고대일본』, 청노루, 1996, pp.93~94.
　江上波夫,「古代日本の對外關係」,『古代日本の國際化』, 朝日新聞社 1990, p.72 참조.
　武光 誠,『大和朝廷は古代の水軍がつくった』JICC, 1992, pp.32~36 참조.
20 윤명철,「江海도시 김포시의 역사성과 21c가치 효용성」,『김포 수로도시 국회 공청회』, 김포저널, 2006, 6, 윤명철,「고구려 수도의 해륙적 성격」,『백산학보』80, 2008.

3. 한성지역의 자연 및 역사적 환경

　백제의 초기 건국지역 또는 왕성은 구체적으로 어느 곳이었을까에 대해서는 몇 가지 견해가 있다. 그럼에도 불구하고 현재 서울 강동구 일대 및 경기도 하남(河南)시 일대로 추정하고 있으며, 이는 기본적으로는 한강하류이며, 경기만과 밀접한 연관이 있다. 앞에서 전개한 '터이론'과 '동아지중해모델'을 토대로 백제와 연관하여 경기만의 성격을 살펴보고자 한다.

　경기만은 일본열도의 규슈북부해안을 출항하여 한반도 서남해안을 경유하여 압록강 하구와 요동반도를 통과한 후 산동까지 환상형(環狀形)으로 이어지는 남북연근해항로(南北沿近海航路)의 중간 기점이다. 동시에 한반도와 산동반도를 잇는 동서횡단항로(東西橫斷航路)와 마주친다. 결국은 중요한 2개의 항로가 마주치는 동아지중해 해양교통의 결절점(結節点)이다. 또한 황해남부사단항로와 동중국해 사단항로도 간접적으로 이어지는 항로이기도 하다. 뿐만 아니라 경기만은 육지질서와 연관하여 한반도 내의 지정학적 · 지경학적 · 지문화적 관계에서 보아 분열된 각 국가 간의 힘이 충돌하는 질서의 현장이었다.

　그 경기만의 가운데 있으면서, 그 특성의 상당부분을 규정하는 역할에 충실한 존재가 한강이다. 동아지중해처럼 해류적인 환경 속에서, 국가가 해양을 중요시하는 정책을 취할 경우에는 육로교통(陸路交通)도 중요하지만 내륙수로교통(內陸水路交通) 및 해양교통의 비중이 상대적으로 높다. 강은 일반적으로 물자를 운반하는 데에 편리하고 수송량이 많기 때문에 물자를 유통시키는 물류망(物流網)의 역할을 담당했다. 또한 내륙수로(內陸水路)와 육로(陸路)를 연결한 후에 해로(海路)와 통합되어 공급지와 수요지, 집결지를 연결시켜 주는 역할을 한다.

　한강은 사서에서 '대수(帶水)', '한수(漢水)', '아리수(阿利水 : 광개토대왕릉비)' 등으로 불리워졌는데, 모두 큰 강이라는 뜻을 담고 있다. 길이가 481km이고, 유역면적이 한반도 내에서는 압록강 다음으로 넓다. 본고와 관련하여 한강이 가진 역할을 몇 가지로 정리할 수 있다. 첫째, 한강은 정치적으로 내륙 통합의 계기를 마련하고, 경제적으로 물류체계를 원활하게 하여 경제권을 형성하는데 유리하다. 한반도는 서쪽의 지형이 낮기 때문에 대부분의 강들은 서해안으로 흘러 들어가는 하계망(河系網)을 구성한다.[21] 중부 내륙은 예성강·임진강·한강이 하계망을 구성하면서 모인 다음에 서해 중부로 흘러 들어가 경기만을 구성한다. 그러므로 한강 하류를 장악하면 중부해상권의 장악은 물론이고 직·간접으로 이어진 그물같은 하계망과 내륙수로(內陸水路)를 통해 한강 유역·임진강 유역·예성강 유역·옹진반도(甕津半島)·장연군(長淵郡)의 장산곶 등의 내륙을 경제적·정치적·문화적으로 통합하는 계기를 마련할 수 있다.

한강이 가진 또 하나의 이점은 바다와의 관련성이다. 한강은 거대한 경기만의 한 가운데를 막고 있으며, 경기도의 서쪽 지역과 옛 경기도의 일부인 개성 남쪽의 풍덕과 옹진, 해주 등 황해도의 남부해안 일대가 마주치는 북부경기만의 입구를 꽉 채우고 있다. 따라서 한강 하류를 장악하면 넓고 해양교통의 결절점인 경기만을 장악할 수 있다. 이는 역으로 경기만을 장악하게 되면 하계망 전체를 장악할 수 있다는 논리이다. 서울이 위치한 한강하류는 이른바 수륙(水陸)교통과 해륙(海陸)교통이 교차되면서 상호 호환성을 지닌 중계지역이다. 조선시대의 조운(漕運)은 한강을 절대적으로 활용하였다. 이러한 현상은 그 이전 시대인 고려나 남북국시대, 삼국시대에도 거의 유사했을 것이다. 그리하여 강변에는 많은 나루(津)와 포구 등이 있었다. 조선시대에 한강에 광나루(廣津)·삼밭나루(三田渡)·서빙고나루(西氷庫津)·동작나루(銅雀津)·노들나루(露梁津)·삼개나루(麻浦津)·서강나루(西江津)·양화나루(楊花津) 등이 개설되어 있었는데, 특히 광나루·삼밭나루·서빙고나루·동작나루·노들나루는 5강진로(江津路)라고 하여 중요 교통로(交通路)로서 이용되고 있었다.[22]

---

21 河系網의 이론에 대해서는 權赫在, 『地形學』, 법문사, 1991, pp.108~117 참조.

이러한 지리·지형적인 조건으로 인하여 한강 하류에는 정치세력들이 일찍부터 태동하였고, 강력하게 발전하였다. 양평·가평 등에서 구석기유적이, 하남시의 미사동, 강동구의 암사동 풍납동에서 신석기유적지가 발견되었으며 고인돌들도 한강변에 다수가 분포되어 있다.[23] 또 가장 오래된 벼농사유적이 김포·고양·일산 등 한강변에서 발견되었다. 한강변에는 선사시대부터 인간이 집단적으로 거주하고 있었음을 알 수 있다. 역사시대에 진입하면서 한강하류는 역할과 위상이 더욱 높아졌다.

4. 한성백제의 발전과 해양

백제는 경기만의 한강수계를 중심으로 한 서부해안의 지정학적 조건과 역사적 배경으로 인하여 건국과정부터 해양 및 한강 하류와 깊은 관련이 있다. 졸본부여(卒本扶餘)를 출발한 비류(沸流)와 온조(溫祚)는 어머니인 소서노(召西奴)와 집단을 거느리고 선단을 구성한 후에 압록강하구를 출항한 후에 연근해 항해를 하면서(연안항해도 병행하였다.) 남항(南航)하다가 대동강 하구유역을 외해에서 우회한 다음 경기만의 한 지점으로 상륙하였을 것이다.『삼국사기』백제본기의 이설(異說)에는 비류가 동생과 따르는 무리들을 이끌고 패수와 대수를 건너서(渡浿帶二水) 미추홀(彌鄒忽)에 정착하였다고 하였다.[24] 이때 패수의 위치는 일반적으로 예성강으로 추정하며 대수의 위치를 임진강으로 보고 있다.[25] 그런데 대수를 임진강과 조강(祖江)을 포함한 광범위한 한강 하류지역

---

22 서울特別市史編纂委員會,『漢江史』, 1985, p.401.
23 하문식,「하남지역의 선사문화」,『21세기 하남시의 재발견』, 하남역사문화연구회, 국학자료원, 2001에는 이 부분에 대하여 일제시대부터 발굴된 성과를 정리하고 있다.
24 비류의 이동경로와 정착과정에 관해서는 윤명철,「비류집단의 이동경로와 정착에 대한 검토」,『한민족의 해양활동과 동아지중해』학연문화사, 2002.
25 李丙燾,「百濟의 建國問題와 馬韓中心勢力의 變動」,『韓國古代史』, 박영사, 1976, p.470.

으로 보는 견해도 있다.[26]

한산(漢山)에 이르러 부아악(負兒嶽)에 올라 땅을 살핀 다음에 형인 비류는 자신을 따르는 백성들을 거느리고 미추홀(彌鄒忽)에 가서 살았다. 『삼국사기』에는 '온조(溫祖)가 하남위례성에 도읍을 정하고, 열 명 신하의 보좌를 받아 나라 이름을 십제(十濟)라고 하였다.' 고 하였다. 그 후 천도를 위해 한수(漢水)의 남쪽을 둘러보니 비옥하여 도읍을 정할 만하였다. 그래서 B.C 6년 7월에 하북(河北) 위례성(慰禮城)의 민호(民戶)를 옮기고 9월에 성(城)과 궐(闕)을 세웠다. 다음해인 B.C 5년 정월에 하남(河南) 위례성(慰禮城)으로 천도하였다. 이어 B.C 4년에 새로운 궁을 지었다.

이렇게 한강 하류 및 해안가에서 하항도시 및 해항도시로서 출발한 백제는 처음부터 해양활동과 관심을 기울였고, 국가를 발전시키는 데에 해양을 활용하였다. 온조왕(溫祚王)은 43년(25)에 아산원(牙山原)에서 5일 동안 사냥하였다.[27] 고대사회에서 사냥이란 정교한 정치행위이고, 여러 가지 의미를 골고루 갖춘 일종의 순행이었다. 아산지역은 북으로는 남양만이, 남으로는 내륙(內陸)으로 한번 접어든 만으로서 빠져나가면 덕적군도(德積群島)가 나타난다. 이 곳은 군산 앞에 있는 고군산(古群山)군도와 함께 서해연안을 항해하는데 길목이다. 이 기사를 해양적인 관점에서 판단한다면 온조왕의 목적이 드러난다. 즉 아산일대를 지배하므로써 전략적인 가치가 충분한 서해중부(西海中部) 해상권(海上權)을 장악하려는 의도를 가진 것이다.

7대인 고이왕(古爾王)은 236년 10월에 "서해의 대도에서 군사를 이끌고 사슴 40마리를 쏘아 잡았다."[28] 이 때 서해대도(西海大島)의 위치에 대해서는 영종도 · 덕적도 · 강화도 등으로 추정하고 있다. 그런데 항로와 관련된 해양 지리적인 가치, 백제의 대

---

26 金聖昊, 『沸流百濟와 日本의 國家起源』, 지문사, 1984, pp.42~43에서 몇 가지의 기록과 상황을 통하여 이때 帶水를 祖江으로 보고 있다.
27 『삼국사기』권23, 백제본기, 溫祚王 43年, 「四十三年 秋八月 王田牙山之原 五日」.
28 『삼국사기』권24, 백제본기, 古爾王 3年, 「三年冬十月 王獵西海大島 王手射四十鹿」.

외활동, 고이왕 이후에 전개된 정치적인 상황 등을 고려해 볼 때 강화도일 가능성이 크다. 전기의 중흥군주였던 고이왕은 이 사냥행위를 통해서 백제가 한강하구와 경기만의 핵심지역을 지배하였고, 또 해양기지화 하였음을 대내외적으로 선언한 것이다.

253년에 고구려 오(吳)·촉(蜀)과 함께 복잡한 역학관계를 연출하던 위(魏)는 유주자사(幽州刺史)인 관구검(毌丘儉)으로 하여금 낙랑(樂浪), 대방태수(帶方太守)를 거느리고 고구려(高句麗)를 공격하게 하였다. 이는 고구려와 오와의 동맹관계, 위의 압록강하구 탈취 등의 목적을 위해 시도된 작전이다. 백제는 이 때를 이용하여 진충(眞忠)을 파견하여 낙랑을 공격한 후에 변민(邊民)을 탈취하였다. 이후에 책계왕(責稽王)은 286년도에 고구려가 백제와 혼인동맹을 맺은 대방을 공격하자 군사들을 파견하였다. 대방이 차지한 예성강의 하구유역과 경기만 북부가 지닌 정치적이고 경제적인 이점과 해양활동을 염두에 둔 정치적인 행위였다. 대방은 왜와 위가 교섭하는 중간창구역할을 하였었다. 백제는 이무렵 아차성(阿且城)을 신축하고, 사성(蛇城)을 개축하였다.[29] 이 두 성은 현재 워커힐 뒷산의 아차산성과 건너편의 구산토성(龜山土城)[30] 혹은 풍납토성(風納土城)으로 알려져 있다. 수도권 방어 및 한강방어체제의 필요성이 커졌음을 반영한다. 고구려가 북방과 남방에서 위(魏)·낙랑(樂浪)·대방(帶方) 등 중국세력을 상대로 혈전을 벌이고 있을 때, 백제는 해로를 이용해서 낙랑을 치는 한편 대방과 우호관계를 맺는 한편 중국지역과 직접 관계를 맺으면서 강력한 국가로서 부상하고 있었다.

4세기에 접어들어 동아시아에는 정치적 변동이 발생하고, 특히 중국 지역은 북쪽은 오호(五胡) 십육국(十六國), 남쪽은 동진(東晋)의 건국이라는 대혼란시기가 도래했다. 필연적으로 한반도의 역학관계에 변화가 발생하였다. 결과적으로 4세기 전반 북방에

---

29 『삼국사기』권2, 백제본기, 責稽王 元年.
30 方東仁,「風納里土城의 歷史地理的 檢討」,『白山學報』16호, 1974에서 사성을 구산토성으로 보았다. 吳舜濟,『한성백제사』, 집문당, 1995, p.49 참조.

서의 역학관계(力學關係)는 각국이 해양을 매개로 복잡하게 전개되었다. 고구려는 미천왕(美川王)이 낙랑(313)과 대방(314)을 멸망시켰고 남진정책을 본격적으로 취하였다. 뒤이어 고국원왕(故國原王)은 북서방 전선에서 연(燕) 등과 교전을 하는 한편 남진정책을 적극적으로 추진했다. 즉위 4년에는 평양성을 증축하였다. 한편 백제는 한강 하류의 거점을 확보하면서 한강수계와 서해중부 해안이 가진 군사 · 외교 · 경제적인 이점을 최대한 이용하였다. 4세기에 이르러 근초고왕(近肖古王)은 낙랑과 대방의 멸망으로 정치적으로 진공상태가 된 중서부의 해안지대를 장악하고자 한수(漢水) 북방으로 진출했다.[31] 또한 화북지역과의 외교관계는 물론이고 교역망을 확충하고 독점하려는 경제적 필요성이 커졌기 때문이다.

이러한 상황 속에서 북방진출을 하려는 근초고왕의 의도와 고구려 고국원왕의 남방진출 기도는 황해중부에서 '해양영역의 확보와 탈취'라는 공동의 목표를 놓고 정면충돌을 하였으며, 이는 주로 한강 하류지역과 경기만에서 전개됐다. 백제로서는 대방지역을 확보하면 일본열도부터 산동지역까지 연결되는 기존의 황해연안 교역권의 일부분을 차지할 수 있었다. 또한 동진(東晉)은 건강(健康 : 현 南京)에 수도가 있었으므로 동진과 교섭하려면 대방과 낙랑(樂浪)이 사용하던 황해중부항로를 탈취하고, 해양교두보를 확보하는 일이 필요했다. 그렇다면 이러한 황해연안교역로 중에서 평양지역은 매우 중요한 의미를 가진다.

그런데 개성부근에서 서진시대의 청자호자(靑磁虎子)가 발견되었으며, 몽촌토성에서 서진의 자기가 발견되었다. 『진서』에는 이 시기에 마한으로 알려진 백제제역의 여러 나라들이 서진과 교섭을 하였다는 사실이 있다.

풍납토성은 서울시 송파구 풍납동 일대에 분포하고 있는 대규모 토성유적이다. 1925년의 을축년 대홍수로 성벽의 일부가 붕괴되면서 중국에서 수입한 청동제 초두

---

31 『삼국사기』권24, 백제본기, 近肖古王 26年.

(鐎斗)와 금귀걸이 등 중요 유물이 우연히 출토되어 주목을 받게 되자, 이곳이 백제의 초기 도읍지이자 도성인 하남위례성이라고 주장하는 견해가 발표되었다. 그러나 이병도가 풍납을 '바람드리'라고 하면서 이 성의 성격을 『삼국사기』에 나타나는 사성(蛇城)으로 비정한 이래로 그 견해가 주류를 이루고 있었다. 학계 일각에서 하남위례성일 가능성이 제기되기도 하였다.(김정학) 그런데 최근에 성벽을 조사한 결과 기저부의 폭 40m, 높이가 10m 이상의 대형 판축토성으로 확인되었다.[32] 성 내부에서는 유물들도 많이 출토되었다.[33] 백제 초기의 성격과 수도위치에 대한 논쟁을 재점화시켰다.[34] 더구나 풍납토성에서는 동진의 초두, 청자류와 흑자류 등이 발견됐다. 백제시기 유물이 대량으로 출토된 반면에 고구려 계통 유물은 출토되지 않았다.[35] 원주의 법천리(法川里) 등 한강유역과 그 수계(水系)에서 동진계(東晉系) 도자기(陶磁器)가 발견되었다. 또 동진의 청자노가 석촌동 고분에서 발견됐다. 이는 한강유역의 백제세력이 동진과 교섭하고, 교역을 한 사실을 알려주고 있다.[36] 경기만을 이용하여 황해횡단항로를 개발하므로써 양자강 하구인 건강(建康 : 현 南京)에 수도를 둔 동진과 교섭한 것이다.

『삼국사기』에 의하면 근구수왕(近仇首王), 침류왕(枕流王) 때 까지 동진(東晉)과 사신교류가 있었다.[37] 그렇다면 교섭과정 속에서 백제는 동진의 발달된 해양활동 능력도

---

32 국립문화재연구소, 「풍납토성 발굴조사 현장설명회 자료」, 1999.
  신희권, 「풍납토성의 축조기법과 성격에 대하여」, 『풍납토성 발굴과 그 성과』, 한밭대학교 개교 74주년 기념 학술발표대회 논문집, 2001.
33 권오영, 「4세기 백제의 지방통제방식 일례-동진 청자의 유입경위를 중심으로-」, 『韓國史論』18, 1988.
  권오영, 「풍납토성 출토 외래 유물에 대한 검토」, 『百濟研究』36, 2002, pp25~47.
34 문동석, 「풍납토성 출토 '大夫' 銘에 대하여」, 『百濟研究』36, 2002, p.50.
35 국립문화재연구소, 『風納土城 I -현대연합주택 및 1지구 재건축 부지』, 2001.
36 崔夢龍, 「上古史의 西海交涉史 研究」, 『國史館論叢』3집, 1989, pp.23~25 도표.
  _____, 「考古學的 資料를 통해서 본 黃海交涉史 研究序說」, 『제1회 環黃海韓中交涉史研究 심포지움』, 震檀學會, 1988, p.178~180, 權五榮, 「고고학적 자료를 통해서 본 백제와 중국의 문물교류」, 위의 자료, 尹龍二, 「百濟遺跡發見의 中國陶磁」, 『馬韓 百濟文化研究 成果와 課題』, 제9회 마한 백제문화 국제학술회의 발표요지, 1987.

수용했을 것은 자명하다. 이 시대에 백제가 보유한 해양활동 능력은 왜와 맺은 관계에서 나타난다. 『일본서기』 신공기(神功紀) 기사에 따르면 두 나라 간의 교섭은 근초고왕(近肖古王) 20년(366)에 처음으로 나타난다.[38] 그런데 전남 해안지방에 거점을 둔 마한(馬韓)의 잔여세력들이 해양능력을 보유하고 있을 경우, 그것의 완전한 제압 또는 마한의 협조가 없고서는 중간을 경유하여 왜와 교섭하는 일이 기술적으로 곤란하다. 따라서 마한(馬韓)을 제압한 후에 왜(倭)와 교섭했다는 것은 백제의 해양활동 능력, 그것도 서해 중부해상에 근거지를 둔 해양활동 능력이 매우 뛰어났음을 반증한다.

373년에 백제는 청목령(青木嶺) 일대에 성을 쌓았다. 이어 386년에 백제의 방어체제는 개성 근처인 청목령(青木嶺)으로부터 서쪽으로는 바다에 연이어 있었다.[39] 주요 전선이 예성강 일대였으며 해양방어체제의 일환으로 구축되었음을 알 수 있다.[40] 그런데 고구려에서 광개토대왕이 즉위하면서 경기만의 역학관계에는 급격한 변동이 생겼고, 이는 수도의 위치 및 백제의 흥망과 직접 관련이 되었다. 광개토대왕(廣開土大王)은 2년(392) 7월, 4만의 군사로 백제를 공격하여 석현(石峴) 등 10현(縣)을 함락하고 10월에는 백제의 관미성(關彌城)을 함락시켰다. 『능비문』에 의하면 또 대왕 2, 3, 4년[41]에도 백제와 수차례 전투를 벌이는 등 초기에는 주로 백제와의 전투에 임했다. 물론 이는 고국원왕 말년에 상실한 예성강유역에 대한 지배권을 탈환하기 위한 조치이다. 고구려 또한 광개토대왕이 백제를 일단 제압한 후인 394년에 국남(國南) 7성을 쌓았는데, 이는 경기만 해양방어체제의 일환이었다. 양 국이 평양성과 중부 해안지대를 중심으로 공방전이 벌어진 일련의 사실들은 이 지역의 지정학적인 조건과 전략상으로 보아

---

37 『삼국사기』 권24, 백제본기, 近仇首王 5년조, 枕流王 원년조.
38 『일본서기』 권9 神功紀 攝政 46年.
39 『삼국사기』 권25, 백제본기, 辰斯王 2年.
40 尹明喆, 「경기만 지역의 해양방어체제」, 『고구려산성과 해양방어체제』, 백산출판사, 2000 참조.
41 『삼국사기』 권18, 고구려본기 제6 광개토왕 2, 3, 4년조.

해상권쟁탈의 성격도 있었음을 알려 준다. 더구나 해상권은 양국의 대중외교와 불가분의 관계를 맺고 있었다.

대왕은 6년(396)에는 수군을 투입하여 백제의 58성 700여 촌을 탈취하는 전과를 올렸다.[42] 당시 공파된 성은 경기도를 중심으로 황해도, 충청도 일부지역으로 보인다. 그런데 위치가 밝혀진 성들의 다수가 해안 가까이에 위치하고, 고구려가 수군(水軍)을 이용해 공격했다는 사실을 보면 고구려는 수도인 한성의 공멸과 더불어 서해연안의 요충지들을 점령하고 파괴하므로써 백제의 수군활동을 마비시키고, 대중국 교통로를 탈취하면서 황해 중부연안의 해상권을 장악하려는 의도가 강했다. 그 후 404년에는 백제와 왜 연합군이 전세를 만회할 목적으로 수군을 동원하여 현재 황해도 지역인 대방계를 침입하였으나 왕의 친정군이 궤멸시켰다. 이렇게 해서 경기만과 황해중부해상권을 둘러싸고 벌어진 경쟁체제일부지역으로 패배하였다. 그리고 수도의 위상과 위치에도 변화가 불가피했을것은 자명한 일이다. 여기에는 수도권방어체제의 재편과 나아가서는 수도, 즉 궁성의 이전까지도 고려의 대상이었을 것이다.

최근에 발굴을 통해서 엄청난 규모였음이 밝혀지고 있는 풍납토성은 백제가 초기부터 강력한 국가였고, 교역에 깊은 관심을 기울였으며, 한강변에 위치하여 해양교통과 깊은 관련이 있음을 알려준다. 하항도시적 성격을 지니고 있었으며, 백제전기의 수도였을 가능성이 높다. 하지만 풍납토성은 한강변에 거의 붙어있어 침수와 유실의 위험이 크고, 방어력에 문제가 크다. 광개토대왕 때에 수군작전으로 인하여 이미 그 위험성이 노출된 상태에다가 대규모 도하 상륙작전이 가능해진 현실 속에서 풍납토성이 궁성으로서 기능을 하기에는 무리가 있다. 다만 초기에 궁성의 역할을 하였을 것이며, 후기에는 강변방어체제 겸 궁성을 보위하는 수도권방어체제의 중심성이며, 일종의 교역 등 경제적인 공간으로서 항구도시의 기능을 하였을 것이다.

---

42 '…六年丙申王躬率水軍討伐殘國軍至窠南首攻取壹八城…於是得五一八城村七百….'

5. 맺음말

　본고는 백제국의 해양적인 성격을 국가시스템의 핵심인 수도의 위치와 성격, 역할 등을 통해서 살펴보려는 작업의 일환이다. 한성의 정확한 위치와 성격에 대해서는 다양한 견해들이 있으나, 그 기능을, 특히 해양과 연관하여 구체적으로 언급한 연구성과들이 매우 적다.

　필자는 '동아지중해 모델'과 '해류사관(海陸史觀)'이라는 틀 속에서 한민족의 고대국가들에게 해양은 다양한 면에서 중요한 의미를 지니고 있음을 여러 관점에서 발표해왔다 그 가운데 하나가 도시 및 수도의 해륙적(海陸的) 성격이며, 이와 관련하여 몇 편의 논문을 발표하였다. 백제의 수도인 한성은 웅진・사비와 함께 필자가 주장해왔던 전형적인 항구도시, 그 가운데에서도 하항도시(河港都市), 일종의 강해도시(江海都市)이다. 이를 입증하기 위해서는 우선 백제의 해양적 성격과 함께 그 발전과정을 살펴보아야 한다. 본고는 1단계 작업으로 백제의 해양적 성격과 수도에 해당하는 한성지역이 해양과 어떤 연관성을 지니고 있는지를 살펴보았다.

　백제는 초기 정착과정 및 건국과정, 고구려와 맺은 경쟁체제, 중국지역 및 일본열도와의 정치・군사・경제・문화적인 교류의 필요성, 그리고 한강하구와 경기만이라는 활동의 터로 인하여 해양활동은 활발할 수 밖에 없었다. 이러한 국가의 성격상 수도는 필연적으로 해양과의 연관성이 긴밀할 수 밖에 없었으며, 500년 가까이 수도역할을 담당한 한성지역은 그 구조상 해양과 연관성이 깊은 항구도시의 성격을 지닐 수 밖에 없었다. 다음 작업에서는 이러한 자연환경 및 역사적인 상황과 한성지역의 구조적인 특성을 구체적으로 분석하여 하항구도시적인 성격을 규명할 예정이다. 도시구조 자체의 분석과 교통망, 항로, 항구, 방어체제 등을 구체적으로 조사하여 하나의 유기적인 시스템으로 분석해내는 작업이 필요하다. 필자가 일부의 글에서 시사했듯이 광개토대왕 이전의 궁성은 현재 풍납토성을 중심으로 한 천호동 한강변이며, 그 이후는 지금의 하남시 일대로 추정하고 있다. 두 지역 모두 한강변에 있으며 하구를 통해서 바다와 연결되는 하항도시(河港都市)의 성격을 지니고 있음은 분명하다.

07

삼척지역의 海港도시적 성격과 金異斯夫 선단의 출항지 검토*

1. 서 론

    삼척·동해시 등 동해안의 중부지역은 동해문화권의 형성은 물론이고, 동아시아의 국제관계 및 고구려·신라 기타 세력들 간의 역학관계에 영향을 끼친 지역이다.
    필자는 동해와 연관하여 역사적인 논문들을 발표하였으며, 아울러 동해지역의 21세기적인 의미와 가치에 관한 글들을 발표하였다.[1] 물론 이러한 인식의 출발점이면서 해석의 모델은 고구려 및 신라의 해륙정책이었으며, 그 가운데 하나가 신라의 우산국 공격과 점령이다. 신라가 이러한 정책을 추진했던 본거지가 삼척·동해 및 강릉이 위치한 동해 중부지역이다.
    본고의 목적은 신라의 해양활동 및 우산국 정복과 관련하여 연관하여 삼척 지역이 어떤 형태와 성격을 지녔는가를 살펴보고자 한다. 필자가 전개해 온 해륙사관(海陸

---

* 「삼척동해지역의 해항도시적 성격과 김이사부 선단의 출항지 검토」, 『이사부와 동해』 제 2호, 한국 이사부학회, 2010.
1 윤명철, 「이사부 활약의 역사성과 21세기적 의미」, 삼척시 강원 도민일보. 2008,
    _____, 「김이사부, 우산국정복의 역사적 가치와 21세기적 의미」, 『이사부 그 다이나믹한 동해의 기억, 그리고 내일』, 삼척시·강원발전연구원, 2008.

史觀)²과 연관하여 삼척지역의 구조와 성격을 분석하고, 본고의 주제인 해항도시의 성격과 신라군의 발진기지로서 적합성 여부를 살펴보고자 한다.

이를 위해 제2장에서는 해항도시의 성격과 기능을 본고의 논리전개와 관련지어 간략하게 설명하고자 한다. 이어 본문격인 제3장에서는 삼척지역이 '해항도시'의 개념과 성격에 얼마나 부합한지 여부를 판별하고 검토할 예정이다. 그리고 제 4장에서는 삼척지역이 김이사부 선단의 출항지인 군항이었을 가능성을 3장에서 언급한 틀에 근거해 분석해보고자 한다.

이 글은 해당지역의 지형구조와 자연환경 등을 해양과의 연관성에서 분석하는 만치 주제 이외의 부분은 소략하였다. 그리고 동해중부 일대의 고고학적 발굴과 연구성과, 산성 등 방어체제, 고려시대 이후의 수군활동, 해양환경의 자연과학적 성과 등에 대해서는 전문가들의 연구성과를 인용하였음을 밝힌다.

2. 해항도시의 성격과 기능

우리 역사에서 고대도시를 이해하려면 먼저 역사공간에 대한 심층적인 이해가 필요하다. 필자는 역사공간을 1차적으로 영토나 영역, 정치장소로서 성격을 살펴본 다음에 총체적인 연결망, 즉 네트워크(網中網)의 개념으로 접근한다. 왜냐하면 하나의 공간에서도 중심부와 주변부를 구분하고, 시대와 역할에 따라 모습이 달라져야 한다. 따

---

2 필자는 처음에는 해양의 중요성을 인식하면서 한민족사를 해석하는 방법론으로 '해양사관'을 주창하였다. 윤명철, 「해양사관으로 본 고대국가의 발전과 종언-동아지중해 모델을 통해서-」, 『전국역사학대회』, 역사학회, 2003, 5 ; 「해양사관으로 본 한국고대사의 발전과 종언-동아지중해 모델을 통해서-」, 『한국사 연구』, 한국사연구회, 2003, 12 ; 「한국 고대사 연구의 반성과 대안」, 『단군학 연구』 11, 단군학회, 2004, 9. 하지만 그 후 몇 편의 논문을 통해 설을 수정하면서 '해류사관'으로 확장하고 주창하고, 관련 논문들을 발표하고 있다.

라서 필자는 역사공간을 '터와 다핵(field & multi core) 이론'[3]을 통해서 해석하고 있다. 항성(恒星)에 해당하는 핵(核)은 행정적 기능을 가진 대성(大城)에 해당한다. 교통과 통신의 길목으로서 방사상(放射狀)으로 퍼지는 일종의 허브(hub)형이다. 자체적으로도 존재이유가 있지만, 다른 상태로 전화가 가능하므로 필요에 다라 관리와 조정기능을 할 수 있다. 또한 인체의 穴(경혈)이 경락들을 이어주는 역할을 하는 것과 마찬가지로 집합과 배분기능을 동시에 하면서 문화를 주변으로 이를 공급하는 능력도 있다. 터이론에서는 주변부의 행성(行星)과 위성(衛星)들도 중핵(中核)문화를 모방하거나 변형되고 피동적인 주변부가 아니라 핵인 항성(다른 행성 및 터에도 작용한다.)으로 향하면서 중핵 및 전체 터에 영향을 끼친다. 즉 전입(轉入)과 전파(傳播)가 일방통행이 아니라 하나로 연결되어 환류하면서 영향을 주고 받는다. 여러 요소들이 일방적 관계나 격절된 부분이 아니라 전체가 부분 되고, 부분들이 전체로 되돌아가는 유기적(有機的)인 관계이다. 이러한 '터이론'[4]의 성격과 시스템은 사물, 역사상의 사건, 역사상의 구조 등에도 작동하고, 역사공간인 동아시아 전체, 우리역사의 터, 또는 수도(首都) 및 도시(都市)에도 적용할 수 있다.

이러한 관점에서 동아시아의 역사를 살펴볼 필요가 있다. 동아시아는 자연지리적인 관점에서는 중국이 있는 대륙, 그리고 북방으로 연결되는 대륙의 일부와 한반도,

---

[3] 필자가 개념화한 '터'는 자연·지리·기후 등으로 채워지고 표현되는 단순한 공간은 아니고, 생태계 역사 등이 모두 포함된 총체적인 환경이다.
이러한 이론의 대강은 윤명철, 『역사는 진보하는가』 온누리, 1992, 12를 비롯한 몇몇 논문들이 있다. 「고조선 문화 해석을 위한 역사관의 모색」, 『북방 문화와 한국상고문화의 기원연구』 단국대 북방문화연구소, 2009, 6, 27.
「해양사 연구의 방법론 검토와 제언」, 『해양문화학 학술대회』 목포대학교 도서문화연구소, 2009, 10, 22.
[4] 터이론을 이용하여 역사상의 실제적인 분석한 몇몇 연구가 있다. 졸저, 『고구려는 우리의 미래다』, 고래실, 2004 ; 『장수왕 장보고 그들에게 길을 묻다』, 포럼, 2006 ; 졸고, 「장보고를 통해서 본 경제특구의 역사적 교훈과 가능성」, 남덕우 편, 『경제특구』, 삼성경제연구소, 2003 ; 「동아시아의 해양공간에 관한 재인식과 활용 –동아지중해 모델을 중심으로–」, 『동아시아 고대학』14, 동아시아 고대학회, 경인문화사, 2006.

일본열도로 이루어졌다. 그리고 내부에는 황해·남해·동해·동중국해·타타르해 등의 내해와 강들로 구성되어 있다. 즉 크게는 대륙(大陸)과 해양(海洋)이 만나고 엮어 지는 해륙적(海陸的) 환경의 지역이다. 또한 기후라는 면에서는 온대성·아열대성·아한대성이 섞여 있으며, 생태적으로는 바다와 평원·초원·사막·대삼림과 강 등이 한 터에 공재(共在)하면서면서 구성요소들 간에 상호작용하고 있다. 무엇보다도 생활양식과 혈통과 언어를 달리하는 종족들이 분포되어있고, 정치체제는 중층적이고 복합적이다.[5] 따라서 문화적으로는 한반도를 가운데 둔 채 바다 주변의 주민과 문화들이 상호간에 영향을 주고받는 일종의 '환류(環流)시스템'을 이루고 있었다. 물론 존재양식과 행동권에 따라 역할과 위치는 다르다.

필자는 동아시아의 독특한 자연적이고 문화적인 특성을 설명할 목적으로 동아시아의 내부 '터'이면서 동방문명의 중핵으로서 동아지중해(東亞地中海, EastAsian-Mediterranean-Sea)란 범주를 설정하고 학문적인 모델로서 제시하였다. 이 이론 속에서 몇몇 국가들은 독특하게 대륙과 해양을 유기적으로 연결한 '터' 속에서 생성하고 발전한 해륙국가(海陸國家)였으며, 그 특성을 국가발전전략으로 활용했을 때 발전했다고 주장해왔다.[6] 또한 그 국가들의 수도는 자연환경, 역사적인 계승성, 국제관계를 고려할 때 해륙도시(海陸都市)의 성격을 가졌음을 강조하였다. 그 외에도 중요한 도시들 또는 성들 역시 중핵 또는 허브 역할을 담당한 수도 및 터인 국토전체와 유기적(有機的)

---

5 최근에 발표한 윤명철, 「渤海 유역의 역사문화와 동아시아 세계의 이해- '터(場, field) 이론'의 적용을 통해서-」, 동아시아 고대학회, 2007, 「고구려 문화형성에 작용한 자연환경의 검토-터이론을 통해서-」, 『한민족 연구』4, 2007 등 참고.
6 윤명철, 『海洋史觀으로 본 한국 고대사의 발전과 종언」, 『한국사연구』123, 2003, 「한국사 이해를 위한 몇 가지 제언」, 『한국사학사학회보』9, 한국사학사학회, 2004. 「한국 고대사 연구의 반성과 대안」, 『단군학 연구』11, 단군학회, 2004, 「동아시아의 海洋空間에 관한 再認識과 活用-동아지중해 모델을 중심으로-」, 『동아시아 고대학』14, 동아시아 고대학회, 경인문화사, 2006 기타.

체제(體制)를 가져야하는 만큼 해류적 성격을 가졌을 가능성을 고구려·백제·신라·고려 등의 예를 들어서 언급하였다.[7]

그렇다면 동아지중해 또는 우리 역사터에서 한반도 중부 지역에서는 고대에 어떤 과정을 거쳐서 도시가 발달했으며, 역사의 전개에서 어떤 역할을 담당했을까? 어느 시대를 막론하고 서해안과 남해안을 구체적으로 살펴보면 도시나 촌락들은 지형상으로 육지(陸地)와 강(江)과 해양(海洋)이 연결된 지역, 즉 강가의 나루나 바다의 포구(浦口)에서 형성됐다. 반면에 동해안은 백두대간과 단조로운 해안선, 거친 해양환경으로 인하여 비율이 상대적으로 적었다.

항구도시가 되려면 구체적으로 몇 가지 조건을 갖추어야한다. 첫째로, 양질의 항구(港口)와 부두시설이 구비되어야 한다. 국제관계에서 해양교섭이 주를 이루는 상황에서는 사신선을 비롯한 군선 등 각종 선박들이 발착(發着)하는 훌륭한 항구시설이 필요했다. 고구려는 두 번째 수도인 국내성 궁궐의 남쪽 벽어 돌로 쌓은 부두시설이 있었다고 한다.[8] 압록강 하구에는 외항(外港)이 있었는데, 여러 기록들을 고려할 때 서안평성(西安平城)과 박작성(泊灼城)이 있는 박작구(泊灼口)였을 것이다. 1920년 대에 단동시(丹東市)에서도 부두석축시설이 드러났는데, 축조한 시대는 확인할 수 없지만 고구려 시대의 것으로 추정한다.[9] 백제는 한성시대에 풍납(風納)토성에 항구는 물론이고, 양질

---

7 윤명철,「고구려 수도의 海陸的 성격 검토 -江海都市論을 중심으로-」, 『백산학보』80호, 2008, 4.
　　　,「백제 수도 한성의 해양적 연관성 검토1」, 『위례문화』11·12합본호, 하남문화원, 2009.
　　　,「서산의 해항도시적인 성격 검토」, 『서산문화춘추』5, 서산문화발전연구원, 2009.
　　　,「경주의 해항도시적 성격에 대한 검토」, 『동아시아 고대학』20집, 2009.
　　　,「서울지역의 江海都市의 성격검토」, 『2010.동아시아 고대학회 학술발표대회』, 동아시아 고대학회, 2010. 06. 05.
8 손영종, 『고구려사』2, 과학백과사전종합출판사. 1997, p.39.
　『文物』1984-1기, pp.39~40.
9 손영종, 『고구려사』2, 과학백과사전종합출판사, 1997, p.39.

의 부두시설이 있었을 가능성이 높다. 또한 외항역할을 했을 것으로 추정되는 관미성(關彌城)이 한강하구 또는 강화도에 있었으며 인천지역에도 한진(大津)[10]등의 외항이 있었다. 마찬가지로 해안가의 소국들은 시설이 훌륭한 부두가 있어야 하며, 큰 소국이거나 도시가 내륙으로 들어온 지역일 경우에는 바다와 만나는 곳에 외항(外航)을 따로 구비해야 한다.

둘째는 교통의 발달, 특히 대외항로와 쉽게 연결되어야 한다. 수도나 도시가 교통의 결절점에 있어야 함은 앞에서 언급하였다. 그런데 우리지역처럼 해륙적인 환경 속에서, 또한 국가가 해양을 중요시하는 정책을 취할 경우에는 육로교통(陸路交通)도 중요하지만 내륙수로교통(內陸水路交通)에도 적합해야 한다.

강은 일반적으로 물자를 운반하는 데에 편리하고 수송량이 많기 때문에 물자를 유통시키는 물류망(物流網)으로 절대적인 역할을 담당했다. 또한 내륙수로(內陸水路)와 육로(陸路)를 연결한 후 해로(海路)와 통합되어 공급지와 수요지, 그리고 집결지를 연결시켜 주기에 적합한 역할을 한다. 그리고 구릉성산지가 발달한 노년기지형에다 강이 발달한 한반도에서는 강을 장악하면 정치적으로 내륙을 통합(統合)하는 데 유리하고, 물류도 원활하게 이루어진다. 하나의 생활권, 경제권을 만들면서 자연스럽게 내륙의 정치적인 통일(統一)을 이루는데 효율성이 높다.

또한 모든 지역이 바다와 연결될 뿐 아니라 대외적으로 교섭을 할 필요가 있으므로 항구와 가깝고 해양교통에도 유리해야 한다. 일본 고대사에서 소국(小國)들의 위치 선정이 해양과 관련있음을 각국 간의 거리를 계산해서 추정한 연구가 있다. 송지정근(松枝正根) 씨의 계산법은 다음과 같다. 해류인 흑조(黑潮)는 평균 2~4km이다. 이때 노꾼 10인으로서 항해거리를 계산한다면 4노트로서 1일 8시간 항해하여, 1일 항해거리는 약 32마일(약 59km)이 된다. 이 거리를 중시한다면 수도(首都)라고 생각되는 지점에

---

10 인천시 남구의 옥련동에 있는 凌虛臺 자리.

서 약 60km마다에 항(港)이 발전해야만 한다. 그런데 씨는 위 계산법에 의거해 항로와 거리 일수 등을 열거하면서 유적의 분포와 일치함을 주장하고 있다.[11]

세 번째는 군사력과 해양방어체제가 갖추어져야 한다. 우리 역사 터의 자연환경과 지형을 고려할 때 도시란 해양군사적인 측면에서 몇 가지 조건이 필요하다. 그 가운데 하나는 수군을 양성하고, 적절하게 이용할 수 있어야 한다. 백제시대까지만 살펴보더라도 수군 작전과 연관된 사건들이 벌어졌을 가능성은 여러 번 있었다. 이러한 상황에서 수군활동과 연관해서 주변에 조선용 숲, 조선소를 비롯하여 수군함대기지 등을 설치하는 장소가 필요했다.

그런데 바다와 너무 가까운 해항도시 또는 내륙으로 일부 들어간 '강해도시(江海都市)'는 해양으로 진출하는데 강점으로 작용할 수 있지만, 동시에 수비의 약점이 될 수 있다. 특히 대규모의 상륙군이 급습을 한다면 해양의 메카니즘상 본질적으로 방어상에 문제가 노출된다. 따라서 도시는 방어적인 측면에서 강변방어체제(江邊防禦體制)[12] 및 해양방어체제(海洋防禦體制)[13]와 유기적인 시스템을 구축해야 한다. 서해안처럼 리아스식 해안이 발달한 곳은 곶(串)과 포(浦), 만(灣)이 많아 장소와 전술적인 목적을 고려하여 '곶성(串城)'·'포구성(浦口城)'·'진성(津城)'을 쌓는다. 이는 동해의 경우에도 비록 그 숫자는 적지만 똑같이 적용된다. 만 전체를 주변지역과의 유기적인 관계 속에서 작전을 수행하기 위하여 반도의 한가운데, 반도와 육지가 이어지는 부분, 내륙

---

11 松枝正根, 『古代日本の軍事航海史』上, カナ書房, 1994, p.191, p.192.
　일본고대소국의 완성과정에 관한 해양적 연관성은 윤명철, 『동아지중해와 고대일본』, 청노루, 1996 참조.
12 윤명철, 「한강 고대 강변 방어체제 연구-한강하류지역을 중심으로-」, 『향토서울』61, 서울시사편찬위원회, 2001, 「고대 한강 강변방어체제연구 2」, 『鄕土서울』64호, 서울시사편찬위원회, 2004, 「국내성의 압록강 방어체제연구」, 『고구려 연구』15집, 고구려연구회, 2003.
13 해양방어체제의 성격과 기능에 대하여는 윤명철, 「江華지역의 해양방어체제연구-關彌城 위치와 관련하여」, 『사학연구』58·59 합집호, 1999 및 신형식 등의 공저인 「경기만 지역의 해양방어체제」, 『고구려 산성과 해양방어체제』, 백산출판사, 2000 참조.

에 있는 대성(大城) 내지 치소(治所)와 이어지는 곳에는 규모가 큰 거점성을 건설한다. 조선시대에 설치한 진성(鎭城)들의 일부는 이러한 성격을 지녔다. 이외에도 조선을 하는데 필수적인 숲의 존재 등도 항구도시가 성립되는데 고려해야 할 요소가운데 하나이다.[14]

이러한 다양한 조건을 갖춘 곳은 대체로 하항도시, 해항도시의 역할을 했다. 역사시대에 들어오자 각 나라들은 해양의 중요성을 실감하고 점유한 지역을 중심으로 치밀하고 복합적이며, 다양한 해양관련시설을 구축하였는데, 그 가운데 하나가 일종의 항구역할을 하는 포구(浦口)나 진(津)이다. 삼한(三韓) 78개국의 상당수가 강하구(江河口)나 해안가 가까이 위치해 있다. 물론 실질국을 비롯한 동해가의 소국들도 마찬가지였다.

따라서 소국들은 해양문화가 발달했고, 만안이나 나루, 포구 등에서 정치적으로 성장하고 교역을 통해서 번창한 '도시국가' 의 성격을 가지고 있었다. 일종의 '나루국가' 였다. 유사한 시대에 일본의 노국(奴國)·말로국(末盧國)·이도국(伊都國) 등은 그러한 해항도시국가(海港都市國家)였을 것이다.[15] 이 때 소국(小國)을 소위 고대국가나 근대국가에서 이해하는 국가개념으로 파악할 필요는 없다. 우두머리 무덤 혹은 수장묘의 존재와 그 위치 확인은 대체로 읍락(邑落)과 나라(國) 수준의 지역집단에서 가능한 바 중심지 역시 읍락이상의 지역집단에서나 찾을 수 있는 것이다.[16]

역사가 발전하면서 해양거점을 중심으로 형성된 정치세력은 해양도시국가를 수

---

14 조선용 목재의 중요성과 그것이 국가의 흥망과 연관된 부분은 존 펄린 지음, 송명규 옮김, 『숲의 서사시』, 따님, 2006 참조.
15 윤명철, 「한반도 서남해안의 海洋歷史的 환경에 대한 검토」, 전주박물관 죽막동유적학술회의, 1995.
   윤명철, 『동아지중해와 고대일본』, 청노루, 1996, pp.93~94.
16 이청규는 「경주 고분으로 본 신라 1000년」, 『역사비평』 p.280에서 "대체로 산천을 경계로 하는 지리적 범위에 다수의 마을이 모여 고대 문헌기록에 나타난 읍락(邑落)을 구성한 것으로 이해된다. 다수의 읍락이 모여 일정한 네트워크를 구축하여 일정한 지역집단 혹은 정치체제를 결성하게 되면 이른바 '국(國)' 이 된다." 라고 하였다. 이는 필자가 주장해온 삼한 소국들의 해양도시국가의 개념과 유사한 부분이 있다.

도인 중핵으로 삼아 영역을 확장시켜가면서 고대국가로 성장하였다. 이러한 예는 왕험성(王險城) · 국내성(國內城) · 평양성(平壤城) · 한성(漢城) 및 ㅁ추홀(彌鄒忽) · 웅진성(熊津城) · 사비성(泗泚城) · 금성(金城) · 상경성(上京城) · 개경(開京) · 한양(漢陽) 등이 되며, 중국에서는 남경(南京) 및 항주(杭州), 일본의 오사카(옛 難波) 등이 해당된다. 그리고 이러한 조건에 걸맞지 않거나 이러한 환경을 적절하게 활용하지 못한 경우에는 역사에서 중심부의 역할을 담당할 수 없었다.

　해항도시가 되려면 또한 도시의 일반적인 조건인 정치 · 행정의 중심지이어야 하며, 시장 등 상업지구가 발달해야 한다. 그 외에 대외교류의 흔적들이 구체적으로 나와야 하며, 특히 역사발전과 직접적인 관계를 맺어야한다.

3. 삼척지역의 해항도시(海港都市)적 성격 검토

　동해의 현재 해안선은 약 8000년 경 부터 4000년 경 사이에 형성되었으며, 약 6000~4000년 전에는 현재보다 온난한 기후였으므로 수면이 4~5m 높다는 주장도 있다. 해안선이 비교적 단조롭고, 해안선으로부터 서쪽으로 해발 1,000m 이상의 태백산맥 능선이 발달해서 평지가 부족하다. 따라서 농경이 발달하지 못했으며, 인구 또한 집중되지 못했다. 대륙붕이 짧아 수심이 갑자기 깊어져 인간이 접근하는데 어려움을 느낀다. 또한 바다에 섬들이 적고 원양에 노출되었으며, 파도의 영향이 커서 무동력으로 항해하기에 불편하다. 뿐만 아니라 조석 간만의 차이가 거의 없어 어장이 발달하지 못했다. 이러한 조건들 때문에 인간이 거주하는 생활영역이 적고, 해양문화가 발달하는 데에 호조건은 아니다. 이렇게 동해안은 해양과 육지라는 양측면 모두 남해나 서해 등 다른 해역에 비하여 상대적으로 주민과 문화의 교류(交流)와 만남이 적었고, 문화가 활성화되지 못했다. 이를 이용하는 해상세력도 크게 존재하지 않았다. 삼척은 이러한

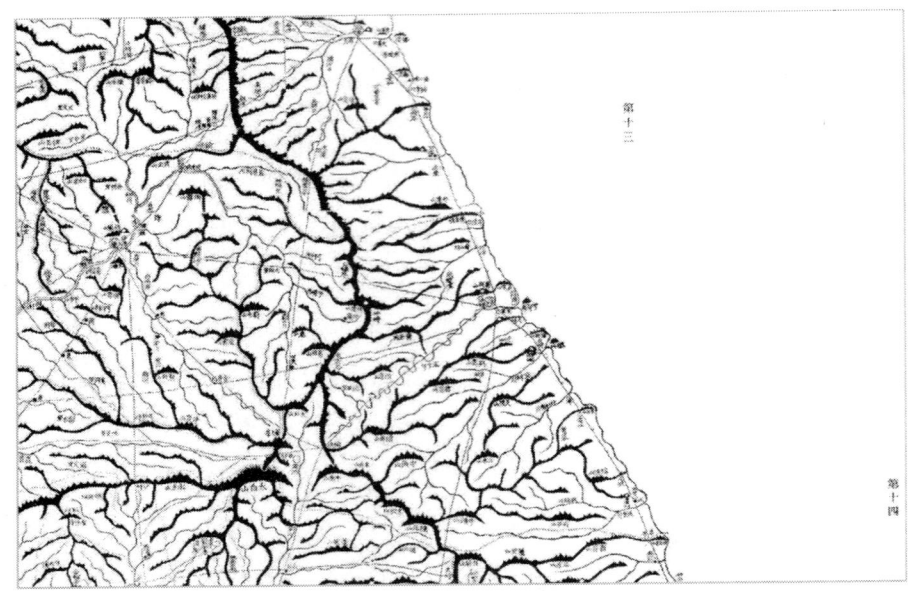

|그림 1| 대동여지도

환경을 지닌 동해안의 중간에 위치하면서 거점도시로서 발전하였다.

중요한 거점 도시는 주변지역의 경제중심지 역할을 담당한다. 고대에는 내부에서 다양한 형태의 생산이 이루어지고 물자(物資)의 집결(集結)이 용이한 곳도 도시이다. 따라서 근대 이전에는 국가나 대도시들이 농경이나 어로 등 생활상의 이익을 위해 강 주변이나 바다 가까이 있는 것이 유리하다. 삼척지역은 동해와 백두대간의 중간 부분이 중간지대가 없이 직접 마주치는 접점이다. 동해 중부해역은 한류와 난류가 교류하면서 어족이 다양하고 풍부한 곳이다. 이는 고대에도 동일한 현상이었으며,[17] 이는 거점

---

17 『신증동국여지승람』-김 · 미역 · 전복 · 홍합 · 문어 · 방어 · 연어 · 송어 · 대구(大口魚) · 숭어 · 황어 · 고등어 · 은어(銀口魚) · 넙치 · 적어(赤魚) · 해삼.
심의승 엮음, 배재홍 옮김, 『국역 삼척군지』, 삼척시립박물관, 2009-미역 · 해태 · 해삼 · 멸치 · 도미 · 대구 · 삼치 · 고등어 · 상어 · 방어 · 게 등, 오십천에서는 연어와 은어도 많이 생산된다.

도시로 성장하는데 한 역할을 담당하였을 것이다.

그 외에 염전업이 발달하여 근덕면(近德面)에는 염전 5~6개소에서 제염이 왕성하였다.[18] 개인이 사사로이 염분으로 소금 굽는 것을 허용하고는 세금을 거두었으며, 자염군은 모두 소금 굽는 일에 종사하는 대신에 쌀이나 소금을 납부하였다.[19] 강원도는 백두대간의 줄기들로 구성, 생선 및 소금의 공급이 매우 어려운 상태에서 이 지역의 소금은 경제적 가치가 매우 높아 삼척이 도시로서 성장하는데 큰 역할을 담당하였을 것이다.

고대사회에서 임산물, 특히 목재는 철과 함께 절대적으로 중요한 가치를 지니고 있었다. 1차적인 연료로서 주요한 에너지원이었고, 건축 자재로 활용되었다. 또한 선박을 건조하는 데에 목재는 거의 절대적인 위치를 차지하였다. 옛날 근산 갈야산과 가내곡 등지에는 매우 울창한 송림이 있었다. 약 500년 전 본 읍의 아사 객사 및 누각 건립에 사용할 목재를 벌채하였다.[20] 또한 궁방산은 옛날부터 유명한 국유 봉산(封山)으로 이용되었다.[21] 교곡리 교곡산에서 신라 때 황장목을 벌채하였다는 전설이 있다.[22] 이 외에도 임산물과 관련된 기록들이 있다.[23] 삼척 지역은 경제적인 가치가 높은 목재 자원이 매우 풍부하였다.

거점도시는 교통망이 발달하여 수도를 비롯하여 사방으로 연결될 수 있어야 할 뿐 아니라 물류의 집산지이면서 배급처 역할도 수행할 수 있어야 한다. 해류정책을 추

---

18 『국역 삼척군지』, p.64.
19 『국역 삼척군지』, p.29.
20 『국역 삼척군지』, p.41.
21 『국역 삼척군지』, p.64.
22 『국역 삼척군지』, p.71.
23 『신증동국여지승람』5 제 44권 죽전(竹箭)-부 남쪽 덕산도(德山島)에서 산출된다. 자단향(紫檀香)·안식향(安息香)·오미자(五味子)·회양목(黃楊)·인삼·송이·복령(茯笭)·지황(地黃)·꿀·산무애뱀(白花蛇).

진하는 국가는 육로교통(陸路交通)과 내륙수로교통(內陸水路交通), 해양교통을 종합적으로 발달시켜야 하며, 이는 그 핵이 되는 중요한 거점도시들에게도 동일하게 적용되는 조건이다.

삼척은 동해 중부해안이라는 환경 속에서 교통조건이 비교적 좋은 편이었다. 고구려가 남진정책을 추진하면서 신라를 공격하거나 백제를 공격하는 중간 거점으로 삼을 만한 지리적인 위치에 있다. 이곳을 거쳐 울진, 영해, 영덕, 흥해까지 치고 내려갔다. 특히 수군 및 해양활동과 연관하여서 유리하고 적합한 교통로의 거점지역이다. 고구려가 동해중부 횡단항로를 사용하여 일본열도로 진출하고자 할 때 안정성이 가장 높고 단거리 원양항해구역을 택하는데 적합한 출항지역이다.

반면에 신라로서는 북진정책을 추진하는 중간거점이다. 이미 건국 초기인 102년(파사 이사금 23)에 음즙벌국(音汁伐國)과 실직국(悉直國)을 복속하였기 때문에 이곳까지 교통로가 있었음은 자명하다. 신라는 이때 경주에서 형산강지구대를 통하여 북으로는 울진·삼척일대까지 진출하였다. 즉 신라 왕경인 경주를 중심으로 하는 교통로 중 북쪽은 안강과 포항을 거쳐서 동해안을 따라 북상하였다.[24] 『삼국사기』의 아달라(阿達羅) 이사금 3년조(256)에는 계립령로가 개척되었음을 기록하였다. 그 2년 후인 258년에는 죽령로(竹嶺路)가 개척되었다. 연오랑과 세오녀가 일본열도로 이주 또는 진출하는 무렵이다. 이러한 사실을 보면 신라는 3세기 무렵부터는 관도가 정비되었음을 알 수 있다. 이는 지방 통치조직의 일환이기도 하다.

신라에는 4개의 큰 도로가 있었으며,[25] 동해와 연결됐음을 알 수 있다. 소지 마립간 9년(487)에는 역을 전국적으로 설치하였다. 또한 지방으로 통하는 교통로로서 오문

---

24 金昌謙, 「新羅 中祀의 '四海'와 海洋信仰」, 『한국고대사연구』 47, 2007. 9, p.173.
25 『삼국사기』 권32, 잡지 1, 제사 조.
'四大道祭 東古里 南, 簷幷樹, 西 渚樹, 北 活併岐'.

역(五門驛) 외에 북해통(北海通), 반지통(盤池通), 동해통(東海通), 해남통(海南通), 북요통(北搖通)의 오통(五通)을 개설하였다. 이 가운데 북해도는 수도인 경주지역 또는 울산 포항 등에서 동해연안을 따라서 북상하는 도로일 가능성이 크다. 삼척지역은 지형조건이나 지리 등을 고려할 때 고구려의 남진을 저지하기에 적합하며, 최종 방어선 겸 전진거점이 될 만한 전략적인 거점지역이다.[26] 다음 장에서 언급할 예정이지만 우산국이 있었던 울릉도 지역을 공격하고자 할 때 해양전략적으로 가장 알맞은 조건을 구비한 곳이다. 특히 항로와 관련해서는 더욱 그러하다. 그 외에 삼척지역은 육로로 한반도의 중부지역과 연결이 비교적 용이하다. 서북쪽은 정선군 임계면에, 서쪽은 영월군 동면에 인접하고 있다. 또 서남쪽은 경상북도 봉화군 상동면에, 남쪽은 울진군 북면에 닿아 있다.[27]

이러한 조건들을 구비하면 거점도시로서 성장할 가능성이 높으며, 정치적으로도 중요한 위치를 차지하게 된다.

삼척군은 본래 실직곡국(悉直谷國)이었다. 그런데 파사 이사금 때에 신라에 항복하였다. 이러한 사실을 "부내면(府內面) 사직(史直)은 곧 그 옛 도읍이니 혹 실직곡국(實直谷國)이라고도 한다. 구지(舊地)에 이르기를 "주(州)는 옛 실직씨(悉直氏)의 나라로 한나라 영원(永元) 14년 신라 파사왕 23년, 「102」 임인년에 신라에 항복하였다."[28] 라고 나와있으나, 직접통치영역에 편입된 것으로 볼 수는 없다. 이 무렵 실질국의 영역은 삼척을 중심으로 하여 북쪽으로는 강릉의 예국(穢國, 하슬라)와 국경을 마주하고, 남쪽으

---

26 필자도 언급해왔던 일반적인 견해지만 해당 지역 학자인 車長燮이「이사부 유적과 해양 국방 요충지 삼척」, p.183에서 북쪽에 있는 나라가 삼척을 장악하면 그 남쪽으로 포항에 이르는 동해안은 쉽게 장악할 수 있었으며, 남쪽에 있는 나라가 삼척 장악하면 그 북쪽으로 원산에 이르는 동해안을 쉽게 점령할 수 있었다고 하였다.
27 『국역 삼척군지』, p.17 인용.
28 『국역 삼척군지』, p.15.

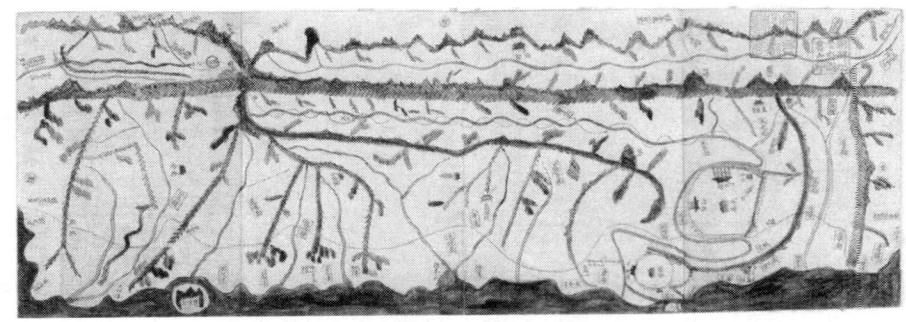

| 그림 2 | 삼척군 근덕면 덕산진

로는 경상북도 포항시 청하에 이르는 동해안 해안지역에 자리하고 있었다. 이는 『삼국사기(三國史記)』卷1 신라본기(新羅本紀)1의 기록에서 확인할 수 있다.[29]

이어 내물왕 40년(395)에 말갈과 교전을 한 사실이 나타난다. 이어 42년(397)에 하슬라주에 흉년이 들었다는 기사가 나오고 있다. 그런데 눌지왕 34년(450)에는 하슬라 성주(城主)가 실직원에서 사냥을 하는 고구려의 변장(邊將)을 엄살(掩殺)하였다는[30] 기록이 나와 이 지역의 정치적인 성격에 혼란을 일으키고 있다. 양국 사이의 갈등은 일시적으로 해소가 되는 듯 하였으나 더욱 심해졌다. 비록 일본서기에만 나와있는 기록이지만 이때 신라는 경주에 상주하고 있었던 고구려 병사들을 진살(盡殺)하였다.[31] 468년에는 고구려가 말갈을 동원하여 실직성(悉直城)을 습격하였고, 신라는 하슬라의 주민을 동원하여 니하(泥河)에 성을 쌓았다. 이 지역을 두고 두 나라 간에 치열한 군사공방이 있었음을 알려준다. 이어 장수왕 69년(481년) 3월에는 고구려가 남진을 하여 미질

---

29 車長燮, 「이사부 유적과 해양 국방 요충지 삼척」, 『이사부 연구 총서, 異斯夫 활약의 역사성과 21세기적 의의』, 삼척시, 강원도민일보, (재)해양문화재단, 2006, p.180.
30 『三國史記』권3 新羅本紀 3
31 『日本書紀』권14 雄略 8년조.

부(彌秩夫 : 興海)까지 진격하였고, 게이타이(繼體)천황 10년과 긴메이(欽明)천황 원년에 일본에 사신을 파견하였다. 이에 신라는 백제와 가야의 도움을 얻어 반격을 가하여 삼척지역을 넘어 강릉지역(泥河)까지 추격하였다. 이 곳을 빼앗기면 고구려가 해안을 따라 공격을 하거나, 수군을 동원하여 신속한 급습작전을 감행할 때 속수무책이 되기 때문이다. 이 무렵 삼척이 고구려 영역이었는지는 분명하지 않다.[32]

당시의 양국관계가 어떻게 급변하고 있는가를 짐작할 수 있는 기록이다. 이 후에 이러한 양국 사이의 긴장 관계 속에서 신라는 자구적인 방비책으로 동해안에 방어성들을 축조하기 시작하였다.[33] 지증왕은 변방(邊方)의 중요한 지역 12개소에 성을 쌓고, 삼척지역에 실직주(悉直州)를 이사부(異斯夫)로 군주(軍主)로 삼았다. 이어 512년에는 강릉지역에 아슬라주(阿瑟羅州)를 설치하였고, 이사부(異斯夫)로 하여금 우산국을 복속시켰다.[34] 이를 동해의 제해권과 동해안 지역 확보와 연관시키는 견해도 있다.[35] 이어 524년(법흥왕 11년)에 울진 봉평에 신라비를 건립한 것을 비롯하여 진흥왕 29년인 568년 고성(高城)에 달홀주(達忽州)를 설치하였다. 결국 6세기 전반에 실직주와 하슬라주는 신라가 북방으로 진출하고 동해중부 해역의 해상권을 장악하는데 거점 역할을 담당한 것이다. 삼척지역은 그 후에도 중요한 거점도시 역할을 담당하였다. "무열왕 5년

---

32 신라와 고구려 간의 갈등에 관하여는 윤명철, 「독도와 해양정책–울릉도와 독도의 해양 역사적 환경검토」, 『1회 해양정책세미나 논집』 2001, 윤명철, 『한민족의 해양활동과 동아지중해』(학연), 2002 및 『한국해양사』(학연)등에서 언급.
33 그 시대 고구려의 국제질서 재편작업과 신라 등과의 역학관계는 졸고, 「長壽王의 南進政策과 東亞地中海 力學關係 고구려 남진경영연구」, 백산학회, 1995, 졸저, 『고구려 해양사 연구』, 사계절, 2003 등에 서술되어 있다.
34 『삼국사기』 신라본기 제4 지중 마립간.
『국역 삼척군지』 "처음으로 실직주를 두고 실직 김이사부를 군주로 삼았고, 경덕왕 19년(760년) 경자년 〈지금으로부터 1,156년 전이다〉 에 삼척군으로 개칭하였다."
35 金晧東, 「삼국시대 新羅의 東海岸 制海權 확보의 의미」, 『이사부 연구 총서, 異斯夫 활약의 역사성과 21세기적 의의』, 삼척시, 강원도민일보, (재)해양문화재단, 2006, p.53.

(658)에는 실직을 북진으로 삼았으며, 경덕왕 19년(760)인 경자년〈지금으로부터 1,156년 전이다〉에 삼척군으로 개칭하였고, 영현을 두었는데, 죽령(竹嶺)·만경(萬卿)·우계(羽谿)·해리(海利) 등이다.[36]

이는 대체로 신라를 중심으로 한 기술인데 반면에 고구려도 이 지역은 고구려에게도 정치적으로 중요하였다. 何瑟羅州 一云河西良 一云河西 …竹峴縣一云奈生於 滿若縣一云沂兮 波利縣--波旦縣一云波豐 …悉直郡一云史直….[37] 또한『신증동국여지승람』에도 기록이 남아있다.

고죽령현(古竹嶺縣): 부 남쪽 1백 9리에 있다. 본래 고구려 죽현현(竹峴縣)이었는데, 신라 경덕왕(景德王)이 죽령(竹嶺)이라 고쳐서 삼척군 속현으로 만들었다. 전해오는 얘기에는, 옥원역(沃原驛)이 이 현의 옛터라 한다.

만경현(滿卿縣): 김부식이 이르기를, '본래 고구려 만약현(滿若縣)인데 경덕왕이 이름을 고쳐서 삼척군 속현으로 만들었다.' 하나, 지금은 자세하지 않다.

해리현(海利縣): 김부식이 이르기를, '본래 고구려 파리현(波利縣)인데 경덕왕이 명칭을 고쳐, 삼척군 속현으로 만들었다.'[38]

이 기록 가운데 만약현은 원덕면에 해당, 해리현은 근덕면에 해당한다.[39] 이러한 기록들은 삼척지역이 해당 시대에는 신라와 고구려 간에 영유권을 놓고 군사적으로

---

36 『삼국사기』권35 잡지 4, 지리 신라 삭주 삼척군.
37 『삼국사기』권 제 37, 잡지 6, 지리 고구려 하슬라주.
38 『신증동국여지승람』5 제44권 〈건치연혁〉.
39 『국역 삼척군지』에는 "구지에 또 이르기를 '우계는 본래 고구려의 우곡현으로 혹 옥당현이라고도 하는데, 신라 경덕왕이 우계현으로 개칭하여 삼척의 영현으로 하였다가 고려 현종년(1018년)에 강릉부로 옮겨 소속되었다.' 고 하였다." 근덕면에 대해서는 "본래 고구려 파리현으로〈원덕면지 참조〉"라고 하였다. "또 해리현을 김부식이가 '고구려의 파리현이다.' 라고 했는데, 교가 서쪽에 고성이 있다." 원덕면에 대해서는 "간혹 말하기를 본 면은 본래 고구려의 만약현이었는데 신라시대 때 만경현으로 개칭하였다. 혹 말하기를 해리현이었는데 신라 경덕왕이 삼척현으로 고쳤다고 하나 상세히는 고증할 수 없다고 하였다. 『국역 삼척군지』, pp.63~77 참조.

치열하게 접전을 벌이면서 혼란스러운 상태에 있었음을 보여준다. 필연적으로 두 나라가 주도하여 쌓은 육상 및 해양 방어체제가 존재했었을 것이다.[40] 그리고 있었음을 시사하는 기록들도 있다. 504년에는 파리성(波里城, 삼척)을 쌓았다. 『삼척군지』를 작성할 무렵의 광태리 신평에는 둘레가 약 70칸이나 되는 성터가 아직도 남아있다는 기술이 있다.[41] 근덕면 하맹방리(下孟芳里)의 구적조에는 동리 서쪽에 자성산(子城山)이 있으며, 토성 옛터는 둘레가 약 18町에 이르는데 신라때 자성첨사가 거주하던 곳이라는 말이 전한다는 기록이 있다.[42] 하지만 현재까지 진행된 발굴성과나 연구성과에서는 확인되지 않고 있다.

그런데 일부에서는 갈야산성 오화리산성(吾火里山城) 등이 신라성일 가능성을 조심스럽게 제기하고 있다.[43] 하지만 고려 및 조선 시대에 축조된 방어체제는 비교적 많다. 『고려사』 세가편에는 삼척현(三陟縣)의 동진수(桐津戍)・임원수(臨遠戍), 열산현(烈山縣 : 杆城)의 영파수(寧波戍), 운암현(雲嵒縣 : 通川)의 천정수(泉井戍) 등 동해 연안에는 곳곳의 수(戍)가 배치되어 있었다.[44] 『신증동국여지승람』에는 조선시대의 방어체제 상황을 다

---

40 신라의 해양방어체제에 관하여는 윤명철, 「경주의 해항도시적 성격에 대한 검토」, 『동아시아 고대학』20집, 2009 참조.
41 『국역 삼척군지』, p.63.
42 『국역 삼척군지』, p.68.
43 유재춘, 「삼척 지역 일대의 성곽 및 수군 유적 연구」, 『이사부 우산국 편입과 삼척 출항 심포지엄』, 강원도민일보, 삼척시, 2010, p.79. 갈야산성은 …삼척읍내의 서북쪽에 자리잡고 있는 갈야산 위에 축조한 토성이다. 남쪽으로는 오십천이 흐르고, 북쪽으로는 월계촌 고성이 자리잡고 있다. 『여지도서』, 『증보문헌비고』, 『대동지지』 등에 나타나는데, 이 가운데 『증보문헌비고』에서는 '북 2리의 산위에 있는 고성으로, 성 안에는 옛 우물이 있는데 세상에 전하기를 실직국 시대의 御井이라고 한다" 라고 인용하면서 갈야산성이 신라가 삼척을 장악한 후에 사용되었고, 1995년 갈야산 정상부 일대에 토성 기저부에서 신라고분이 확인되었다고 기술하고 있다. 또한 p.80에서는 문제가 되는 吾火里 山城을 언급하면서 경작지에서 많은 신라토기편, 고려시대 질그릇편, 기와편들이 산재하고 있어 당시 또 다른 건물지가 있었던 것으로 보인다.~신라의 북방 진출과 관련하여 또 고려시대 이후 동여진 침입이나 왜구 침입에 대비한 성곽유적이다. 수구 운용과 관련하여서는 오분항과 밀접한 관련이 있는 유적이다.라고 기술하고 있다.
44 유재춘, 「삼척 지역 일대의 성곽 및 수군 유적 연구」, 『이사부 우산국 편입과 삼척 출항 심포지엄』, 강원

음처럼 기록하고 있다. 옥원성(沃原城)은 토축이며 둘레는 5백 7척, 높이는 8척이다. 가곡산 봉수(可谷山 烽燧)는 부의 남쪽 백 6리에 있다. 남쪽으로 울진(蔚珍) 항출도산(恒出道山)에 응하고, 북쪽으로 임원산(臨院山)과 응한다. 광진산은 봉수 북쪽으로 강릉 우계현(羽溪縣)의 어달산(於達山)에 응하고, 남쪽으로 양야산과 응한다. 그리고 오화리(吾火里) 산성은 부의 남쪽 9리에 있으며 토축이며, 둘레가 1천 8백 70척이고 성안에 샘 하나가 있다. 이러한 기록들에는 이 지역에 고구려와 신라가 성을 쌓았음을 알리는 내용이 보이지 않는다.[45]

이러한 조건으로 인하여 삼척지역에는 주민들이 거주하였으며, 그 가운데는 정치적인 실력자들이 존재했다. 동해안의 중부지역에는 신라 고분들이 분포하고 있다. 양양지역, 강릉지역, 동해지역을 비롯하여 삼척지역에는 갈야산고분군, 궁촌리고분군, 사직동고분군, 원당동고분군 등이 있다. 이러한 고분들을 축조한 시기는 황남대총 남분 단계와 북분 단계부터라고 하는 견해가 있는데, 동해안 전역이 신라의 영향권에 들어가는 것으로 보인다고 한다.[46] 특히 삼척지역은 이러한 환경으로 인하여 신라 사회에서는 국가적인 신앙공간으로서 중요한 역할도 하였다. 일반적으로 전근대 사회에서 국경지역의 도시들이나 해양과 마주한 도시들은 외래신앙이나 해양신앙이 발달하였다. 신라는 산대천제사로서 대사(大祀)·중사(中祀)·소사(小祀)가 있었다. 중사의 사해(四海)는 바다에 대한 국가제사였는데, 그 위치는 다음과 같다. 동은 아등변(阿等邊),

---

도민일보, 삼척시, 2010, p.76. '현재 삼척지역에는 10개소의 성곽유적이 있다.'
유재춘, 「강원지역 관방유적의 연구현황과 과제」, 『학예지』제8호, 육군사관학교 육군박물관, 2001.
유재춘, 『韓國中世築城史研究』, 경인문화사, 2003.

45 출항지와 관련한 지역별 유적과 유물 검토는 이상수(「유적과 유물로 본 이사부 출항지 검토」, 『이사부 우산국 편입과 삼척 출항 심포지엄』, 강원도민일보, 삼척시, 2010.)에 의해 종합적으로 정리되었다.
46 이 부분에 관해서는 홍영호가 본고의 주제와 연관하여 자료를 정리하였다. 「6~7세기 고고자료로 본 동해안과 울릉도」, 『이사부와 동해』, 창간호 21010, 2 한국이사부학회, pp.185~189 참조. 양양, 강릉, 등해, 삼척지역 등. p.191. 특히 삼척지역에는 원당동고분, 궁촌리고분, 사직동고분 등이 있다.

남은 형변(兄邊), 서는 미릉변(未陵邊), 북은 비례산(非禮山)[47]이다. 비례산은 삼척지역에 있는데, 신라 사해 중 북해의 제장으로 편제된 것이다. 이를 보면 신라시대에 실직지역은 신라의 북쪽 바다, 즉 동해의 중부 이북지역을 경영하는 중요 거점이면서 바다로 나가는 출발지였음을 알 수 있다.[48]

이상과 같이 필자가 설정한 해항도시의 조건과 관련하여 고대의 삼척지역을 살펴보았다.

삼척지역은 정치·경제군사·문화적으로 동해 중부지역의 거점도시역할을 담당하였다. 육지와 해양, 육로와 해로를 입체적으로 활용하였으며, 특히 항구 및 항로를 활용하여 남북으로 이어지는 연근해항로는 물론이고, 동해 중간의 울릉도, 동해너머의 일본열도로 건너가는 거점으로서 해항도시의 역할을 하였다.

4. 김이사부 선단의 출항지 검토

고대에 해항도시의 성격을 지닌 삼척지역은 우산국을 공격하는 출항지로서 가능성이 있을까? 출항지로서 거론되는 지역은 삼척지역과 함께 강릉지역이 있다. 똑같이 동해중부 해안에 위치해있고, 유사한 자연환경을 갖고 있으며, 정치·군사적으로도 비중이 비슷한 지역들이다.[49] 본고에서는 삼척지역일 가능성을 놓고 그 타당성 여부

---

47 『삼국사기』권32, 잡지1, 《大東地志》에는 "비례산(非禮山) 신라 사전(祀典)에 이르기를, "실직군(悉直郡)에 있으며 북해(北海)이므로 중사(中祀)에 실려 있다." 하였는데, 지금은 자세하지 않다."
48 金昌謙, 「新羅 中祀의 '四海'와 海洋信仰」, 『한국고대사연구』47, 2007, 9, pp.168~169에서 "다른 국가제장과 더불어 신라 국토 전체를 방사선형의 거미줄처럼 편제한 구조에서, 육지에서 바다로 진출하는 교통상 중요한 네 곳의 거점이었던 것이다."라고 하여 해양과 관련된 국가신앙이 삼척지역에서 받들어졌으며, p.180에서 국가 성장과 발전과정에서 영역확장과 영토의식의 확립에 따른 사방 교통로의 설치와 불가분의 관계가 있다고 주장하였다.

를 검증해보고자 한다.

　우선 동해중부해안을 출항지로 삼아 신라수군이 공격하는 우산국에 대해서 살펴 볼 필요가 있다. 즉 역사적인 위상과 우산국의 자연환경 등을 비롯한 군사적인 환경이 다 이에 따라 신라군의 전력, 군대편제, 조선공사, 수군력 등을 결정하기 때문이다. 특히 공격군의 출항지를 선정하는데 매우 중요한 고려요소가 된다. 하지만 본고에서는 삼척지역의 성격과 출항지로서의 검토라는 주제에 충실하고자 우산국 자체와 울릉도의 환경에 대해서는 약술하고자 한다.

　울릉도(鬱陵島)는 넓이 72.56km², 해안선의 둘레는 44km이다. 그리고 부속도서로서 바로 옆에 있는 죽도와 독도가 있다. 울릉도에는 이미 선사시대부터 사람이 거주하고 있었다. 일제시대부터 일본학자인 도리이(鳥居龍藏)를 비롯하여 석기시대의 흔적을 주장하였다. 최근에 토기들이 발견되었는데, 본토의 철기시대 전기 말경(기원전 300년경), 아무리 늦어도 서력기원 전후의 전형적인 무문토기이다. 또 남서동(南西洞)의 성혈(性穴)이 있는 바위는 지석묘(支石墓)의 덮개석일 가능성이 있는데, 현포동(縣浦洞)에서 수습된 무문토기와 같은 시기에 형성되었을 가능성이 높다.[50] 물론 이 설에 대해서는 약간의 이견도 있고, 전에는 고인돌 등이 발견되지 않는다고 하였다. 그러나 최근의

49　손승철, 「이사부 출항지 규명과 지역민 역할」, 『이사부 우산국 편입과 삼척 출항 심포지엄』, 강원도민일보, 삼척시, 2010.에서 이에 대한 몇 가지 소개와 반론을 싣고 있다. p.15에서는 "강원원주대학교 공동연구팀은 구체적인 논문을 통하여 남대천하구 또는 안목항으로 주목했다."라고 하였으며, 이어 p.17에서 李盛周의 글(「군주 이사부에 의한 울릉도정벌의 역사적 맥락 재구성」, 『신라의 동해안 진출과 하슬라 군주 이사부의 우산국 복속』(강릉원주대학교 인문학 연구소, 2010, 3, 해람기획, p 112.)을 이용하여 '남대천 포구인 江門津里 즉 안목항은 당시 하슬라의 제일의 관문이었을 것으로 보았다. 이렇게 볼 때, 속칭 젠주 前主로도 불리는 지금의 안목항은 하슬라주의 이사부군주의 제일의 군항이었으며, 우산국 복속을 위한 출항기지로 주목되었다.' 고 인용했다. 그 외에도 홍영호(「6~7세기 고고자료로 본 동해안과 울릉도」, 『이사부와 동해』, 창간호, 한국이사부학회, 2010, 2) 비롯하여 여러 학자들이 강릉지역을 주목하고 있다.

50　『鬱陵島 地表調査 報告書 1』, 서울대학교 박물관 학술총서 6, 1997, p.48.

조사(1998년)를 통하여 선돌 제사유적지들이 발견된 것으로 보면 이미 역사시대 이전부터 인간이 살았던 것은 틀림없을 것이다. 주민들이 동해를 건너 다녔음을 알 수 있다. 3세기 전반의 상황을 기록한 삼국지(三國志) 위지(魏志) 동이전(東夷傳)에는 바닷가의 노인에게서 들은 동쪽바다의 한 섬 이야기가 있다. 여러 가지 정황을 고려하여 이 동쪽섬이 울릉도인 우산국이라는 이병도(李丙燾)나 이케우치(池內宏)[51]등의 견해가 있다. 물론 울릉도보다 더 먼 곳의 섬을 가리킨 것일 수도 있지만 분명한 것은 그 시대에는 동해를 건너다닐 수 있었다는 사실이다.

우산국인 울릉도는 동해에서 사용된 여러 항로들과 직접 또는 간접으로 관련이 되었다. 고구려·동예·옥저·읍루·발해·여진 등 북쪽지역에 위치했던 국가들은 일본열도로 항해하고자 할 때 동해사단항로, 동해종단항로, 동해중부항로, 동해횡단항로 등을 사용할 수 밖에 없다. 이 때 망망대해에서 천문항법을 사용해야 하는 원양항해에 울릉도와 독도는 자기위치(自己位置) 파악과 항로 설정의 유일한 지표역할을 할 수 있다. 항해민들에게 이러한 중간의 지형지물은 절대적인 의미를 지니고 있다. 뿐만 아니라 울릉도는 중간의 경유 해역 및 피항지 역할을 담당하였을 것이다. 또한 삼림 등을 비롯하여 경제적인 가치가 풍부한 곳이었다. 이러한 곳에서 성장한 우산국은 해양군사력과 경제력을 보유한 해상세력집단 내지는 소국(小國)일 가능성이 높다.

우해왕과 대마도의 공주인 풍미녀의 혼인과 멸망과정에 관한 설화[52]는 양국이 협력관계를 유지하기 위하여 일종의 혼인동맹을 맺은 것이다. 동해와 남해의 해상에서 두 개의 소국이 나름대로 정치적인 영향력을 행사하고 있었고, 이 소국들은 경제적인 이익을 놓고 심각하게 갈등을 벌인 것이다.[53] 이러한 위상고 능력을 보유한 우산국의

---

51 池內宏,「伊刀の賊」,『滿鮮史硏究 中世 弟 1』, 1933, p.316. 이 글에서 여진 해적과 울릉도 문제에 대해서도 다루고 있다.
52 울릉문화원,『울릉문화』2, pp.146~148 참조.
53 윤명철,「독도와 해양정책-울릉도와 독도의 해양 역사적 환경검토」,『1회 해양정책세미나 논문집』2001.

존재⁵⁴를 놓고 신라국은 다양한 목적을 갖고 정책을 입안한 후 실천했을 것이다. 고구려의 남진저지, 신라의 북진이라는 단순한 목적 외에 신라국의 도약을 위한 국가적인 과제로서 해류정책을 단계적으로 추진하면서 동해중부지역을 거점으로 우산국 복속을 성공시켜야 했다. 따라서 준비과정은 치밀하고 조직적이며, 전략 또한 다양했을 것이다. 본고에서는 출항지로서 가능성을 검증하기 위해 삼척지역과 연관하여 설명하고자 한다.

1) 항구 조건 검토

해항도시가 되기 위해서는 일반적인 도시적인 성격과 구조를 구비함과 동시에 보다 구체적으로 그러한 기능을 수행할 수 있을 정도의 훌륭한 항구를 갖고 있어야 한다. 앞 글에서 살펴본 것 처럼 삼척은 자연환경, 역사기록, 유적과 유물 등을 고려할 때 도시이면서 항구의 기능을 수행하였다. 전 근대에는 어항·상업항·군항 등 기능상에서 분명한 구분이 없었으며, 다만 정치적인 성격을 지녔거나 군항인 경우에는 조금 더 시설을 갖추거나 주변에 군사적인 시설을 겸비하였다. 예를 들면 진관(鎭官)체제, 진(鎭), 수(戍) 등이다. 신라수군이 발진하고, 수군작전을 수행할 수 있는 항구 또는 군항이 되기 위해서는 몇 가지 조건을 구비해야 한다.

(1) 양질의 항(港)과 부두시설을 구비해야 한다.

대규모의 선단이 정박하고 출항할 수 있는 조건을 구비해야 한다. 그러기 위해서

---

54 필자 또한 동해문화권의 설정 등 여러군데에서 언급했지만 金潤坤은 「우산국 우산도인의 해상활동과 韓동해문화권」, 『이사부 연구 총서, 異斯夫 활약의 역사성과 21세기적 의의』, 삼척시, 강원도민일보, (재)해양문화재단, 2006에서 우산국의 존재를 보다 주체적으로 파악하고 있다.

는 다소 큰 규모의 선단(船團)을 보유하고 정박할 수 있는 효율성 높은 부두시설을 갖추어야 한다. 국제관계가 중요시되는 시대나 그러한 역할을 수행해야 할 상황이 도래하면 규모가 큰 사신선을 비롯하여 군선 등 각종 선박들이 발착(發着)하는 훌륭한 접안시설이 필요하다. 특히 항로(航路)가 발달하는 데에는 외항뿐만 아니라 양질의 내항(內港)이 필수적이다.

또한 넓고 안정된 만(灣)이 발달해야하는데, 만의 내부에는 물과 파도의 흐름을 조절할 수 있는 섬들이 존재하거나, 길게 내륙에서 뻗어 나오면서 만을 감싼 지형이 필수적이다. 그런데 『신증동국여지승람』에는 덕산도(德山島)가 부의 남쪽 23리인 교가역(交柯驛) 동쪽 바다 위에 있다고 기술하고 있다. 또한 악천후나 적의 급습을 받았을 때를 대비하여 피항할 수 있는 공간을 확보할 필요가 있다. 동해안은 험악한 겨울환경을 반드시 고려하여 항구를 선택하고 건설해야 한다.

강원도 영동해안은 해안선이 단조롭고 파도가 높아 배의 정박이 용이한 자연적인 포구(浦口)가 많지 않은데다가 포구에 계속 모래가 쌓여 배의 출입이 어려운 문제점이 있다고 한다. 이러한 상황은 과거의 기록에서도 마찬가지였다. "전체가 경사가 심하며, 군내에는 평지가 적어 도처에 산악이 길게 뻗어 있고 높고 낮은 구릉이 솟아 있어 해안 가까이는 험한 낭떠러지를 이룬다. ······해안선은 그 길이가 18리 남짓 되는데 비교적 양호한 항만은 부내면의 정라진과 원덕면의 장호진·임원진 등이니 어선의 정박에 적당하다."[55] 이와 유사한 내용이 『신증동국여지승람』에 있다 장오리포(藏吾里浦)는 부 남쪽 62리에 있다. 내(內)·외(外) 장오리가 있으며, 도두 동해의 배를 대는 곳이다. 척후(斥候)가 있다.[56] 그럼에도 불구하고 삼척지역은 다른 지역에 비하여 이러한 면에서 상대적으로 유리했다.[57]

---

55 『국역 삼척군지』, pp.17~18.
56 『신증동국여지승람』5 제 44권.

(2) 선박건조 및 수리에 용이

고대에 항구를 선정하는 중요한 조건 가운데 하나는 선박건조에 필요한 나무를 조달하는 능력이다. 이 조건에 따라서 항구의 사용도는 물론이고, 치폐가 결정되며, 심지어는 국력이 결정되기도 하였다.[58] 그런 면에서 삼척지역은 매우 좋은 조건을 갖추고 있었다. 소나무, 낙우송, 전나무 등의 침엽수가 풍부해서 선박을 건조하는데 매우 좋은 조건이었으며, 특히 능파성을 고려해 내구력이 강해야 하는 동해용 선박을 건조하는 데에 적합하였다.

동해는 수심이 깊고, 출발항이나 도착항의 해안선이 비교적 단순하여 조류의 영향도 적고 암초도 적다. 따라서 배는 홀수가 비교적 깊은 첨저선(尖底船)에 가까운 형태여야 한다. 또한 강한 바람을 견디어야 하므로 동해에서 운행한 배는 주로 사각에 가깝고 황해나 동중국해의 범선보다는 단순한 형태의 돛을 가지고 있다. 그리고 용골과 키가 발달해야만 한다. 이러한 선박 구조에는 단단한 목재인 침엽수를 사용하는 것이 바림직하다. 이는 울릉도도 동일하였다. 인종 19(1141)년에 명주도(溟州道)의 감창사(監倉使)인 이양실(李陽實)이 왕에게 울릉도(蔚陵島)의 과실과 나뭇잎을 바친 기록이 있다. 고려는 직목사(直木使)를 파견하여 조선(造船)에 쓰일 나무를 이곳에서 구하였다.

기타 무기를 제작하기에도 유리한 환경이어야 한다. 활과 화살은 고대전투에서 매우 유용한 무기인데 삼척지역은 궁간상(弓幹桑 : 활재료인 뽕나무)이 부(府)의 남쪽인 노곡산(蘆谷山)에서 산출되었다.[59] 또한 삼척은 철이 부(府)의 서쪽인 직점(稷岾)에서 산출되었다. 철을 녹여서 무기를 만들고자 할 때 소나무는 훌륭한 연료였다. 그 외에 미미

---

57 유재춘, 「삼척 지역 일대의 성곽 및 수군 유적 연구」, 『이사부 우산국 편입과 삼척 출항 심포지엄』, 강원도민일보, 삼척시, 2010, p.89에서 五十川 河口일대의 자연적인 포구가 삼척포 수군의 기항지로 사용되었다고 한다.
58 이러한 예는 숲의 서사시 등 여러 책에서 나타나고 있다.
59 『신증동국여지승람』5 제 44권 토산.

한 요소일지 모르지만 항구조건에 절대적인 것은 식수조달에 용이해야한다는 점이다. 삼척지역에는 우물 등을 능가하는 천들이 존재했다. 오십천(五十川)은 연장 12리로 소달면 구사리와 대이리에서 발원하여 부내면 정라항에 유입된다. 북천은 연장 5리로 북삼면 삼화 서쪽의 청옥산 동쪽 기슭에서 발원하여 구미리 해구로 흘러들어 간다. 가곡천은 연장 11리로 원덕읍 풍곡 석포령에서 발원하여 월천 해구에 유입되고, 추천은 연장 3리로 근덕면 궁촌리 해구에 각각 흘러들어 간다.[60]

(3) 해양진출과 해양방어체제의 거점

첫째, 수군을 양성하고 이용하는데 편리해야 한다. 수군은 지역과 성격에 따라 다르다. 동해안은 서해안이나 요동만 등과 다른 해양환경을 지니고 있었으므로 동해는 선박은 물론이지만 수군의 성격도 달랐을 것이다. 일반적으로 삼국시대의 경우에는 수군이 지상군과 함께 활동하는 일종의 수륙양면군이었을 것으로 추정한다. 광개토태왕은 396년 병신년에 백제의 왕성 및 경기만을 공략할 때 수군을 거느리고 작전을 벌였다.[61] 신라는 초기부터 해양활동이 활발하였으며 선박을 동원하여 군사작전을 전개하였다. 우산국을 공격하기 위해서는 수군함대기지 등을 설치할 수 있는 장소를 선택하고, 대규모의 군사훈련을 실시할 수 있을 정도의 조건을 구비해야 한다.

둘째, 해양방어체제와 유기적인 시스템을 구축할 수 있는 환경이어야 한다. 우선 적의 상륙을 효과적으로 저지할 수 있는 방어공간이 항구 주변은 물론이고, 주변지역에도 있어야 한다. 고구려는 수군 작전을 벌였던 경험이 있는 만치 수군의 급습 가능성도 염두에 둘 필요가 있다. 그리고 필요시에는 내륙의 산악으로 연결되는 도피로도

---

60 『국역 삼척군지』, p.18.
61 윤명철, 「廣開土大王의 對外政策과 東亞地中海戰略」, 『軍史』 30, 국방군사편찬위원회, 1995.
「高句麗發展期의 海洋活動能力에 대한 檢討, (5-6세기를 중심으로)」 『阜村 申延澈敎授停年退任論叢』 일월서각, 1995 등 참조.

마련되어야 한다. 오화리 산성은 삼척 해안변의 오십천 하구 남단의 해발 98m 정도되는 고성산 위에 위치했는데, 험준한 지형이며, 북편으로는 오십천 하구에 조성된 천연적인 항구가 있다.[62]

오화리 산성은 바로 그 아래쪽에 오분항과 오십천 하구의 천연 포구(浦口)가 위치하고 있어서 수군활동을 지원할 수 있는 적합한 지점이다. 오화리 산성에서는 여러 곳에서 토성벽이 확인되고 있는데, 토성벽에서는 신라토기편이 발견되어 산성과 오분항, 삼척포는 신라의 이사부가 우산국을 정벌할 당시 군사 거점으로 여겨지고 있는 곳이다.[63] 이는 신라의 북방 진출과 관련하여, 또한 고려시대 이후에 동여진의 침입이나 왜구의 침입에 대비한 성곽유적이다.[64] 그 외에 호산리 성지는 그 입지가 신라가 다른 지역에 축조한 산성과 매우 흡사하며 남북으로 하구를 끼고 있어서 배의 정박에도 매우 유리한 곳이라고 한다.[65]

한편 출항지의 후보로 거론되는 강릉지역에는 방내리 토성이 있다. 강릉시 연곡면 방내리에 소재하는데, 축조한 시기는 명확하지 않지만 삼국시대의 토성으로 추정하고 있다. 교허성으로 불리며, 토성 부근에는 신라 고분군들이 산재해있다. 방내리는 1990년에 시행된 발굴조사에서 신라시대의 석곽묘와 석실묘 7기가 조사되었으며, 인근의 영진리에서 2003년에 실시된 시굴조사에서는 5세기 전반으로 추정되는 신라시

---

62 삼척진의 옛 성은 오와〈지금의 오분이다〉 바닷가 지세가 험준한 곳에 자리 잡고 있었는데, 홍무 17년 우왕 10년 「1384」 갑자년에 토성을 쌓았으며 그 둘레는 1,870척이었다. 삼척진에는 수군첨절제영이 있었고, 관할하는 포는 네 개로 월송포 · 울진포 · 대포 · 고성포 등이 있었다. 『국역 삼척군지』, p.16 인용.
63 유재춘, 「삼척 지역 일대의 성곽 및 수군 유적 연구」, 『이사부 우산국 편입과 삼척 출항 심포지엄』, 강원도민일보, 삼척시, 2010, pp.87~88, 강원문화재연구소, 『三陟 廖田山城 기본설계(지표조사) 보고서』, 2001, p.95 인용해서 이러한 견해를 피력하고 있다.
64 유재춘, 위 논문, pp.87~88.
65 유재춘, 위 논문, p.92.

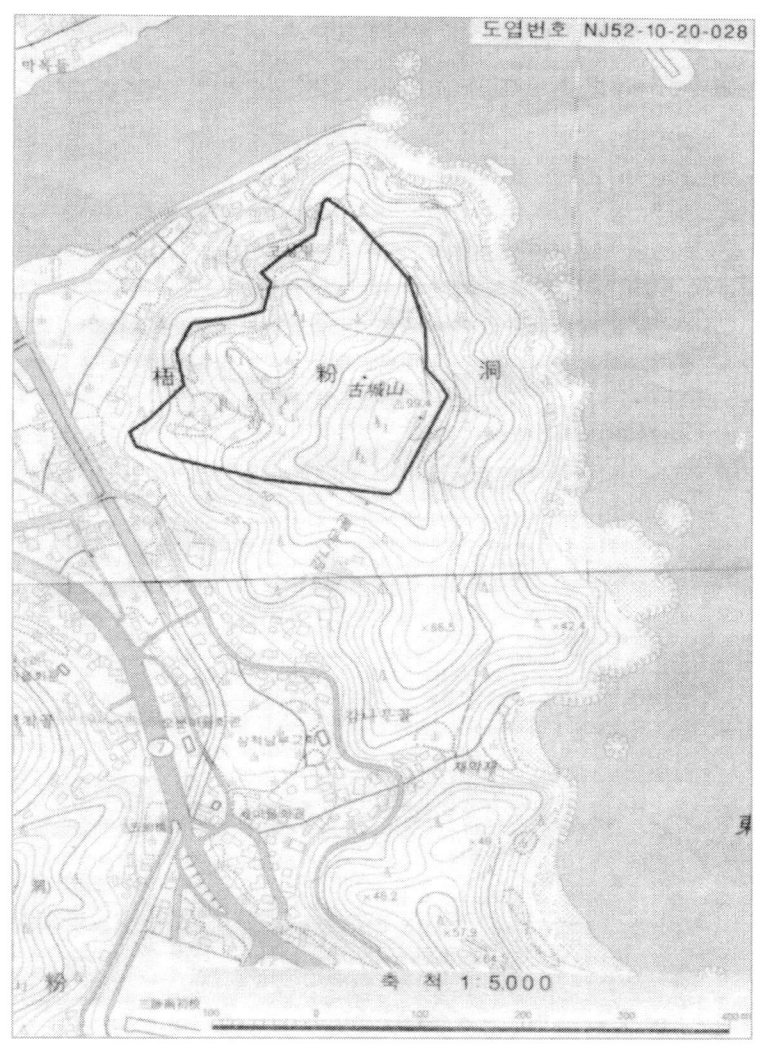

| 그림 3 | 오화리 산성 위치도[66]

---

[66] 이 그림은 재인용한 것이다.

대의 주거지가 조사되었다.[67] 강릉을 비롯한 연곡천 하구는 고대에는 선박의 정박지로 활용되기에 적합한 곳의 하나이다. 강릉지역에서 최고(最古)의 신라유적이 출현한 이후 6세기 전반까지 강릉지역이 위세품의 격이나 고분군의 수효 등에서 다른 지역을 완전히 압도하고 있다.[68]

(4) 교통망의 구축

중앙인 경주지역과 유기적으로 작전을 벌이기 위해서나 울진·강릉 등의 다른 해안지역과 공동의 군사작전을 벌이려면 교통망이 발달해야 한다. 특히 군수물자 등 보급품을 쉽게 조달할 수 있어야 한다. 울진과 강릉은 삼척지역을 거점으로 군사작전을 추진할 때 가능성이 높은 지역이다. 울진 후포항에서 울릉도까지는 98마일이고, 강릉 주문진에서 울릉도까지는 111마일이고, 삼척지역에서는 78마일이다.(국립해양조사원) 이러한 조건들을 고려하면 삼척은 군항으로서 조건을 갖추었다고 볼 수 있다.

2) 항해환경 검토

선단의 출항지로서 항구조건 못지않게 갖추어야 할 중요한 것은 항해환경이다. 즉 항로의 개발과 이용이다. 해양환경은 크게 분류하면 해류·조류·바람, 그리고 시인거리 등이 있다.

〈그림 4〉와 같이 동중국해에서 동북상한 난류(黑潮)가 대마도를 가운데에 두고 통과하는데, 한 흐름은 한반도 남동단을 지나 북북동으로 흘러 원산(元山) 외해(外海)와

---

67 홍영호,「6~7세기 고고자료로 본 동해안과 울릉도」,『이사부와 동해』, 창간호 21010, 2 한국이사부학회, p.185에는 석곽묘로 추정되는 연곡면 방내리 신라시대 5호묘에 대한 설명이 있다.
68 홍영호,「6~7세기 고고자료로 본 동해안과 울릉도」,『이사부와 동해』, 창간호 21010, 2, 한국이사부학회, p.203라고 하여 강릉지역에 무게를 두는 입장을 취하고 있다. 그만큼 강릉지역 또한 군항으로서 중요한 기능이 가능하였다는 인식들을 보여준다.

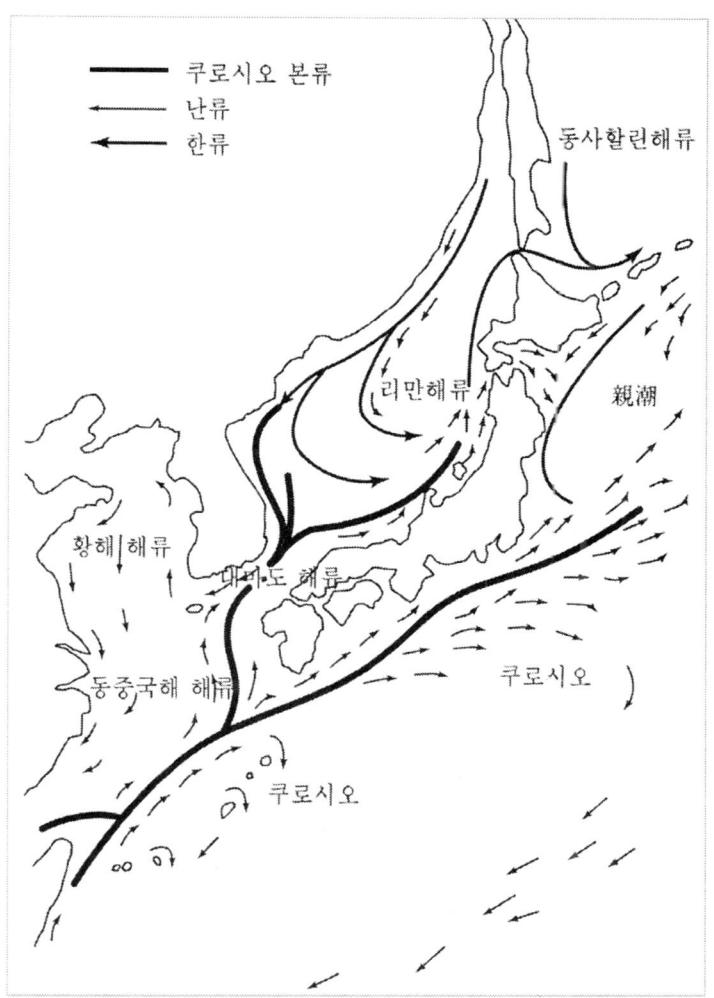

| 그림 4 | 동아시아 海流圖
동아지중해 지역은 한류와 난류가 교차하는 지역으로 해류의 흐름과 함께 문화가 전파되었을 것으로 생각되고 있다

울릉도 부근에 이르러 동쪽으로 전향한다. 리만해류는 연해주의 연안을 통과해서 한반도 동안에 접근해서 남하하고, 서남쪽에서 북상해온 대한난류와 동해의 중남부 해상에서 만나 원산의 외해와 울릉도 부근에 이르러 그 일부는 방향을 동으로 움직여 횡단하다가 북상하다가 노토(能登)반도의 외해에서 대한난류(대마해류)의 주류와 합류한다. 해류를 부분적으로 이용하면서 동해중부 횡단항로를 사용하고자 할 때는 이 곳 해역을 장악해야만 울릉도를 이용해서 일본열도의 시마네(島根)현·돗토리(鳥取)현·후꾸이(福井)현의 여러 곳에 진출할 수 있다. 조류는 협수로나 연안항해인 경우에는 연안항해에 절대적인 영향력을 끼친다. 그런데 동해는 "본 군 연안의 조석간만의 차는 매우 적어 가장 클 때가 높이 1척, 가장 작을 때가 높이 1/2척 내외이다.'[69]라고 할 정도로 조류의 영향이 미미하다.

동아시아는 계절에 따라 바람이 방향성[70]을 가진 계절풍 지대이다. 때문에 바람은 인간의 해상 이동에 상당한 영향을 끼치며, 특히 동해와 연변한 신라의 역사에 직접 영향을 끼쳤다.

바람의 세기와 방향은 항로의 설정과 항해의 성패에 결정적인 요소이다. 따라서 항구나 출발해역을 설정할 때 고려할 수밖에 없다.

삼척지역의 풍위는 일 년 간 통틀어 동·북·남풍이 가장 많으며, 평균 속도는 겨울철 초속 7m 내외, 여름철에 3m 내외를 나타낸다. 구지에 이르기를 "동해의 동·남·북쪽은 넓고 끝이 없어 항상 강한 바람이 많이 불어 파도가 해안에 10장까지 치지만 서풍이 불면 바다가 고요해진다. 그러나 서북풍이 불면 바다가 요동치며, 간혹은 바람이 없는데도 파도가 일기도 한다.[71] 이러한 묘사는 기타 현대의 자료들을 보아도 동일하다.

---

69 『국역 삼척군지』, p.19.
70 金光植, 외 14인, 『한국의 기후』 일지사, p.129.
71 『국역 삼척군지』, p.19.

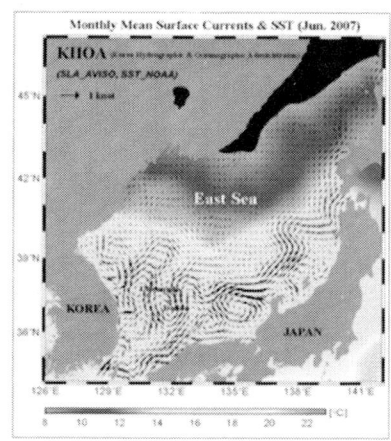
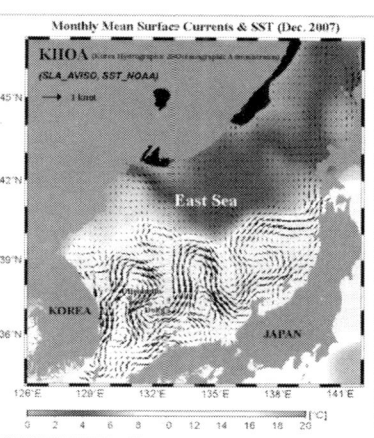

| 그림 5 | 동아시아의 해류도

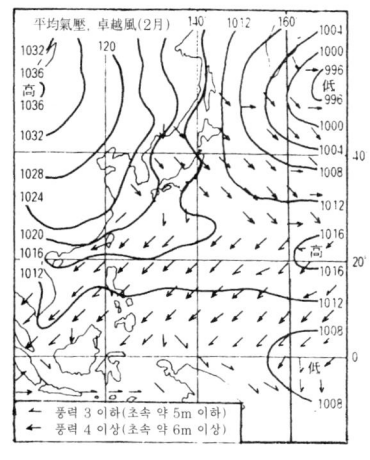
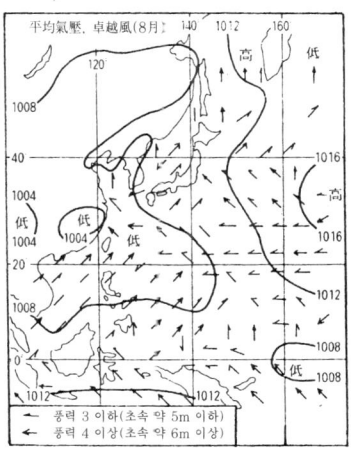

| 그림 6 | 계절풍 도표(왼쪽은 1월, 오른쪽은 5월)

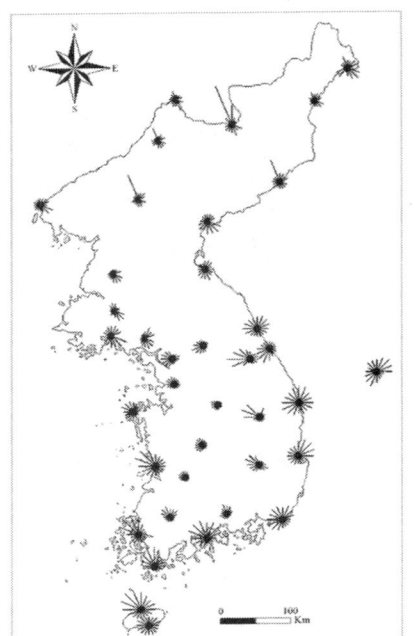 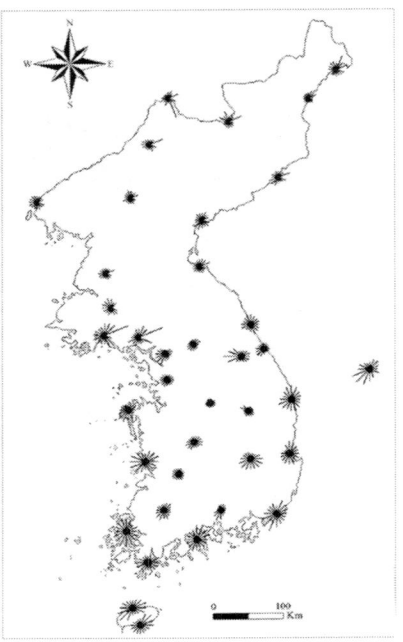

| 그림 7 | 풍향도(좌 : 1월, 우 : 7월)

해류와 바람 등을 고려하여 고대항해가 이루어졌는데, 신라의 초기에 일부집단들이 북으로 이동하는 사실과 연관이 있다는 주장도 있다. 그런데 신라군은 음력 6월에 우산국을 공격하였다. 이 시기는 한여름이며 무풍에 가깝거나 서풍계열의 바람이 미미하게 부는 계절이다. 따라서 공격선단은 돛을 이용하기보다는 노를 주력으로 사용하였을 확률이 높다. 삼척에서 울릉도 간의 항해거리는 대략 78마일이다. 무풍과 노젓기만으로 항해시 4노트로 1일에 8시간 동안 항해하면 약 32마일(약 59km)을 항해한다.[72] 대략 3노트로 24시간 동안 항해한다면 1일 72마일을 항해할 수 있다. 급습이 성공할 수 있는 가능성이 높다. 그렇다면 당시에 사용된 선박도 검토할 필요성이 생긴다.

---

[72] 쿠로시오(黑潮)를 이용한 松枝正根씨 계산법『古代日本の軍事航海史』上, pp.191~192.

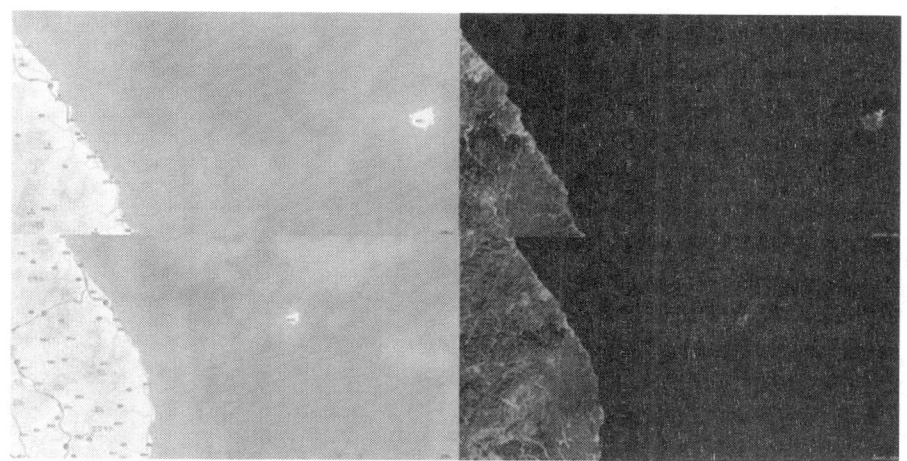

| 그림 8 | 왼쪽(다음지도), 오른쪽(구글지드)

그런데 항해환경에서 또 하나 중요한 것은 항해거리이다. 항해에는 원양항해, 근해항해, 연안항해 등이 있다. 동해안 해역은 지형상으로나 해양환경으로 보아 연안항해나 근해항해에 적합하다. 반면에 중간에 섬들이 없을 뿐 아니라 대안인 일본열도는 원거리에 있어 원양항해를 할 수밖에 없다. 원양에서 육지를 바라보고 선박의 위치를 관측하는데 필요한 시인거리는 중요한 의미를 지녔다.

동해중부해안은 백두대간이 발달하여 교통이 불편하그 동과 서는 물론이고, 해안가에서도 남북이 교통하는데 방해요소로 작용한다. 반면에 바다에서 항해하는 데에는 높고 거대한 규모의 산맥은 바다 가운데에서 자기위치를 확인하고 항해좌표를 찾는데 유리하게 작용한다. 양 지역 간의 거리를 계산하여 항해자들이 지문항법(地文航法)을 사용해서 항해할 수 있는 범위를 일단 설정하기 용이하다.

필자는 1998년, 2009년[73]에 발표한 논문에서 동해에서 시인거리를 계산하여 다음

---

[73] 윤명철, 「渤海의 海洋活動과 東아시아의 秩序再編」, 『高句麗研究 6』, 학연문화사, 1998.

| 그림 9 | 발해가 사용한 동해북부 항로도

※ A 부분 안에서는 날씨가 좋을 때 목표물 관측하며 항해할 수 있다.

| 그림 10 | 동해 전 지역을 대상으로 계산한 시인거리와 근해 항해 범위도

처럼 사용하였다.

본고와 연관하여 삼척지역과 연관하여 시인거리를 내보고자 한다. 시달(인)거리를 계산하는 방법은 다음과 같다.[74]

시인거리(視認距離)

K(해리) = 2.078($\sqrt{H} + \sqrt{h}$)

**H = 목표물의 최고 높이

h = 관측자의 眼高(10m)   **계산 방식[75]

두타산	1,353m	83해리
청옥산	1,404m	84.5해리
덕항산	1,071m	75해리
응봉산	998m	72해리
근산	505m	53해리

이렇게 계산과 도표 그리고 예를 든 것을 종합해서 결론을 내리면 다음과 같다. 〈그림 10〉을 보면 아주 먼 거리에서도 전체의 윤곽을 식별하면서 항해가 가능하다. 이

_____, 「연해주 및 동해북부 항로에 대한 연구」, 『이사부와 동해』, 창간호, 한국 이사부학회, 2010, 2, p.103.

74　1등의 숫자는 물표가 되는 지점.
　　각 ●은 목표확인 최대지점
　　A 부분 안에서는 일기가 좋을 때 목표를 관측하며 항해할 수 있다.
75　이 방법은 視認距離를 계산하는 방법이다. Bart J. Bok Frances W. Wright 지음, 정인태 역, 『기본항해학』, p.26 및 茂在寅南, 『古代日本の航海術』, 小學館, 1981, p.22 참조.

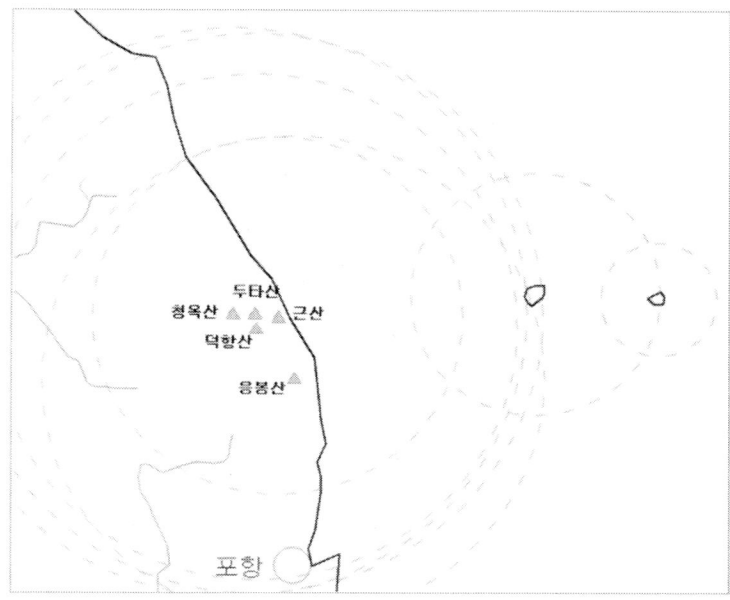

| 그림 11 | 근해항해 가능범위도

는 물론 일기가 좋을 때 목표를 관측하며 항해할 수 있다 이는 연안항해나 근해항해는 물론이고, 바다의 범위가 매우 넓어 원양항해구역이 많을 수밖에 없는 동해에서는 매우 유리한 조건이다.

다음에는 항로에 대한 검토가 필요하다. 이곳을 중심으로 사용된 항로는 시대에 따라 빈도수나 항해방법에 차이가 있지만 기본적으로는 몇 가지가 있다.

우선 동해 연근해항로가 있다. 동해의 서쪽인 한반도 쪽 해안을 북-남으로 이어주는 항로로서,[76] 선사시대부터 사용되었다. 강원도 양양군 오산리(鰲山里)유적은 B.C

---

[76] 이 항로의 일반적인 성격은 윤명철, 「渤海의 海洋活動과 東아시아의 秩序再編」, 高句麗硏究6, 학연문화사, 1998, 12 등 참고.

6000년~4500년 사이의 유적이다. 융기문토기와 함께 다량으로 출토된 결합식조침(結合式釣針)은 부산의 동삼동, 상노대도 등의 유적지에서도 발견되어 연결성을 보여주고 있다.[77] 청동기시대에 무문토기도 동해안을 따라 확산·정착된 것으로 나타난다.[78] 동해권의 전파로와 관련하여 경주 지역과 직접 연관된 것은 암각화이다. 전파의 입장에서 그동안 연구성과를 정리하면 북방 연해주지역에서 내려온 것으로 이해하고 있다.[79] 물론 동해연근해항로와 직결되어있으며,[80] 그 후 시대에 따라 고구려·옥저·동예·읍루·말갈·여진 등에 의해 사용되었다.

또 하나는 동해중부사단 또는 남부횡단항로이다. 동해남부횡단항로는 신라가 초기부터 사용하였다. 경주의 외항인 울산·포항·감포 등지를 출발하여 동해남부를 횡단한 다음에 일본열도의 혼슈 남부지역인 산인(山陰)지방의 돗토리(鳥取)현의 타지마(但馬)·호우키(伯耆)·시마네(島根)현의 이즈모(出雲)·오키(隱岐), 야마구치(山口)현의 나가토(長門) 등에 도착한다. 아래의 그림을 고려하면 이 항로가 동해중부와 연결되어있고, 울릉도도 경유해역으로 자연스러운 것임을 확인할 수 있다. 〈그림 12〉은 표류병을 투하한 후 도착지점의 확인을 통해서 자연스러운 항로를 추적한 것이다.

이즈모(出雲) 지역은 신라인들이 도착하는 가장 대표적인 곳이다.[81] 『일본서기』 스

77　任孝宰, 「신석기 시대의 한일문화교류」, 『한국사론』 16, p.17, p.21.
78　江原道, 『江原道史』(歷史編), 1995, p.220.
79　江原道, 『江原道史』(歷史編), 1995, p.264.
80　윤명철, 「동해문화권의 설정 검토」, 『동아시아 역사상과 우리문화의 형성』 한국학 중앙연구원 동북아고대사연구소, 2005.
81　울산이나 포항지방과 위도가 북위 35.5도로 거의 비슷하다. 때문에 동해남부나 남해에서 리만한류를 타고 항해를 하다 북위 30도 부근에서 대한난류를 횡단하여 본류에 올라타면 시마네현 앞에 있는 오키(隱岐)제도를 경유하여 비교적 자연스럽게 도달할 수 있다. 거기다가 북서 계절풍을 활용한다면 항해는 크게 어렵지 않다.

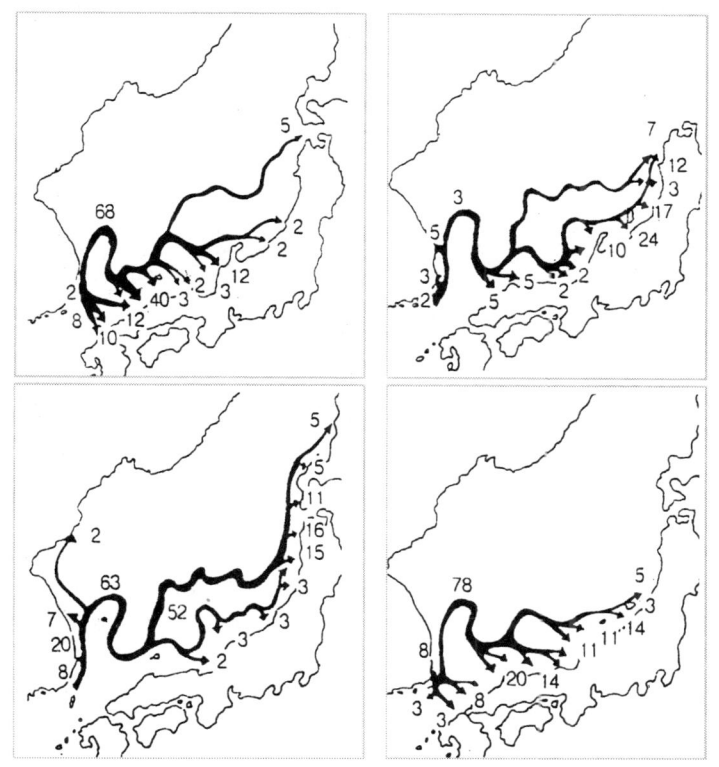

| 그림 12 | 해류병도
대한해협에서 투입한 표류병의 도착 상황. 겨울에는 전체의 40%가 이즈모 지역에 도착하고 있다.

이닌천황(垂仁天皇) 3년 조에는 신라국의 왕자라는 천일창(天日槍)이 7개 또는 8개의 보물을 갖고 정(艇)을 탄 패 일본열도에 와서 정착하는 과정이 있다. 그런데 『고사기』에서는 天日(之)矛라는 명칭으로서 8가지 보물을 가져왔다고 했다. 그런데 그 보물이 당시에 사용된 항해계기라는 주장도 있다.[82] 한편 시마네(島根)현지역의 이즈모(出雲) 등

---

82 茂在寅男, 『古代日本の航海術』, 小學館, 1981, pp.170~173 참조.

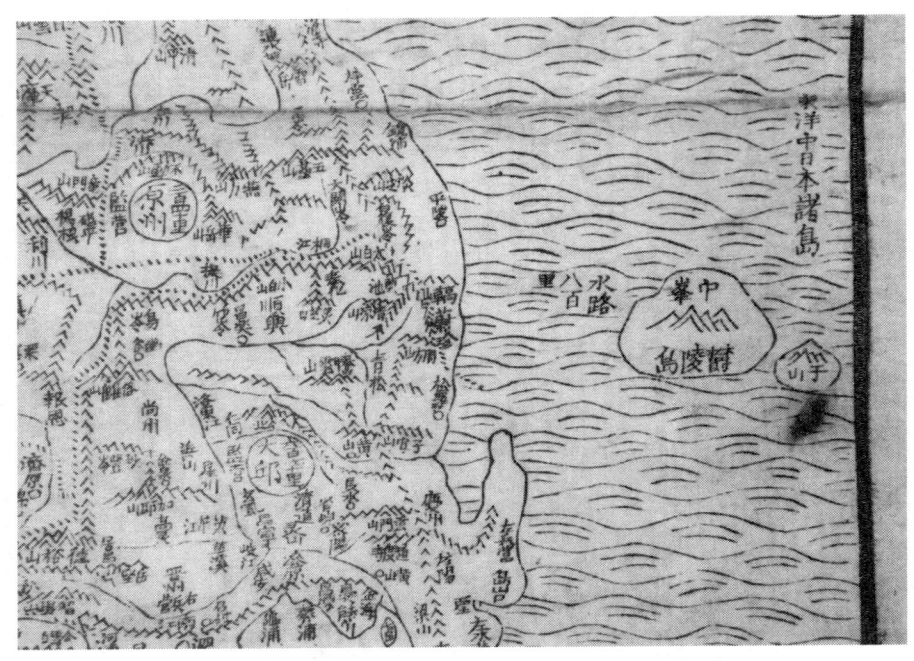

| 그림 13 | 대조선 전국도

에는 고구려 문화의 흔적이 있다.[83] 조희승은 고구려인들이 동해를 건너 이즈모 일대에 정착하였다가 다시 척량산맥을 넘고 쓰야마 분지일대에 정착한 것으로 생각한다고 하였다.[84]

그런데 고구려가 일본지역과 가진 공식적인 교섭은 응신(應神) 28년, 인덕(仁德) 12년(324)과 58년(369)에 계속해서 나타난다. 물론 이때의 항로에 대해서는 정확히 알 수 없다. 그러나 기본적인 대왜항로는 동쪽해안에서 출발하여 일본열도로 가는 동해중

---

83 조희승, 『초기조일관계사』 하, 사회과학출판사, 1989. pp.303~304.
84 조희승, 『초기 조일관계사』 상, p.303.

부사단항로이다. 고구려의 동쪽 해안에서 항구의 조건을 갖추고 있는 곳은 두만강 하구를 비롯한 몇 곳이 있다. 하지만 원산(元山) 혹은 그 이북의 함흥만(咸興灣) 근처의 항구였을 가능성이 높다. 원산 등 동해안 북부 항구에서 출발했을 경우 일단 연안항해를 해서 고구려 영토 내의 최남단까지 내려온 다음에, 아래 그림처럼 삼척(三陟) 혹은 그 이하에서 먼 바다로 나가 사단(斜斷)으로 일본열도 혼슈 중부 이북지방으로 항진(航進)했을 것이다. 물론 중간에는 지형지물이 없으므로 울릉도(鬱陵島)와 독도(獨島)를 좌우로 보면서 방향을 측정했을 것

| 그림 14 | 신증동국 여지승람 소재 팔도총도

이다. 그리고 발해인들처럼 물길과 계절풍을 활용했을 것이다. 흑조(黑潮)에서 분파된 해류는 동해 남부나 중부에서 출발한 선박을 일본해안으로 자연스럽게 밀어 붙인다.[85]

이러한 삼척지역이 가진 다양한 조건들을 고려하면 출항지로서 핵심조건인 부두

---

85 윤명철,「海洋條件을 통해서 본 古代韓日 關係史의 理解」,『日本學』15, 동국대 일본학연구소, 1995.

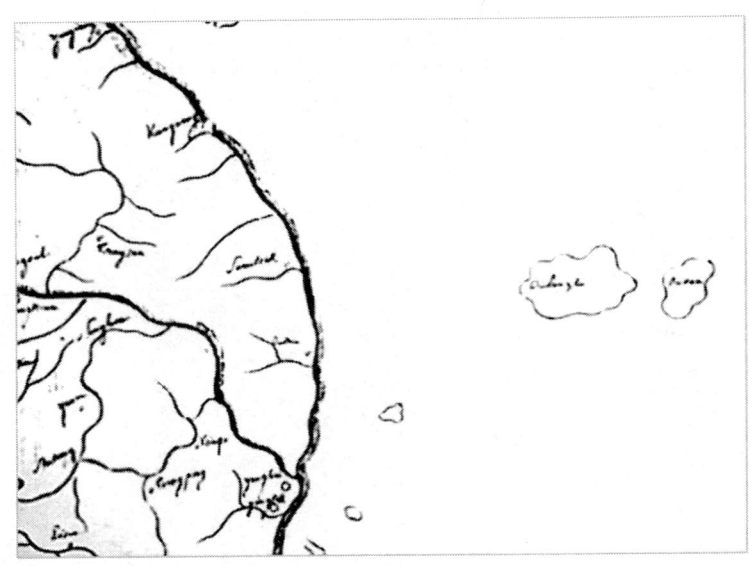

| 그림 15 | 김대건의 조선전도

입지 조건에 적합한 장소이다. 그 가운데에서도 몇 지역은 주목할 만하다. 예를 들면 장오리포(藏吾里浦)이다.[86] 오십천(五十川) 하구 일대의 자연적인 포구가 삼척포 수군의 기항지로 사용되다가 중종대에 축성이 이루어진 것으로 판단된다. 강원도 동해안의 다른 포구가 포구로서 조건이 적합하지 않아 치폐되었지만 이곳은 조선 말까지 수군기지로 활용되었다. 이곳의 자연입지적 조건이 우수함을 반증하는 것인데, 이는 조류의 흐름이 복잡하거나 평야지대에 위치해있지 않으므로 고대에도 항구환경에 큰 차이가 없었을 것이다.

지도들은 조선조에서 삼척지역이 중요한 역할을 하였으며, 울릉도와 밀접한 관련이 있었음을 알려준다.

---

[86] 『신증동국여지승람』. "부의 남쪽 62리에 있다. 內·外 藏吾里가 있으며, 모두 동해의 배를 대는 곳이다."

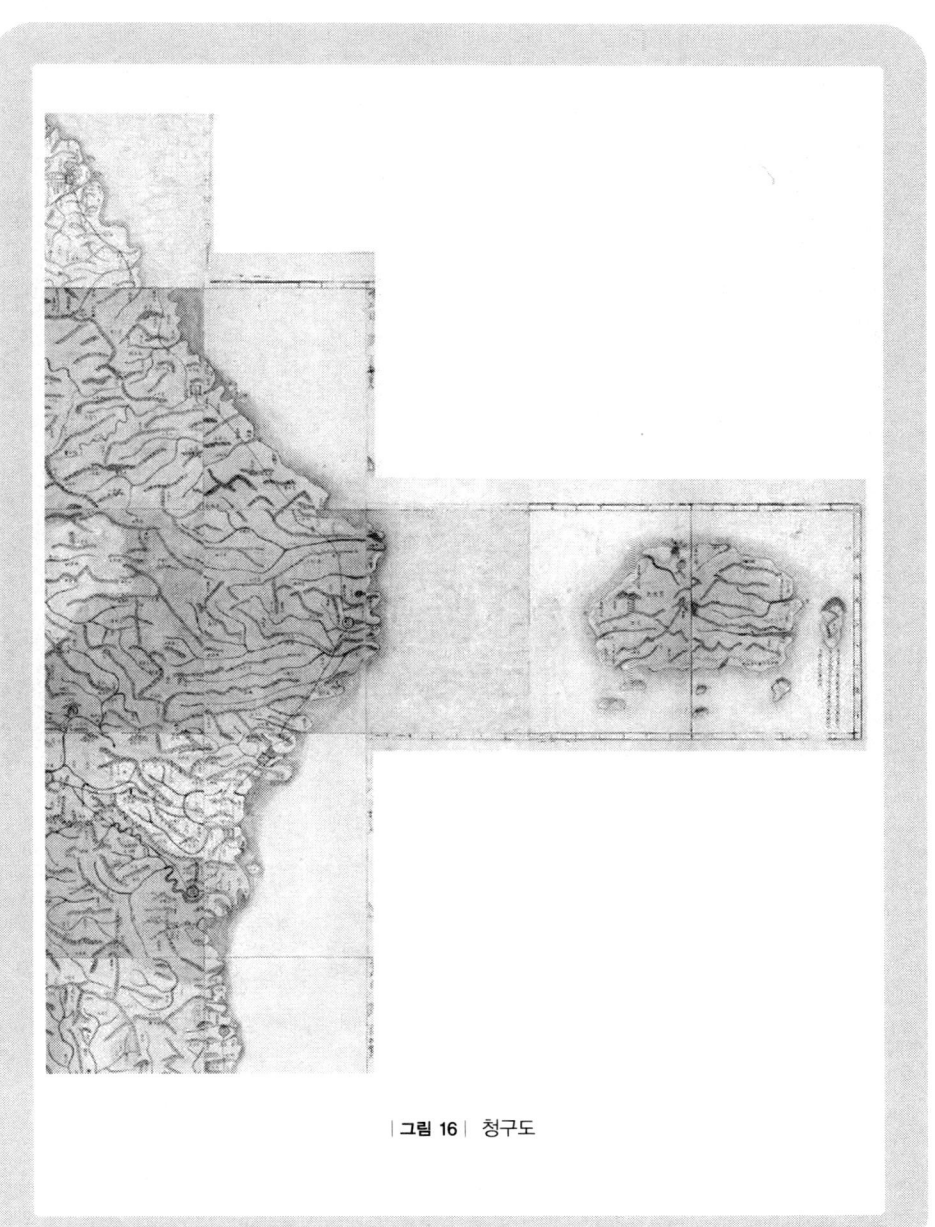

| 그림 16 | 청구도

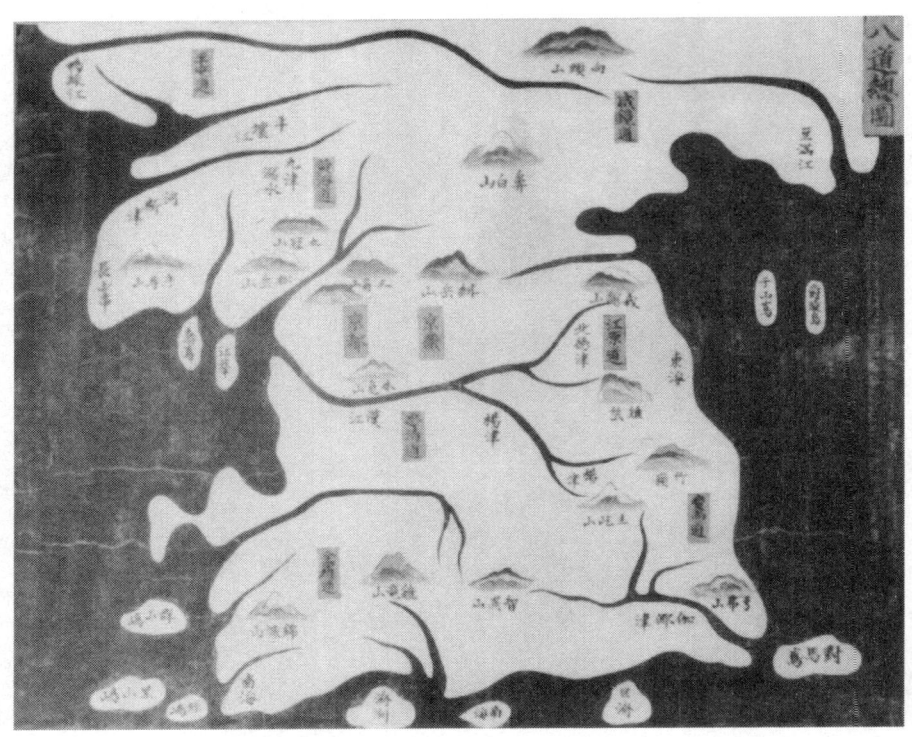

| 그림 17 | 조선국지리도 팔도총도

삼척지역은 항구의 조건을 구비하였으며, 진출기지로 적합하며 방어망을 구축하는데에도 용이하다. 또한 선박을 건조하며 무기 등 해전에 필요한 도구 제작에 유리한 자연환경을 갖추었다. 아울러 해류와 바람을 이용하여 항해는 물론이고, 울릉도 지역을 목표로 삼고 항해하기에도 바람직하다. 그 외에 백두대간을 이용하면 시인거리가 멀어져서 근해항해구역의 범위가 넓고, 울릉도로 항해하는데 매우 유리하다.

또한 북쪽인 강릉지역의 안인포(安仁浦)와 하시동 고분군도 유기적으로 연결할 수 있는 강점이 있다. 현재의 안인항은 북쪽에 군선강이 있고, 하구는 선박의 정박처로 활용하기에 적합하다고 한다.[87] 삼척·울진·강릉지역은 울릉도를 향하여 군선을 발

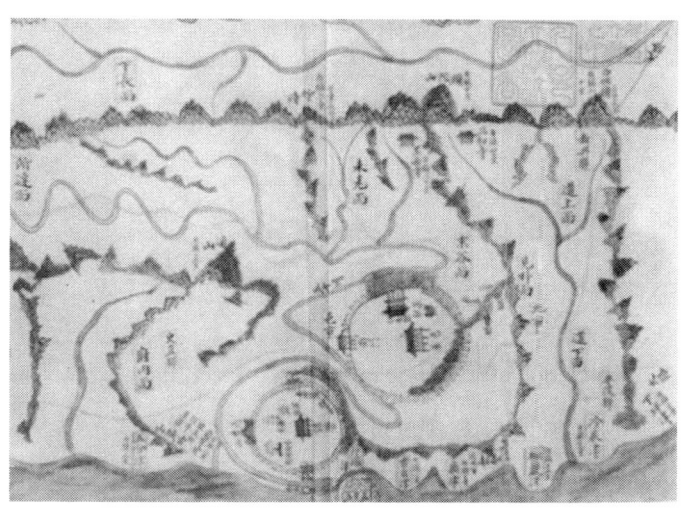

| 그림 18 | 조선후기 삼척 고지도의 삼척포 진성

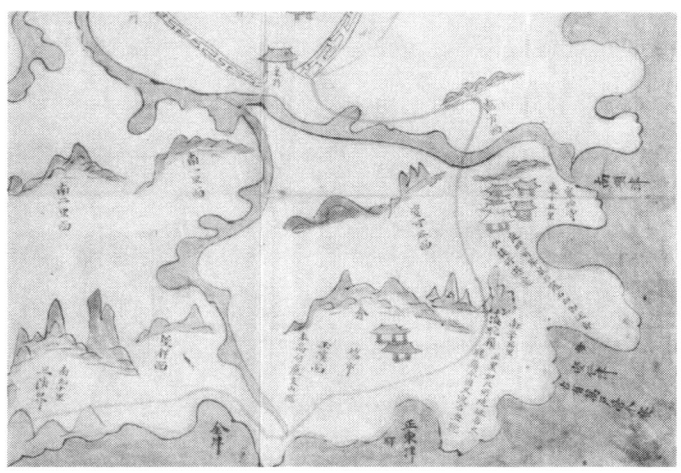

| 그림 19 | 조선후기 강릉 고지도의 안인진(오른쪽 아래)

진시키기에 적합한 해양환경을 갖추었다. 따라서 필자는 삼척을 주력발진기지로 삼고, 주변 지역인 울진·강릉 등은 협조하는 체제였을 가능성이 크다고 생각한다.

5. 결론

　동아시아는 해양과 대륙이 만나는 접점에 있으며 우리민족이 활동한 역사활동의 터는 대륙과 한반도와 주변의 해양이 유기적으로 연관성을 지닌 곳이다. 이러한 자연환경 속에서 바다와 육지가 만나는 해안가 지역은 다양한 의미를 지니며, 다양한 기능과 역할을 담당할 수밖에 없다. 동해는 남해나 황해에 비하여 상대적으로 역사의 중심부에서 멀었으며 주체적인 역할을 하는 데는 미흡한 측면이 있었다. 그러나 고구려에게도 부분적으로 중요한 측면이 있었으며, 신라에게는 진출과 공격방어라는 측면에서 매우 중요했다.
　신라가 소위 해류정책을 추진하면서 동해 중부지역 및 해역의 중요성은 커졌으며, 거점도시의 육성이 불가피했다. 신라는 동해중부지역의 삼척·강릉지역을 중요하게 여겨 고구려를 비롯한 세력들과 갈등과 투쟁양상을 벌이면서 세력권하의 거점도시로 육성하였다.
　삼척지역은 본고에서 살펴본 바와 같이 역사상은 물론이고, 경제적 측면, 항구, 방어체제, 교통망, 신앙, 기능 등 도시구조나 기능면에서도 소위 해항도시의 성격과 범주에 들었다. 신라는 삼척 지역을 발전시켜 국가정책에 걸맞게 김이사부가 우산국을 공격하는 발진 기지로 삼았다. 군항으로서 먼 바다를 건너 독립적인 해상왕국을 공격

87　이러한 견해는 홍영호를 비롯한 연구자들이 발표하고 있다.

하고, 승리를 거두기위해서는 강력한 해양력과 기능성이 뛰어난 조선술과 항해술, 그리고 훈련된 수군병력이 필요하지만, 그와 함께 중요한 것은 장기간에 걸친 모든 전쟁 준비가 차질없이 이루어지고, 실제로 대군이 발진하는 군항의 선정과 활용은 절대적이다. 본고의 분석을 통해서 내린 결론을 보면 삼척은 김이사쿠 선단의 발진기지로서의 조건을 비교적 잘 갖추었으며, 동해중부지역에서는 실제 출항지일 가능서성이 높은 도시이다. 다만 당시 전쟁의 중요도와 규모 등을 고려하고, 동해중부지역의 자연환경 및 정치적인 상황을 고려하면 삼척을 주력발진기지로 삼으면서 북쪽의 강릉지역 및 남쪽의 울진 등과 유기적인 연합체제를 갖추면서 역할분담을 했을 가능성도 고려해볼 만하다.

참고문헌

『삼국사기』
『三國志』
『後漢書』
『北史』
『新唐書』

심의승 엮, 배재홍 옮김, 『국역 삼척군지』, 삼척시립박물관, 2009.
江原道, 『江原道史』(歷史編), 1995.
강원문화재연구소, 『三陟 廖田山城 기본설계(지표조사) 보고서』, 2001.
『鬱陵島 地表調査 報告書 1』, 서울대학교 박물관 학술총서6, 1997.
울릉문화원, 『울릉문화』 2.
『근해항로지』, 대한민국 水路局, 1973.

유재춘, 『韓國中世築城史硏究』, 경인문화사, 2003.
윤명철, 『역사는 진보하는가』 온누리, 1992 12.
윤명철, 『동아지중해와 고대일본』, 청노루, 1996.
조희승, 『초기조일관계사』, 상・하, 사회과학출판사, 1989.

▶ 역서

와쓰지 데쓰로우 저, 박건주역, 『풍토와 인간』, 장승, 1993.
바트 T 보크・프란시스 W 라이트, 『기본항해학』 대한교과서 주식회사, 1974.
존 펄린 지음, 송명규 옮김, 『숲의 서사시』, 따님, 2006.

▶ 국내논문

강인욱, 「靺鞨文化의 形成과 2~4세기 挹婁・鮮卑・夫餘系文化의 관계」, 『고구려 발해연구』, 33집, 2009. 3.
金昌謙, 「新羅 中祀의 '四海'와 海洋信仰」, 『한국고대사연구』 47, 2007. 9.

金晧東, 「삼국시대 新羅의 東海岸 制海權 확보의 의미」, 『이사부 연구 총서, 異斯夫 활약의 역사성과 21세기적 의의』, 삼척시, 강원도민일보, (재)해양문화재단, 2006.
김홍술, 「강릉지역의 성곽연구」, 관동대 석사논문, 1999.(83쪽에서 전재)
박용안 외 25인, 「우리나라 현세 해수면 변동」, 『한국의 제 4기 환경』, 서울대학고 출판부, 2001.
박인옥, 「新羅水軍制의 確立과 三國統一」, 『STRATEGY21』제2권 제2호, 한국해양전략연구소, 1999.
方東仁・李相洙・金泰水, 「三陟市의 關防遺蹟・窯址・社稷壇」, 『三陟의 歷史와 文化遺蹟』, 關東大 博物館・江原道・三陟市, 1995, p.427.
배재홍, 「삼척 오화리산성에 대한 역사적 고찰」, 『異斯夫 활약의 역사성과 21세기적 의의』, 강원도민일보・삼척시・(재)해양문화재단, 2008.
손승철, 「이사부 출항지 규명과 지역민 역할」, 『이사부 우산국 편입과 삼척 출항 심포지엄』, 강원도민일보, 삼척시, 2010.
손영종, 「광개토왕릉비를 통하여 본 고구려의 영역」, 『력사과학』 1986-2.
유재춘, 「삼척 지역 일대의 성곽 및 수군 유적 연구」, 『이사부 우산국 편입과 삼척 출항 심포지엄』, 강원도민일보, 삼척시, 2010.
유재춘, 「강원지역 관방유적의 연구현황과 과제」, 『학예지』제8호, 육군사관학고 육군박물관, 2001.
윤명철, 「海洋條件을 통해서 본 古代韓日 關係史의 理解」, 『日本學』, 15, 동국더 일본학연구소, 1995.
_____, 「渤海의 海洋活動과 동아시아의 秩序再編」, 고구려연구 6, 학연문화사, 1988.
_____, 「해양사관으로 본 한국고대사의 발전과 종언-동아지중해 모델을 통허서-」, 『한국사연구』, 한국사연구회, 2003, 12. ;
_____, 「동해문화권의 설정 검토」, 『동아시아 역사상과 우리문화의 형성』, 민속원, 2005.
_____, 「영일만 지역의 해양환경과 암각화의 길의 관련성 검토」, 『포항 칠포리 암각화의 세계』, 한국암각화 학회, 2005, 5
_____, 「동아시아의 해양공간에 관한 재인식과 활용—동아지중해모델을 중심으로-」, 『동아시아 고대학』 14집, 「고구려 수도의 해륙적 성격」, 『백산학보』 80. 2008;
_____, 「渤海 유역의 역사문화와 동아시아 세계의 이해 - '터(場, field) 이론' 의 적용을 통해서-」, 『동아시아 고대학』 17집, 2008.
_____, 「해양사 연구의 방법론 검토와 제언」, 『해양문화학 학술대회』 목포대학교 도서문화연구소, 2009, 10, 22.
_____, 「고구려 수도의 海陸의 성격 검토 -江海都市論을 중심으로-」, 『백산학보』 80호, 2008, 4.
_____, 「백제 수도 한성의 해양적 연관성 검토1」, 『위례문화』 11・12합본호, 하남문화원, 2009.
_____, 「서산의 해항도시적인 성격 검토」, 『서산문화춘추』 5, 서산문화발전연구원, 2009.
_____, 「경주의 해항도시적 성격에 대한 검토」, 『동아시아 고대학』 20집, 2009.
_____, 「연해주 및 동해북부 항로에 대한 연구」, 『이사부와 동해』, 창간호, 한국 이사부학회, 2010, 2.
_____, 「서울지역의 江海都市的 성격검토」, 『2010, 동아시아 고대학회 학술발표대회』, 동아시아 고대학회.
이상수, 「유적과 유물로 본 이사부 출항지 검토」, 『이사부 우산국 편입과 삼척 출항 심포지엄』, 강원도민일보, 삼척시, 2010.

李盛周,「군주 이사부에 의한 울릉도정벌의 역사적 맥락 재구성」,『신라의 동해안 진출과 하슬라 군주 이사부의 우산국 복속』(강릉원주대학교 인문학 연구소, 2010. 3. 해람기획)
이창섭,「高麗 前期 水軍의 運營」,『史叢』60, 歷史學硏究會, 2005.
任孝宰,「신석기 시대의 한일문화교류」,『한국사론』, 16, 1986,
任孝宰,「중부 동해안과 동북 지역의 신석기 문화 관련성 연구」,『한국고고학보』, 26집, 1991,
송화섭,「한국 암각화의 신앙의례」,『한국의 암각화』, 한길사, 1996
차장섭,「이사부 유적과 해양 국방 요충지 삼척」,『異斯夫 활약의 역사성과 21세기적 의의』, 강원도민일보 · 삼척시 · (재)해양문화재단, 2008.
홍영호,「6~7세기 고고자료로 본 동해안과 울릉도」,『이사부와 동해』, 창간호 21010, 2, 한국이사부학회,

▶ 국외저서

일본

古厩忠夫 編,『東北アジアの再發見』, 有信社, 1994.
菊池俊彦,『北東 アジアの 古代文化の硏究』, 北海道大學 圖書刊行會, 1995.
大林太良,『北方の民族と文化』, 山川出版社, 1991.
茂在寅南,『古代日本の航海術』, 小學館, 1981.
_____,「遣唐史槪觀」,(『遣唐史と史料』東海大學出版部), 1989.
池內宏,「伊刀の賊」,『滿鮮史硏究』中世 弟 1, 吉川弘文館, 1933.

중국

高靑山 외,『東北古文化』, 春風文藝出版社, 1988(백산자료원 再刊, 1994.)
方衍主 편,『黑龍江少數民族簡史』, 中央民族學院出版社, 1993.
王健群,「古代日本北方海路的形成和發展」,『博物館研究』, 55期, 3期, 1996.
王俠,「集安 高句麗 封土石墓與日本須曾蝦夷穴 古墓」,『博物館研究』, 42期, 1993-2期.

▶ 국외논문

일본

加藤晋平,「東北アジアの自然と人類史」,『東北アジアの民族と歷史』(三上次男 神田信夫 編), 山川出版社, 1992.
江上波夫,「古代日本の對外關係」,『古代日本の國際化』, 朝日新聞社, 1990.
高瀬重雄,「越の海岸に着いた高句麗使」,『東アジアと日本海文化』, 森浩一 編 小學館 1985.
酒寄雅志,「日本と渤海靺鞨との交流」,『先史와 古代』, 한국고대학회, 1997.
國分直一,「古代東海の海上交通と船」,『東アジアの古代文化』29호, 大和書房, 1981.

茂在寅南,「遣唐史槪觀」,(『遣唐史と史料』東海大學出版部), 1989.
三上鑛博,「山陰沿岸の漂着文化」,『東アジアの古代文化』, 大和書房, 1974.
小嶋芳孝,「潮の道 風の道」,『松原客館の謎にせまる』, 氣比史學會, 1994.
小嶋芳孝,「環日本海交流史から見渤海と北陸道」,『波濤をこえて』, 石川縣立歷史博物館, 1996.
小嶋芳孝,『古代日本と渤海』,『考古學ジャ-ナル』411, 1996.
小嶋芳孝,「日本海の島々と靺鞨 渤海の交流」,(村井章介・佐藤信・吉田伸之・編,『境界の日本史』), 山川出版社, 1997.
松山利夫,「ナラ林の文化」,『季刊考古學』15號, 雄山閣出版社, 1986.
安田喜憲,「日本海をめぐる 歷史の胎動」,『季刊考古學』15號, 雄山閣出版社, 1986.
齊藤 忠,「高句麗と日本との關係」(金達壽 外,『古代の高句麗と日本』, 學生社, 1988.)
荒竹淸光,「古代 環東ジナ海 文化圈 と對馬海流」,『東アジアの 古代文化』29호, 大和書房, 1981.
기타

08 수원지역의 해양도시적 성격과 활동*

―고대에 한정하여―

1. 들어가는 말

수원은 현재 행정지역상 경기도청이 있는 행정의 중심지이다. 조선시대에는 수원도호부를 설치하였으며 정조가 화성(華城)을 쌓으면서 화성유수부로 승격시켰다. 이러한 수원지역이 고대에는 어떤 위상에서 어떠한 역할을 하였을까?

이는 기본적으로 수원이 차지한 자연환경, 특히 지리적인 위치의 영향이 크다. 강줄기가 다양하고, 평지가 발달했으며, 주변에 산들이 둘러싸여 방어에도 적합하여 도시의 입지조건이 좋으며 무엇보다도 해양과 연관성이 깊다. 본고에서 약술할 예정이지만 경기만에 형성된 몇 개의 해항도시들을 이어주고 관리하는 역할을 담당한 거점도시였다. 즉 경기만의 남부해안과 유기적으로 연관을 맺고 역사를 이루어온 도시였다. 비록 수원은 직접 바다와 연결되지는 않았지만, 해양활동과 연관이 깊으며, 무역활동도 연관이 있었을 것이다. 이 글은 수원의 현재가 아닌 과거의 역사적인 성격을 규명하고자 하며, 그 방식의 하나로서 해양을 도구로 삼은 것이다.

---

* 「수원지역의 해항도시적인 성격과 활동」, 『이이화의 정조이야기』, 정조학교, 2010.
  본고의 성격상 필자의 이론을 중심으로 작성하였으므로 필자의 글들을 주로 이용되었다. 그러한 과정에서 다른 연구자들의 연구성과를 인용하는데 혹 빠진 부분이 있을지도 모른다. 질정을 바란다.

시대는 선사시대부터 고려까지로 한정하며, 수원과 연관된 지역은 필자의 '터이론'에 근거해서 안산과 남양 등의 해항도시와 그 외 내륙의 몇몇 지역을 대상으로 하였다. 2장에서는 수원지역의 해양환경을 검토하고, 3장에서는 수원지역의 역사상과 해양활동을 언급하고자 한다.

2. 수원지역의 해양 환경 검토

도시를 이해하기 위해서는 먼저 역사공간에 대한 이해가 필요하다. 필자는 역사공간을 1차적으로 영토나 영역, 정치장소로서 성격을 살펴본 다음에 총체적인 연결망, 즉 네트워크의 개념으로 접근한다. 왜냐하면 하나의 공간에서도 중심부와 주변부를 구분하고, 시대와 역할에 따라 모습이 달라져야 한다. 필자는 역사공간을 '터[1]'와 다핵(field & multi core)이론'으로 이해하고 있다. 핵은 행정적 기능을 가진 대성에 해당한다. 일종의 교통의 길목으로서 방사상(放射狀)으로 퍼지는 일종의 허브(hub)형이다. 자체적으로도 존재이유가 있지만, 다른 상태로 전화가 가능하므로 필요에 따라 관리와 조정기능을 할 수 있다. 또한 인체의 경혈(穴)처럼 경락들을 이어주는 역할을 하므로 집합과 배분기능도 함께 하면서 문화를 주변에 공급하는 능력도 있다. 하지만 터이론에서는 중핵(中核)문화를 모방하거나 변형된 행성(行星)과 위성(衛星)들도 중심으로 향하면서 영향을 끼친다. 즉 전입과 전파가 하나가 연결되어 영향을 주고 받는다. 여러 요소들이 일방적 관계이거나 격절된 부분으로서가 아니라 전체가 부분이 되고, 부분들이 전체로 되돌아가는 유기적(有機的)인 관계에 있다. 이러한 '터이론'[2]의 성격과

---

[1] 필자가 개념화한 '터'는 자연·지리·기후 등으로 채워지고 표현되는 단순한 공간이 아니라 생태계·역사 등등이 모두 포함된 총체적인 환경이다.

시스템은 동아시아 전체, 우리역사의 터, 그리고 도시에도 동일하게 적용할 수 있다.

    동아시아라는 역사의 '터'는 지리적인 관점에서는 중국이 있는 대륙, 그리고 북방으로 연결되는 대륙의 일부와 한반도, 일본열도로 이루어졌다. 즉 크게는 대륙(大陸)과 해양(海洋)이 만나고 엮어지는 해륙적(海陸的) 환경의 지역이다. 또한 기후라는 면에서는 온대와 아열대, 아한대가 섞여 있으며, 바다와 평원·초원·사막·대삼림과 강 등이 한 터에 있으면서 상호작용하고 있으며, 생활양식과 종족들의 분포와 정치체제는 이루 말할 수 없이 복합적이다.[3] 또한 문화적으로도 한반도를 가운데 두고 바다 주변의 주민과 문화는 상호간에 영향을 주고받는 일종의 '환류(環流)시스템'을 이루고 있었다. 필자는 동아시아의 이러한 지리적이고 문화적인 특성을 설명할 목적으로 동아시아의 내부 '터'이면서 동방문명의 중핵으로서 동아지중해(東亞地中海, EastAsian-Mediterranean-Sea)란 모델을 설정하고 학문적으로 제시하였다. 그리고 이 이론 속에서 몇몇 국가들은 대륙과 해양을 유기적으로 연결한 '터'속에서 생성하고 발전한 해륙국가(海陸國家)임을 주장해왔다.[4] 그리고 자연환경, 역사적인 계승성, 국제관계를 고려할 때 그 국가들의 수도는 보다 구체적인 정책의 하나로서 해륙도시(海陸都市)의 성격

---

[2] 이 이론의 보다 상세한 소개와 이론을 이용하여 역사상의 실제적인 분석은 몇몇 연구가 있다. 졸저, 『고구려는 우리의 미래다』, 고래실, 2004 ; 『장수왕 장보고 그들에게 길을 묻다』, 포럼, 2006 ; 졸고, 「장보고를 통해서 본 경제특구의 역사적 교훈과 가능성」, 남덕우 편, 『경제특구』, 삼성경제연구소, 2003 ; 「동아시아의 해양공간에 관한 재인식과 활용—동아지중해모델을 중심으로-」, 『동아시아 고대학』 14, 동아시아 고대학회, 경인문화사, 2006.

[3] 최근에 발표한 윤명철, 「渤海 유역의 역사문화와 동아시아 세계의 이해- '터(場, field) 이론'의 적용을 통해서-」, 동아시아 고대학회, 2007, 「고구려 문화형성에 작용한 자연환경의 검토-터이론을 통해서-」, 『한민족 연구』 4, 2007 등 참고.

[4] 윤명철, 「海洋史觀으로 본 한국 고대사의 발전과 종언」, 『한국사연구』 123, 2003, 「한국사 이해를 위한 몇 가지 제언」, 『한국사학사학회보』 9, 한국사학사학회, 2004, 「한국 고대사 연구의 반성과 대안」, 『단군학 연구』 11, 단군학회, 2004, 「東아시아의 海洋空間에 관한 再認識과 活用-동아지중해 모델을 중심으로-」, 『동아시아 고대학』 14, 동아시아 고대학회, 경인문화사, 2006 기타.

을 가졌음을 강조하였다. 도시 또는 성들도 수도 및 국토와 유기적 체제(有機的 體制)를 가져야하는 만큼 그러한 성격을 가졌을 가능성을 고구려의 예를 들어서 언급하였다.[5] 이러한 일종의 해항도시 또는 하항도시는 왕험성(王險城)·국내성(王險城)·평양성(平壤城)·한성(漢城)·웅진성(熊津城)·사비성(泗泌城)·금성(金城)·개경(開京)·한양(漢陽) 등이 해당한다. 중국의 남경(南京), 일본의 오사카(옛 難波) 등은 대표적인 도시이다.

이러한 동아지중해에서 경기만은 가장 의미있는 역학관계의 핵이고, 실제로 힘의 충돌과 각축전이 벌어진 곳이다. 경기만은 동아지중해에서 일본열도를 출발하여 압록강 하구와 요동반도를 경유하여 산동까지 이어지는 남북연근해항로의 중간깃점이고, 동시에 한반도와 산동반도를 잇는 동서횡단항로와 마주치는 해양교통의 결절점이다. 또한 한반도내에서도 경기만은 지정학적(地政學的)·지경학적(地經學的)·지문화적(地文化的) 입장에서 보아 필연적으로 각 국 간의 질서와 힘이 충돌하는 현장이었다.

경기만을 통한 해양활동은 선사시대부터 활발하게 이루어졌다. 이를 가능하게 한 배경으로 경기만의 자연환경을 주목할 필요가 있다. 경기만은 바다의 수심이 얕으며 리아스식 해안으로 섬이 많고 지형이 복잡하다. 따라서 경기만은 해양활동을 하기에 비교적 안전하였다. 게다가 해산물이 풍부해서 이 지역 사람들은 일찍부터 비교적 큰 만 주변의 연안을 따라 모여 살았다. 또한 이들은 주변의 여러 지역과 활발하게 교류하였다.

경기만에서 해양교통에 영향을 끼치는 해양환경은 해류와 조류, 바람이다. 중국과의 문물교역과 문화교류의 이동을 가능하게 했던 해류는 쿠로시오해류의 지류이다. 쿠로시오해류는 남중국해에서 북동방향으로 올라온다. 이후 대만해역을 거쳐 제주도로 북상을 하다 양쪽으로 갈라진다. 이중 한 해류는 서해연안을 타고 올라오면서 문물과 역사의 이동로가 되었다. 그 한 흐름이 서해를 타고 올라간 해류는 다시 서한

---

5 윤명철,「고구려 수도의 海陸的 성격 검토-江海都市論을 중심으로-」,『백산학보』80호, 2008. 4.

만(西韓灣)과 발해만을 거쳐 황해 서부 즉, 중국 동안(東岸)을 타고 아래로 내려온다. 한편 조류 역시 연안항해에서 중요한 역할을 차지하고 있다. 한반도의 서남해안과 중국의 동해안은 조류가 빠르고 방향의 지역적 편차가 크다. 동아시아의 계절풍 역시 이 지역의 해양교류의 한 역할을 한다. 봄에서 여름에 부는 남동풍은 중국 남부해안과 한반도 혹은 일본과의 교류를 가능하게 한다. 또한 가을에서 겨울에 부는 북풍은 한반도 북부와 중국의 중·남부해안과의 교류를 가능하게 하였다. 이처럼 전근대시대에는 해양교류가 해양환경에 직접적인 영향을 받았다. 해로를 이용한 문화의 교류, 교섭과 육로의 이동은 통로가 일정하고, 자연조건의 영향력이 강하므로 일정한 바닷길이 있었다.[6]

이러한 경기만의 안쪽 내륙에 있으면서 바다와 직결되어 있는 지역은 바로 수원지역이다. 터이론은 거리가 떨어져 있거나 자연환경의 차이가 있어도 생활의 메커니즘이나 자연환경을 총체적으로 고려하여 관계가 깊은 하나의 유기적인 시스템으로 보는 것이다. 이러한 관점에서 보면 수원은 내륙에 위치한 농촌도시가 아니라 한강과 바다 사이에 있으면서 강과 바다를 이어주면서, 특히 바다의 중요한 대외교통거점인 몇몇 도시들과 연결되면서 관리하는 지역 중핵도시가 된다.

수원은 동쪽으로 용인현(龍仁縣) 경계까지 21리, 남쪽으로 충청도 평택현(平澤縣) 경계까지 50리, 같은 현 경계까지 59리, 진위현(振威縣) 경계까지 22리, 서쪽으로 남양부(南陽府) 경계까지 20리, 같은 부 경계까지 1백 13리, 북쪽으로 과천현(果川縣) 경계까지 39리, 서울까지는 88리가 된다.(『신증동국여지승람』) 그리고 한강의 동작진·흑석진·노량진 등과 과천·시흥 등을 통해서 교통 및 물류망이 이어지고 있다.

수원과 해양의 연관성은 지리적인 위치에서도 드러난다. 내륙의 수로를 이용해서도 교통이 발달하였으며 바다와 연결된다. 조선시대의 기록을 근거로 삼아 지금과는

---

6 윤명철, 「황해문화권의 형성과 해양활동에 대한 연구」, 『선사와 고대』 11, 1998, pp.139~140.

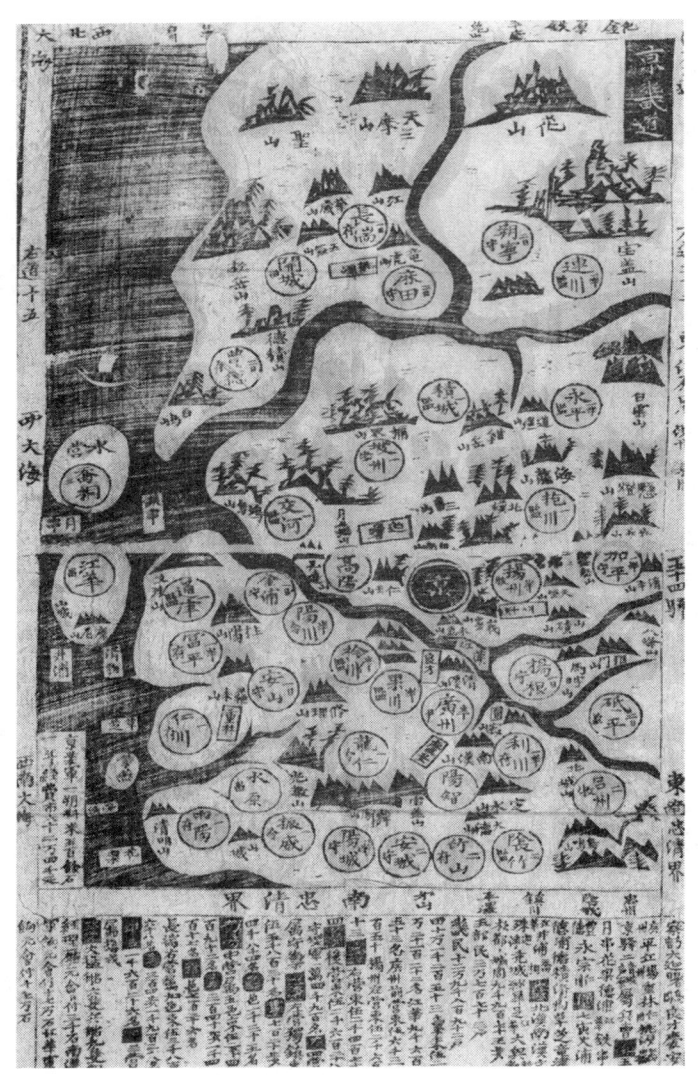

| 그림 1 | 천지명도(天地明圖) 경기도(京畿道)(18C 후반, 52 32cm, 목판본, 개인소장)

다른 수원지역의 환경을 살펴볼수 있다. 사근천(沙斤川), 대천(大川)등이 흐르며 바다로 흘러 들어가고, 장호천(長好川)도 남쪽으로 흘러 바다로 들어간다. 쌍부현의 구이포(仇二浦)·진목포(眞木浦)·적진포(赤津浦)이 부의 남쪽에는 다라고비진(多羅高飛津)이 있다.(『신증동국여지승람』) 계두진(鷄頭津)은 남쪽으로 80리인데, 아산으로 통한다. 이포진(里浦津)은 남쪽으로 70리이며 평택으로 통한다. 당포진(堂浦津)은 남쪽으로 90리이며 아산으로 통한다. 대진(大津) 서남쪽으로 1백 리이며 넓이가 10여 리인데 조세(潮勢)가 사납다. 만조 때에 배로 건너면 홍주(洪州)·면주(沔州) 등 여러 읍으로 통하는 첩로(捷路)이다.(『대동지지』) 수원은 이렇게 강을 통해서 바다와 연결 될 뿐 아니라 항구도시들을 통해서도 연결되고 있다.

　필자는 오래전부터 해항도시·하항도시·강해도시 등의 이론을 전개해왔다.[7] 한반도 지역처럼 해류적인 환경 속에서 국가가 해양정책에 비중을 둘 경우에는 육로교통(陸路交通)도 중요하지만 내륙수로교통(內陸水路交通)에도 적합하고, 모든 지역이 바다와 연결되는 해양교통도 유리해야 한다. 서해안과 남해안을 구체적으로 살펴보면 도시나 촌락들은 지형상으로 육지와 강과 해양이 연결된 지역에 있다. 내륙수로(內陸水路)와 육로(陸路)를 연결한 후 해로(海路)와 통합되어 공급지와 수요지, 그리고 집결지를 연결하기에 적합한 곳이다. 또한 유기적인 시스템을 갖춘 하항(河港) 및 해항(海港)을 활용하여 동아지중해의 대부분 지역과 이어지는 대외항로(對外航路)를 사용하여 주변지역이나 외국과 교섭하면서 무역 상의 이익을 얻을 수 있다. 무엇보다도 충적평야에서 이루어지는 농경(農耕)이나 바다를 활용한 소금의 획득과 어로(漁撈) 등 생활상의 이익을 얻을 수 있다. 따라서 대부분의 정치세력들은 강가의 나루나 바다의 포구(浦口)에서 건국했고, 수도나 중요한 도시 등을 건설하였다. 일종의 하항도시 또는 해항도시

---

[7] 해항도시에 관한 상세한 이론과 구체적인 적용예는 졸고, 「서산의 해항도시적인 성격에 대한 검토」, 『백제시대의 서산문화』, 서산문화발전연구원 13회 학술회의, 2009, 4, 4 참고.

이다. 그리고 서울처럼 이러한 강과 바다의 접점에 세워진 도시는 강해도시라고 명명하였다. 경기만은 일종의 다도해로서 해안선의 형태가 매우 복잡한데다가 깊숙하게 이어진 크고 작은 만들은 기본적으로 항구와 부두를 많이 만들어 놓는다. 즉 곳곳에 포(浦)와 나루(津)가 있다. 이러한 곳을 토대로 위에서 언급한 해항도시들이 형성된다.

하지만 해안에다 도시를 건설하는 일은 현실적으로 어렵다. 일단 목적과 자연조건에 걸맞는 훌륭한 양항(良港)을 갖춘 해안가가 가까이 있어야 한다. 항구를 선정하는 일은 정교한 지식과 숙련된 기술, 오랜 경험이 필요하다. 매우 복잡한 조류의 흐름에 따라 물의 방향이 달라지고, 해안선이 복잡하여 항해와 접안(接岸)시기, 그리고 접안장소를 선택하는 데에 고도의 지식과 함께 숙련된 경험(經驗)이 절대적으로 필요하다. 서해안은 항구나 도시가 발달할 조건을 갖춘 지역은 많지 않다.[8] 더욱이 정치·군사적인 성격을 띤 도시는 방어는 물론 주변 해역권을 장악하고, 중요한 해양교통의 결절점을 통제할 수 있는 해양군사요충지에 있어야 한다. 해양세력들은 중앙(中央)에서의 통제가 용이하지 않고, 때로는 독자적으로 활동할 수 있다.

이렇게 해서 조성된 경기만의 해항도시 가운데 수원의 유기적인 시스템 속에 편재된 도시가 안산지역이다. 안산(安山)지역은 『대동지지』에는 '바다가 서쪽으로 삼십리에 있다'고 하였으며,[9] 『신증동국여지승람』에도 땅이 큰 바다에 접했다고 하고, 바다가 군(郡)의 30리 되는 곳에 있다고 하였다. 그리고 오질이도(吾叱耳島)·석을주도(石乙注島) 등을 비롯하여 많은 섬들이 있었는데, 여월음양(余月音洋)은 오질이도 서쪽에 있으며, 수로가 10리인데 세곡선이 지나가는 곳이었다.[10] 오질이도(吾叱耳島)는 봉수가 있었는데 북으로는 인천의 성산(城山)인 현재 문학산(文鶴山) 봉수와 연결되고, 남으로

---

8 尹明喆,「서해안 일대의 해양력사적 환경에 대한 검토」,『扶安 竹幕洞 祭祀遺蹟 硏究』, p.119 참조.
9 『대동지지』권4, 안산, 산천조.
10 『신증동국여지승람』권9, 안산, 산천조.

는 남양의 해운산 봉수와 이어진다.[11] 지금도 안산 및 시흥에 속한 섬들이 무수히 많은데, 제부도와 영흥도가 대표적이다.

역사적으로 보면 초기에는 마한의 소국이 있었으나 백제의 영토로 편입되었다. 『대동지지』에는 '本百濟獐項口(一云左斯也忽次)'라고 하였다.[12] 그런데 『삼국사기』에 따르면 고구려의 장항구현(獐項口縣 : 一云 古斯也忽次)라고 하였다.[13] 『신증동국여지승람』에도 고구려의 장항구현(獐項口縣)인데 신라의 경덕왕때 장구(獐口)군으로 고치었고, 다시 고려때 현재의 이름을 고치었다고 하였다.[14] 이를 보면 먼저 백제의 영토였다가 후에 고구려가 점령한 것을 알 수 있다.

또 다른 해항도시는 남양이다. 화성군은 황해와 만나는 지역에 위치해있다. 화성의 동쪽은 용인군과 그 너머에 광주군이 있고, 북으로는 수원시와 시흥군이 남쪽은 평택군이 충청도와 만나고 있다. 남양은 그 중심에 있는 지역으로 조선시대에 남양도호부(南陽都護府)가 있었다. 수원부 경계까지 동쪽으로 24리 떨어져있다. 남양반도는 해양교통을 고려할 때 경기만 남쪽에 위치한 중요한 지역이다. 내부에 몇 개의 작은 만과 곶(串)들을 포함하고 있으며, 북쪽으로는 안산만, 남쪽으로는 평택만이 있다.

이러한 조건 때문에 남양은 일찍부터 정치세력이 거점으로 삼았다. 삼한시대에는 마한의 원양국(爰襄國)과 상외국(桑外國)이 남양부와 쌍부현(현재의 남양만에 접한 남양반도 우정면·장연면 일대)에 있었다. 『대동지지』는 연혁조에서 본래 백제의 당항성으로 기록하고 있다.[15] 그런데 『고려사』에서 고구려의 당성군이라고 언급한 이후『세종실록지

---

11 『신증동국여지승람』권9, 안산, 봉수조.
12 『대동지지』권4, 안산, 연혁조.
13 『삼국사기』권37, 지리지, 고구려.
14 『신증동국여지승람』권9, 안산군, 건치연혁.
　『조선각도읍지』안산군에도 동일한 내용이 있다.
15 『대동지지』권4, 남양 연혁 : '本百濟薰項城, 新羅景德王十六年, 改唐恩郡'

리지』, 『신증동국여지승람』에서 모두 당성을 고구려의 영토로 기록하고 있다. 한편 『신증동국여지승람』 남양도호부 고적조에는 고당성(古唐城)이라는 명칭으로 기록되어 도호부 고적고구려 때 당의 학자 8인이 건너와 머물렀다고 한다[16]는 기록처럼 당성은 고구려와 밀접한 관련을 맺고 있다.[17]

그 후에 신라는 대당교통로 활용하면서 국제적인 위상을 높였으며, 한반도내의 역학관계를 변화시키는데 이용하였다. 642년에 백제와 고구려가 공모하여 당항성을 취해 신라사신단이 당나라에서 돌아오는 길을 끊고자 하였다.[18] 그만큼 남양은 대당교통에 중요한 지역이었다. 『삼국사기』에 의하면 668년인 신라의 문무왕 8년에도 유인궤(劉仁軌)가 당항진(黨項津)에 도착하였다 하고 의상과 원효가 당나라로 유학하려고 출발하던 곳이 '본국해문당주계(本國海門唐州界)'라고 하였는데,[19] 이곳이었을 가능성이 크다.

757년(경덕왕 16년) 12월에 이르러 전국에 있었던 9주의 군현 명칭을 중국식으로 고치면서 당은군(唐恩郡)으로 이름을 바꾸었다. 그리고 822년인 헌덕왕(憲德王) 14년에 수성군(水城郡)에 합쳤다가, 다시 829년(興德王 4년) 2월에 당성진(唐城鎭)으로 고치고, 사찬(沙湌) 극정(極正)이 이를 지키게 하였다.[20] 가탐의 『도리기(道里記)』에서 "진왕석교(秦王石橋)·마전도(麻田島)·고사도(古寺島)·득물도(得物島)를 지나 천리를 가면 당은포구(唐恩浦口)에서 동남 육행 700리를 가면 신라왕도에 이른다"는 기록이 있다. 항구가 당은포였음을 알 수 있다. 822년인 헌덕왕(憲德王) 14년에 수성군(水城郡)에 합쳤다가, 다시 829년

---

16 『신증동국여지승람』권9, 남양도호부 고적.
　'…世傳 唐遣才士八人往敎高句麗洪其一也子孫貴名 所居唐城…'
17 당성에 관해서는 이 외에도 『조선왕조실록』, 『南陽府望海樓記』, 『남양부읍지』 등에 있다.
18 『삼국사기』권5, 신라본기 선덕왕 11년.
19 『송고승전』권4, 義解篇, 제2, 唐新羅國義湘傳.
20 『삼국사기』권10 신라본기 興德王 4년.

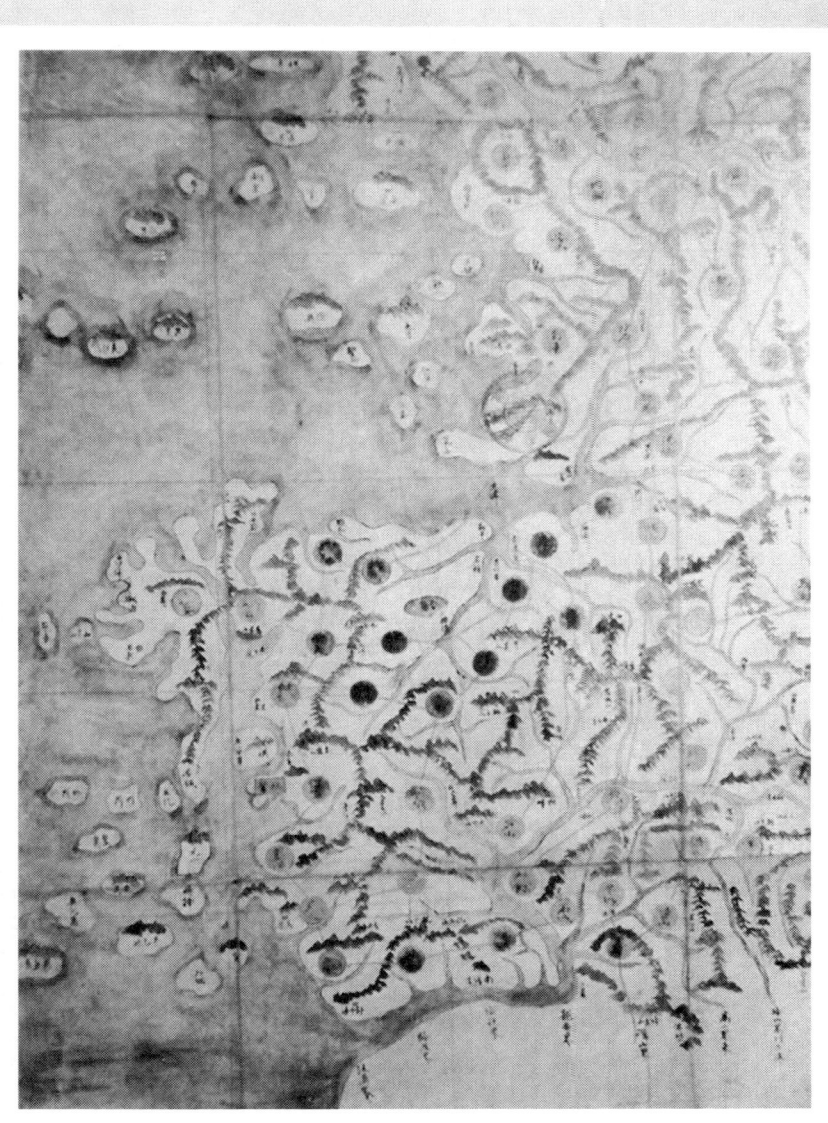

| 그림 2 | 「我東輿地圖」(19세기 전반)의 서해안 부근

| 그림 3 | 남양만지역(청구도)

(興德王 4년) 2월 이 곳에 진(鎭)을 두어 군사적 의미를 강조하면서 당성진이라 하였다.

평택은 삼한시대에 일부는 연달부곡(淵達部曲)으로 진한의 신분활국(臣憤活國)에 속하고 나머지 일부(팽성지방)는 마한에 속한 것으로 간주된다. 수원지역은 고구려가 경기만을 점령하고 있을 당시에는 '매홀'로 불리웠으며, 통일신라시대에는 수성군(水城郡)이라 하였다.

3. 수원지역의 역사상과 해양무역

경기만 일대에는 일찍부터 사람이 살고 있었다. 김포나 일산 등지의 습지에서 발견되는 토탄층에서 B.C 3,000년 경에 해당되는 시기의 것으로 보이는 한반도에서 가장 오래된 쌀의 흔적이 발견되었다.[21] 이것은 결국 해안지역을 통한 유입이 절대적으로 가능성이 높다는 것을 보여주는 고고학적인 증거인 것이다.

옹진군 덕적면 소야리 나루개 혼토패총 등에서 빗살무늬토기편들과 백제토기편들이 발견되었다. 안산시 정왕동에서도 빗살무늬토기 동체부편 2점과 어망추 2점이 수습되었다. 근처 오이도의 가운데살막 패총, 대부도 말부흥 패총, 덕적도 진리의 패총들에서 볼 수 있듯이 신석기 시대에도 해안가는 물론 섬이도 사람들이 살고 있었다.

경기만과 연결된 수원지역에는 구석기 시대부터 사람이 거주하였다. 파장동과 안산(과거의 수원)의 대야미동에서 곧은날 긁개와 주먹도끼 등이 발견되었다. 수원의 여기산 집자리 유적을 보면 청동기 시대(3,000~5,000년전)에도 사람들이 집단 거주하였음을 알 수 있다. 해양과 연관된 의미있는 선사유적은 고인돌이다.

고인돌은 강화도는 물론이고 김포반도의 검단면 대곡리, 통진면 고정리, 하성면

---

21 손보기 외, 『일산 새도시지역의 학술조사보고 1』, 경기도 한국선사문화연구소, 1992.

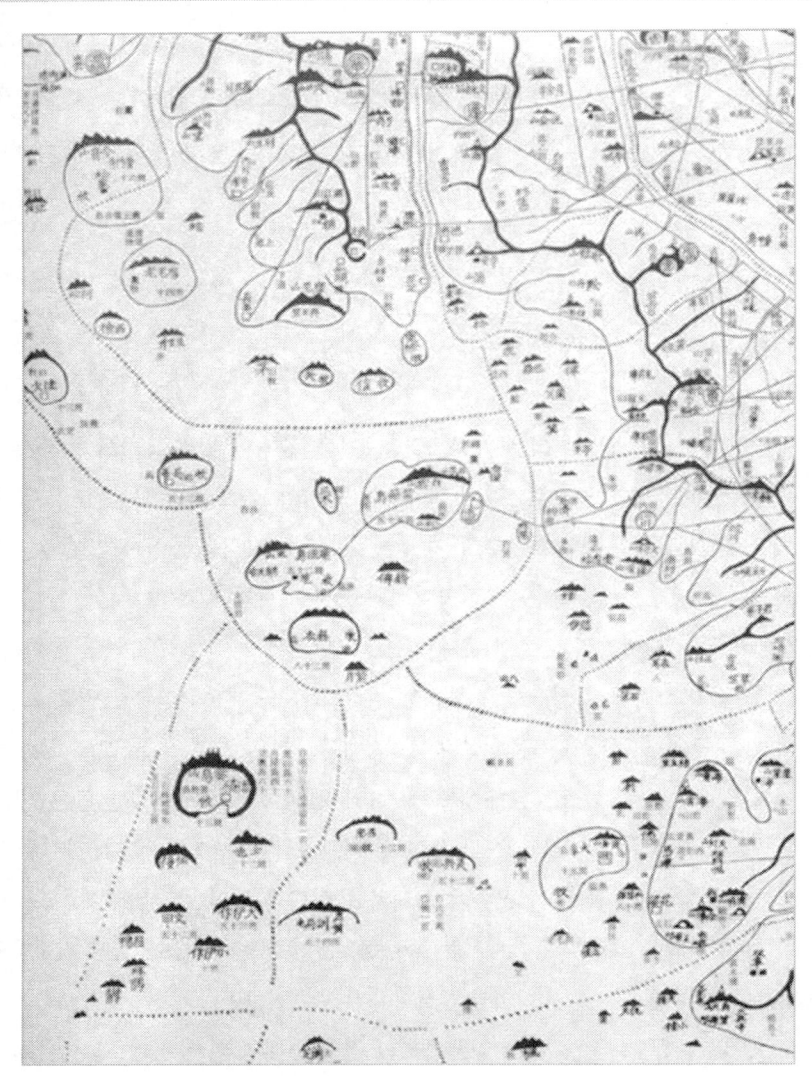

| 그림 4 | 「大東輿地圖」京畿灣(金正浩, 1861년경, 서울대학교 규장각 소장)

시암리 등지에 산재하고 있다. 덕적도 진리에서 고인돌로 추정되는 유물이 발견되었으며, 수원지역에서도 많은 수의 고인돌이 발견된다. 최근에 발표된 자료들에 의하면 고인돌은 황해연안을 따라서 환상형(環狀形)으로 분포된 것으로 나타났다. 요동지방과 연결시키는 주장들이 많지만, 반면에 중국의 절강(浙江)지역에서 한반도로 직접 전파되었다는 주장도 있다.[22] 청동기 유적의 분포나 무덤 양식을 살펴볼 때 고조선 시대에도 남부와 북부, 중국지역을 이어주는 항로는 있었으며 교류가 있었을 것으로 생각된다. 황해북부와 발해만 일부는 고조선의 해양활동영역이었다.

그 후 남쪽은 소위 삼한시대라고 불리는 시대가 된다. 삼한(三韓) 78개 국의 상당수는 강하구(江河口)나 해안가 가까이 위치해 있다. 소국들은 해양문화가 발달했고, 만안이나 나루, 포구 등에서 정치적으로 성장하고 교역을 통해서 번창한 도시국가의 성격을 가지고 있었다. 하항도시국가거나 해항도시국가였다. 이 소국들은 자율성을 유지하고, 그 내부에서도 소규모의 개별집단으로 상대적인 독자성을 가지고 활동하였을 것이다.[23]

이들은 왜(倭)와 교섭함은 물론이고, 주호국(州胡國)이 배를 타고 왕래를 하면서 韓의 國中에서 물건을 사고 팔았다.[24] 삼한 여러나라들과 중국 지역과의 관계에 대해서는 『후한서』『삼국지』 등에 기록을 통해서도 확인이 된다. 유사한 시대에 『한서』지리지에서 倭란 명칭으로 나타난 이후 『후한서』 동이전에 나온[25] 일본열도의 노국(奴國)·

---

22 毛昭晣, 「浙江支石墓의 形態와 韓半島支石墓 比較」, 『中國의 江南社會와 韓中交涉』, 집문당, 1997.
　　　, 「선진시대 중국강남지역과 한반도의 해상교통」, 『한중문화교류와 남방해로』, 국학자료원, 1997.
23 일본열도 내의 야요이 시대 각국들이 각각 독립된 정치체로서 자율성을 가진 것은 三韓의 상황을 이해하는데 시사점을 준다.
24 『삼국지』魏書30, 烏丸鮮卑東夷傳 韓條
25 …倭在韓東南大海中 依山島爲居凡百餘國 自武帝滅朝鮮 使譯通於漢者三十許國 國皆稱王 世世傳統 其大倭王居邪馬臺國…

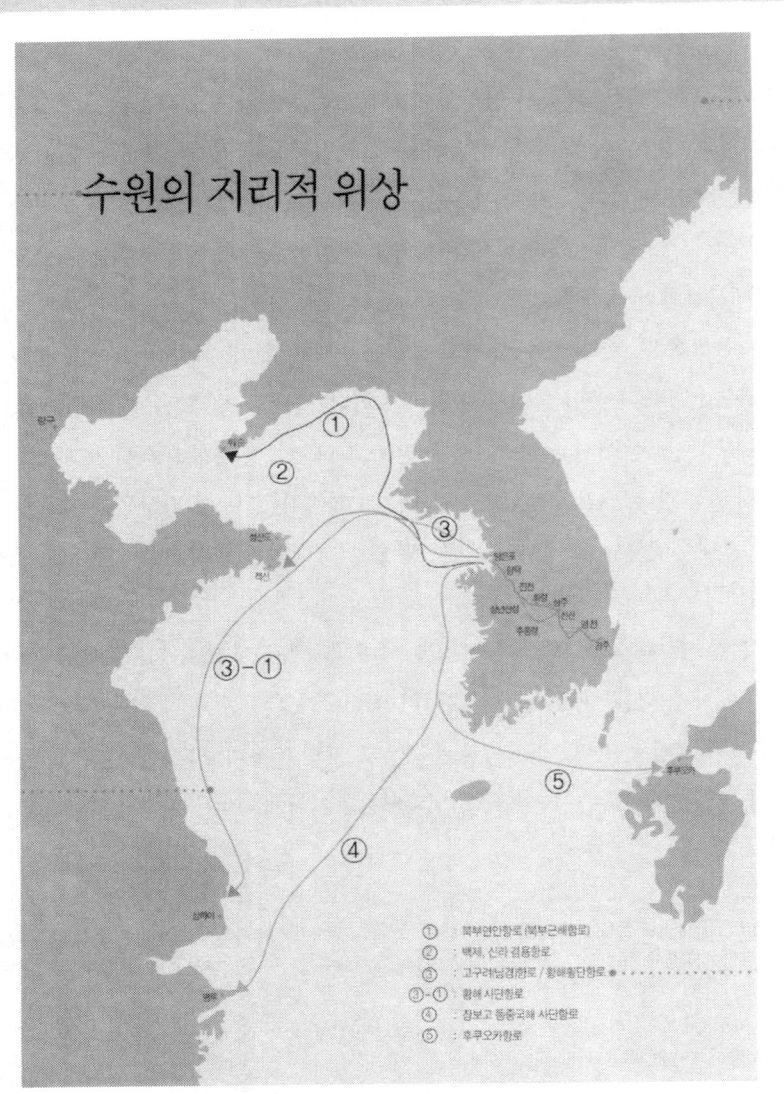

| 그림 5 | 수원 앞 경기만을 중심으로 한 항로도

말로국(末盧國)·이도국(伊都國) 등도 해양문화가 발달했고, 교역을 통해서 성장한 해항도시국가(polis)의 성격을 가지고 있었다.[26]

그런데 경기만은 목지국을 비롯한 마한 소국들이 있었다. 백제는 그 마한의 한 소국과 관련이 깊었고 비류와 온조의 정착과정도 해양과 관련이 깊다. 백제 전기 수도였던 하남 위례성(풍납토성으로 추정) 등은 일종의 '하항(河港)도시'였다. 비류는 현재의 인천으로 추정되는 해빈(海濱 : 미추홀)[27]로 가서 일종의 해항도시를 건설하였다. 이어 삼국사기에는 온조왕(溫祚王)이 43년(A.D.25년)에 아산원(牙山原)에서 5일 동안 사냥을 하여 사슴을 잡았다는 기록이 있다. 아산원을 현재의 아산지역으로 비정하면 해양정책과 관련이 생긴다. 아산지역은 위로는 남양만, 아래쪽에는 내륙으로 한번 접어든 만이며, 서산 등과 연결된다. 이 만을 빠져 바다로 나가면 덕적(德積)군도가 나타난다.

그런데 3세기 전반에는 『진서』에 따르면 함녕(咸寧)[28] 3년(277년)에 마한으로 알려진 백제제역의 여러 나라들이 대진(對晉)교섭[29]을 시도한다. 신미국(新彌國 : 영산강 유역으로 추정)등 마한의 29개 소국이 서진과 교섭을 한다. 마한은 태강(太康) 원년(280년) 부터 10년까지 10년 동안 5회 이상 사신을 파견한 것이 된다. 진한(辰韓) 또한 사신을 보내어 토산물을 바쳤다. 이때 진(晉)과 교역한 마한을 백제라고 보는 견해도 있다.[30] 최근의 발굴성과로 인하여 엄청난 규모로 밝혀진 풍납토성은 백제가 초기부터 교역이 활발했고, 한강변의 하항(河港)도시로서 이점을 충분하게 활용했음을 알려준다. 마한 소국들은 군현(郡縣)들과 교섭하고자 할 때 경기만을 거쳐야만 했다. 이러한 교류들의

---

26 尹明喆, 『동아지중해와 고대일본』, 청노루, 1996, pp.93~94.
27 『삼국사기』권35, 지리지, '邵城縣 本高句麗買召忽縣 景德王改名 今仁州(一云 慶原 買召一作彌鄒)'
28 咸寧은 西晉 武帝의 연호(275~279)
29 全榮來, 「마한시대의 고고학과 문헌사학」, 『마·백』12집, pp.50~51에는 중국사료를 통해서 교섭의 과정과 실상을 보여주고 있다.
30 崔夢龍, 「고고학적 자료를 통해서 본 황해교섭사 연구 서설」, 『震壇學報』66.

결과로 외국물건들이 들어왔다.

이러한 상황은 일본열도도 유사했다. 『삼국지』위서 왜인전에는 대방(帶方)을 떠나 일본열도의 야마다이국(邪馬臺國)까지 가는 길이 기록되어 있다.[31] 위(魏)나라는 왜의 내정을 간섭했을 뿐 아니라 무역도 했다. 당시 고분에서 발견된 각종 동경 등은 무역과 관련이 깊다. 그러므로 위(魏), 대방(帶方), 경기만, 한반도 남부, 일본열도의 큐슈 지역을 연결하는 해상네트워크가 형성되었고, 경기만은 무역의 한 거점이고 해양세력을 감시·통제하는 검문소의 구실을 할 만한 지역이다. 따라서 이 지역의 소국들은 어떠한 형태로든 참여했을 것이다. 원양국(爰襄國)·우휴모탁국(優休牟琢國)·속로불사국(速盧不斯國)·목국(目國) 등의 다수는 해안가와 가까운 곳에 있었다.[32] 근처인 화성시 송산면 고포리 어도에서 석기 3점과 함께 원삼국 시대 토기편들이 수습되었다.[33] 수원지역에는 원양국(爰襄國)·모수국(牟水國)·상외국(桑外國)이 있었다고 추정한다. 모수국은 수원지역으로 비정하는데, 이를 광개토대왕 비문에서 나오는 58성의 하나인 모수성(牟水城)으로 추정하고 있다. 그 후 역사시대에 들어와서 백제가 마한을 병합하면서, 해양활동거점을 탈취하였고, 능력도 흡수하였을 것이다.

고이왕(古爾王)이 3년(236)에 "十月에 왕은 서해의 대도(大島)에서 사냥을 하였는데, 왕은 손수 사슴 사십 마리를 쏘아 잡았다"[34]는 사건이 일어났다. 이 때 서해의 큰 섬은 강화도, 영종도, 덕적도로 추정되는데, 강화도일 가능성이 높다. 3섬은 모두 해상방어

---

31 소국들에 대한 최초의 기록은 『漢書』地理志에서 倭란 명칭으로 나타난 이후 『後漢書』, 『三國志』 등에 나온다.
32 李丙燾, 『한국고대사연구』, 박영사, 1976, 千寬宇, 『古朝鮮史 三韓史硏究』, 일조각 1993에는 이러한 소국들의 위치비정이 되어 있다.
33 『화성군 매장문화재 지표조사보고서』, p.38.
『도서해안지역 종합학술조사 I』, pp.103~106.(집필자 : 이준정, 서울대 박물관 특별연구원)
34 『삼국사기』권24, 백제본기 古爾王 3년조.
'三年冬十月 王獵西海大島 王手射四十鹿.'

의 요충지일 뿐 아니라, 해양진출을 시도하고 해상권을 장악하기에 적합한 곳이다.

백제는 한강 유역의 거점을 확보하면서 한강수계와 서해중부 해안이 가진 경제·외교적인 이점을 최대한 이용하였다. 근초고왕(近肖古王)은 북진정책을 추진하면서 대고구려전을 과감히 수행하였다. 결국 고구려의 남진과 백제의 북진은 한강 하류지역과 경기만에서 충돌하기 시작했다. 371년에 고구려의 고국원왕은 백제군과 전투를 벌이다가 전사하였다.[35] 근초고왕 때 황해를 건너 건강(健康 : 현 남경)에 수도를 둔 동진(東晉)을 비롯해서 중국의 북부지역과 활발히 교섭을 하였다.[36] 개성 부근에서 서진시대의 청자호자(青磁虎子)가 발견된 것을 비롯해 동진계의 자기가 석촌동 고분군과 원주 근처 법천리에서 발굴될 것, 그리고 몽촌토성에서 남조의 청자편이 발견되었다.

이 시기의 국제항로는 중국지역의 서진과 뒤를 이은 동진 및 송을 대상으로 황해중부횡단항로를 사용했을 것이다. 주로 경기만의 강화·인천·남양만 등을 사용하여 직항하거나 또는 산동해역 가까이 진입한 후에 근해항해를 통해서 양자강 하구 유역까지 남항하였을 것이다. 한편 일본열도로 가는 방법은 몇 가지 상정할 수 있는데, 만약 전남해안지역에서 출항할 수 있을 만한 정치적인 역량이 성숙되지 못했다면, 경기만 충남해안·전북해안 등의 항구를 사용했을 것이다.

그 후 광개토대왕이 왕위에 올랐고, 그는 즉위년부터 한수(漢水) 이북을 점령하고 관미성(關彌城)을 공함(攻陷)하였으며, 석현(石峴) 등 10성을 빼앗았다. 이어 영락(永樂) 6년(396)에 친히 수군(水軍)을 거느리고 해양을 통해 백제를 공격하였다. 이 때 공파(攻破)된 50여 성은 군사적·정치적 요충지로서 해안·하안방위와 관련된 시설들이었을 것이다. 고구려는 기병과 수군을 활용한 수륙양면작전을 실시했으며, 수군은 3개 방향으로 상륙했던 것 같다. 제1로는 대동강 유역을 출발한 다음에 예성강 하구와 한강이

---

35 『삼국사기』권24, 백제본기, 近肖古王 26년.
36 『晉書』권9, 本紀 簡文帝.

만나는 강화 북부에서 한강 하류를 거슬러 오면서 김포반도와 수도를 직공했다.(광개토대왕릉비문에서는 '渡阿利水'란 표현을 하고 있다.) 제2로는 인천상륙작전을 감행하여 한성으로 진입하였다. 제3로는 남양만으로 상륙하여 수원과 용인 등을 거쳐 한성의 배후를 친다. 수군을 동원하여 수도를 직공한 것이다. 그 후 장수왕의 475년 공격을 통해서 경기만과 내륙지방은 완벽하게 고구려의 영토가 되었다.

남으로 천도한 백제는 비유왕(毗有王) 때에 양자강 유역에 수도를 둔 송나라에 역림(易林), 식점(式占), 요노(腰弩) 등을 요청하였다.[37] 그 후에 백제는 더욱 중국지역 및 일본열도와 각종 물품들을 교환하면서 무역을 벌였다. 이 가운데에는 생필품 등도 있었고, 심지어는 고도의 조선술과 항해술을 요구하는 말의 운송까지 이루어졌다.[38] 하지만 이 무렵에 백제가 경기만의 항구를 그대로 사용했을 가능성은 낮다. 장수왕은 남진정책을 적극적으로 추진하면서 해상봉쇄를 추진했고, 이에 맞서 개로왕은 돌파구를 모색했다. 북위와의 교섭과 우호적인 관계를 원하는 정책은 필연적으로 외교통로인 해양의 중요성을 부각시켰다. 하지만 백제는 결국 고구려의 해상봉쇄로 인하여 실패했고, 475년 전면적인 공격을 받았다. 개로왕은 전사하고 백제는 웅진(熊津)에 임시로 수도를 정할 수밖에 없었다. 이후 경기만은 고구려의 출항항구로 사용되었다. 수원은 고구려의 매홀군(買忽郡)이 되었다.

그 후 백제는 성왕 29년(551)에 2차 나제동맹을 체결시켜 한강하류유역을 수복하였으나 신라의 배신으로 2년 후인 553년에 신라의 진흥왕에게 빼앗기고 말았다. 신라는 이 지역에 신주(新州)를 설치하였다가 뒤이어 이를 폐하고 북한산주(北漢山州)를 설치하였다. 경기만 지역은 신라가 국가항구지역으로 사용하면서 역사의 중심무대로 변모하였다. 660년에 신라와 당군이 백제를 공격할 때 당의 군선은 김법민이 이끄는

---

37 『宋書』권97, 열전 57, 백제국전 元嘉 27년.
38 양기석, 『백제의 경제생활』 주류성, 2006, p.216.

함선 100척으로 맞이하여 공격할 때 합동상륙작전을 시도하였다.

이후에 신라와 당나라 간의 전쟁이 벌어졌고, 671년 10월에 신라는 당의 조선(漕船) 70여척을 격파하였다. 673년에는 당나라의 침략 전쟁을 경계하기 위하여 문무왕은 대아찬(大阿湌)인 철천(徹川)을 전쟁에 파견하여 병선 100척을 거느리고 당군에게서 신라를 지키게 하였다.[39] 이는 신라의 수군함대가 경기만의 어느 지역에 있었으며, 이는 남양·안산지역 등과 힘께 수원이 연관되었을 가능성을 보여준다. 그 후 신라는 당과 우호관계를 맺었으며, 이는 해양을 매개로만 가능했다. 자연스럽게 해양교류와 함께 무역활동이 활발해졌다. 신라는 금속공예품·금·은·동·동제품·직물공예품·직물·약재·향유·미체·마(馬)·구(狗)·웅(鷹)·해수피·모피·피혁·우황·인삼 등을 수출하였다.[40] 반면에 신라는 당으로부터 공예품·견직물·차(茶)·서화·자기·칠기 및 '남해박래품' 등을 수입하였다.[41]

이러한 교류에서 신라는 주로 황해중부횡단항로를 이용하였다. 한반도의 중부지방,[42] 즉 경기만일대의 여러항구에서 횡단성 항해를 하여 산동반도의 여러 지역에 도착하는 항로이다. 황해중부횡단항로는 1개가 아니라 2개로 분류된다. 첫째는 황해도를 출항하여 산동반도의 동단 혹은 북단에 도착하는 항로이다. 다른 하나는 경기만의 하단지역, 예를 들면 남양만이나 그 이하에서 출발할 경우에는 알려진 것처럼 북상해서 황해도 서단까지 간 다음에 횡단하는 항로 외에, 직접 횡단하여 등주지역이나 그 아래인 청도만의 여러항구로 도착하는 항로도 있다.

---

39 『삼국사기』 권7, 신라본기 문무왕 13년.
40 『삼국사기』 권8, 신라본기8, 성덕왕 22년.
41 『삼국사기』 권8, 신라본기8, 성덕왕 23년.
42 엄격하게 지리적인 기준으로 구분하면 한반도 남부해안에서 산동반도 하단부로 이어지는 해역도 황해중부에 해당한다. 그러나 한반도를 기준으로 분류를 할 경우에는 서허중부해역만을 황해중부로 인식하고자 한다.

고려시기에는 해양활동이 활발했으며, 주변 국가들과 해상무역을 적극적으로 추진하였다. 주로 무역의 대상은 송나라였다. 송은 정치외교뿐만 아니라 무역정책에도 비중을 두어 국가수입을 증진하는데 활용하였다. 이는 고려 또한 마찬가지였다. 태조 7년(924년) 7월에 고려 상선이 후당의 등주에서 시장(市易)을 행하였다. 같은 해인 7년 10월에는 고려의 사박(使舶)이 후당에 건너가 청주(靑州 : 산동)에서 무역을 행하였다.[43]

본격적인 민간교역은 현종 시대로부터 차차 성행했다. 북송시대 전기(1017~1090년)에만 약 100명 이상의 송나라 상인들이 고려에 온 기록이 있다. 아랍인인 서역상인들도 많이 왔다. 현종 때인 1024년에는 대식국(현재의 이란 및 아라비아지방)의 상인 100여 명이 한 번에 온 적도 있었다. 이어 다음해인 1025년과 그 후 1040년에도 대거 왔다는 기록이 있다. 고려가요인 '쌍화점(雙花店)'에서 등장하는 여인의 손목을 잡은 회회인(回回人)은 바로 서역의 상인이었다. 보통 100명에서 300명을 태운 사신선들은 곧 무역선이었다. 예를 들면 송나라는 고려에 의복, 상아, 물소뿔, 옥, 술, 새(鳥), 차, 칠, 악기 고려출하였고, 고려는 비단, 금, 은, 나전 세공품, 꽃방석, 자개박이 그릇, 인삼, 소나무, 부채, 종이, 붓, 먹, 가죽 고려 천 점 고보냈다. 소동파는 고려와의 무역으로 인한 피해가 심하다고 매우 비판적이었다. 이들은 남방의 특산물을 가져왔는데 향료, 물감, 조미료 등이 주요 물품이었다. 이외에도 마팔국(인도), 삼라곡국(태국), 교지국(베트남)의 국가들과도 교역을 하였다. 이들 외국인들 가운데에는 고려에 귀화하여 결혼하거나 정치에 참여하면서 산 사람들도 꽤 있었다. 광종 때의 귀화인인 쌍기는 고려에 과거제도를 도입한 사람이다. 개경에는 사신과 상인들이 머무는 객관들이 오빈관, 영은관, 영선관 등 10여 개나 있었는데, 이들은 이곳에 머물면서 무역을 하였다. 반대로 고려인들도 중국으로 부지런히 건너갔다.

---

43 『册府元龜』권99, 互市조에 이와 관련된 기사가 있다.
　金庠基, 『신편 고려시대사』, 서울대 출판부, 1996, p.166.

이 때 고려인들이 사용한 항로를 살펴볼 필요가 있다. 고려인들은 중국지역과 교섭할 때 시기에 따라 약간의 차이가 있지만 대체적으로 3개의 항로를 적절하게 사용했다. 경기만은 수도인 개경으로 들어가는 교통로의 종착지겸 출항지와 가까운 지역이었다. 개경의 외항인 벽란도(碧瀾渡)는 예성강 하구에 있는데, 개경과 황해를 이어주는 내륙하안 항구였다. 배들은 일단 강화만이라고 불리우는 좁은 협수로를 빠져나간다. 그리고 목적항구를 따라 항로가 각각 나뉜다.

1항로는 황해중부횡단항로이다. 북으로 가려면 해주만 앞을 통과하여 강령반도 밑으로 지나 옹진반도 쪽으로 간다. 백령도를 거쳐 먼 바다로 나아가 직횡단하여 산동반도에 닿는다. 초기 사신선들은 주로 등주에 도착하였다. 그런데 고려인들이 도착한 항구는 점차 남쪽으로 이동하였다.

2항로도 역시 황해중부횡단항로이다. 1항로보다는 약간 남쪽으로 가는 항로도 사용하였다. 일단은 먼저 경기만의 끝단까지 내려간 다음에 북서진하여 항해하면 산동반도의 끝 부분에 도착하거나, 돌아서 등주로 들어갈 수 있다. 배들은 주로 밀주의 판교진(당시에는 膠西)으로 들어갔다.

3항로는 동중국해사단항로이다. 이 항로는 북송의 사신으로 고려에 왔던 서긍(徐兢)이 쓴 『선화봉사고려도경(宣和奉使高麗圖經)』이란 책에 일정이 상세하게 적혀 있다. 즉 배는 영파를 출발하여 주산군도의 바깥쪽에 있는 보타도에서 바람을 기다렸다. 그 다음에 북상하여 먼바다로 나가 사선으로 항해하여 흑산도로 향했다. 그 다음에 군산 근처의 고군산도, 인천만의 자연도 등을 거쳐 예성강하구에 도착하였다. 갈 때는 경기만을 출발하여 동풍과 북풍계열의 바람을 활용하여 일단 청도만 바깥바다까지 접근한다. 그 다음에는 근해항해를 해서 남진한 다음에 중국의 남방으로 항진한다. 여기서 2, 3의 항로는 경기만의 남부해안 즉 안산, 남양 등과 직접 연관된다. 안산시(安山市) 성곡동(城谷洞) 해봉산(海峯山)의 잿머리 성황당은 서희(徐熙)가 972년에 송나라와의 외교관계를 복원하려고 사행을 떠났던 부두이다.[44]

경기만 해역은 대외교섭뿐 만 아니라 국내의 물류수송에도 활용되었다. 고려는 건국 초기에 힘을 발휘하였던 해상호족들을 약화시킨 후에 조운이 발달하였다. 조세로 징수한 미곡 · 포백 등을 해상운송 하는 수로를 조전(漕轉)이라고도 한다. 이 수로는 성종(成宗) 11년(992) 경에 확립되었는데, 수로에 인접한 남방의 여러 읍(邑)에 12조창(漕倉)을 두고, 그 밖에 장연(長淵)에도 조창을 두어 예성강하류인 개경의 서강(西江)으로 연결하였다. 이때 물길은 경기만을 경유하여 이루어졌으며, 이 길은 조선시대에도 마찬가지였다.

경기만은 이러한 중요성에 고려하여 지리적 · 지형적 · 역사적 특성에 맞춰 해양방어체제를 매우 치밀하고 다양한 형태로 많이 구축하였다. 해양세력들은 강한 지역성을 가지고 정치적으로는 호족적(豪族的) 성격을 띠우는 무정부성(無政府性)을 지니고 있다. 이러한 해양문화의 복잡한 메커니즘 속에서 도시는 방어적인 측면에서 강변방어체제[45] 및 해양방어체제[46]와 유기적인 시스템을 구축해야 한다. 서해안처럼 리아스식 해안이 발달한 곳은 곶(串)과 포(浦), 만(灣)이 많아, 장소와 전술적인 목적을 고려하여 '곶성(串城)', '포구성(浦口城)', '진성(津城)'을 쌓는다. 그 외에 만 전체와 주변지역의 유기적인 작전을 고려하여 반도의 한 가운데, 반도와 육지가 이어지는 부분, 내륙에 있는 대성(大城) 내지 치소(治所)와 이어지는 곳에 규모가 큰 거점성을 건설한다. 조선시대에 설치한 진성(鎭城)들의 일부는 이러한 성격을 지녔다.

---

44 조흥윤, 「잿머리 성황당 및 성곡동 城址硏究」, 『安山文化』5집, 1991년 겨울호, pp.26~28.
45 윤명철, 「한강 고대 강변 방어체제 연구-한강하류지역을 중심으로-」, 『향토서울』61, 서울시사편찬위원회, 2001, 「고대 한강 강변방어체제연구 2」, 『鄕土서울』64호, 서울시사편찬위원회, 2004, 「국내성의 압록강 방어체제연구」, 『고구려연구』15집, 고구려연구회, 2003.
46 해양방어체제의 성격과 기능에 대하여는 윤명철, 「江華지역의 해양방어체제연구-關彌城 위치와 관련하여」, 『사학연구』58 · 59 합집호, 1999 및 「경기만 지역의 해양방어체제」, 『고구려 산성과 해양방어체제』, 백산출판사, 2000 참조.

안산지역은 남은 안산만, 북은 시흥만 사이에 위치해 반도적인 성격을 띄고 있다. 때문에 시대와 관계없이 해안방어에서 매우 중요한 곳이므로 성들이 많이 있었을 것이다. 이러한 성들은 곶(串)이나 포구(浦口), 진(津) 등에 있으면서 근거리의 해안초계(海岸哨戒)를 주임무로 하고, 만의 입구에서 적선(敵船)을 검문하거나 내부로 침입하는 것을 저지하는 역할을 담당했다.

군자산성(君子山城)은 시흥시(始興市)의 군자봉(君子峯 : 해발 198.4m) 정상부를 둘러싼 산성으로서 토석혼축성(土石混築城)이다. 안산지역에서 가장 높고 눈에 잘 띄는 산으로서 남양반도에서도 보인다. 『대동지지(大東地志)』에는 군자봉(君子峯)이 안산현의 서이십리(西二十里)에 있다고 하였다.[47] 즉 남으로 안산만, 북으로 시흥만, 서쪽으로 서해(西海)를 바라볼 수 있는 안산지역의 한 가운데 있다. 주변을 관측할 수 있으며, 반대로 멀리 사방에서도 군자산은 잘 관측할 수 있다. 더욱이 특이한 모양으로 인하여 바다를 항해하는 선박들은 해안지형에 익숙하지 않아도 쉽게 인식할 수 있어 자기위치 혹은 상륙지점을 선택할 수 있다. 조선시대에는 봉수대로 사용되기도 하였으며 삼국시대에 한강 유역과 남양만을 연결하는 교통로를 지키는 요새지의 역할을 하였던 것으로 추정된다고 하였다. 별망성(別望城)은 안산시 초지동(草芝洞)에 위치한 해발 약 50m의 야산에 있다. 옛 문헌에 기록이 없었는데, 『조선보물고적조사자료(朝鮮寶物古跡調査資料)』와 『전국유적목록(全國遺蹟目錄)』에 기록을 하였다. 성곡리성지(城谷里城址)는 안산시 성곡동의 안말에 있는 해봉산(海峯山 : 또는 蟹峰山으로 불름)위에 쌓은 성이다. 성두산(城頭山)이라고도 불리운다. 토축으로 된 이 산성은 『신증동국여지승람』에 해운산(海雲山)으로 나타난다. 그 외에 목내동성지(木內洞城址) 등이 있다.

화성지역에는 더 많은 해양방어체제들이 있다. 가장 대표적인 성은 당성(唐城)으

---

47 『대동지지』권4, 안산, 산수조.

로서 고당성(古唐城), 당항성(黨項城) 등으로 불리우고 있다. 화성군 서신면의 구봉산(九峰山)에 있다. 서신 입구의 포구까지는 1.8km이고, 나머지 방면도 1km정도이다. 당성이 있는 구봉산에서 천등산(天燈山)까지는 6km, 화량진(花梁鎭)도 건너편의 1km 남짓한 거리에 있다. 당성은 해안가에 있었을 뿐만 아니라 남양반도의 전해안과 가장 짧은 거리로 연결되고 있으며, 어느 지역과도 한 번에 연결되는 독특한 특성을 지니고 있다. 당성은 바로 해안가에 가까우면서도 여러 해안가와 연결되고, 반도의 한가운데 있다는 지리적 이점으로 인하여 바다와 4개의 만 안으로 들어오는 적을 방어할 수 있다. 그런가하면 전략적으로 남양반도 전체, 안산(安山) 등의 지역, 남양 치소와 그 멀리 까지도 작전반경 속에 편입시켜 놓고 경기만 하단부의 해양방어체제의 중심을 이루고 있다.

4. 맺음말

한 도시의 정체성을 이해하기 위해서는 역사과정과 함께 성격을 명확하게 확인하는 일이 필요하다. 우리나라 전통시대의 도시들에 대한 통념과 마찬가지로 수원 또한 해양과는 무관한 것으로 이해하고 있다. 하지만 대륙과 반도와 해양을 포괄하고 있는 자연환경의 특성상 모든 지역, 도시는 해양과 관련을 맺고 있다. 서해안 남해안 등 해안선이 발달한 지역은 만과 곶 등이 발달하고 이에따라 포구(浦口)·진(津)·도(渡) 등이 발달했다. 더욱이 해안과 가까운 지역에 위치한 도시들은 해양적 성격이 더욱 강하며, 일부 도시들은 해양과 연관하여 성립하고 발전하고 쇠락한 해항도시의 성격을 지니고 있을 뿐 아니라 강과의 연관성 속에서 하항도시와도 연결 된 경우가 많았다.

필자는 수원의 해항도시적인 성격을 규명할 목적으로 '동아지중해모델'과 '터이론' 등을 적용하여 경기만 지역의 자연환경을 검토하면서, 수원과 주변도시들이 어떻게 유기적인 시스템을 갖추었는가를 살펴보고, 그것을 토대로 역사상을 재해석하였다.

본고는 해양환경의 검토 및 역사상 등에 대해서 구체적인 설명과 자료제시가 부족했으므로 결론을 내리기엔 한계가 있다. 하지만 서문에서 제시한 대로 수원의 성격과 위상을 해양이라는 관점에서 바라 볼 수는 있었다.

수원은 좁게는 안산·남양·평택 등, 넓게는 경기만 전체의 몇몇 해항도시들과 유기적인 관계를 맺으며, 관리기능까지 한 중심도시이다. 또한 내륙의 한강 주변지역과 직·간접적으로 연관되면서 경기도 해안지역의 많은 부분을 관리하는 중핵도시의 역할을 담당하였다. 물론 이는 시대의 발전과 따라 단계적으로 확장되었으며, 정치적인 상황과 해양문화의 중요성에 따라 그 위상이 영향 받기도 하였다. 그러므로 수원의 정체성을 찾는 작업에서는 수원의 역사적인 활동범주를 경기만 해안지역으로 확장하며, 해양과의 연관성을 진지하게 인식할 필요가 있다.

09 한민족 歷史空間의 이해와 江海都市論 모델[*1]

1. 서 론

    필자는 동아시아 역사상과 체계를 해석하기 위해 몇 개의 모델을 설정하여 활용하고 있다.

    동아지중해 모델 속에서 바다 및 육지는 자연환경 뿐만 아니라 역사적인 존재로서 유기적인 관계를 맺고 있으며, 통일적으로 작동하고 있다. 그런데 육지와 해양을 엮어주는 제3의 존재가 강이다. 해륙적(海陸的) 관점에서는 당연한 현상이지만 한 국가에서 정치·군사·경제·문화적으로 시스템이 집약된 공간인 수도나 대도시는 해륙적 체계와 성격을 갖고 있으며, 해륙적인 기능을 하는 것이 국가발전에 필요하다. 그러므로 바닷가의 항구, 강가, 큰 강의 하구 또는 바다가 조우하는 강해적(江海的)인 지역(地域)에 발달하는 경향이 강했다. 필자는 역사상과 관련해서 해항도시론(海港都市論),[2] 하항도시론(河港都市論)[3] 그리고 강해도시론(江海都市論)[4]등을 발표해왔다.

---

* 「한민족 歷史空間의 이해와 江海都市論 모델」, 『동아시아 고대학』 23, 2010.
1 이 논문은 한국학 진흥사업 한국상고문화기원연구의 지원을 받아 연구되었습니다. (AKS-2007-GC-2001)
2 윤명철, 「서산의 해항도시적인 성격 검토」, 『瑞山文化春秋』5, 서산문화발전연구원, 서산시, 2009 ; 윤명

본고는 강해도시론을 보다 구체화시키기 위해 그 체계와 성격과 역할 등을 분석하여 서술한 후에 강해도시(江海都市)의 전형으로 예상되는 서울지역의 몇 가지 조건들과 연관시켜 가능성을 모색해보고자 한다. 따라서 본고는 동아시아 및 대도시들의 자연환경을 검토하는 일에 비중을 두면서 서울지역의 특성을 예로 들어 틀을 제시하고자 한다. 따라서 구체적인 역사상이나 각론적인 부분, 즉 도시의 위치, 시대 별로 사용한 내부 및 외부 교통로 문제, 정치적·군사적인 사건과의 연관성 등은 추후의 연구과제임을 밝혀둔다.

　이 글은 다음과 같은 순서로 진행될 것이다. 2장에서는 논리를 전개하기 위한 전제로서 우리 역사공간과 우리역사 발전의 체계에 대하여 약술할 예정이다. 필자가 설정하여 전개해 온 '터이론', '동아지중해(東亞地中海) 모델', '해륙국가론(海陸國家論)'을 간략하게 소개하고, 강의 기능을 일반적인 관점에서 기술한다. 3장에서는 한민족 역사상에 존재했던 강의 성격을 '강해도시론'의 논리와 연관시켜 살펴본다. 4장에서는 강해도시의 체계와 성격에 대한 필자의 논리를 전개하면서, 실제 모델로서 서울지역의 자연환경을 예로 들며 보완·서술할 예정이다.

철, 「경주의 해항도시적인 성격검토」, 『동아시아 세계와 삼국』, 동아시아 고대학회, 전통문화학교, 2009 ; 윤명철, 「삼척동해지역의 해항도시적 성격과 김이사부 선단의 출항지 검토」, 『이사부 우산국편입과 삼척출항 심포지움』, 한국이사부학회, 2010, 08, 01.

3　윤명철, 「고구려 수도의 해륙적 성격」, 『백산학보』제80호, 백산학회, 2008, 4.

4　윤명철, 「강해도시 김포시의 역사성과 21c가치 효용성」, 『김포 수로도시 국회공청회』, 김포저널, 2006 ; 윤명철, 「백제 수도 한성의 해양적 연관성 검토 1」, 『위례문화』11·12합본호, 하남문화원, 2009. 필자는 본고를 작성하는 과정에서 「백제 수도 한성의 해양적 연관성 검토 1」를 살펴보다가 오류를 범했음을 발견하였다. 평소의 지론이며 다른 글에서도 간간히 언급했던 한성의 江海都市論 주장을 河港都市로 표현했음을 발견하였다. 전적인 오류임을 다시 한번 밝혀둔다.

2. 역사공간의 이해와 강의 성격

1) 역사에서 공간이란?

본고의 주제와 관계가 깊은 강은 다른 종류의 자연환경 및 역사활동과 무관하게 독자적으로 존재하는 단순한 물의 흐름이 아니다. 강을 역사발전의 동력으로 충분하게 이해하려면 강 자체의 체계 성격 기능 등은 물론이지만, 그 전제로서 촌락 도시 국가 등으로 구성된 역사공간에 대한 이해와 자기관점이 필요하다.

역사에서 공간이란 지리·지형·기후 동식물의 분포도 등의 자연생태적(自然生態的)인 공간만을 뜻하지는 않는다. 또한 기하학적(幾何學的)인 공간, 물리적인 차원의 평면(平面)만을 의미하지는 않는다.[5] 지리정치적(地理政治的, geo-politic)으로는 영토 또는 영역이며, 지리경제적(地理經濟的, geo-economic)으로 생산, 교환 및 소비장소이며, 지리문화적(地理文化的, geo-culture)으로는 주민들의 세계와 사물을 바라보는 관점, 인간과 집단이 지닌 가치관, 생활양식 등의 결정체로서 복합적이다. 그러므로 역사공간의 체계와 운행방식, 기능, 의미 등의 성격을 이해하려면 생태와 풍토 등 자연지리의 개념과 틀을 포함하면서 역사(歷史)와 문화(文化) 또는 문명(文明)의 개념 등으로 접근할 필요가 있다.

---

[5] 공간은 실제적인 측면 외에도 명분으로도 인간에게 근원적으로 중요한 의미를 지니고 있다. 세포의 형성과정부터 시작하여 존재의 원근거를 모색하는 행위, 나아가 집단의 탄생과 발전과도 직결되어 있다. 인간 개체와 마찬가지로 집단도 존재의 정당성과 우월성을 입증 받고 싶어 한다. 앞으로 역사학에서 공간문제는 새로운 각도에서 접근해야 한다. 인간이 자연공간을 이용하는 능력과 방식에 대해서 통념을 깨고 전향적인 인식을 할 필요성이 있다. 특히 지리학, 풍토론, 생물학, 물리학, 생리학, 뇌과학 동물행동학 생태학 유전학 등은 인간의 활동범위와 성격 등을 심층적으로 이해하는데 유익한 시각을 제공한다. 이러한 예는 그레이엄 크랄크 지음, 정기문 옮김,『공간과 시간의 역사』, 푸른길, 1999 참조. 공간을 바라보는 관점은 실로 다양하다. 특히 역사학에서 활용할 만한 책은 문화의 관점에서 바라보는 에드워드 홀 지음, 최효선 옮김,『숨겨진 차원-공간의 인류학을 위하여』, 한길사, 2005 참조.

필자는 동아시아의 역사공간이 운행되는 방식 등을 이해 할 목적으로 '터와 다핵 (field & multi core) 이론'[6]을 해석 틀로서 제기하여왔다. 역사 공간에는 전체이면서 부분인 터(場, field)가 있다. 터의 중심은 부분(部分)들의 합인 전체(全體)로서 다른 부분 및 전체와 비교되는, 독특하면서도 완벽한 기본핵(基本核 : 中核, core)구조이고, 주변에는 몇몇 행성(行星)들과 위성(衛星)들이 돌고 있고(multi-core), 이 모든 핵들을 중첩적으로 연결하는 선(線, line)들로 이루어졌다. 뿐만 아니라 내부를 밀도 깊게 채우고 있는 무한의 점(點, dot)들로 구성되었다고 이해한다. 평면형태가 아니고 입체적 형태이다. 즉 체계상으로서 '다핵다중 방사상(多核多重 放射狀) 형태'를 띄우고 있다.[7] 이러한 체계 속에서는 운행상으로 전체인 터(field)가 부분들인 중핵(中核)·소핵(小核)들 선(線), 점(點)들로 되고, 역으로 부분들이 전체인 터로 환원(還元)하는 유기적(有機的)인 관계이다. 이것은 단

---

6 '터이론'의 정식명칭은 '터와 다핵(field & multi core)이론'이다. 줄인다는 의미에서 또 터는 다핵을 포함한 개념이므로 약칭 '터이론'이라고 한다. 아래 문장에서는 '터이론'이라고 줄여서 사용한다. 필자가 개념화한 '터'는 지리·기후·생태계 등으로 채워지고 표현되는 단순한 자연공간은 아니고, 인간의 거주형태, 국가 등의 정치체제, 경제활동, 문화 등 인간의 관계망이 포함된 총체적인 환경이다. 역사학자의 입장에서는 터이론 등이 현대 물리학, 생물학, 생리학, 동물행동학, 생태학, 도시생태학 등에서 전개하는 논리 및 내용과도 유사한 점이 있다고 보여 진다. 그렇지만 필자가 설정한 몇 가지 모델의 본질과 표현 방식 등은 우리 및 동아시아 문화와 사상의 기반을 이루었던 것들을 지적으로 계승한 산물임을 밝힌다. 다만 현대적인 용어로 표현하고, 관찰과 분석과 실험 등의 결과물들을 차용하여 설득력을 높이는 수단으로 삼았음은 분명하다. 이 부분에 대해서는 「한국사를 이해하는 몇 가지 틀을 모색하면서-터(field & multi core) 이론의 제기-」, 한국사학사학회, 2008에서 발표하였고, 그 외 몇 편의 논문에서 언급한 바 있다. 추후 소주제별로 독자적인 논문을 통해서 더욱 상세하게 전개할 예정이다. 이 모델을 적용하여 발표했던 내용들은 졸고, 「동아시아의 해양공간에 관한 재인식과 활용-동아지중해 모델을 중심으로-」,『동아시아 고대학』14, 동아시아 고대학회, 경인문화사, 2006, 12 ;「동해문화권의 설정 검토」,『동아시아 역사상과 우리문화의 형성』, 민속원, 2005 등 참조.
7 이러한 이론을 바탕으로 필자는 고구려 전성기의 외교형태를 '多核多重 放射狀外交'라고 규정하면서 논리를 전개했다. 필자의 박사학위 논문 및 졸저,『고구려 해양사연구』, 사계절, 2003. 또한 실용적으로 분석한 몇몇 연구가 있다. 졸저,『고구려는 우리의 미래다』, 고래실, 2004 ;『장수왕, 장보고 그들에게 길을 묻다』, 포럼, 2006 ; 졸고,「장보고를 통해서 본 경제특구의 역사적 교훈과 가능성」, 남덕우 편,『경제특구』, 삼성경제연구소, 2003 등.

순한 교환이나 상호작용이 아닌 일종의 '환류(環流)시스템'을 이루고 있다.

공간과 상황을 이러한 방식으로 해석하는 터이론의 관점과 논리는 우주구성물인 천체에서부터 세포를 거쳐 극미의 계인 원소에 이르기까지 다양한 분야에 적용이 가능하다.[8] 인문지리학이나 자연생태학 또는 환경사의 관점에서 본다면 동아시아 전통적인 자연관과 유사하며,[9] 『산경표(山經表)』나 풍수사상에서 지향하는 자연에 대한 해석과 부분적으로는 맥이 통한다. 역사공간에도 적용할 경우에는 다양한 국가 민족 문화 영토 등도 하나의 '통일체(統一體)' 또는 '역사유기체(歷史有機體)',[10] '문명공동체(文明共同體)'를 이룰 수 있다.[11]

동아시아의 지리적인 범주는 아시아 대륙의 동쪽 하단부에 위치해 있으면서 중국이 있는 대륙, 그리고 북방으로 연결되는 대륙의 일부와 한반도, 일본열도로 구성된다. 한반도를 중심축으로 일본열도 사이에는 동해와 남해가 있고, 중국 사이에는 황해라는 내해(內海, inland-sea)가 있다. 한반도의 남부와 일본열도의 서부, 그리고 중국의 남부지역(양자강 이남을 통상 남부지역으로 한다)은 이른바 동중국해를 매개로 연결된다. 그리고 현재 연해주(沿海洲) 및 북방, 캄차카 등도 동해연안을 통해서 우리와 연결되며,

---

8 多核 등 용어와 개념의 유사성으로 인하여 인문지리학에서 사용하고 있는 중핵 등의 용어 및 개념과 혼동 될 수 있다. 본고는 지리와 철학 등을 포함한 역사개념으로 사용했음을 밝혀둔다.
9 근래에 최덕경, 『중국고대 산림보호와 환경생태사 연구』, 신서원, 2009에서 중국의 각종 지역의 환경을 소개하면서 중국학자들의 생태이론을 역사과정 속에서 언급하고 있다.
10 有機體라는 용어는 단순하게 기계적인 것에 대응하는 개념으로 이해할 수 있으나, 이는 필자의 의도는 다르다. 구조상으로는 일종의 네트워크시스템이며, 내용은 생명현상을 함유한 개념이다. 몇몇 논문에서는 대안으로 초유기체, 또는 생명체라는 용어를 사용하기도 했으나 가설상태이다. 필자는 이러한 이론을 바탕으로 국가의 정체성, 선생국가의 계승성, 분열된 국가들의 통일성 등을 역사상과 연관하여 분석해왔다.
11 윤명철, 「東아시아의 海洋空間에 관한 再認識과 活用-동아지중해 모델을 중심으로-」, 『동아시아 고대학』 14, 동아시아 고대학회, 경인문화사, 2006 ; 윤명철, 「고구려 문화형성에 작용한 자연환경의 검토-터이론을 통해서-」, 『한민족 연구』 4, 한민족학회, 2007 등.
윤명철, 「동해문화권의 설정 검토」, 『동아시아 역사상과 우리문화의 형성』, 민속원, 2005.

타타르해협을 통해서 두만강 유역 및 북부지역과 사할린·홋카이도 또한 연결된다. 한반도와 남만주를 지리적인 중핵으로 삼고 한반도의 삼면을 바다로 둘러싸여 있으며, 다시 그 바다를 북만주와 중국대륙·사할린·일본열도가 환상형(環狀形)으로 감싸고 있다. 비록 완벽하거나 전형적인 형태는 아니지만 비교적 지중해적 형태를 띠우고 있다. 이른바 다국간지중해(多國間地中海, Multinational-Mediterranean-Sea)에 해당한다. 필자는 동아시아의 이러한 지리적이고 문화적인 특성을 설명할 목적으로 동아시아의 내부 터로서 동아지중해(東亞地中海, EastAsian-Mediterranean-Sea)라는 모델을 설정하고 학문적으로 제시하였다.[12]

동아지중해는 지구상에서 가장 다양한 자연환경을 함께 갖추고 있는 지역이다. 지리적으로는 산맥과 평원 초원, 길고 수량이 풍부한 강들로 구성되었고, 육지와 비슷한 넓이인 3,400,000km²의 바다가 있다. 흑룡강(黑龍江)·송화강(松花江)·눈강(嫩江)·요하(遼河)·대릉하(大凌河)·란하(灤河)·목단강(牧丹江)·우수리강·황하(黃河)·회하(淮河), 그리고 압록강(鴨綠江)·두만강(豆滿江)·대동강(大同江)·한강(漢江)·낙동강(洛東江) 등 크고 길며 수심이 깊은 많은 강들이 바다로 흘러들고 있다. 기후라는 면에서는 온대와 아열대 아한대가 지역별로 공존하고 있으며, 문화적으로도 농경의 정착성(定着性, stability)문화, 유목문화(遊牧文化), 수렵삼림(狩獵森林)문화, 그리고 해양(海洋)문화가 적합한 환경에서 발전하면서 공존하고 상호보완되면서 독특한 성격을 탄생시켰다. 또한 지정학적으로는 북방과 중국에서 뻗어오는 대륙적 질서와 남방에서 치고 올라가는 해양적 질서가 만나고 생활양식과 종족의 분포는 복합적이다.[13] 동아지중해는

---

12 윤명철, 『동아지중해와 고대일본』, 청노루, 1996 ; 『장보고 시대의 해양활동과 동아지중해』, 학연문화사, 2002 ; 『한민족의 해양활동과 동아지중해』, 학연문화사, 2002 ; 『고구려 해양사 연구』, 사계절, 2003 ; 『바닷길은 문화의 고속도로였다』, 사계절, 2003 ; 『한국 해양사』, 학연문화사, 2003 ; 「장보고를 통해서 본 經濟特區의 역사적 교훈과 가능성」, 『경제특구』, 삼성경제연구소, 2003 ; 「동아시아의 相生과 동아지중해모델」, 『21세기 문명의 전환과 생명문화』, 세계생명문화포럼, 2003, 12, 북경대회.

한반도를 가운데 두고 수천 년 동안 지정학적으로 협력과 경쟁, 갈등과 정복 등의 상호작용을 통해 공동의 역사활동권을 이루어왔으며, 바다 주변의 주민과 문화는 상호 간에 영향을 주고받는 일종의 '환류(環流)시스템'을 이루고 있었다.

이러한 환경 속에서 동아시아의 역사 및 문화의 체계와 성격을 파악하려면 대륙적(大陸的) 성격과 해양적(海洋的) 특성을 동시에 갖고 있으며, 유기적인 관계를 맺고 있음을 인식해야 한다. 또한 우리 고대사의 기본성격을 대륙과 반도 해양이 유기적으로 연결된 '해륙적(海陸的) 시스템'으로 파악하며, 동시에 역사 인식에서 소외되었던 해양의 위치와 역할을 재인식하는 '해륙사관(海陸史觀)'을 적용할 필요가 있다.[14]

2) 강의 성격과 체계(體系)

동아지중해에서 해륙적인 성격이 효율적으로 구현될 수 있는 지역은 정치·경제·군사·문화 등의 영역에서 각각 중핵역할을 담당할 가능성이 높다. 즉 수도로 선정될 가능성이 비교적 높다. 이러한 관점에서 강의 체계와 의미, 성격을 살펴볼 필요가 있다. 강은 육지에 부속된 단순한 부분이 아니다. 내륙 깊숙하게 있는 넓은 부분과 규모가 크고 작은 선(支川)들을 매개로 사방으로 연결된 굵은 동맥같은 선이다. 자체의

---

13 윤명철, 「渤海 유역의 역사문화와 동아시아 세계의 이해- '터(場, field)이론'의 적용을 통해서-」, 동아시아 고대학회, 2007.
윤명철, 「고구려 문화형성에 작용한 자연환경의 검토-터이론을 통해서-」, 『한민족 연구』4, 2007 등 참고.

14 윤명철, 「海洋史觀으로 본 한국 고대사의 발전과 종언」, 『한국사연구』123, 2003 ; 윤명철, 「한국사 이해를 위한 몇 가지 제언」, 『한국사학사학회보』9, 한국사학사학회, 2004 ; 윤명철, 「한국 고대사 연구의 반성과 대안」, 『단군학 연구』11, 단군학회, 2004 ; 尹明喆, 「東아시아의 海洋空間에 관한 再認識과 活用-동아지중해 모델을 중심으로-」, 『동아시아 고대학』14, 동아시아 고대학회, 경인문화사, 2006 ; 윤명철, 「고구려 문화형성에 작용한 자연환경의 검토-터이론을 통해서-」, 『한민족 연구』4, 한민족학회, 2007.

동력과 활동범위를 갖고 있는 독립된 존재이면서 다른 요소들과 유기적으로 관계를 맺으면서 전체적인 시스템을 유지한다. 이러한 전제 하에서 강의 위상, 의미 등을 살펴보는 작업은 추후의 과제로 넘기고, 본고에서는 강해도시와 연관하여 체계와 기능을 살펴보고자 한다.

첫째는 교통망(交通網)[15]의 역할이다. 강은 산·평야와 더불어 육지를 구성하면서 유기적인 상호보완관계를 이루고 있다. 뿐만 아니라 산과 호수·초원·평원 등으로 분리되고 막혀있는 내륙의 내부지역들을 자연과 역사적인 측면에서 연결하고 있다. 특히 산악지형인 한반도 내부에서는 육로보다 수로가 매개체의 역할을 더 많이 할 뿐 아니라 효율적이다.

강 주변에는 충적평야가 형성되고, 주거지가 만들어지므로 강을 통해서 평야지대는 물론 주거지 즉 마을 간에도 연결된다.

강은 육지와 해양을 연결하는 매개체 역할도 담당한다. 육지와 해양은 '면(面) 대(對) 면(面)'으로 직접 접촉하면서 관계를 맺기도 한다. 그러나 강은 길고 깊숙하게 뻗은 선을 이용하여 육지의 안쪽 깊숙히와 해양을 직접 연결한다. 형태는 선이지만 실재는 면(面)의 기능을 하며 더욱 많고 다양한 면과 마주치는 것이다. 동시에 강은 육지와 해양의 직접 마주치지 않은 각각 다른 공간들도 이어줄 수 있다. 예를 들면 경기만의 북쪽인 해주만(海州灣)의 내륙지역과 남쪽인 남양만(南陽灣)의 내륙지역을 이어주며 한강 하계망(河系網)을 통해서 간접적으로 이어진다. 또한 해주만과 한강 중류지역을 연결한다. 일종의 '연수육로(連水陸路) 시스템'으로서 동해와 서해, 남해와 서해도 연결이 가능해진다.

이처럼 전근대 사회에서 내륙과 강하구의 연결, 내륙과 해안을 연결하는 교통망으로서 강의 역할은 절대적이었다.

---

15 路와 網은 체계와 역할 의미가 다르다.

강은 농경과 상업, 어업, 수렵채취가 발달한 경제공간이었다. 농경지는 강 주변이나 하류에 집중분포하고 있고, 특히 수전(水田)농업인 경우에 강의 존재는 절대적이다. 강은 상업활동과 직결되어 있다. 물자가 이동하는 물류의 매개체는 강이고, 수단은 배이다. 무역일 경우에는 항로(航路)·항구(港口)선정·정치체제(국경검문소, 관세징수 등)의 메커니즘으로 인하여 외국에서 들어오는 물자들은 강하구에서 1차적으로 집산된 다음에 강을 역류하여 내륙으로 들어왔다. 이러한 수로 교통망은 곧 물류망의 기능을 했으므로, 강 주변에는 항구와 시장, 창고 그리고 촌락과 도시들이 형성되었다. 따라서 항해업과 조선업(造船業)에 종사하는 집단들도 있었다.[16]

한편 큰 강들은 어업이 발달하는 최적의 장소였다. 강에서 서식하는 물고기도 있었지만 많은 강들은 하구에서 내륙 깊숙한 지역까지 조수의 영향을 받아 하구에는 바다를 오고가는 어종들도 서식하였고, 각종 어패류 등이 풍부했다. 만주지역의 강들은 생태계의 특성상 본격적인 어업을 하는 어렵경제지역도 있었다. 한반도 내부의 강들도 인간의 식생활에 매우 필요한 어업행위를 할 수 있었다. 한강변인 암사동(岩沙洞) 유적의 제5층에 살았던 주민들은 강변에 살며 어업을 했음이 밝혀졌다. 경기해역 어종에 관한 최초의 본격적인 기록은 『세종실록지리지(世宗實錄地理志)』및 『신증동국여지승람(新增東國輿地勝覽)』, 『여지도서(輿地圖書)』 등을 통하여 잘 살펴볼 수 있다. 근현대(近現代)에 이르기까지 가장 많이 잡혔던 어종은 조기·갈치·청어·민어·홍어·숭어·뱅어·낙지·굴·해삼·홍합·새우·게·가사리·미역 등이었다.[17]

뿐만 아니라 강 주변에는 식생대가 다양하게 발전하여 임산물을 비롯하여 각종 식료품들이 많이 생산됐다. 그 외에도 생산과 유통에도 중요한 역할을 담당하였다. 강은 거주에 최적인 환경일 뿐 아니라 경제력을 집중시키면서 주민들을 세력화시키기

---

16 "물이 있어야 사람이 살고 정기도 모인다. 큰 물가에 부유한 집과 큰 마을이 많은 것도 물이 재화를 상징하기 때문"이라고 적었다. 이형석 저, 『한국의 강』, 홍익재, 1997, p.16.
17 『한국의 해양문화』(서해해역 上), 해양수산부, 2002, p.74.

에 유리한 점이 많았다. 또한 정치적으로는 자연경계를 따라서 분열되어있는 내륙의 정치지형을 하나의 시스템으로 통합하는 계기를 마련하는데 유리하다. 더욱이 큰 강의 하구를 장악하면 그와 연결되어있는 해상권을 장악하는데 유리함은 물론이지만 역으로 그 주변, 즉 부채살처럼 활짝 펼쳐진 다양한 하계망과 소위 '내륙수로'를 통해서 전체에 대한 영향력을 행사할 수 있다. 그래서 큰 강의 하구에는 정치세력들이 형성되었다. 고대국가 이전의 소국(小國)들은 주변의 소국이나 외국과 교섭하고, 바다를 통해서 들어온 물품들을 수로를 이용하여 내륙지방으로 공급해야 한다. 때문에 공급지와 수요지, 집결지를 연결시키는 큰 강의 나루나 바다의 만(灣) 내부, 포구(浦口) 등에서 성장하는 소국들은 일종의 '나루국가'[18]이다. 당연한 현상이지만 군사적으로 비중이 커져 군사활동과 연관된 각종 시스템이 구축되었다. 강은 중요한 문화공간이었다. 강의 주변지역에 거주하면서 생활을 의지하는 주민들은 신앙 민속 생활양식 등에서 강과 불가분의 관계를 맺었다. 북만주의 일부지역과 동만주 일대에서는 생태계의 특성상 생활과 신앙·예술·설화 등 문화면에서 강의 비중이 절대적이었다. 강은 이러한 현실적인 기능 외에도 또 다른 특성을 지녔는데, 일종의 의미적 기능이다. 강은 구조와 역할 자체가 만남과 소통과 창조를 낳는다.

    강은 이러한 몇 가지 특성들 때문에 인류 문명이 발생한 장소라는 다소 과장된 측면이 있다. 지리적, 지형적, 역사적으로 보면 큰 강 하구에서 중요한 도시들이 형성되고 문명이 발생하거나 발전한 사실은 분명하다. 특히나 우리처럼 지중해적 형태와 성격을 지닌 터의 중핵에 있으면서 모든 지역 및 해역과 접촉할 수밖에 없는 운명을 지닌 한반도에서는 강하구야 말로 모든 힘과 역할, 의미가 집약된 공간이었다. 필자는 강의 중요성, 특히 강과 해양이 마주치는 하구의 중요성을 주목하면서, 이러한 역사공

---

18 윤명철, 「한반도 서남해안의 海洋歷史的 환경에 대한 검토」, 전주박물관 죽막동유적학술 회의, 1995 ; 「西海岸 一帶의 海洋歷史的 環境에 대한 檢討」, 『扶安 竹幕洞祭祀遺蹟 硏究』, 국립전주박물관, 1998.

간에서 형성된 도시를 합성명사(合成 名詞)를 차용하여 '강해(江海)도시' 라고 부르고 있다. 이러한 강해도시 가운데에서 해류적인 성격이 정치·경제·문화적으로 잘 구현될 수 있는 중핵(中核)은 수도로 선정될 가능성이 높은 곳이다.

3. 우리 역사터의 강

1) 만주지역 강의 이해

그렇다면 이러한 체계와 역할을 하는 강은 우리 역사터에서 어떤 모습으로 존재하고 작동하고 있을까?

강의 중요성을 언급한 사람들은 많다. 신경준(申景濬)이 제작한 『산경표경(山經表經)』[19]나 다산 정약용이 집필한 『대동수경(大東水經)』은 조선조뿐만 아니라 우리민족이 산과 물을 어떻게 인식하고 있는가를 잘 보여준다.[20] 정약용은 『대동수경(大東水經)』에서 하천의 중요성을 강조하면서 사람들이 하천을 따라 생활권이 형성되고 있으니, 하천을 단위로 자연을 인식하는 자세가 필요하다고 역설하고 있다. 강의 발원지로부터 입해처(入海處:하구)에 이르기까지와 또 그 강의 원류와 지류들 및 그에 합류되는 다른 강들에 대하여 흐름을 따라 내려가면서 그의 명칭과 강이 경유하는 지역을 설명하고 있다. 『신증동국여지승람(新增東國輿地勝覽)』에서는 한강·낙동강·금강이 나누어지는 삼분수(三分水)에 대하여 기술하고 있다.[21] 물이 산봉우리에 떨어져 갈라지면 이분수

---

19 신경준(1712~1781) 제작. '여지편람' 은 2권 2책으로 구성되어 있는데 乾책이 바로 '山經表' 이며 坤책은 '거경정리표(서울과 각지역간에 거리 표기)이다.
20 이존희,『서울의 자연과 입지조건』,『서울역사강좌』, 서울특별시사편찬위원회, 2004, p.2.

(二分水)는 이파수(二派水)라 하며 분수령에서 세 갈래로 나누어지면 삼분수(三分水) 또는 삼파수(三派水)라고 하는데, 이는 산과 물이 하나에서 생성됐으며, 유기적인 관계임을 알려준다.

한민족이 지닌 국토지리에 관한 총체적인 인식은 김정호(金正浩)가 지은 『대동여지전도(大東輿地全圖)』의 발문에서 잘 표현되고 있다. 그는 백두산을 조산으로 삼고, 모든 산맥들은 거기에서 뻗어 나온 것으로 이해하고 있다.[22] 김정호는 비록 역사지리적인 인식이 당시 조선영토에 머무르고 있지만, 기본적으로는 우리역사의 활동터전을 강을 포함한 해류적인 관점에서 보고 있음을 알려준다. 그래서 『대동여지전도』를 살펴보면 일반적으로 접하는 등고선지도가 아니라 '산계수계도(山系水系圖)'인 것이다.[23] 필자가 제기하는 터이론과 만주와 한반도와 바다를 유기적으로 작동하는 통일된 역사터로 보는 '해류사관'은 이러한 인식과 맥락이 닿고 있다.[24]

이 글에서는 개괄적인 수준을 근거로 논리를 전개하고 있지만 동아시아전체의 자연환경은 변화해왔다.[25] 동방문명권[26]의 중요한 터인 만주지역[27]은 동쪽으로는 백두

---

21 이형석 저, 『한국의 강』, 홍익재, 1997, p.15. 동국여지승람에는 한강 낙동강 금강물이 나누어지는 三分水대하여 기술하고 있다. 필자는 이 부분을 보면서 유기적인 체계로 인식했음을 인식했다.
22 이존희, 위 논문, p.28 ; '16세기부터는 백두산을 중시하여 국토의 '조종 뿌리'로 생각하기 시작하였고, 한양을 우리 민족의 '수도'로 보는 이원적(二元的)사고체계가 형성되어 갔다. 그리하여 이 시기에 편찬되는 모든 지도에 백두산을 크게 그려 강조하였고, 한양으로 뻗은 산줄기를 뚜렷하게 표시하여 백두산과 한양이 조선 산천체계의 중심으로 자리잡게 되었다.'
23 이형석, 위의 책, p.4에서 이존희도 위의 글에서 조선 후기, 자연에 대한 인식체계는 '산' 과 '강' 을 중심으로 이루어졌다고 말하고 있다.
24 윤명철, 「고구려 문화형성에 작용한 자연환경의 검토- '터와 多核(field & multi-core)이론' 을 통해서-」, 『한민족』4호, 2008 ; 「渤海 유역의 역사문화와 동아시아 세계의 이해- '터(場, field) 이론' 의 적용을 통해서」, 『동아시아 고대학』17집, 2008 ; 「한민족 형성의 질적 비약단계로서의 고구려 역사」, 『한민족 연구』제5호, 2008.
25 와쓰지 데쓰로우 저, 박건주역, 『풍토와 인간』, 장승, 1993. 고대 사회에서는 환경이나 기후가 역사발전에 강력한 영향을 끼쳤다. 이러한 예는 이시 히로유끼 · 야스다 요시노리 · 유아사 다케오 지음, 이하준 옮김, 『환경은 세계사를 어떻게 바꾸었는가』, 경당, 2003 ; H.H 램 지음, 김종규 옮김, 『기후와 역사』, 한

산에서 연해주로 이어지는 대삼림지대가 있고, 타타르해협을 넘어 사할린과 홋카이도, 동해 너머로 일본열도까지 확장된다. 서쪽으로는 요동평원을 넘어, 요서 황하유역에 펼쳐진 화북평원과 그 너머로 이어지는 사막지대, 산동반도의 구릉과 평원들을 비롯한 남으로 이어지는 남쪽 일부지역의 논농사지대가 있다. 서북쪽으로는 내몽골을 지나 몽골초원에 이르는 대초원지대가 이어지고, 북으로는 송요(松遼)평원을 지나 대흥안령(大興安嶺)과 홀론보이르 초원지대(呼倫湖 貝尒湖지역)를 지나 바이칼호 주변까지, 동북쪽으로는 남만주 일대의 소위 동북평원(東北平原)[28]을 넘어 소흥안령과 흑룡강 상류·중류유역의 대삼림지대까지 확장된다.[29] 이러한 환경을 지닌 만주일대에서 강은 정치·경제·군사·문화적으로 역할이 크다. 필자가 여러 글에서 언급한 바 있지만 본고의 주제인 강해도시론의 설정을 위한 간략한 범위 내에서 약술하고자 한다.

만주지역에는 60개의 크고 작은 강들이 흐르고 있다. 그 가운데에서 우리 역사와 연관 깊은 몇 개의 강이 있다. 송화강(松花江)은 백두산 달문(天池)에서 발원하여 북쪽으로 흐르다가 남만주 일대의 산간계곡에서 발원한 유하(柳河)·휘발하(輝發河) 등과 만나면서 흘러 현재의 길림시(吉林市)에 오면 큰 물줄기를 형성한다. 부여의 남성자성(南城子城)과 고구려의 용담(龍潭)산성 및 동단산성 등이 있는 내륙(內陸) 하항도시(河港都

울 아카데미, 2004 참고. 바람이 항해나 조선술, 그리고 유럽의 제국주의적인 팽창과 깊은 관련이 있는가와 구체적인 실례들은 앨프리드 W 크로스비 저, 안효상·정범지 역, 『생태제국주의』, 지식의 풍경, 2002, 3, pp.124~154 참고.
26 필자는 여러 편의 글에서 '東方文明', '東夷文明', '朝鮮 韓共同體' 등의 용어를 부여하면서 동아시아 내지 우리문화에 대한 유형화작업을 해왔는데, 동방문명권으로 설정한 바 있다.
27 만주 일대와 한반도 포함 약 420만km² 동북 지역은 대략 동경 116°~135°, 북위 39°~53° 사이에 있다. 북쪽에는 이륵호리산(伊勒呼里山)과 소흥안령(小興安嶺)이 있고, 동쪽에는 장광재령(張廣才嶺), 노부령(老斧嶺)과 장백산(長白山)이 있다.
28 동북평원은 동서의 길이가 약 400km이고, 남북 길이는 약 1,000km이다.
29 만주일대의 자연환경은 윤명철, 「고구려 문화형성에 작용한 자연환경의 검토 - '터와 多核(field & multi core)이론'을 통해서」, 『한민족』4호, 2008 참조. 이 하의 글들은 이 논군의 내용을 많이 인용하였다.

市)이다.[30] 계속해서 북으로 흘러들다가(북류 송화강, 제2 송화강) 넓은 평원과 호수들이 있는 대안(大安)에 이르러 대흥안령의 산속인 이륵호리(伊勒呼里) 산맥에서 발원하여 남으로 흘러 내려온 눈강(嫩江)과 대안에서 만난다. 충적평야이고, 수량이 풍부하며 해발 120m~250m로 지세가 낮은 지역이다.[31] 이른바 송눈(松嫩)평원의 일부이다.[32] 눈강 하구 지역은 부여와 관련이 깊은 백금보(白金寶)문화 조동(肇東)문화,[33] 한서(漢西)문화 등의 유적이 있다.

송화강은 이곳에서 방향을 틀어서 동류(東流 松花江, 제1 송화강)하다가(통항거리가 1,890km 물론 겨울에는 운항할 수 없다.) 중간에서 현재의 하얼빈 시내를 통과한다.[34] 한편 동남쪽에서는 백두산 주변의 산골 여러 지역에서 발원하여 모인 물들이 목단강(牧丹江)을 이룬다. 동북쪽으로 완달(完達)산맥, 장광재령(張廣才嶺)이 있는데, 해발 600~1,000m이다. 목단강은 장광재령(張廣才嶺)과 노야령(老爺嶺) 사이를 뚫고 지나 발해의 중심부였던 경박호(鏡泊湖)를 거쳐 북상하다가 흑룡강성의 의란(衣蘭)에서 송화강과 만난다.[35] 확장된 송화강은 길림성 동쪽 일대와 흑룡강성 남부지역을 거치면서 동북상하다가 동강(同江)시에서 흑룡강과 합수한다. 이때까지 길이가 1,927km이다.

흑룡강(黑龍江)은 퉁구스어로 '검은 강' 이라는 의미를 지닌 '아무르강' 으로 불리운다. 지류가 무려 200여개이다. 시베리아 남동쪽과 중국 동북쪽의 국경 부근을 흘러

---

30 여진어로 河岸 이라는 뜻이다.
31 王承禮 저, 송기호 역,『발해의 역사』, 한림대학 아시아문화연구소, 1988, p.106.
32 池內宏,「扶餘考」,『滿鮮史硏究』上世篇, 吉川弘文館, 1944, pp.446~454. 동부여가 초기에 발원한 지역은 동류 송화강인 하얼빈 아래의 현 阿城지역이란 견해
33 황기덕 등은 백금보 문화가 동명의 출자로 알려진 臺離國을 조동·조원지방으로 비정하고 있다. 황기덕,「요서지방의 비파형단검문화와 그 주민」,『비파형단검문화에 대한 연구』, 과학 백과사전출판사, 1987, pp.146~147.
34 6세기 무렵 북부여의 후예인 두막루가 있었던 지역이다.
35 忽汗河라고 하는데, 신당서에는 奧婁河라고 하였다.
　王承禮 저, 송기호 역,『발해의 역사』, 한림대학 아시아문화연구소, 1988, p.105.

오호츠크해로 빠져나가는 강으로 전체 길이가 4,730km이다.[36] 발원지는 크게 두 지역으로 본다. 본류는 몽골고원 북부에서 발원한 오논강으로 흘러 오다가, 북쪽 발원지인 러시아쪽의 야블로노비산맥에서 발원한 실카강과 제야강 등과 만나고 중국 쪽에서는 동몽골의 초원과 대흥안령 이서인 훌룬호(呼倫湖)·보이르호(貝尒湖)주변인 홀론보이르 초원을 통과한 아루군강과 대흥안령(大興安嶺)·소흥안령(小興安嶺)의 골짜기와 초원을 거쳐 온 강물들이 모여 막하(莫河) 부근에서 흑룡강(黑龍江 : 1892km)의 본류를 이룬다. 산이 완만하여 구릉모양의 대지를 이루고 있다. 현재는 서쪽은 초원이 발달하면서 말들을 키우고 있고, 동쪽은 수렵삼림지대이다.[37] 이 지역은 기후와 마찬가지로 종족 언어 풍습 등이 서로 섞인 지역이다. 네르친스크시,[38] 하이라얼시, 근하(根河)시, 악륜춘기(鄂倫春旗), 가격달기(加格達奇)의 도시들과 아리하(阿里河), 감하(甘河), 흑하(黑河) 등은 내륙하항도시이다.

흑룡강은 흑하시(黑河市) 주변을 지나 동남으로 흐르다가 남만주에서 북상한 송화강과 동강(同江)에서 합류한다. 이어 동북쪽으로 흐르다가 러시아의 연해주에 있는 흥개호(興凱湖)에서 발원하여 연해주 남부를 훑으며 북상한 우수리강과 하바로브스크에서 합류한다. 이렇게 해서 만주일대와 시베리아 지역의 물길을 모은 아무르강(흑룡강)은 계속해서 동북상하다가 타타르해와 오호츠크해가 만나는 해역에서 바다와 만난다. 총 4,730km[39]에 달하는 동안 주변의 지류 등을 포함하면서 실로 다양한 자연환경과 만나고 만들어내면서 몽골계와 퉁구스계 고아시아계의 주민들을 비롯하여 초기의 부여가 성장하는데 매우 유익한 생태를 만들었다. 하바로브스크시 부근에 있는 우수

---

36 흑룡강의 길이는 약간씩의 차이가 있다. 김추윤·장산환 공저, 『中國의 國土環境』, 대륙연구소, 1995.
37 필자는 이 지역들을 답사했으나 현재의 상황이 과거의 사료 또는 유물, 생활습속 등과 꼭 일치하지 않음을 여러 곳에서 발견하였다.
38 강의 도시라는 뜻이다.
39 20,860km로 말하는 경우도 있다.

리(Ussuri)강과 합쳐지는 지점에서부터는 아주 다른 지역이 시작된다. 이 바다에 접한 지역, 즉 연해(沿海) 지역(러시아어로 프로모리예 Primorye라고 부름)은 여름에 더 따뜻한 날씨를 보이며, 몬순의 영향으로 태평양에서 많은 비가 올라온다. 그래서 이곳은 전형적인 시베리아의 식생과는 다른 양상을 보인다.[40]

아무르강 유역(흑룡강 하구) 사할린 등의 지역은 B.C 1,000년 경에는 잡곡재배의 적지였다. 토양은 반습지적인 초지의 흑색토양으로서, 비옥도는 높고, 봄용 작물에 적합하였다. 북위 50도 이남은 졸참나무 혼합림대가 넓게 퍼져있었는데,[41] 어업자원이 풍부해서 연어, 송어 등등의 어류들이 살고, 아무르천 유역도 많은 종류의 어류들이 있었다.[42] 연해주 남부지역은 우수리강 상류, 수분하(綏芬河), 얀치하, 두만강이 흐르고 있다. 노야령(老爺嶺) 동쪽의 연변산지는 산이 줄줄이 이어지고 높고 낮은 산봉우리가 솟아있다. 해발 500m~800m인데도 곳곳에는 충적의 산간분지들이 있다. 우수리강 유역에는 산간곡지가 조금 있으며, 수분하(綏芬河)도 농경지가 발달하였다. 이들 산간분지들은 토지가 비옥하고 동해 때문에 기후가 습하며, 숲과 물에 가까워 농경에 편리하고, 어업과 수렵에도 유리하다.[43] 두만강 하구와 연결되는 혼춘(琿春)은 고구려의 책성이 있었던 곳인데, 분지가 발달하여 농경이 이루어졌다.

요동반도는 요하(遼河)를 사이에 두고 요동, 요서로 나뉜다. 북에서 남으로 뻗어오면서 천산(千山)산맥과 동북평원 지역의 일부가 있다. 요동반도는 수계(水系)가 발달하였

---

40 제임스 포사이스 지음, 정재겸 옮김, 『시베리아 원주민의 역사』, 솔출판사, 2009, 3, p.25.
41 동아시아 삼림대에서 특징적인 농경문화 유형을 인지해서 'ナラ林文化'로 명명한 사람은 中尾佐助이다. 이 문화는 기원전 3000년경부터 500년 정도까지 있었다. 이 문화는 대륙동부에서 도래하여 순무나 W형 대맥등으로 대표되는 북방계의 주용한 작물군을 받아들인 농경문화라고 생각된다. 松山利夫, 「ナラ林の文化」, 『季刊考古學』 15號, 1986년, 雄山閣出版社, p.43.
42 加藤晉平, 「東北アジアの自然と人類史」, 『東北アジアの民族と歷史』(三上次男 神田信夫 編), 山川出版社, 1992, pp.9~10.
43 王承禮 저, 송기호 역, 앞의 책, pp.105~106 인용.

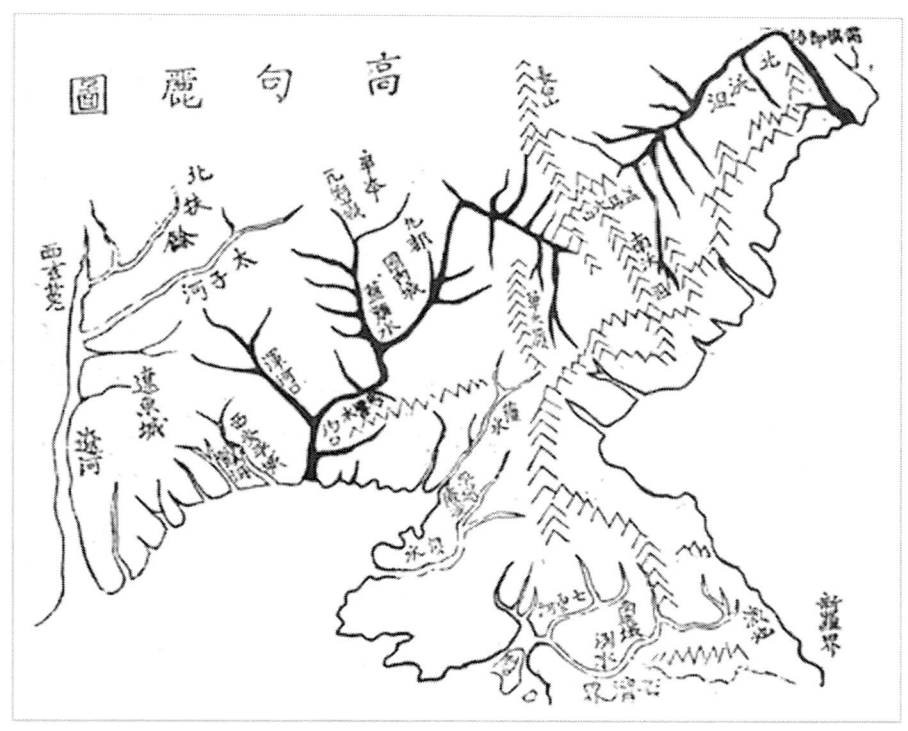

| 그림 1 | 이형석 선생 자료에서 재인용

고, 대부분의 수계는 요하(遼河)로 연결된다. 요서지방은 연산(燕山)산맥의 양대 지맥이 서남과 동남방향으로 뻗고 노노이호산(努魯尒虎山)·의무려산(醫巫閭山)이 있다.[44] 내몽골 지역에서 발원한 시라무렌하(西拉木倫河)와 노합하(老哈河)가 합수한 서요하와 동요하가 각각 흘러오다 만나 다시 요하라는 이름으로 반산(盤山)에서 발해로 들어간다. 그 외에

---

44 이 지역의 지리적 특성에 대해서는 주로 양태진의 『한국邊境史 연구』, 법경출판사, 1990, pp.94~100 및 『한국의 국경연구』, 동화출판사, 1981 등을 참조. 윤내현의 「고조선의 西邊境界考」, 『藍史鄭在覺博士 古稀記念東洋學論叢』, 1984에는 고조선의 경계를 이루는 각 강들의 위치를 중국문헌을 통해서 입증하고 있는데 당시 강들이 국가경계에 중요한 영향을 끼친 것을 대변하고 있다.)

도 대릉하·난하 등 크고 작은 강이 금주만(錦州灣)·연산만(連山灣) 등의 작은 만을 거쳐 발해로 흘러 들어간다.[45] 요동지방은 태자하(太子河)가 본계(本溪)에서 백암성을 거쳐 요양 앞을 통과한 다음에 해성을 거쳐 온 물길과 만나 다시 남쪽으로 내려오다 막바로 혼하를 거쳐 내려온 대요하와 만나 최종적으로 영구(營口)에 모인 다음에 발해의 요동만으로 들어간다. 325km인데 심양(瀋陽)·요양(遼陽 : 遼東城)·해성(海城 : 安市城)·개주(盖州 : 建安城) 등은 내륙항구도시(內陸港口都市)이다. 일부 강들은 복주만(復州灣)·보란점만(普蘭店灣)·금주만(金州灣) 등으로 흘러들어간다. 요하와 발해가 만나는 하구인 영구(營口)는 지형의 변화[46]로 인하여 현재는 해항도시이지만 고대에는 섬이었을 가능성이 크고 요하의 하구는 더 안쪽이었을 것이다. 대련의 금주(金州 : 고구려 비사성)는 해항도시였으며, 왕검성(王儉城)의 위치는 정확하게 알 수 없으나 '조한 전쟁(朝漢 戰爭)'[47] 당시의 상황을 고려한다면 강해도시일 가능성이 크다. 지형상으로 육지(陸地)와 강과 해양(海洋)이 연결된 지역이다. 요동반도의 동쪽에는 대양하(大洋河), 벽류하(碧流河), 찬자하(贊子河), 사하(沙河) 등이 황해북부로 흘러 들어가며 장하(壯河) 등의 해항도시들을 형성한다. 요동반도는 내륙수로(內陸水路)와 육로(陸路)를 연결한 후 해로(海路)와 통합하면 유기적인 시스템을 갖춘 하항(河港) 및 해항(海港)을 활용하여 동아지중해의 대부분 지역과 이어지는 대외항로(對外航路)를 사용할 수 있다.

살펴본 바와 같이 전체적으로 만주 일대는 이처럼 크고 작은 강들과 하천 등을 통해서 몽골고원·대흥안령·소흥안령, 백두산 지구, 연해주 일대가 연결되고 있다. 일

---

45 남북이 550km이고, 동서는 330km로 면적은 7.7만km²에 달한다.
46 유재헌, 『중국역사지리』, 문학과 지성사, 1999, p.92. 요하의 하구인 營口는 원래 명대 말기~청대 초기에 요하의 하구 밖에 있는 하나의 모래섬에 불과하였다. 현재의 지형을 토대로 고대의 역사와 문화를 이해하는데 얼마나 오류가 있을 수 있는 가를 알려주는 예이다.
47 윤명철, 「黃海文化圈의 形成과 海洋活動에 대한 연구」, 『先史와 古代』, 한국고대학회, 1998. 이후 여러 편의 글에서 이 전쟁을 동아지중해의 황해북부지역을 둘러싼 국제전쟁임으로 규정하였다.

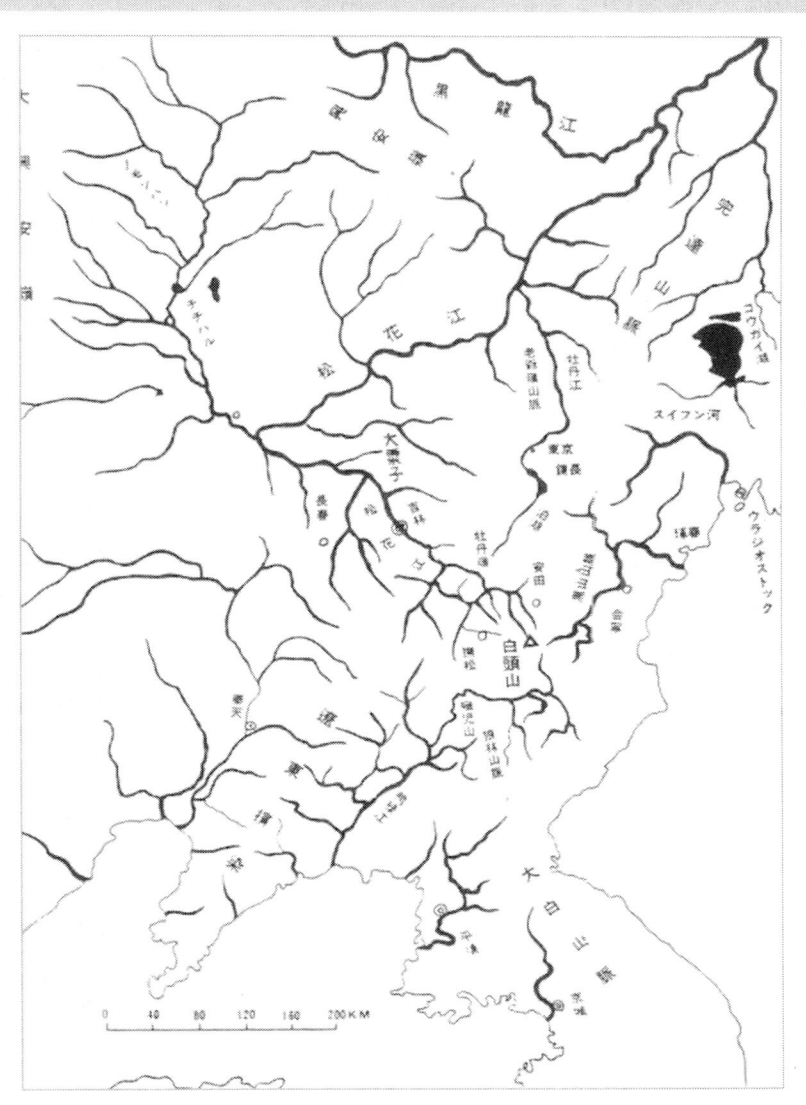

| 그림 2 | 이형석 선생 자료에서 재인용

종의 연수육로(連水陸路)로서 만주일대를 '수륙적(水陸的) 시스템'으로 만들고 있다.

2) 한반도 지역 강의 이해

강은 한반도 내부로 들어오면 특별한 의미를 지닌다. 한반도는 육지의 70%가 노년기의 산악지형이다. 백두대간에서 비롯한 산맥들은 동쪽에 치우치면서 바다와 붙어있어 동해가에는 사람들이 모여 살만한 터가 부족했다. 반면에 서쪽은 지형이 낮기 때문에 멸악산맥, 마식령산맥, 차령산맥, 노령산맥 등이 뻗어 내리면서[48] 자락이 넓고 물길 또한 서해안으로 흘러 들어가며 하계망(河系網)을 만들고 있다. 압록강(鴨綠江 : 水)·두만강(豆滿江 : 滿水)·청천강(淸川江 : 薩水)·대동강(大同江 : 浿水)·한강·임진강(帶水)을 필두로 하여 금강(錦江)·만경강(萬頃江)·동진강(東津江)·영산강(榮山江) 등 비교적 커다란 배들이 항행할 수 있는 강들이 18개나 된다. 이들 하천의 하구는 대체로 나팔모양을 유지하면서 바닷쪽으로 개방되어 있기 때문에 해안선이 더욱 복잡하다. 또한 연안(沿岸)에는 크고 작은 만과 섬이 많다.[49]

압록강(鴨綠江)[50]은 백두산에 출발하여 내려오면서 크고 작은 강들과 만나 황해로

---

48 1769년에 편찬된 『輿地便覽』의 『山經表』에 따르면 대간 정간 정맥 등으로 구분하고 있다. 또한 『山經表』에서는 한반도내의 모든 산줄기에 位階性를 부여하여 大幹(백두대간 1개)·正幹(장백정간 1개)·正脈(13개)등 15개의 산줄기로 나누고, 백두산을 국토의 중심으로 생각하여 한반도 내 모든 산줄기의 출발점으로 인식하였다. 이존희, 『서울의 자연과 입지조건』, 『서울역사강좌』, 서울특별시사편찬위원회, 2004, p.28. 이는 필자의 터이론과 마찬가지로 산과 물을 하나의 유기적인 시스템으로 보는 관점이다. 현재 알려져 있는 분류법인 산맥구조론은 동경제국대학의 이학박사인 고토 분지로가 1900년 부터 1902년 사이에 2회에 걸쳐 우리나라를 방문, 14개월 간 전국을 답사 연구한 이론(산맥의 명칭과 개요)을 아무런 검토없이 그대로 따르고 있는 실정이다. 우리나라 산맥은 1900년대 초, 일본의 지리학자들이 연구한 결과로, 주로 밑의 지질구조에 따라 산맥을 분류하여 실제로 지표면의 산세와 맞지 않는다. 이형석 저, 『한국의 강』, 홍익재, 1997, p.18에서.
49 權赫在, 「韓國의 海岸地形과 海岸分類의 諸問題」, 『高大敎育大學院』3, 1975, p.80 참조.
50 '대동수경'은 압록강을 大總江으로 부른다. 菉水, 靉河, 古津江이 총합하여 흐르기 때문이라고 한다.

접어든다. 중류에서는 북쪽의 혼강(渾江)이 남쪽으로 흘러오면서 합류하고, 이어 하구인 단동시 외곽에서 애하(靉河) 등과 만난다. 한편 남쪽에서는 독로강(禿魯江)과 만난다.[51] 이렇게 해서 수심이 깊어지고 배들이 다닐 수 있는 수로(水路)인 통항(通航)거리가 길다(750km). 강 하류에는 하상도서(河上島嶼)가 많이 있고[52] 끝나는 곳에는 만이 발달되어 황해로 접어든다.[53] 압록강과 두만강 두 강의 연안은 총 3,673리인데, 압록강(鴨綠江)의 상류인 혜산강(惠山江)에서 동쪽으로 두만강(豆滿江) 상류까지의 거리는 120리이다.

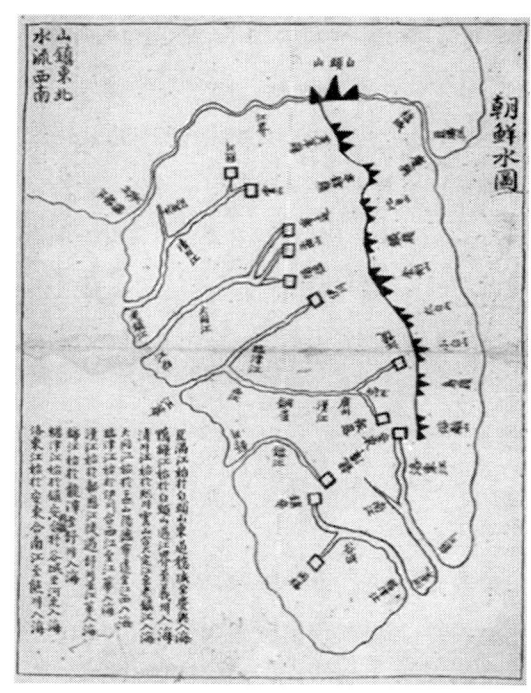

| 그림 3 | 조선수도(朝鮮水圖)(1903년, 27 17.6cm, 필사본, 개인소장)

두만강은 길이 610.75km의 강이다. 명칭이 고려강(高麗江)을 비롯해서 도문강(圖門

---

51 『고려사』 지리지 ; 『신증동국여지승람』 義州牧에서 압록강은 "馬訾 또는 靑河 또는 龍灣이라고도 한다. 서쪽으로 遼東都司와 거리가 5백 60리며, 그 근원은 滿洲 땅의 백두산에서 나오고, 수백 리를 남으로 흘러서 江界와 渭源의 지경에 이르러 禿魯江과 합치고" 라고 되어 있다.
52 『신증동국여지승람』, 義州牧, 於赤島·蘭子島·黔同島·威化島·蘭子昌 등이 있다.
53 『漢書地理志』卷 28, 地理志 第8下 1에는 황해북부로 흘러들어가는 강들에 대해서 본문과 주를 통해서 상세하게 설명하고 있다. 특히 玄兎郡 西蓋馬縣 註에 "馬訾水 西北入監難水 西南至西安平 入海 過郡二 行二千一百里" 라 하여 압록강에 대하여 상세하게 설명하고 있다.

江), 도문강(徒們江), 토문강(土門江), 토문강(土們江), 통문강(統們江) 등으로[54] 다양하다. 백두산 산록인 함경북도에서 발원하였는데 수량이 부족하여 얕을 뿐 아니라 수심이 불규칙한데다가 수로가 험악하여 해양과의 접근성이 좋지 않다. 하구에는 혼춘(琿春), 방천(防川),[55] 핫산[56] 등이 있다. 훈춘은 분지가 발달하여 농경이 이루어졌고, 강 하구 안쪽으로 들어와 있지만 해양으로 진출하는 전진기지로서 발해의 동경성이었으며, 일종의 강해도시였다. 두만강 하구 유역은 19세기 말까지만 해도 연해주로 이어지면서 대규모의 삼림지대였으며,[57] 남쪽인 개마고원 일대 또한 삼림지대로서 낙엽송이 밀생하였다.

청천강(淸川江)은 길이가 207km이다. 평안남도 웅어수산(雄魚水山)에서 발원하여 중간에 태천이 있는 대령강 등과 합류하면서 영변·개천·안주 등의 강변도시들을 형성한다. 안주(安州)는 고구려시기 식성으로 불리워졌다. 동쪽은 동해로, 서쪽은 서해 남쪽은 평양으로 이어지는 길목이다. 청천강은 평안북도 내륙지방을 하나로 연결하면서 서해로 연결되는 강해도시이다. 대동강(大同江)은 길이가 441.5km에 달하는 결코 짧지 않은 강이다. 상류에는 비류강이 흘러 성천시를 이루고 순천을 거쳐 평양주변지역으로 오면 합장강, 장수천 등이 대동강과 합류한다. 보통강(普通江)과 만나 평양지역을 에워싸며 돈 다음에 하류로 흐른다. 이어 황해도의 황주천(黃州川), 재령지역에서 북상한 재영강(載寧江)을 만나 남포를 경유하여 서해로 흘러들어 간다. 남포[58]는 평양시에서 약 44km 떨어진 지역이다. 이 대동강 수계(水界)는 평안남도 내륙은 물론이고 황

---

54 이형석, 앞의 책, p.73.
55 지금은 준설하여 항구도시가 되었다.
56 우리 초기 개척자들이 부른 下山에서 유래했다는 설이 있다.
57 제임스 포사이스 지음, 정재겸 옮김, 『시베리아 원주민의 역사』 솔출판사, 2009, 3 참조. 시베리아 전 지역의 생태환경을 묘사하고 있다.
58 고구려의 황룡산성이 있었던 군사적인 요충지이다. 강변방어체제의 핵심으로서 평양성 방어체제의 일환이다.

해도의 일부 내륙도 곳곳을 이어준다. 비교적 지대가 낮아 수량이 풍부하여 수로교통에도 편리하고 평야가 발달하여 농사에도 적합하다. 이러한 환경 덕분에 대동강 유역은 B.C 1,000~2,000년을 전후하는 시대의 고인돌들이 집중적으로 분포되어 있다. 그밖에도 문화의 흔적이 깊고 뚜렷하여 북한에서는 소위 '대동강 문화론'을 주장할 정도이다.[59] 평양은 일종의 강해도시이며, 외항은 남포(南浦)이다.

| 그림 4 | 東史綱目의 經緯線 분야도

예성강(禮成江)은 수로(水路)가 187km이다. 황해도 수안군 대각산에서 발원하여 산성 신계 남천 금천 등을 경유하여 개성에서 30리 떨어진 예성항인 벽란도(碧瀾渡)에 닿는다. 가항(可航)거리가 하구에서 약 64km이고, 수로의 종점은 금천 북쪽의 한포였다. 이어 강화도 해역과 만나 서해로 빠져 나간다. 태백산 · 장수 · 해주만까지도 연결할 수 있는 환경을 갖추고 있다.

---

59 리순진, 「〈대동강 문화〉의 기본내용과 우수성에 대하여」, 『조선고고연구』 1999-1호(110호), p.6. 대동강 문화론과 관련해서 『조선고고연구』 1999-1호(110호)에는 각종 논문들이 실려 있다.

한강은 수로가 481km이고, 유역면적은 압록강 다음으로 넓다. 한강은 사서에서 '대수(帶水)', '한수(漢水)', '아리수(阿利水 : 광개토대왕릉비)', '욱리하(郁里河)'[60] 등으로 불리워졌는데, 모두 큰 강이라는 뜻을 담고 있다. 백두대간 중간부분의 산과 골짜기에서 발원하여 천으로 내려온 물들은 강을 이루고, 중간에 북한강의 인제·춘천·가평 등의 도시들, 그리고 영월·단양·제천·여주·이천 등의 도시들을 경유하여 각각 흘러오다가 경기도의 양수리에서 합쳐져 본류를 이룬다. 이어 북서방향으로 틀어 도중에 왕숙천(王宿川)·한천(漢川)·탄천(炭川)·양재천(良才川)·안양천(安養川)·창릉천(昌陵川)등의 지류와 합류한다.[61] 한강하류는 남·북한강이 양수리 부근에서 서로 합류하여 팔당을 지나 용산(龍山)의 남쪽을 흘러 서해로 들어가는 부분을 말한다.[62] 파주 교하면에서 한탄강과 합류한 임진강과 만나 하구로 빠져 나간다. 다산 정약용은 특히 한반도를 흐르는 여러 강 가운데에서 한강이 가장 으뜸이라고 강조하고 그 가치의 중요성을 들고 있다.

금강(錦江)은 수로가 401km로서 전라북도 장수군의 신무산에서 발원하여 중간에 남대천(南大川)과 합류하고 충청북도의 천들을 만난다. 이어 충청남도 부강에서 미호천(美湖川)과 합류한다. 공주, 부여, 강경 등을 거쳐 군산 앞 서해로 들어간다. 노년기 지형에다가 충적 평야가 발달하였으므로 물길이 느린 탓에 수로교통이 발달하였고, 조수의 영향이 부조군 규암면 규암리까지 미친다. 밀물 때 큰 배가 부여까지 운항되고 작은 배는 부강까지 운항되는 등 활발하였었다. 더구나 하구에서 만경강(萬頃江)이 합세하고 있으며, 현재의 군산지역은 상당한 부분이 바다였을것으로 추정된다.[63] 야가

---

60 『삼국사기』, 개로왕조.
61 서울特別市史編纂委員會, 『漢江史』, 1985, pp.28~29. 이긍익, 『練藜室記述』지리전고편에는 '남강과 북강이 합해서 서쪽으로 흐르다가 도미천진이 되고, 광진이 되고…' 라는 구절이 있다.
62 盧道陽, 『서울의 自然環境』, 서울六百年史 第1卷, 1977, pp.53~54.
63 이 부분에 대한 지리지질적 조사와 유적은 김중규, 『잊혀진 百濟, 사라진 江』, 신아출판사, 1998, pp.74~80.

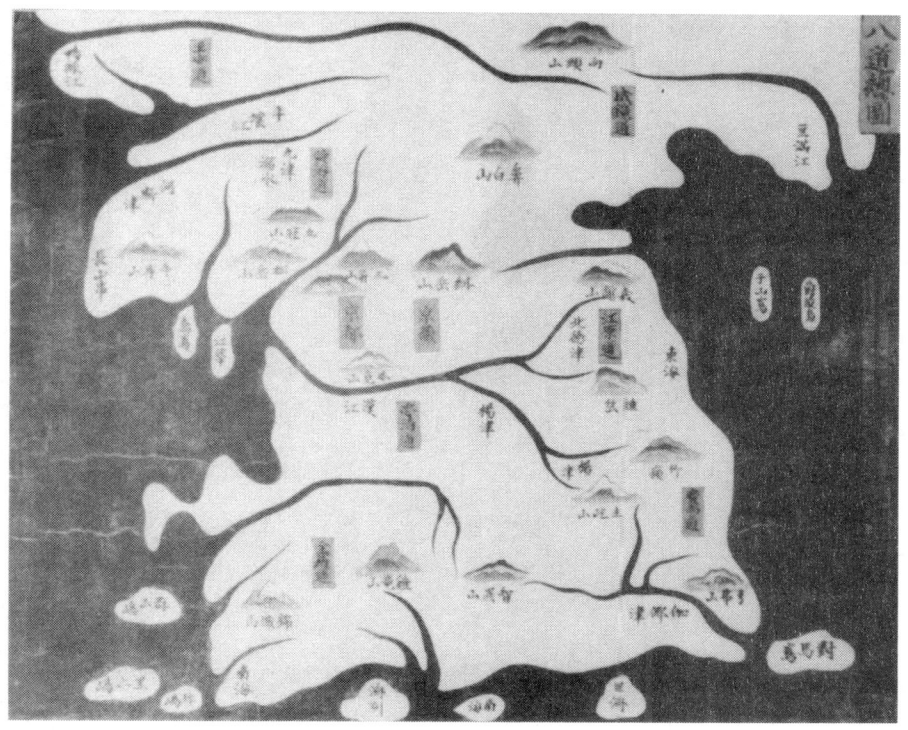

| 그림 5 | 조선국지리도 팔도총도

『대동여지도(大東輿地圖)』를 보면 하구가 내륙 깊숙하게 들어왔음을 알 수 있다. 금강 하구로 연결된 수로를 통해서 전북(全北)일대 및 충남(忠南)일대 전체까지 깊숙히 교통이 가능하고, 물자의 교역 및 운송에 적합하다.[64]

만경강(萬頃江)은 수로가 81.75km이다. 전라북도 완주군 동상면의 산록에서 발원한 후에 삼례를 경유한 후에 전주를 지나온 추천과 만나고 익산에서 익산천(益山川)을 합류한다. 다시 탑천강과 만난 후에 만경 등을 거쳐 서해로 들어간다. 익산지역은 항

---

64 羅燾承,「錦江水運의 變遷에 關한 地理學的 硏究」,『公州敎大論文集』16, 1980, pp.74~80.

로상의 중계지 역할 뿐만 아니라 수로(水路)를 통해서 내륙으로 연결되는 교통의 요지였다. 조선 중기에 삼례 부근의 갯벌을 간척하였다는 기록이 있다. 밀물 때 배가 익산시 춘포면 대장촌리까지 올라갔으며, 보다 하류에도 선착장들이 발달하였다. 해창(海倉)은 동진강과 만경강이 만나면서 서해와 직접 연결되는 포구이다. 구전에 따르면 일본과 당나라에 이르는 교역항로로 반드시 통과해야 했다고 한다.[65]

영산강(榮山江)은 길이가 115.8km이다. 전라남도 담양군 월산면 병풍산에서 발원하여 고막원천·함평천·시종천·영암천 등과 합류하여 나주를 거쳐 서해로 들어간다. 조수의 영향은 영산포 부근까지 미쳤었다. 밀물 때에 40여 km에 달하는 영산포까지 큰 배가 올라갈 수 있었다. 영산강 하구댐이 만들어지기 전에는 삼포천, 영암천 등이 독립된 강이었다. 평야가 발달하지 못했으나 대신 수로교통이 발달하였다. 영산만은 『대동여지도(大東輿地圖)』, 『청구도(靑邱圖)』 등을 보면 매우 넓은 해역이었음을 알 수 있다. 리아스식 해안을 이루고 크고 작은 만과 반도가 잘 형성된 전남해안과 직접 연결되었다.

섬진강(蟾津江)은 수로가 212.3km이다. 전라북도의 진안군 팔공산에서 발원하여 보성강 등과 합류하다 광양만을 통해 남해로 흘러간다. 중간에 하동·송정리·화개 등이 있었는데 가항종점은 구례이다.[66] 섬진강 하구 해역은 순천만·광양만 일대를 포괄적으로 말한다.[67] 순천은 순천만·보성만·광양만·사천만과 직·간접으로 연결되어 있으며, 섬진강과 보성강, 나아가 금강과도 연결될 수 있는 내륙 하계망이 발달한 해항도시이다. 낙동강(洛東江)은 길이가 525.15km이다. 백두대간의 중심부인 강원

---

65 『청해진 이주민의 벽골군 정착과정 및 김제시 개발 기본계획』, 군산대학교지역개발연구소, 2000, pp.17~18.
66 충청남도역사문화연구원, 『백제의 기원과 건국』, 충청남도역사문화연구원, 2007, pp.26~37.
67 『신증동국여지승람』권40, 순천도호부에 따르면 광양군과 15리 서쪽은 樂安군과 31리 남은 바닷가까지 35리이다.

도 태백산록인 황지(黃池)에서 발원하여 중류에서 금호강・황강 등과 합류하고, 하류에서 밀양강・양산천 등과 합류하여 남해로 들어간다. 고대부터 수운이 발달하였다. 태화강(太和江)은 길이가 41.5km로 비교적 짧다. 경상남도 고헌산(高獻山)에서 발원하여 중간에 언양 등을 지나고 울산을 통과해 곧장 동해로 흘러 들어간다.

이렇게 살펴본 바와 같이 만주와 한반도는 내륙의 곳곳을 수없이 많은 대소(大小) 강(江)과 천(川)들이 흘러가면서 산악과 초원, 숲과 평원 등을 유기적으로 연결시켜 주었다. 이러한 강들은 서해・

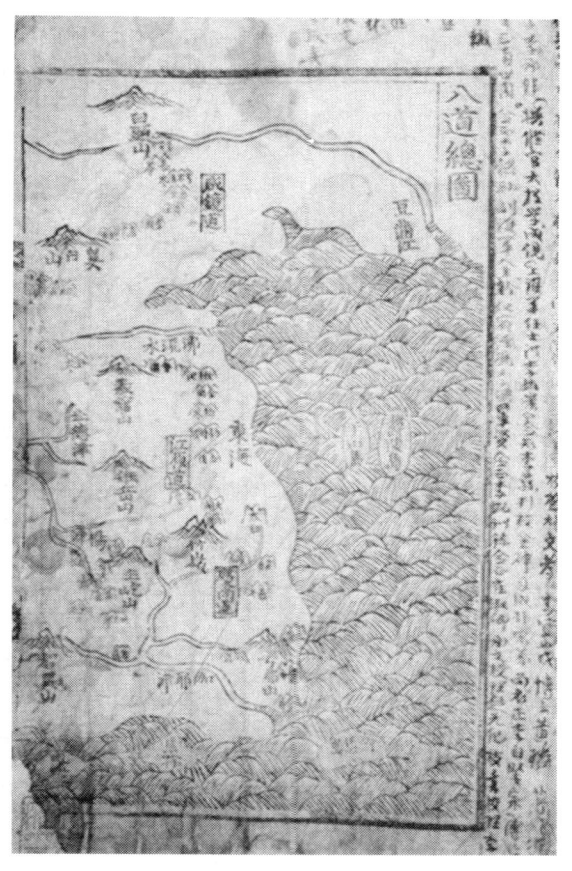

| 그림 6 | 新增東國輿地勝覽 소재 팔도총도

남해・동해・타타르해협까지 흘러 들어가 동아지중해의 모든 육지 지역들을 직・간접으로 연결 시켰으며, 바다 건너 일본열도와 중국지역과 교류할 수 있는 조건을 조성하였다. 동아지중해 역사공간은 육지영역과 삼면의 해양영역, 실핏줄처럼 이어진 강들이 유기적으로 얽어져 한 단위의 역사공간을 운영해왔다. 그리고 정치・경제・문화 등의 중심핵인 수도와 대도시들은 강 및 바다와 밀접하게 연관성을 맺을 수밖에 없

었다. 필자가 주장하는 '강해도시론(江海都市論)'은 이러한 강을 비롯한 자연환경을 고려한 결과물이다.

4. 강해도시의 체계와 특성

1) 도시의 체계와 성립 조건

동아지중해라는 역사공간에서 해륙국가를 완성하고, 해륙적 성격을 충분하게 구현하려면 그와 연관된 국토개편계획이나 국가발전정책 등은 물론이고, 수도 및 중요 도시 또한 해륙적 성격을 지닌 강해도시(江海都市)를 조성하는 것이 바람직하다. 특히 수도의 경우는 강해도시일 가능성이 높다. 강해도시 또한 도시의 한부분이며 종류이므로 우선 도시의 일반적인 체계와 특성을 살펴보는 순서를 취하고자 한다.

도시(都市)에 관해서는 위치, 일반적인 기능,[68] 구조, 성격, 사상성, 미학, 정치권력, 심지어는 기술적인 문제에 이르기까지 다양한 부분이 규명의 대상이었다.[69] 그러므로 도시에 대한 보편적인 정의는 불가능하다는 것이 일반적인 견해이다. 이 장은 고대 역사상을 찾고 재구성하는 과정으로서 수도 및 도시의 해륙적 성격을 살펴보고자 한다.

---

68 姜大玄, 『도시지리학』, 교학사, 1980, p.12. 初期의 都市地理學은 Kohl, J.G., Richithofen, G., Hettner, A. 등 독일의 地理學者들에 의해서 시작되었다. 이들은 도시의 교통적 위치나 기능에 관한 연구가 주류를 이루었으며, 도시를 하나의 點으로 보고 그 分布나 역할에 대하여 논하였다.

69 董鑒泓 等 편, 成周鐸 역주, 『中國 都城 發達史』, 학연문화사, 1993, p.7. '중국도성발달사는 도성을 여러 종류의 물질적 요소로 구성된 하나의 종합체로 보고 이를 연구하는 것이다. 말하자면 도성의 총체적 배치의 변천(도로망, 주거지역, 상가분포, 녹지 및 수로 등을 포함), 도성 계획의 이론과 중심사상, 도시 공간 배치의 예술성, 도성의 유형 및 그 분포 등을 종합적으로 연구하는 것이다.' 이 외에 동양사학회 편, 「中國歷代 수도의 유형과 사회변화」, 『역사와 도시』, 서울대학교출판부, 2000 참고.

도시의 위치와 체계는 정치, 군사, 경제, 문화 등의 요구에 부응해서 형성된다.[70] 물론 이러한 요인들도 전략적인 가치, 시대적인 상황, 역할(役割)의 비율(比率)과 놓여진 위치(位置)에 따라서 달라진다.

첫째, 정치(政治)·외교(外交)의 중심지(中心地, 中核地)이어야 한다.[71] 특히 정치적인 역할을 하는 도시는 명령이 신속하게 전달되고, 그 조치결과가 집결된다. 교통(交通)·통신망(通信網)이 발달하여 정보를 쉽게 입수해야 한다. 그리스의 폴리스(polis)나 로마의 키비타스(civitas)도 농업중심지가 아니라 항구에서 하루면 오갈 수 있는 곳에 있었다. 고대에도 중요한 도시들은 가능한 한 일정한 단위(單位)의 지리적인 중앙 뿐만 아니라, 교통의 이점 등을 포함한 역할과 기능의 핵심에 있었다.

둘째, 도시는 군사활동의 중심지이며, 방어공간이어야 한다. 고대사회는 모든 권력과 기능이 수도 및 대도시로 집중되었으므로 적의 공격으로부터 안전해야 한다. 실제로 도시의 위치는 방어를 위한 절대적(局地的)입지[72]였다. 고구려는 『구당서(舊唐書)』에 따르면 60여 개의 성에 주(州)와 현(縣)을 두어 정치를 했다. 그런 의미에서 고구려에서 성(城)이란 도시에 해당하는 중요한 역할을 했다.[73] 도시 가운데에는 방어적 목적에 충실한 산정도시(hilltop town)가 있다.[74] 그리스의 아크로폴리스는 '고지(高地)의 도

---

70 도시를 건설하는 위치에 대해서는 에머리 존스 저, 이찬·권혁재 역, 『人文地理學 原理』 법문사, 1985, p.207 참조.
71 수도는 中核地가 된다. 한 장소가 中核地가 되려면 많은 인구와 풍부한 자원, 집중된 정치권력, 교통상의 結節點(nodal point) 및 비농민을 부양할 수 있는 토지 등을 갖추어야 한다. 中核地의 개념에 대해서는 任德淳, 『政治地理學原論』, 일지사, 1988, p.249 참조.
72 도시의 입지는 고정적인 자연환경을 중심으로 평가되는 절대적 입지(site)와 가변적인 인문환경을 중심으로 평가되는 상대적 입지(situation)로 분류된다. 류제현 편역, 테리 조든 비치코프·모나 도모시 지음, 『세계문화지리』, 살림, 2008, p.254.
73 『강좌 한국고대사』7, 촌락과 도시, 가락국 사적개발연구원, 2002, p.216.
  중국고대에서는 都邑을 원래 '城'이라고 불렀다. 城은 정치적 권위(王)를 보위하기 위한 高墻壁壘라는 뜻이었다. 거기에 市의 의미가 덧붙여지면서 도시의 기능을 하게 되었다.

시' 라는 의미이다.

셋째, 도시는 경제의 중심지 역할을 담당해야 한다. 일반적으로 고대에는 내부에서 다양한 형태의 생산이 이루어지고 물자(物資)의 집결(集結)이 용이한 곳이다. 외부와 교역이 이루어지는 곳도 도시와 수도이다. 전통적으로, 도시의 입지를 선정하는 데에는 '방어와 교역'에 대한 욕구가 가장 많이 반영되었다. 고대 그리스의 도시는 '아크로폴리스(Acropolis)' 와 '아고라(Agora)' 라는 두 개의 기능지대로 선명하게 분화되어 있었다. 교역을 위한 도시들은 대부분 특정한 입지조건을 갖춘 곳에 발달하였다.[74] 중국 동진(東晋)의 建康(남경), 북송(北宋)의 개봉(開封),[75] 남송(南宋)의 임안(臨安 : 항주, 吳越國의 수도이기도 하였다.) 등은 수로와 연결된 경제수도의 역할을 한 대표적인 도시이다.[76] 넷째, 도시는 문화의 공간역할을 수행해야 한다. 지배계급이 다수 거주하는 도시는 중요한 문화의 집결지(集結地)와 개화지(開化地)이며, 생산지(공급)이고, 소비지(수요)이다. 전근대사회에서 외국문화를 처음 받아들이는 곳은 국경지역의 도시들이다. 내륙도시 외에 해항도시들과 하항도시들이 그러한 역할을 담당했다. 다섯째, 도시는 신앙공간의 역할을 담당해야 한다. 지배계급이 거주하는 공간에는 신앙공간이 있다. 인도의 하라파, 메소포타미아의 도시, 그리스의 폴리스, 중세 도시, 고구려의 대성들이 그러한 공간을 갖추었다. 우리도 마찬가지였다. 수도와 대도시에는 신앙 및 제사유적지가 있어야 한다. 고구려는 졸본 · 국내성 · 평양성 지역에 시조묘 및 기타 신앙대상지가 있

---

74 SIBIL MOHOLY-NAGY 著, 崔宗鉉 · 陳景敦 譯, 『都市 建築의 歷史』1990, p.22. 이오니아인이나 아카이아인 더 나아가 후세의 도리아인들은, 정복할 민족에 대한 지배를 유지하기 위해 성채를 구축하였으며, 그 성채가 후의 도시의 발전으로 이어졌던 것이다. 고구려의 첫수도가 현재 桓仁의 오녀산성이라면 전형적인 山頂수도가 된다.
75 테리 조든 비치코프 · 모나 도모시 지음, 류제현 편역, 『세계문화지리』, 살림, 2008, pp.253~257 참조.
76 황하와 4개의 운하가 교차하는 교통의 요지다.
77 隋 王朝가 통일을 이룩한 후 만든 大運河는 국내 상업의 유통을 촉진시켰으며, 당시 대제국의 경제적 동맥 역할을 하였다. 董鑒泓 等 편, 成周鐸 역주, 앞의 책, 1993, p.65.

었으며, 요동성·안시성 등에도 주몽사 등이 있었음이 기록되어있다. 물론 백제도 마찬가지였고,[78] 신라도 동일했다. 이처럼 수도 또는 대도시는 종합적인 목적을 갖고 형성되었으며, 종합적인 기능을 수행했다. 때문에 정치시설물, 방어용의 군사시설, 신전(神殿) 같은 종교시설물, 지배계급의 고분군(古墳群), 그 외에 대외교류와 연관된 시설물들을 갖추고 있어야 한다.[79]

2) 江海도시의 체계와 성격

일반적인 도시의 체계와 생성조건 등을 살펴보았다. 우에서 열거한 도시의 조건들은 강해도시에서도 상당한 부분이 일치된다. 다만 해양 및 강의 메커니즘으로 인하여 몇 가지 다른 점이 있다. 지리적으로 위치가 강과 바다가 만나는 접점이라는 사실과 이로 인해서 생성되고 운행되는 측면에서 차이가 나타난다. 앞에서 서술한 강(江)의 체계와 특성 그리고 일반적인 도시의 체계 등을 고려해서 필자의 '강해도시론'을 전개시키고자 한다.

첫째, 가장 기본적인 것은 위치 등 자연환경이다. 강해도시(江海都市)라는 합성명사에서 나타나듯 수량이 풍부하고 수로가 긴 강의 하구로서 효율성이 높은 바다가 직접 이어지는 접점에 있어야 한다. 강은 넓은 면적과 규모가 크고 작은 선(支川)들을 매개로 사방으로 연결된 매개망이다. 즉 내륙의 중간에서 항구도시가 형성된다. 유럽의 라인강, 북만주의 흑룡강, 중국 내부의 양자강 등에서 형성된 대도시들이나 수도(首都)들이 그러한 하항도시(河港都市)의 전형이다. 우리 역사상에서 하항도시는 고구려의 국

---

78 『三國史記』32, 잡지, 제사조, 『周書』49, 列傳 백제조.
79 테리 조든 비치코프·모나 도모시 지음, 류제헌 편역, 위의 책, pp.192~197에는 선사시대 고대 중세에 이르기까지 중요한 도시들을 열거하면서 특성을 설명하고 있다.

내성,[80] 백제의 웅진성, 후백제의 전주,[81] 고구려의 안시성과 요동성을 비롯해서 많이 있다.[82] 또한 해항도시는 육지와 해양이 직접 만나는 곳에 형성된, 면을 매개로 접촉하는 나루나 포구에서 형성된 도시다. 해항(海港)을 활용하여 동아지중해의 대부분 지역과 이어지는 대외항로(對外航路)를 사용하면서 주변 소국이나 외국과 교섭을 하면서 무역상의 이익을 얻을 수 있다. 삼한(三韓) 78개국의 상당수는 해항도시인 일종의 '나루국가'였다.[83] 또한 기원을 전후한 시대에 성립한 일본의 노국(奴國)·말로국(末盧國)·이도국(伊都國) 등은 그러한 해항도시국가(海港都市國家)였을 것이다.[84] 그 외에 고구려의 비사성(大連, 요동반도 남단), 건안성(개주), 남포항, 백제의 미추홀(彌鄒忽, 인천) 관미성(關彌城, 강화도), 신라의 금성(金城, 慶州) 등도 해항도시이다.

강해도시는 이러한 하항도시와 해항도시의 성격을 동시에 갖고 효율적으로 운영할 수 있다. 서해안과 남해안의 도시나 촌락들은 지형상으로 육지(陸地)와 강(江)과 해양(海洋)이 연결된 지역에 있다. 내륙수로(內陸水路)와 육로(陸路)를 연결한 후 해로(海路)와 통합되어 공급지와 수요지, 그리고 집결지를 연결시켜 주기에 적합한 곳으로서 강해도시들이 생성되었다. 또한 서울지역은 한강과 경기만을 연결하는 전형적인 강해도시이다. 하류에서 예성강·임진강·한강이 하계망(河溪網)을 구성하면서 서해 중부로 흘러 들어가 경기만을 구성한다.[85] 그런데 해양의 영향을 받는 만큼 조류나 해류,

---

80 윤명철, 「고구려 수도의 해륙적 성격」, 『백산학보』 80호., 2008, pp.51~96.
81 윤명철, 「후백제 시기 전주의 국제도시적 성격 검토」, 『후백제의 대외교류』, 후백제문화사업회, 2004, pp.119~146.
82 윤명철, 「고구려의 요동 장산군도의 해양전략적 가치 연구」, 『고구려연구』 15, 학연문화사, 2003 ; 윤명철, 「국내성의 압록강 방어체제연구」, 『고구려 연구』 15, 고구려연구회, 2003.
83 윤명철, 「한반도 서남해안의 海洋歷史的 환경에 대한 검토」, 전주박물관 죽막동 유적학술회의, 1995.
84 윤명철, 『동아지중해와 고대일본』, 청노루, 1996, pp.93~94 ; 江上波夫, 「古代日本の對外關係」, 『古代日本の國際化』, 朝日新聞社 1990, p.72 참조. ; 武光 誠, 『大和朝廷は古代の水軍がつくった』 JICC, 1992, pp.32~36 참조.
85 河系網의 이론에 대해서는 權赫在, 『地形學』, 법문사, 1991, pp.108~117 참조.

만입구의 지리적 환경·바람 등의 조건을 고려해야 한다. 특히 바다에서 하구 또는 하구에서 상류로 거슬러 올라갈 때 밀물 외에도 바람의 방향을 최대한 활용할 수 있어야 한다. 서해안의 하구나 강해도시들은 편서풍지대여서 바람이 늘 상류방향으로 불기 때문에 조건이 매우 좋다.

둘째, 강해도시는 복합적인 교통망을 갖추어야 한다. 고유의 기능인 내륙수운을 발전시키고, 이를 토대로 내륙으로 뻗은 육운(陸運)과 바다로 확장된 해운(海運)을 유기적으로 활용할 수 있어야 한다. 지구상에 존재하는 대부분의 강은 바다로 흘러가고, 일부는 호수로 들어간다. 그러므로 강상수운은 궁극적으로는 해양교통과 연결될 수밖에 없다. 만주의 송화강은 2,000km 가까이, 흑룡강은 4,000여 km를 흘러 타타르해와 오호츠크해로 빠져 나간다. 한반도는 길이 1000km, 폭 200~300km이므로 짧은 거리로서 바다와 연결된다. 더욱이 황해와 남해는 일종의 내해(內海)로서 중국지역 및 일본열도와 단거리로 연결된다. 그러므로 강상수운과 해운은 간단하고 편리하게 조직될 수 있다.

한강은 조선시대에 조운(漕運)으로 활용하였다. 특히 광나루·삼밭나루·서빙고나루·동작나루·노들나루는 5강진로(江津路)라고 하여 중요 교통로(交通路)로서 이용되고 있었다.[86] 고려나 남북국시대, 삼국시대에도 유사했을 것이며, 한강은 해안에서 한성백제시대의 수도권인 현재의 강동구 지역까지는 80km정도이다. 반면에 조선시대의 수도인 한양과 연관된 항구인 마포나 용산 지역까지는 50~60km정도이다. 조수의 영향은 서빙고까지 끼쳤다고 한다. 조선시대에 남한강은 영월까지, 북한강은 화천군 간동면 방천리까지 배가 올라갔다고 한다. 서울 지역은 외항기능을 한 경기만의 강화도와 인천을 통해서 동아지중해의 모든 항로와 연결되었으며 특히 황해를 이용한 항로의 거점이기도 하다. 서울지역과 연결된 대외항로는 다음과 같다. 황해연근해항

---

86 서울特別市史編纂委員會, 『漢江史』, 1985, p.401.

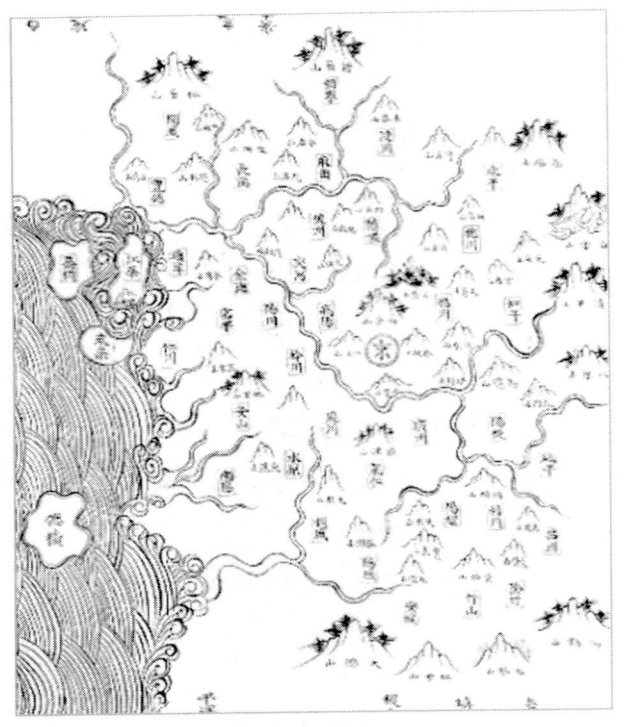

| 그림 7 | 海左勝藍의 부분

로(黃海沿近海航路), 황해중부(黃海中部) 횡단항로(橫斷航路), 황해남부(黃海南部) 사단항로(斜斷航路), 동중국해(東中國海) 사단항로(斜斷航路) 등이다. 한강하류는 중요한 2개의 항로가 마주치는 동아지중해 해양교통의 결절점(結節点)으로서[87] 수륙(水陸)교통과 해륙(海陸)교통이 교차되면서 상호호환성을 지닌 강해도시이다.

강해(江海)도시는 교통의 허브라는 유리함을 이용하여 중계업을 하고, 나아가 외국과 수출·수입을 전담할 수 있는 물류의 허브기능을 할 수 있다. 자체적으로 농산물과 수산물을 생산할 뿐 아니라 내륙의 임산물 광산물 등을, 바다에서는 해산물 등과 다른 지역의 산물들을 유리한 조건으로 공급받을 수 있다. 따라서 상대적으로 경제생활의 풍부함이 보장된다. 강해도시는 정보의 허브 역할에도 유리하다. 내륙에서는 차단되어 소통이 부재할 수 있는 대외적인 정보들, 국제정세에 대해서도 비교적 신속하고 정확하게 입수할 수 있다. 또한 산골문화를 비

---

87 동아지중해 항로의 구체적인 성격에 대해서는 필자의 논문들 참고.

롯한 내륙의 농경문화 등이 중간 지역이나 중간단계를 거치지 않고 강하구로 전달될 수 있으며, 해양문화와 외국문화도 여과없이 전달될 수 있다. 따라서 강해도시는 문화의 수입처이면서 생산처이고, 동시에 배급처 기능도 하였다. 한강 중류와 하류지역에서는 중국지역의 수입품들이 많이 발견되었다. 풍납(風納)토성에서는 동진(東晋)의 초두, 청자류와 흑자류 등이 발견됐다. 백제시기 유물이 대량으로 출토된 반면에 고구려 계통 유물은 출토되지 않았다.[88] 원주의 법천리(法川里) 등 한강유역과 그 수계(水系)에서 동진계(東晉系) 도자기(陶磁器)가 발견되었다. 또 동진의 청자노가 석촌동 고분에서 발견됐다. 이는 한강유역의 백제세력이 동진과 교섭하고, 교역을 한 사실을 알려주고 있다.[89]

셋째, 강해도시는 안정된 항구 및 효율적인 부두를 구비해야 한다. 강해도시의 역할을 수행하려면 일반적인 내륙도시나 산정도시 등과 달리 각종 선박들이 정박하는 양질의 부두시설과 발착(發着)하는 훌륭한 항구시설이 필요하다. 양질의 내항(內港)과 이를 유기적으로 연결한 외항(外港)이 필수적이다. 그러므로 도시에는 넓고 안정된 만(灣)이 발달되어야 한다. 물론 자연조건이 적절하게 갖추어졌다고 해도 양질의 항구인 것은 아니며, 한 항구가 모든 시대를 일관해서 사용되는 것도 아니다. 정치적인 상황, 군사적인 목적, 국제환경의 변화에 따른 대외교섭의 방향 등 시대상황에 따라 이용방식이 달라지기 때문이다.

고구려는 국내성(國內城) 궁궐의 남쪽 벽에 돌로 쌓은 부두시설이 있었다.[90] 압록강

---

87 동아지중해 항로의 구체적인 성격에 대해서는 필자의 논문들 참고.
88 국립문화재연구소, 『風納土城 I -현대연합주택 및 1지구 재건축 부지』, 2001.
89 崔夢龍, 「上古史의 西海交涉史 硏究」, 『國史館論叢』 3집, 1989, pp. 23~25. 도표. ; _____, 「考古學의 資料를 통해서 본 黃海交涉史 硏究序說」, 『제1회 環黃海韓中交涉史硏究심포지움』, 震檀學會, 1988, pp. 178~180. 權五榮, 「고고학적 자료를 통해서 본 백제와 중국의 문물교류」, 위의 자료.
90 손영종, 『고구려사』 2, 과학백과사전종합출판사, 1997, p. 39 ; 『文物』 1984-1기, pp. 39~40.

하구에는 내항(內港) 외에 외항(外港)이 있었는데, 여러 기록들을 고려할 때 서안평성(西安平城)과 박작성(泊灼城)이 있는 박작구(泊灼口)였을 것이다. 1920년대에 단동시(丹東市)에서 부두석축시설이 드러났는데, 고구려 시대의 것으로 추정한다.[91] 한강의 경우, 남한강에는 단양·충주·목계(충주시 엄정면 목계리)·여주 등이, 북한강에는 방천·춘천 등의 선착장이 발달하였다.[92] 서울지역은 마포와 뚝섬이 부두역할을 담당하였다. 마포는 해산물과 하류지방의 물산이, 뚝섬은 상류지방의 물산이 모이는 곳이었다. 서울지역에는 백제가 최초로 수도 항구를 설치했을 것이다. 그 후보지로 추정되는 곳은 풍납토성의 동쪽주변, 삼전도(三田渡) 몽촌토성 부근, 또는 잠실 동남쪽 삼전동,[93] 하남시(河南市) 고골지역과 연결하는 덕풍천의 하구나 도미나루이다.[94] 한강변에는 나루(津)와 포구 등이 있었을 것이다. 그 외에 강화도 지역과 인천 지역에 시대별로 사용한 외항이 있었다고 보여진다. 조선시대에는 광나루(廣津)·삼밭나루(三田渡)·서빙고나루(西氷庫津)·동작나루(銅雀津)·노들나루(露梁津)·삼개나루(麻浦津)·서강나루(西江津)·양화나루(楊花津) 등이 개설되었다.

넷째, 강해도시는 군사력과 방어체제를 구축해야 한다. 우리 역사터의 자연환경과 지형을 고려할 때 도시란 해양군사적인 측면에서 몇 가지 조건이 필요하다. 그 가운데 중요한 하나는 수군(水軍)을 양성하고, 적절하게 이용할 수 있어야 한다. 고대국가 시대에도 고구려·백제·신라·가야에서 해군 작전과 연관된 중요한 사건들이 많이 벌어졌다. 이러한 상황에서 해군활동과 연관해서 주변에는 데 건조를 위한 조선용 숲을 조

---

91 손영종,『고구려사』2, 과학백과사전종합출판사, 1997, p.39.
92 『한강사』, p.30.
93 이 부분은 이형석 선생의 주장이다.
94 이 부분은 오순제,「백제 한성시기 하남시 고골 일대의 도성체제」,『21세기 하남의 재발견』, 하남역사문화연구회, 국학자료원, 2001 ; 한종섭·韓宗燮,『위례성 백제사』집문당, 1994 ; 尹明喆,「하남지역의 방어체제 연구노트 1」,『백제역사문화자료집』창간호, 백제문화연구회, 2000.

성하고, 조선소를 비롯하여 해군함대기지 등을 설치하는 장소가 필요했다.[95] 서울은 주변에도 숲이 발달했지만[96] 남한강과 북한강 해로를 이용하여 백두대간으로부터 뗏목 등을 이용하여 목재를 보급 받았다. 조선시대에는 뚝섬이 나무들의 집하처였다.

외부에 노출된 해항도시는 물론이고, 내륙으로 일부 들어간 '강해도시(江海都市)' 조차 수비상으로 약점이 있다. 대규모의 상륙군이 급습할 경우 해양의 메커니즘 상 방어상에 한계가 노출된다. 따라서 강해도시는 방어적인 측면에서 강변방어체제(江邊防禦體制) 및 해양방어체제(海洋防禦體制)와 유기적인 시스템을 구축하기에 효율적이어야 한다. 백제는 한성의 이러한 약점을 알고 책계왕 때 아차성(阿且城)을 신축했고, 사성(蛇城)을 개축했다.[97] 하지만 강해도시였던 한성은 광개토대왕군과 장수왕군에게 공격을 받고 무너졌는데, 특히 396년도 전투는 수군을 동원한 상륙작전과 한강 수로직공 작전의 결과였다.[98] 서울지역은 이러한 방어상의 한계를 극복할 목적으로 각각의 나라들이 전략적인 목적에 걸맞게 경기만의 해양방어체제[99]와 한강 강변방어체제[100]를

---

95 조선용 목재의 중요성과 그것이 국가의 흥망과 연관된 부분은 존 펄린 지음, 송명규 옮김, 『숲의 서사시』, 따님, 2006 참조.
96 서울지역의 범주는 앞에서 언급했지만 다양한 견해들이 있는데, 통시적인 의미에서, 그리고 자연환경을 고려하면 현재의 서울 지역을 포함한다. "조선 초기 서울은…지형적으로 북쪽의 백악(북악), 동쪽의 타락산(낙산), 남쪽의 목멱산(남산), 서쪽의 인왕산 등 이른바 內四山으로 둘러싸인 분지로 약 500만평의 지역을 말한다. 북쪽의 북한산(삼각산), 동쪽의 용마산(아차산), 남쪽의 관악산, 서쪽의 덕양산 등 이른바 外四山으로 둘러싸여 있다." (이존희, 『서울의 자연과 입지조건』, 『서울역사강좌』, 서울특별시사편찬위원회, 2004, p.21) 이 말은 서울의 범위와 함께 산과 목재의 의미를 이해하는데 시사하는 바가 있다.
97 이 두 성은 현재 워커힐 뒷산의 아차산성과 건너편의 龜山土城 혹은 風納土城으로 알려져 있다.
98 이 부분 만을 구체적으로 다룬 글은 윤명철, 「광개토태왕의 군사작전에 대하여-수군을 중심으로-」, 『고구려연구회 학술총서』3, 고구려연구회, 2002.
그리고 이 당시 한성의 궁성이 어디였는가에 대한 문제는 검토가 필요하다고 생각한다.
99 해양방어체제의 성격과 기능에 대하여는 윤명철, 「江華지역의 해양방어체제연구-關彌城 위치와 관련하여」, 『사학연구』58·59 합집호, 1999 및 신형식·윤명철 등의 공저인, 「경기만 지역의 해양방어체제」, 『고구려 산성과 해양방어체제』, 백산출판사, 2000 참조.

구축하였다.[101] 다섯째, 항해와 연관된 신앙의 대상지 즉 제사 유적지가 있어야 한다. 강 및 바다와 연관된 활동을 할 경우에는 위험성이 높고 실패율이 높다. 따라서 일반적인 도시에서의 신앙 외에 이와 연관된 신앙이 발달하고, 제사처가 반드시 있어야 한다.[102] 현재로서는 분명하게 설정할 수는 없지만 풍납토성, 검단산성의 제사유지,[103] 이성(二聖)산성, 그리고 한강 하류인 고양시의 멱절산 보루,[104] 김포의 감바위 등은 항해제사와 직접·간접으로 관련된 유적일 가능성이 높다.

이렇게 살펴본 강해도시의 체계와 성격은 다음과 같이 정리할 수 있다. 정치집단이 형성되는 초기단계에서는 내륙의 도시보다는 해항도시가 유리하지만, 일정한 시간이 흐르고 국력이 강력해지면서 오히려 불리한 요소로 작동할 수 있다. 그래서 직접 마주치는 지점이 아니라 지리·지형적으로 큰 만의 항구나 또는 바다의 하구에서 내

---

100 윤명철, 「한강 고대 강변 방어체제 연구-한강하류지역을 중심으로-」, 『향토서울』61, 서울시사편찬위원회, 2001, 「고대 한강 강변방어체제연구 2」, 『鄕土서울』64호, 서울시사편찬위원회, 2004, 수석리토성, 구산토성, 암사동토성, 대모산성, 삼성토성, 응봉산성 기타. 서울 외곽 강변방어체제는 宮山土城, 幸(杏)州山城, 번디미토성, 桂陽山城, 기타.

101 서영일, 「漢城 百濟의 交通路 상실과 熊津천도」, 『문화사학』21호, pp.60~61 ; '백제는 한성 방어의 약점을 보완하기 위하여 파주 오두산성, 월롱산성, 칠중성, 양주 대모산성, 포천 반월산성, 이천 설봉산성, 여주 파사산성 등 한성 북쪽과 동쪽 지역의 주요 거점에 있는 산성을 중심으로 環狀防禦體系를 구축하였다.'

102 이와 유사한 예로 전북 부안의 죽막동 제사유적, 순천 검단산성 유적, 남해사천 특도 유적, 김해부원동 유적 등은 주의를 기울일 필요가 있다.

103 吳舜濟, 「하남위례성지 발견을 통해본 백제초기사의 복원」, 『백제하남위례성 정도 200년 기념-東明大祭-』, 맥이민족회, 1992, 10, p.25.

104 멱절산 보루는 필자와 오순제가 1999년 2월에 강변방어체제를 조사하면서 첫 발견하였다. 전에는 강물이 바로 아래까지 와서 새우젓배와 까나리배들이 대놓고 있었으며, 사람들은 산봉우리를 넘어 마을로 들어왔다고 한다. 포구의 기능은 물론 강변방어체제의 역할을 하였을 것이다. 이 유적의 형태와 성격에 대한 필자의 견해는 윤명철, 「한강 고대 강변 방어체제 연구-한강하류지역을 중심으로-」, 『향토서울』61, 서울시사편찬위원회, 2001 참고. 그런데 이 유적은 후에 제사유적의 성격을 띠고 있음이 밝혀졌다. 李憲載 ; 權純珍, 「고양 멱절산 유적: 긴급발굴조사 보고서』 경기도박물관 편, 2005 참고.

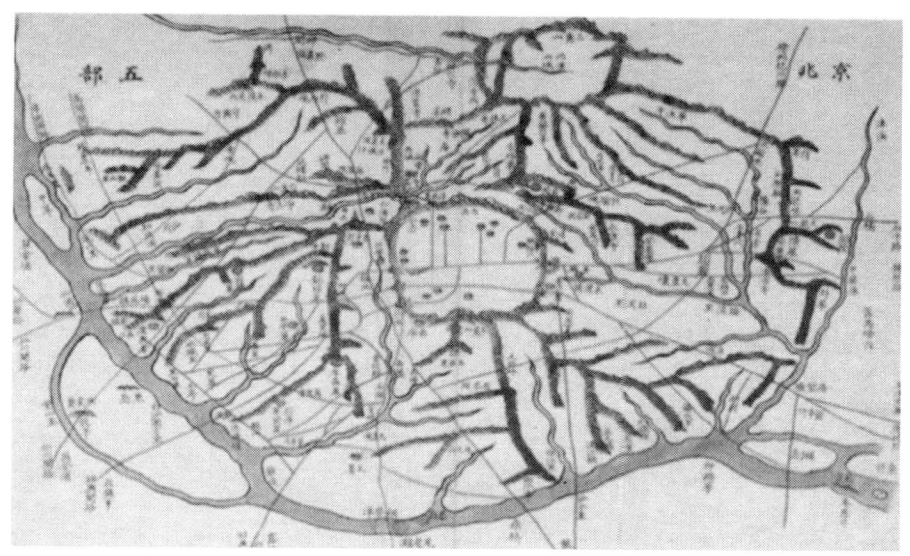

| 그림 8 | 京兆五部《東輿圖》

류으로 일정한 거리를 들어간 지점에 형성되었다. 방어상의 불리함, 조수의 영향 등으로 인한 물길의 불안정성, 안정된 만과 항구 확보 등의 요인 때문이다. 그리고 수심이 깊고 수량이 풍부하여 가항거리가 길어지면서 가능하면 큰 규모의 선박이 내륙 깊숙하게 올라갈 수 있는 강의 하구가 내륙항구도시보다 유리하다. 하지만 강해도시는 양질의 항구(港口)와 부두시설이 반드시 구비되어야 한다.

이러한 지리적인 조건과 부합되는 도시로서 필자의 답사경험을 고려해서 강해도시의 범주에 넣을 가능성이 있는 곳을 찾아보았다.

우리 역사에서 가장 먼저 성립됐던 강해도시는 왕검성(王儉(險)城)이다. 규모나 위치 성격 등을 정확하게 알기 어려우나 당시의 사회상과 발생한 역사적인 사건들과 연관시켜 볼 경우에 항구도시의 형태를 띠었으며, 전개된 조한(朝漢)전쟁의 전황을 보더라도 바닷가 가까이 있는 것은 분명했으므로 강해도시임이 틀림없다.[105] 그 외에 고구려의 안시성(安市城)인 요녕성의 해성시(海城市), 박작구(泊灼口)와 서안평(西安平, 신의주, 중국의 丹東), 평양성, 장수(長壽)산성(蔵寧)등도 강해도시라고 추정된다. 한강의 본류가 통과하는 서울지역은 앞에서 거론한 바와 같이 시대를 막론하고 전형적인 강해도시에 해당한다. 고려의 수도였던 개성(開京)은 위치나 역할로 보아 전형적인 강해도시이다. 백제의 수도였던 공주(熊津)는 하항(河港)도시이고, 부여(泗沘城)는 강해도시였다. 익산은 강해도시였으며, 하구의 임피는 해항포구였을 것이다. 나주 또한 전형적인 강해도시였다.[106] 섬진강과 연관돼서는 하동이 강해도시이다. 물론 이러한 성격부여와 추정에는 자연환경을 주로 고려한 것이며, 해안선이 해당시대인 선사시대 한성백제시대, 조선시대가 꼭 같지 않다는 것을 전제로 내린 추론이다.

본고는 우리 역사상에 적용한 강해도시(江海都市)의 개념과 성격을 보다 쉽게 이해할 수 있도록 이미 수도나 대도시로서 역사적인 활동을 해왔고, 현재도 세계적인 도시들이 위치상 강해도시에 해당될 수 있음을 열거하고자 한다.[107] 함부르크는 엘베강 하구에서 110km 상류의 양안에 걸쳐 있다. 뤼벡은 독일 북부인 홀슈타인주(州)에 있는 항구도시인데 트라베강이 발트해로 흘러드는 어귀에 위치해있다. 지금도 시내 한 가운데로 소금수운에 사용했던 강물이 흐르고 있다. 라인강은 본류의 길이가 약

---

105 왕검성의 해륙적 성격과 위치 등에 대해서는 졸고, 「黃海文化圈의 形成과 海洋活動에 대한 연구」, 『先史와 古代』11호, 한국고대학회, 1998. 12. (『한민족의 해양활동과 동아지중해』학연, 2002에 수록)4장, pp.20~21에서 언급하고 있다. 『史記』朝鮮列傳 第55 元封2年秋, 遣樓船將軍楊僕從齊浮渤海, 兵五萬人, 左將軍荀彘出遼東, …… 樓船將軍齊兵七千人先至王險 ……. □는 강과 해안이 마주치는 곳이다. 樓船을 齊로 부터 渤海를 건너게 했다는 것은 浿□의 위치가 최소한 遼河 以西일 가능성이 있다. 대동강 이었다면 大海 혹은 다른 명칭으로 표현 했을 것이다. 다만 구체적인 위치는 적시하고 있지 않았다.
106 윤명철, 「영산강 유역의 해양역사와 21세기 적인 의미」, 『영산강 학술심포지움』, 나주시·광남일보, 2006.
107 물론 이 도시들이 필자가 주장하는 강해도시이론에 맞는 체계와 성격을 갖추었는가는 확인할 수 없다. 다만 이미 역사상 중요한 수도 내지 대도시로서 역할을 담당했으므로, 강과 바다가 만나는 접점에 있다는 사실을 갖고 설정해본 것임을 밝혀둔다.

1,320km인데, 1,000~1,350톤의 소형선박이 바젤까지 거슬러 올라갈 수 있다. 런던은 잉글랜드 남동부의 템즈강 하구에서부터 약 60km 상류에 있다.[108] 로마는 테베레강 하구에서 약 25km 떨어진 도하지점에 있다.[109] 아테네는 피레우스라는 외항에서 20여 km 들어간 곳에 키피소스강과 지류인 일리소스강 사이에 끼어 있다. 그 외에도 유럽의 많은 도시들이 내륙항구도시이거나 강해도시이다. 러시아의 모스크바는 모스크바강과 여러 운하, 볼가강에서 부터 주변의 흑해, 카스피해 등의 바다로 이어지는 하항도시이다. 미국에서는 필라델피아가 대표적인 내륙항구도시이다.[110] 고대도시인 카이로[111]는 '알렉산드리아'라는 외항이 있으며, 이는 나일강과 연결된다.[112] 메소포타미아[113]지역에서 발원한 수메르 문명의 대표도시인 '우르'는 유프라테스 강과 티그리스 강이 페르시아 만으로 흘러들어가는 하구에 위치에 있다. 아시아에서는 말레이시아의 수도인 쿠왈라룸푸르가 켈랑강(江) 어귀에서 약 40km 떨어져 있다.[114] 중국 역사에서 오랜 동안 남조(南朝)정권의 수도역할을 담당했던 대표도시인 남경(南京)은 양자강 하구의 오송(吳淞)에서 상류로 300km 떨어진 지점에 있다. 양주(揚州) 또한 마찬가지이다. 그 외에도 이러한 예는 수없이 많다.

---

108 대서양의 조수 간만의 차이가 커서 해수가 상류까지 올라왔으므로 '거무스름한 강'으로 불리워졌다.
109 중부의 아펜니노산맥에서 발원하는 테베레강 하류에 면하며 주로 홍적대지로 이루어진 구릉지대에 자리잡고 있다. 로마는 강의 도시라는 의미의 루몬에서 유래했다. 미야자키 마사카쓰 지음, 노은주 옮김, 『지도로 보는 세계사』, 이다 미디어, 2009, p.68.
110 필라델피아는 델라웨어강의 오른쪽 강 옆에 위치한 도시이다.
111 나일강 삼각주의 남단에서 약 25km 남쪽 나일강 우안에 있다. 시가는 河中島인 게지라섬에서 강의 좌안까지 펼쳐지며 아랍권과 아프리카 대륙에서 가장 큰 도시이다.
112 카이로는 바람이 늘 육지쪽으로 불어서 바다에서 시내까지 항해가 용이한 조건을 갖추고 있다.
113 미야자키 마사카쓰 지음, 노은주 옮김, 『지도로 보는 세계사』이다미디어, 2009, p.36. 그리스어로 "강 사이에 있는 땅"이라는 뜻이다.
114 현지어로 '흙탕물의 합류'라는 뜻이다.

5. 결론

　본고는 우리역사상과 고대도시들을 분석하는 틀로서 강해도시론을 제기하고, 거기에 대한 이론적인 틀을 제시하는 논문이다. 2장에서는 필자의 역사공간을 해석하는 틀로서 '동아지중해(東亞地中海) 모델'과 '터이론', '해류사관' 등을 소개하고 강의 일반적인 성격과 체계를 살펴보았다. 강은 육지와 해양을 다양한 방식으로 연결하는 제3의 존재로서 자연공간 뿐만 아니라 역사공간을 유기적인 체계로 만드는 중요한 역할을 담당한다. 하나의 역사터인 만주와 한반도는 해양과 관련하여 지리적, 지형적 생태적 역사적인 특성상 강이 많을 뿐만 아니라 역할 면에서도 비중이 높았다. 특히 도시가 생성되는데 절대적인 조건이 되었다. 이러한 환경 속에서 한민족의 국가들은 지정학적 · 지경학적 · 지문화적 측면에서 해류적인 성격을 띠우는 것이 바람직하다. 특히 국가발전전략을 수립하고자 할 때 수도의 위치와 역할은 강하구와 바다가 만나는 접점인 강해도시에 설치하는 것이 유효성이 높다. 실제적으로 한민족의 역사에서 대부분의 수도 및 중요도시들은 강하구 및 해양과 밀접한 관련을 맺고 있었다. 특히 한성으로 역사에 등장한 서울지역은 한강 하구에 성립한 전형적인 강해도시에 해당한다. 물론 본고의 작업은 자연환경을 위주로 하면서 큰 틀을 구축하는 작업이므로 구체적인 역사상의 검토는 소략하였다. 다음 작업으로 서울지역을 대상으로 자연환경에 대한 본격적인 분석과 한성 및 한양을 중심으로 전개된 역사상을 분석하여 연관성을 비교하면서 강해도시적인 성격을 구체적으로 살펴보고자 한다.

Abstrat

Understanding of the Korean historical space and 'The city of river and sea'

Prcfessor Myung-chul Youn
Dong-guk university

In the study, a few models are applied to interpret the East-Asian historical aspects and systems. The sea and the land have an organic relationship and operate in a unified manner. The river is a mediator that connec:s the sea and the land. Ecologically and historically, there were many rivers in Manchuria and the Korean peninsula that were of great importance. It was one of :he essential conditions in which a city was established.

it is desirable that nations are conditioned with the oceanic characteristics in geo-political, geo-economical, and geo-cultural ways. EspeciaLy, it increases effectiveness when the capital city is built in 'The city of river and sea(江海都市)' where the mouth of the river and the sea intersects. In our history, most of the capital cities and big cities were closely related to the mouth of the river and the sea, for example, Ansi-city(안시성), Pyungyang-city(평양성), Sabi-city(사비성), and Naju-city(羅州). Seoul is the representative example of 'The city of river and sea' (江海都市).

Key word　'The city of river and sea' river, East-Asian, Manchuria, Korean peninsula, seoul

참고문헌

▶ 사료

『三國史記』,『三國遺事』,『高麗史』,『世宗實錄地理志』,『新增東國輿地勝覽』,『大東水經』,『山經表』,『三國志』,『日本書紀』,『續日本紀』

▶ 단행본

국내저서

姜大玄,『도시지리학』, 교학사, 1980, pp.1~346.
국립문화재연구소,『風納土城 I -현대연합주택 및 1지구 재건축 부지』, 2001 pp.1~603.
김용성,『신라왕도의 고총과 그 주변』, 학연문화사, 2009, pp.1~400.
서울特別市史編纂委員會,『漢江史』, 1985, pp.25~1159.
손영종,『고구려사』2, 과학백과사전종합출판사, 1997, pp.1~270.
안수환,『한국의 하천』, 민음사, 1995, pp.3~198.
윤명철,『한민족의 해양활동과 동아지중해』, 학연, 2002, pp.1~512.
윤명철,『고구려 해양사 연구』, 사계절, 2003, pp.1~534.
윤명철,『한국 해양사』, 학연, 2003, pp.1~432.
윤명철,『동아지중해와 고대일본』, 청노루, 1996, pp.1~309.
이형석,『한국의 강』, 홍익재, 1997, pp.1~379.
이혜은 외,『변화하는 세계와 지역성』, 동국대학교 출판부, 2007, pp.1~327.
任德淳,『政治地理學原論』, 일지사, 1988, pp.1~312.
조희승,『초기조일관계사』하, 사회과학출판사, 1989, pp.1~355.
최덕경,『중국고대 산림보호와 환경생태사 연구』, 신서원, 2009, pp.5~526.
『한국의 해양문화』(서해해역 上), 해양수산부, 2002, pp.1~747.
韓宗燮,『위례성 백제사』, 집문당, 1994, pp.11~316.

역서

鑒泓 等 編, 成周鐸 역주,『中國 都城 發達史』, 학연문화사, 1993, pp.1~257.
趙賓福 著, 崔茂藏 譯,『中國東北新石器文化』, 集文堂, 1996, pp.1~312.

王承禮 저, 송기호 역, 『발해의 역사』, 한림대학 아시아문화연구소, 1988, pp.25~301
미야자키 마사카쓰 지음, 노은주 옮김, 『지도로 보는 세계사』 이다미디어, 2009, pp.1~365.
와쓰지 데쓰로오 저, 박건주역, 『풍토와 인간』, 장승, 1993, pp.1~279.
이시 히로유끼, 야스다요시노리, 유아사 다케오 지음, 이하준 옮김, 『환경은 세계사를 어떻게 바꾸었는가』, 경당, 2003, pp.1~286.
앨프리드 W 크로스비 저, 안효상·정범진 역, 『생태제국주의』, 지식의 풍경, 2002, 3, pp.124~154.
에머리 존스 저, 이찬·권혁재 역, 『人文地理學 原理』, 법문사, 1985,pp.1~280.
제임스 포사이스 지음, 정재겸 옮김, 『시베리아 원주민의 역사』 솔출판사, 2009, 03.
존 펄린 지음, 송명규 옮김, 『숲의 서사시』, 따님, 2006, pp.1~413.
테리 조든 비치코프, 모나 도모시 지음, 류제헌 편역, 『세계문화지리』, 살림, 2008, pp.1~330.
SIBIL MOHOLY-NAGY 著, 崔宗鉉 陳景敦 譯, 『都市 建築의 歷史』, 1990, pp.1~330.

외국저서

郭大順, 『龍出遼河源』, 百花文藝出版社, 2001, pp.1~271
武光 誠, 『大和朝廷は古代の水軍がつくった』, JICC, 1992, pp.1~71.
松枝正根, 『古代日本の軍事航海史』上, かや書房, 1994, pp.1~330.
眞常弓忠, 『古代の鐵と神神』, 學生社, 1991, pp.1~238.

▶ 논문

국내논문

姜泰昊, 「新羅 都城의 空間構造 形成過程에 관한 硏究」, 『慶州史學』 第15輯, 동국대학교 국사학과, 1996, pp.25~53.
김영근, 「하가점 하층문화에 대한 고찰」, 『단군학 연구』 14, 단군학회, 2006, pp.103~126.
김용성, 「신라왕도의 범위에 대하여」, 『신라왕도의 고총과 그 주변』 제9장, 학연문화사, 2009, pp.268~297.
金鎬詳, 「新羅王京의 金城硏究」, 『慶州史學』 第 18輯, 동국대학고 국사학과, 1999, pp.27~49.
朴方龍, 「新羅 王都의 守備」, 『신라문화』 제9집, 1992, 동국대학교 신라문화연구소, pp.25~38.
朴方龍, 「신라 도성의 교통로」, 『慶州史學』 第 16輯, 동국대학교 국사학과, 1997, pp.167~206.
朴方龍, 「新羅王京과 流通」, 『신라왕경의 구조와 체계』, 신라문화제학술발표회, 제2집, 동국대학교신라문화연구소, 2006, 3, pp.63~104.
박용안 외 25인, 「우리나라 현세 해수면 변동」, 『한국의 제4기 환경』, 서울대학교 출판부, 2001, pp.117~155.
朴漢濟, 「中國歷代 수도의 유형과 사회변화」, 『역사와 도시』, 동양사학회 편, 서울대학교출판부, 2000, pp.39~92.
서영일, 「漢城 百濟의 交通路 상실과 熊津천도」, 『향토서울』 72호, 서울 특별시사 편찬위원회, 2008, pp.41~76.
신형식·최근영·윤명철·오순제·서일범 공저, 「경기만 지역의 해양방어체제」, 『고구려 산성과 해양방어체제』, 백산출판사, 2000, pp.393~606.

吳英勳, 「新羅王京에 대한 考察-成立과 發展을 中心으로-」, 『경주사학』11집, 동국대학교 국사학과, 1992, pp.1~39.
윤명철, 「渤海의 海洋活動과 동아시아의 秩序再編」, 『고구려연구』6, 학연문화사, 1988, pp.469~514.
윤명철, 「海路를 통한 先史時代 韓·日 양지역의 文化接觸可能性檢討」, 『韓國上古史學報』2집, 한국상고사학회, 1989, pp.91~118.
윤명철, 「한강 고대 강변 방어체제 연구-한강하류지역을 중심으로-」, 『향토서울』61, 서울시사편찬위원회, 2001, pp.89~124.
윤명철, 「국내성의 압록강 방어체제연구」, 『고구려연구』15집, 고구려연구회, 2003, pp.57~77.
윤명철, 「고대 한강 강변방어체제연구 2」, 『鄕土서울』64호, 서울시사편찬위원회, 2004, pp.129~160.
윤명철, 「한국사 이해를 위한 몇 가지 제언」, 『한국사학사학회보』9, 한국사학사학회, 2004, pp.5~36.
윤명철, 「동해문화권의 설정 검토」, 『동아시아 역사상과 우리문화의 형성』, 한국학 중앙연구원, 민속원, 2005. 9, pp.1~44.
윤명철, 「東아시아의 海洋空間에 관한 再認識과 活用-동아지중해모델을 중심으로-」, 『동아시아 고대학』14, 동아시아 고대학회, 경인문화사, 2006, pp.323~358.
윤명철, 「고구려 문화형성에 작용한 자연환경의 검토-터이론을 통해서-」, 『한민족 연구』4, 2007, pp.161~198.
윤명철, 「고구려 수도의 海陸的 성격 검토-江海都市論을 중심으로-」, 『백산학보』80호, 2008, pp.51~96.
이존희, 「서울의 자연과 입지조건」, 『서울역사강좌』, 서울특별시사편찬위원회, 2004. pp.17~32.

국외논문

江上波夫, 「古代日本の對外關係」, 『古代日本の國際化』, 朝日新聞社, 1990, pp.51~80.
松山利夫, 「ナラ林の 文化」, 『季刊考古學』15號, 1986, 雄山閣出版社, pp.43~47.

蔚山의 海港都市的 성격과 國際港路*
―신라와 관련하여―

1. 서 론

동아시아는 육지와 해양이 유기적으로 동시에 작용하는 역사공간이다. 이러한 역사터에서 발생한 역사상은 해륙적(海陸的) 관점으로 볼 필요가 있다. 특히 한민족이 활동한 역사공간은 더욱 그러하다. 필자는 우리 역사공간을 해석하는 모델과 이론으로서 '동아지중해(東亞地中海) 모델', '터와 다핵(多核) 이론' 그리고 '해륙사관(海陸史觀)'을 제시해왔다. 이러한 역사공간에서 생성된 국가에서 정치 군사 경제 문화적으로 중요한 공간인 수도나 대도시는 해륙적 체계(海陸的 體系)와 성격(性格)을 갖고 있으며, 해륙적인 기능을 하는 것이 국가발전에 필요하다. 그러므로 바닷가의 항구(港口), 강가, 큰 강의 하구(河口) 또는 바다가 만나는 강해지점(江海地點)에 발달하는 경향이 강했다. 필자는 이와 관련해서 역사상과 연관하여 해항도시론(海港都市論),[1] 하항도시론(河港都

---

* 울산의 해항도시적 성격과 국제항로, 한일관계사연구 38, 한일관계사학회, 2011.
1 윤명철, 「서산의 海港도시적인 성격검토」, 『백제시대의 서산문화』 서산발전연구원, 서산문화원 2009, 4.
  윤명철, 「경주의 海港도시적인 성격검토」, 『동아시아 세계와 삼국』 동아시아 고대학회 전통문화학교, 2009.
  _____, 「삼척동해지역의 海港도시적 성격과 김이사부 선단의 출항지 검토」, 『이사부 우산국편입과 삼척출항 심포지엄』, 한국이사부학회, 2010, 08, 01.

市論),² 그리고 강해도시론(江海都市論)³등을 발표해왔다. 신라 또한 처음부터 해양활동이 활발했으며, 발전하는 과정 속에서 동해남부해양, 남해동부해양을 거쳐 동해중부와 서해중부로 확장하는 경향을 보이고 있다. 해류정책이라고 범주화시키기에는 더 많은 연구가 필요하겠지만, 몇몇 연구자들이 언급한 바처럼 해양을 중요시하는 정책을 추진하였다.⁴

그러한 맥락에서 경주는 해항도시(海港都市)였으며, 울산은 신라의 경주를 해항도시로 만든 주요한 요건인 외항(外港)의 역할을 전형적인 항구도시였다. 본고는 이러한 관점에서 신라의 역사상을 이해하는 일은 물론이고 울산의 정체성을 구체적으로 모색하고 확인할 목적으로 해항도시적(海港都市的) 성격을 검토하고자 한다. 필자가 전개해왔고, 본고에서 추가로 언급할 여러 조건들과 연관하여 적합성을 검토하고, 특히 국제항로를 검토하여 울산지역의 국제성도 아울러 강조하고 한다.

필자는 신라사, 또는 이 지역 연구자가 아니므로 심층적인 분석을 가할 수 없으며, 다만 다양한 연구자들의 연구성과를 토대로 필자의 해석 모델에 맞춰 재해석하고자 한다. 질정을 바란다.

---

2 윤명철,「고구려 수도의 海陸的 성격」,『백산학보』제 80호 백산학회, 2008. 4.
3 윤명철,「江海도시 김포시의 역사성과 21c가치 효용성」,『김포 수로도시 국회공청회』, 김포저널, 2006.
　　　　,「백제 수도 한성의 해양적 연관성 검토1」,『위례문화』11 · 12 합본호, 하남문화원, 2009.
4 金晧東,「삼국시대 新羅의 東海岸 制海權 확보의 의미」,『이사부 연구 총서, 異斯夫 활약의 역사성과 21세기적 의의』, 삼척시, 강원도민일보, (재)해양문화재단, 2006.
　金昌謙,「新羅 中祀의 '四海' 와 海洋信仰」,『한국고대사연구』47, 2007. 9.
　유재춘,「삼척 지역 일대의 성곽 및 수군 유적 연구」,『이사부 우산국 편입과 삼척 출항 심포지엄』, 강원도민일보, 삼척시, 2010.

2. 蔚山지역의 해양환경과 역사상 검토

1) 해양환경 검토

울산(蔚山)지역은 해양과 연관하여 살펴보면 울산만 등으로 구성되어 있다. 그리고 간접적으로 포항(浦項) 연안 등도 관련이 있다. 북은 포항이 있고, 남은 기장(機張)을 거쳐 부산(釜山)이 있다. 그리고 서쪽으로는 신라의 수도였던 경주(慶州)가 있고, 동쪽으로는 바다 건너 일본열도로 이어진다. 울산지역의 역사상을 이해하기 위해서 먼저 울산인 부분을 포함한 전체이면서 가장 큰 단위인 우리 민족의 역사터를 이해하고자 한다.

역사에서 공간이란 지리·지형·기후·동식물의 분포도 등의 자연생태적(自然生態的)인 공간만을 뜻하지는 않는다. 또한 기하학적(幾何學的)인 공간, 물리적인 차원의 평면(平面)만을 의미하지는 않는다.[5] 지리정치적(地理政治的, geo-politic)으로는 영토 또는 영역이며, 지리경제적(地理經濟的, geo-economic)으로 생산, 교환 및 소비장소이며, 지리문화적(地理文化的, geo-culture)으로는 주민들의 세계와 사물을 바라보는 관점, 인간과 집단이 지닌 가치관, 생활양식 등의 결정체로서 복합적이다. 그러므로 역사공간의 체

---

5 공간은 실제적인 측면 외에도 명분으로도 인간에게 근원적으로 중요한 의미를 지니고 있다. 세포의 형성과정부터 시작하여 존재의 原根據를 모색하는 행위, 나아가 집단의 탄생과 발전과도 직결되어 있다. 인간 개체와 마찬가지로 집단도 존재의 정당성과 우월성을 입증받고 싶어한다. 앞으로 역사학에서 공간문제는 새로운 각도에서 접근해야 한다. 인간이 자연공간을 이용하는 능력과 방식에 대해서 통념을 깨고 전향적인 인식을 할 필요성이 있다. 특히 지리학, 풍토론, 생물학, 물리학, 생리학, 뇌과학 동물행동학 생태학 유전학 등은 인간의 활동범위와 성격 등을 심층적으로 이해하는데 유익한 시각을 제공한다. 이러한 예는 그레이엄 크라크 지음, 정기문 옮김, 생태공간과 시간의 역사간이 공간푸른길공간 1999년 참조. 공간을 바라보는 관점은 실로 다양하다. 특히 역사학에서 활용할 만한 책은 문화의 관점에서 바라보는 에드워드 홀 지음, 최효선 옮김, 『숨겨진 차원-공간의 인류학을 위하여』(시리즈임), 한길사, 2005 참조.

계와 운행방식, 기능, 의미 등의 성격을 이해하려면 생태와 풍토 등 자연지리의 개념과 틀을 포함하면서 역사(歷史)와 문화(文化) 또는 문명(文明)의 개념 등으로 접근할 필요가 있다.

필자는 역사공간을 1차적으로 영토나 영역, 정치장소로서 성격을 살펴본 다음에 총체적인 연결망, 즉 네트워크(網中網)의 개념으로 접근한다. 왜냐하면 하나의 공간에서도 중심부와 주변부를 구분하고, 시대와 역할에 따라 모습이 달라져야 한다. 따라서 필자는 역사공간을 '터와 다핵(多核, field & multi core) 이론'[6]을 통해서 해석하고 있다. 터이론에서는 주변부의 행성(行星)과 위성(衛星)들도 중핵(中核)문화를 모방하거나 변형되고 피동적인 주변부가 아니라 핵인 항성(다른 행성 및 터에도 작용한다.)으로 향하면서 중핵 및 전체 터에 영향을 끼친다. 즉 전입(轉入)과 전파(傳播)가 일방통행이 아니라 하나로 연결되어 환류하면서 영향을 주고 받는다. 여러 요소들이 일방적 관계나 격절된 부분이 아니라 전체가 부분이 되고, 부분들이 전체로 되돌아가는 유기적(有機的)인 관계이다. 이러한 '터이론'의 성격과 시스템은 사물, 역사상의 사건, 역사상의 구조 등에도 작동하고, 역사공간인 동아시아 전체, 우리 역사의 터에 적용할 수 있다.[7]

이러한 관점에서 동아시아의 자연과 역사를 살펴 볼 필요가 있다. 동아시아는 자

---

6 필자가 개념화한 '터'는 자연·지리·기후 등으로 채워지고 표현되는 단순한 공간은 아니고, 생태계 역사 등이 모두 포함된 총체적인 환경이다. 이러한 이론의 대강은 윤명철, 『역사는 진보하는가』 온누리, 1992, 12를 비롯한 몇몇 논문들이 있다. 「渤海 유역의 역사문화와 동아시아 세계의 이해 - '터(場, field) 이론'의 적용을 통해서 -」, 동아시아 고대학회, 2007 ; 「고구려 문화형성에 작용한 자연환경의 검토 - 터이론을 통해서 -」, 『한민족 연구』4, 2007 ; 「고조선 문화 해석을 위한 역사관의 모색」, 『북방 문화와 한국상고문화의 기원연구』 단국대 북방문화연구소, 2009, 6, 27 ; 「해양사 연구의 방법론 검토와 제언」, 『해양문화학 학술대회』 목포대학교 도서문화연구소, 2009, 10, 22.

7 터이론을 이용하여 역사상의 실제적인 분석한 몇몇 연구가 있다. 졸저, 『고구려는 우리의 미래다』, 고래실, 2004 ; 『장수왕 장보고 그들에게 길을 묻다』, 포럼, 2006 ; 졸고, 「장보고를 통해서 본 경제특구의 역사적 교훈과 가능성」, 남덕우 편, 『경제특구』, 삼성경제연구소, 2003 ; 「동아시아의 해양공간에 관한 재인식과 활용 - 동아지중해 모델을 중심으로 -」, 『동아시아 고대학』14, 동아시아 고대학회, 경인문화사, 2006.

연지리적인 관점에서는 중국이 있는 대륙, 그리고 북방(北方)으로 연결되는 대륙의 일부와 한반도, 일본열도로 이루어졌다. 그리고 내부에는 황해·남해·동해·동중국해·타타르해협 등의 내해(內海, inland-sea)와 제3의 존재인 크고 작은 강들로 구성되어 있다.[8] 해양과 육지가 공동으로 구성되며 이들 요소들은 유기적인 관계망을 형성하고 있다. 즉 해류적 역사터이다.

한반도를 중심축으로 일본열도 사이에는 동해와 남해가 있고, 중국 사이에는 황해라는 내해가 있다. 한반도의 남부와 일본열도의 서부, 그리고 중국의 남부지역(양자강 이남을 통상 남부지역으로 한다)은 이른바 동중국해(東中國海)를 매개로 연결된다. 그리고 현재 연해주 및 북방, 캄차카 등도 동해연안을 통해서 우리와 연결되며, 타타르해협을 통해서 두만강 유역 및 북부지역과 사할린, 홋카이도 또한 연결된다. 한반도와 남만주를 지리적인 중핵(中核)으로 삼고 한반도의 삼면을 바다로 둘러싸고 있으며, 다시 그 바다를 북만주와 중국대륙 사할린 일본열도가 환상형(環狀形)으로 감싸고 있다. 이른바 '다국간지중해(多國間地中海, Multinational-Mediterranean-Sea)'에 해당하면서 해양의 넓이가 무려 340만km²이다. 필자는 동아시아의 독특한 자연적이고 문화적인 특성을 설명할 목적으로 동아시아의 내부 '터'이면서 동방문명의 중핵으로서 동아지중해(東亞地中海, EastAsian-Mediterranean-Sea)란 범주를 설정하고 학문적인 모델로서 제시하였다.[9]

---

[8] 강들의 성격 기능 의미 등은 그 동안 발표한 졸고, 「서울지역의 강해도시적 성격검토」, 『2010, 동아시아 고대학회 학술발표대회』, 동아시아 고대학회, 2010, 06, 05 등 참조.
[9] 윤명철, 『동아지중해와 고대일본』, 청노루, 1996 ; 『장보고 시대의 해양활동과 동아지중해』, 학연문화사, 2002 ; 『한민족의 해양활동과 동아지중해』, 학연문화사, 2002 ; 『고구려 해양사 연구』, 사계절, 2003 ; 『바닷길은 문화의 고속도로였다』, 사계절, 2003 ; 『한국 해양사』, 학연문화사, 2003 ; 「장보고를 통해서 본 經濟特區의 역사적 교훈과 가능성」, 『경제특구』, 삼성경제연구소, 2003 ; 「Maritime History and Ships in Korea(Based on the East Asian-Mediterranean-Sea Model)」, 『Of Ships and Men~in Asian Maritime History and Archaeology』 Centre national de la recherche scientifique, 中國社會科學院 考古所. 2009, 11, 09~11, 2009.

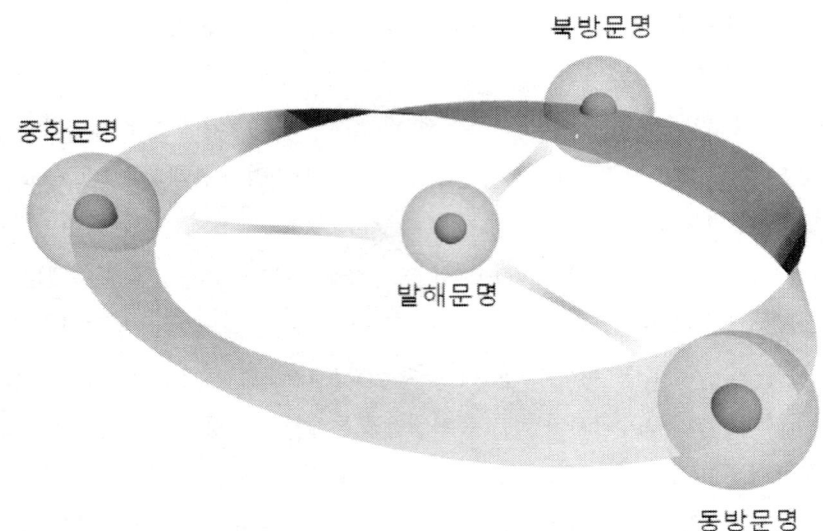

|그림 1| 터이론 도형

　이 동아지중해의 한 부분으로 동해가 있다. 동아지중해의 자연구조적인 특성상, 또는 인문환경과 역사상으로 인하여 동해는 황해나 남해에 비하여 역사활동이 적극적이지 못했고, 주위와 교류가 미약했다. 따라서 역사연구에서도 소외된 측면이 강했다. 하지만 동해 또한 역사활동이 매우 활발했으며, 동해를 사이에 두고 한국지역과 일본지역은 물론 연해주 일대와 사할린 지역, 나아가 연해주 일대와 한반도 남부지역 간에도 교류가 있었다는 상황 등이 자연환경의 재해석, 문화논리의 계발, 고고학적인 발굴과 연구성과의 교류 등으로 인하여 포착되면서 통념들이 수정되고 있다.
　본고는 동해와 연변(沿邊)한 육지 및 해양의 자연환경을 주제와 연관하여 간단하게 살펴보고자 한다. 기후·토양·지리·생태 등이 다 중요한 요소이지만, 우선 동해의 해양환경을 살펴볼 필요가 있다. 동해는 지형 면에서도 서해·남해와 몇 가지 다른 점이 있었다. 홍적세에는 (2백 만 년 전~1만 년 전) 빙하로 인하여 한반도와 중국·일본열도

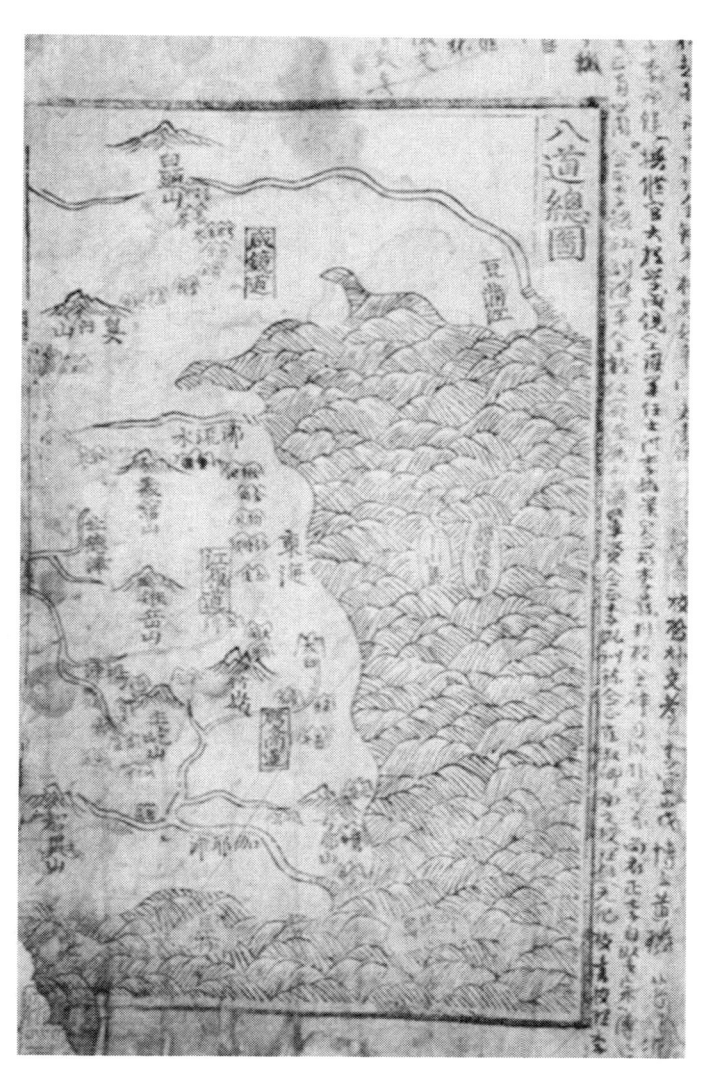

| 그림 2 | 新增東國輿地勝覽 소재 팔도총도

가 연결됐었다. 그러다가 지금부터 1만 년 전후인 충적세에 들어와 빙하가 녹고 수면의 상승이 이루어졌다. 8,000년 전 경에 들어와 대한해협과 황해 동해가 형성되었고,[10] 현재 동해의 해안선은 약 8,000년 경부터 4,000년 경 사이에 형성되었다. 6,000~4,000년 전에는 현재보다 온난한 기후였으므로 수면이 4~5m 높다는 주장도 있다.

동해는 지형이 단조롭고, 해안선으로부터 서쪽으로 해발 1,000m이상의 태백산맥 능선이 발달하고 있어서 평지가 부족했다. 그러므로 농경이 발달하지 않았고, 인구가 집중되지 못했다. 또한 바다는 대륙붕이 짧아 수심이 갑자기 깊어지고, 섬들이 적고 원양에 노출된 탓에 파도의 영향으로 항해에 불편하다. 조석간만의 차이가 거의 없어 어장이나 거주영역이 적고, 이를 이용하는 해상세력도 크게 존재하지 않는다.

때문에 동해는 상대적으로 주민과 문화의 교류(交流)와 만남이 적었고, 문화가 활발하지 못했다. 그러나 우리 해양문화의 터전 속에 포함되었고, 한반도와 대륙이라는 육지와 유기적인 체제를 이루면서 우리 문화를 생성시켜 왔다. 특히 고대에는 역사의 중요한 활동범위가 되었고, 각 국가들은 그 시스템의 영향을 직·간접으로 받으면서 움직였다. 자연환경에서 역사활동과 직접적인 연관을 맺는 것은 해양환경이며 이는 해류 바람 조류, 바다의 범위와 상태 등이다. 동해에서는 몇몇 만의 내부를 제외하고는 조류의 영향을 심각하게 고려할 필요가 없다.

동해에서의 해양활동은 계절풍의 영향이 절대적이다. 동아시아는 계절에 따라 바람이 방향성[11]을 가졌다.

---

10 박용안 외 25인, 『우리나라 현세 해수면 변동』, 『한국의 제4기 환경』, 서울대학교 출판부, 2001, pp.117~155.
11 金光植 외 14인, 『한국의 기후』 일지사, p.129.

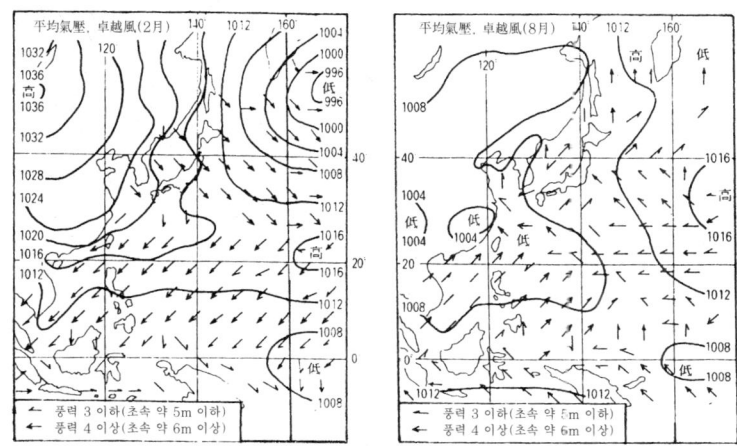

| 그림 3 | 계절풍 도표(왼쪽은 1월, 오른쪽은 5월)[12]

삼국시대의 대외교섭은 계절풍과 해류의 영향을 받으며 이루어졌다.[13] 동해남부를 침공했던 일본(日本, 倭)의 대신라관계(對新羅關係) 월별통계를 보면[14] 왜의 침입은 주로 봄철에 집중돼서 남풍계열, 즉 남동풍을 활용하였음을 알 수 있다. 고구려인(高句麗人)들은 일본열도로 항해할 때 주로 겨울철에 동해연안을 내려오는 남류(南流)에 편승하여 북서풍의 도움을 받았으며, 귀국할 때는 반대의 조건과 시기를 택했다. 남북국시대에도 계절풍이 중요했다. 일본에서 신라로 향하는 경우에는 남풍계열의 바람을 이용했다.[15] 『발해사 항해시기 도표』[16]를 보면 발해인들은 일본에 갈 때는 남향하는

---

12 이 도표는 茂在寅南의 『古代日本の航海術』 小學館 1981, pp.96~97 및 荒竹淸光, 『古代 環東シナ海 文化圈と對馬海流』, 『東アジアの古代文化』 29號 大和書房 1981, p.91 참조.
13 윤명철, 『海洋條件을 통해서 본 古代韓日 關係史의 理解』, 『日本學』 15, 등국대 일본학연구소, 1995.
   윤명철, 『渤海의 海洋活動과 동아시아의 秩序再編』 고구려연구6, 학연문화사, 1988 등에 도표 이 자세하게 나와 있다.
14 申瀅植, 『新羅史』, 이화여대출판부, 1988, p.212. 도표 인용.
15 吉野正敏, 『季節風と航海』, 『Museum Kyushu』 14號, 1984, p.14 도표 참조.

한류를 타야하지만, 늦가을부터 초봄에 걸쳐 부는 북풍 내지 북서풍계열의 바람을 이용해야 했다.

계절풍 다음으로 항해에 영향을 끼치는 것은 해류(海流)이다. 동아시아의 해양은 쿠로시오(黑潮)의 범위대에 속한다. 쿠로시오는 대마도(對馬島)를 가운데에 두고 동수도(東水道)와 서수도(西水道)로 나뉘어진다. 서수도를 통과한 해류는 북북동으로 1kn 미만의 속력으로 흘러 올라간다.

이 해류의 유속은 계절과 지역에 따라 약간의 차이가 있으나 평균 1km 내외이며 물의 방향은 항상 북동으로 향하고 있다.[17] 리만해류가 연해주의 연안을 통과해서 한반도 동안에 접근해서 남하하고,[18] 동해의 중남부 해상에서 만나 원산의 외해(外海)와 울릉도(鬱陵島)부근에 이르러 그 일부는 방향을 동으로 움직여 횡단하다가 올라간다. 그리고 능등반도(能登半島)의 외해에서 동수도(東水道)를 통과한 쓰시마해류의 주류와 합류한다.[19] 한반도의 동남부를 출발하면 해류를 타고 산인(山陰)지방의 해안에 도착할 수 있다. 물론 그 반대도 가능하다. 조류는 해양환경 및 해양활동, 특히 연근해 항해에는 절대적인 영향력을 끼치지만 동해는 황해나 남해와 달리 크게 작용하지 않는다.

또 하나 중요한 것은 바다의 상태와 범주, 즉 면적이다. 이는 항해와 연관하여 특히 중요한 요소이다. 동해에서 근해항해의 가능성을 자연조건과 구체적인 항해기술에 대한 검토를 통해서 추적해보았다. 양 지역 간의 거리를 계산하여 항해자들이 지문항법(地文航法)을 사용해서 항해할 수 있는 범위를 살펴보았다.

---

16 吉野正敏, 앞 논문, pp.16~17에는 발해의 遣日使들의 月別分析을 통해서 항해가 계절풍의 영향을 절대적으로 받았음을 보여준다.
17 동한난류라고도 하며, 이 해류는 한반도 연안을 따라 북상하며 일부는 보통 함경남도 근해까지 충분히 그 세력을 뻗친다.
18 연해주 근해에서는 "연해주 해류", 북한근해에서는 "북한 한류"라고 한다.
19 『근해항로지』 대한민국 水路局, 1973, p.46.

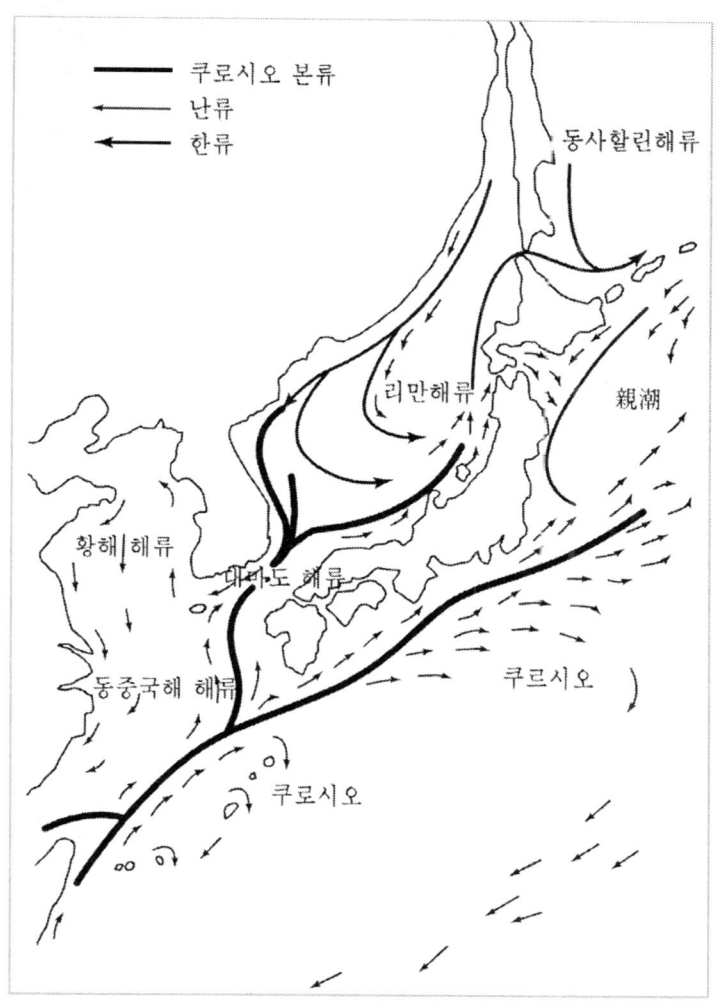

| 그림 4 | 동아시아 海流圖
동아지중해 지역은 한류와 난류가 교차하는 지역으로 해류의 흐름과 함께 문화가 전파되었을 것으로 생각되고 있다.

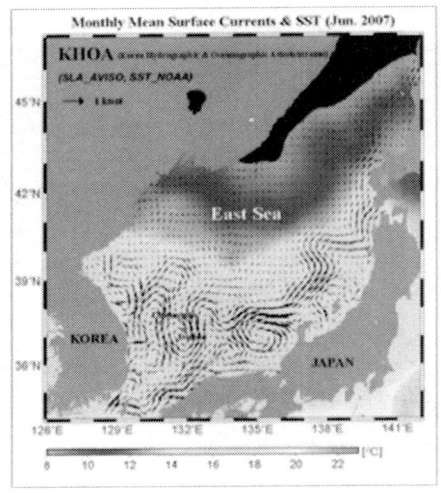 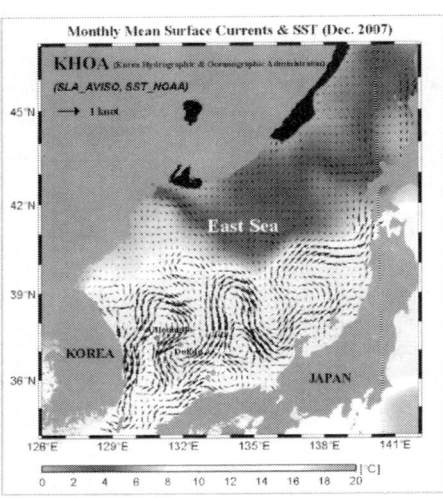

| 그림 5 | 동아시아의 해류도(한국 해양연구원 동해연구소 자료)

그림 6[20]에서 동해 어느지역에서든 육지를 보면서 자기위치를 확인하고 항해를 할 수 있는 지역은 A가 된다. 그리고 자기 위치를 정확히 알지 못한 채 망망대해를 항해하는 지역은 B가 된다. 이 부분이 차지하는 범위는 황해에 비하여 매우 광범위하다.

2) 해양 역사상의 검토

울산지역은 현재 행정구역상 경상북도 울산시내를 중심으로 한 광역시 일대를 말한다.

신라시대에 굴아화촌(屈阿火村, 굴아불)이 있었다. 파사왕 때인 무렵에 이 곳을 장악

---

20 이 도표는 필자가 계산하여 작성한 것으로서 윤명철, 『渤海의 海洋活動과 東아시아의 秩序再編』, 『高句麗研究』6, 학연문화사, 1998. 12. ; 「삼척동해지역의 해항도시적 성격과 김이사부 선단의 출항지 검토」, 『이사부 우산국편입과 삼척출항 심포지움』, 한국이사부학회, 2010. 08. 01. 기타.

※ A 부분 안에서는 일기가 좋을 때 목표를 관측하며 항해할 수 있다.

| 그림 6 | 동해 전 지역을 대상으로 계산한 시인거리와 근해항해 범위도

한 후에 굴아화현(屈阿火縣)을 두었다. 울산 시내 중구에 속한 다운동(茶雲洞) 지역이다. 그 후에 경덕왕(景德王)이 다른 지역들과 마찬가지로 하곡(河曲), 하서(河西)라고 이름을 고친 후에 임관군(臨關郡)의 영현(領縣)으로 삼았다. 이 때 남쪽에는 생서량군(生西良郡), 동쪽에는 동진현(東津縣)을 설치하였고, 주변인 언양에는 거지화현(居知火縣)을 두었다.

북쪽의 영덕은 삼국시대에는 야시홀(也尸忽)이었는데 신라가 통일한 후인 경덕왕 때에 야성군(野城郡)이라 하였으며, 이어 고려에 들어와 영덕(盈德)이라고 하였다. 평해는 고구려의 근을어(斤乙於)였다. 영해(寧海)는 우시국(于尸國)이었는데 신라가 탈해왕(脫解王) 23년(79)에 점령하였다. 포항(浦項)지역은 '연오랑과 세오녀'의 설화에서 보이듯 신라의 국가항구의 역할을 한 곳이다.

울산 지역은 이미 선사시대부터 동해안을 따라서 문화가 연결되고 있었다. 융기문 토기는 울산 신암리(蔚山 新岩里)나 양양 오산리(襄陽 鰲山里)를 비롯하여 경상남도 해안과 도서지역에서 발견되었다.[21] 그런데 융기문토기는 일본열도 내에서도 규슈와 쓰시마를 비롯한 여러 지역에서 발견되고 있다. 양양군 오산리(鰲山里)유적은 기원전 6,000년~4,500년 사이의 유적이다. 융기문토기와 함께 다량으로 출토된 결합식조침(結合式釣針)은 부산의 동삼동, 상노대도 등의 유적지에서도 발견되었다.[22]

성안동 패총은 개운포 성지의 남쪽 해안가에는 남구 성암동 패총이 있는데, 어망추·돌고래 뼈·피뿔고동·침굴·떡조개 같은 해산물 등이 출토됐다. 남구 황성동 세죽리 패총은 신석기시대 조기(早期)의 패총유적인데, 결합식 낚시바늘·흑요석제 석촉·석창 등이 확인되었다. 울산 서생포의 신암리(新岩里) 유적에서도 역시 죠몽 토기들과 흑요석 석기들이 발견되었다. 대한 난류와 남풍계열의 바람을 이용하면 남쪽에서 북

---

21 任孝在,「新石器 時代의 韓日 文化交流」,『韓國史論』16, 국사편찬위원회,1986, p.5.
　　崔夢龍,「考古分野」,『日本 對馬 壹岐島 綜合學術調査報告書』서울신문사, 1985, pp.115~124.
22 任孝宰, 앞 논문, p.17, p.21.

으로 항해가 가능하다. 울산지역은 이러한 남북 교류의 경우지 역할을 담당하여 이른 시기부터 문화가 발달하였다. 청동기시대에 무문토기도 동해안을 따라 확산정착된 것으로 나타난다.[23] 영일만지역의 칠포리, 울산 반구대(蔚山 盤龜臺) 암각화, 고령 및 경주 시내의 암각화[24] 등은 연해주지역에서 내려온 것으로 이해하고 있다. 물론 동해연근해 항로와 직결되어있다.[25] 특히 반구대(盤龜臺) 벽화에서는 곤돌라 형의 선문(船文)이 발견되었으며[26] 가장 원시적 항해수단인 뗏목의 형태도 보인다. 울산시 북구의 상안동 지석묘와 창평동 지석묘군 등은 일정한 정치세력들이 형성되었음을 밝히고 있다.

소위 삼한시대에는 중산동 고분군, 동구 일산동 고분군 등이 있고, 5~6세기 경으로 추정되는 주전동 중마을 고분군 등 다수의 고분군들이 분포되었다.[27] 그런데 역은 신라와 연관을 맺으면서 역사에 등장한다. 박혁거세(朴赫居世) 38년에 호공(瓠公)이 본래 왜인(倭人)로서 표주박을 허리에 차고 건너왔으며, 결국 재상이 되었다.[28] 2대인 남해 차차웅 때에는 왜인이 병선 100여 척에 나누어 타고 영일군 등 해안을 침범하였다.[29] 그 후에도 때때로 대규모로 침입하였으며, 수도를 위협한 적도 있었다. 4대 탈해(脫解) 니사금은 표류해서 도착한 인물로서 즉위 3년에 왜국과 친교를 맺고 사신을 교환하였다.[30] 8대 아달라(阿達羅)왕 20년(173년) 5월에는 왜국의 여왕인 비미호(卑彌乎)가

---

23 江原道, 『江原道史』(歷史編), 1995, p.220
24 암각화의 기원과 문화적 성격에 관하여 많은 논란이 있다.
송화섭, 「한국 암각화의 신앙의례」, 『한국의 암각화』, 한길사, 1996, r.264.
25 윤명철, 「동해문화권의 설정 검토」, 『동아시아 역사상과 우리문화의 형성』 한국학 중앙연구원 동북아고대사연구소, 2005.
26 國分直一, 「古代東海の海上交通と船」, 『東アジアの古代文化』 29號 大和書房 1981, p.37참조.
27 그 외에도 동구 전하동 고분군, 중구 다운동 고분군, 다운동 운곡 고분군, 남구 두왕동 고분군, 울주군 온산읍 온산 고분군, 울주군 서생면 신암리 중리 고분군 등이 있다. 해수부 『한국의 해양문화』, 동남해역(上) 해양수산부, 2002, p.58참조.
28 『삼국사기』권1, 「신라본기」 朴赫居世 38년 조.
29 『삼국사기』권1, 신라본기 南海次次雄 조.

사신을 보내어 수교하였다. 그녀는 야마대국의 여왕으로서 이 무렵에 대방은 물론 위(魏)나라와도 교섭을 하였다. 연오랑과 세오녀가 일본열도로 건너가는 무렵이다.

『고사기(古事記)』와 『일본서기(日本書紀)』에는 신라와 관계된 기록들이 많다. 스사노오노미코토(須佐之南命)는 아마테라스오오미카미(天照大神)와 벌인 싸움에서 패배하자 근국(根國)인 신라로 돌아간다. 그와 함께 하강한 이태기회신(伊太祁會神)는 항해나 해양생활과 밀접한 항해신이다.[31] 또 다른 기록에는 그가 신라국에 내려와 살다가 흙(埴土)으로 만든 배를 타고 이즈모(出雲) 지방의 도리가미노다케(鳥上峯)에 내려왔다고 한다. 그는 신라계이면서 동시에 철신(鐵神)이었다.[32] 이러한 신화적인 상황을 역사적으로 보기도 한다. 1세기 경 한반도의 동해안에서 건너온 신라인계 집단이 선주의 해인족(海人族)을 구축하고, 그들은 2세기 경부터 동쪽으로 이동하여 이즈모(出雲)의 사철지대를 점령하였다.[33]

『삼국유사』에 따르면 8대 아달라(阿達羅)왕 때(158년) 연오랑(延烏郎)과 세오녀(細烏女)가 일본에 건너가 소국의 왕과 왕비가 되었다. 종교적인 집단이 배를 타고 일본열도에 진출하여 소국가를 형성하는 과정과 이로 인해서 신라 내부에 혼란이 벌어졌던 상황을 표현한 것이다. 이와 비슷한 이야기가 『일본서기(日本書紀)』에도 있다. 스이닌(垂仁) 3년에 신라의 왕자인 아메노히보코(天日槍)가 배를 타고 건너왔는데, 그는 7가지 고귀한 보물을 가지고 왔다. 아메노히보코(天日槍)는 혼슈 남단의 동해와 붙은 시마네(島根)현의 이즈모(出雲)지역에 정착한 세력을 말한다.[34]

---

30 『삼국사기』권1, 신라본기 '倭國結好交聘.'
31 金烈圭,「神話」,『日本文化源流로서의 韓國文化』, 동북아시아연구회, 1981, p.83
32 眞常弓忠,『古代の鐵と神神』學生社, 1991, p.34.
 출운은 제철의 생산이 가능한 砂鐵地帶가 많은 지역으로서 神門川, 裵伊川 유역은 대표적이다. 『出雲國風土記』에 보면 각 지역에서 철을 생산하는 장소를 표시하고 있다.
33 文脇禎二,『出雲の 古代史』, NHK ブックス, 1986, p.27.
34 이 부분에 대해서는 졸고,「海洋條件을 통해서 본 古代 韓日關係史의 理解」,『日本學』14 동국대 일본학

조분왕(助賁王) 때인 233년에는 해상에서 왜와 화공전을 벌였으며, 유례(儒禮)이사금 때인 289년에는 왜국이 쳐들어온다는 정보를 듣고 병선을 수리했다. 295년에는 백제와 공모하여 왜국을 치려는 계획을 세웠으나 일부의 반대로 중지하였다. 이 무렵까지 신라는 동해에서는 일본열도와 관계를 맺었음을 알 수 있다. 외항인 울산도 그러한 역학관계와 정치적인 환경 속에서 역할을 담당하였을 것이다.

　　그러나 4세기 말~5세기 초에 들어와 고구려와 본적적인 관계를 맺기 시작했다. 광개토태왕릉비는 즉위 9년(399)인 기해(己亥)조에 '왜인만기국경(倭人滿其國境)'이라고 하여 왜군이 대대적으로 신라에 침공하였음을 알려준다. 태왕은 이듬 해(400년)에 보기(步騎) 5만을 보내 신라를 구원하였다.[35] 그 후 고구려에 인질로 억류당했던 실성(實聖)은 귀환하여 즉위하자마자 왜국과 우호관계를 맺고, 내물왕의 아들인 미사흔(未斯欣)을 인질로 보냈다. 그럼에도 왜군은 3년 만에 경주의 명활성까지 공격하였고, 다음 해에 해안으로 공격해왔다. 그러자 실성왕은 408년에 대마도를 정벌하려는 계획을 수립하였다.[36] 박제상(朴堤上)은 미사흔(未斯欣)을 구하기 위하여 울산지역을 출항했다.[37] 왜는 눌지마립간 때도 집요하게 침입하였으며, 444년에는 수도인 금성을 10일 동안이나 포위한 적도 있었다. 자비(慈悲)마립간 때인 459년에는 4월에 왜인들이 병선 100여 척으로 공격하고, 월성(月城)을 포위했다. 이어 양산을 공격하고 사람들을 납치해갔다. 그 후에 신라는 고구려와 갈등을 벌이면서 동해남부와 중부에서 전쟁을 되풀이하였다. 또한 왜 세력과 전쟁을 벌이거나 일본열도에 진출하기도 하였다. 동아시아의 국제

　　　연구소, 1995, pp.93~99 및 졸저, 『동아지중해와 고대일본』1996.에 곤련 자료들과 함께 기술하고 있다.
35　이 작전이 해륙국가를 지향하는 광개토태왕의 국가발전전략의 일환이라는 필자의 주장은 여러차례 밝힌바 있다. 윤명철, 「廣開土大王의 對外政策과 東亞地中海戰略」, 『軍史』 30, 국방군사편찬위원회, 1995 등.
36　『삼국사기』에 따르면 왜군들은 대마도에다 군영을 마련하고 군대와 무기, 식량 등 각종의 군수물자들을 쌓아 놓고 신라를 습격하려 했다.

정세는 6세기 말에 수(隋)나라가 400년 만에 중국지역을 통일하면서 지역 간의 균형이 깨어지고, 역학관계의 기본구도가 붕괴되었다. 고구려와 중국세력을 주축으로 동아지중해의 패권과 교역권을 둘러싸고 갈등이 벌어졌으며, 결국 전쟁으로 비화되었다. 고수(高隋)전쟁, 고당(高唐)전쟁, 이어서 소위 삼국통일전쟁(三國統一戰爭)으로 완결된 70년간에 걸친 이 전쟁은 국제적인 성격을 가질 수 밖에 없었다. 또한 참여한 국가들은 육지와 함께 해양을 매개로 활동하였고, 해양전이 벌어졌다. 결국 해양십자형질서(海洋十字形秩序)의 대결구도로서 해양능력이 국가의 흥망에 결정적인 역할을 한 동아지중해(東亞地中海) 국제대전(國際大戰)이었다.[38] 이 전쟁은 결과적으로 나당연합군의 승리로 종언을 고하였고, 승전국을 위주로 하는 신질서가 수립되었다. 하지만 7세기는 내내 각 국가들의 내부는 물론이고, 국가 간의 관계 또한 불안정했다. 후반에 이르면서 동아시아의 국제질서가 다양한 측면에서 변화가 발생하였다. 황해는 점차 정치적으로 안정되고 해양문화 또한 비약적으로 발달되면서 당과 통일신라·발해·일본을 연결시키는 환황해문화(環黃海文化)가 활성화되었다. 반면에 동해남부와 남해동부는 약간의 긴장상태를 유지하고 있었다.

그런데 8세기에 들어오면서 동아시아의 질서의 기본 구조에 변화의 조짐이 나타나기 시작했다. 이 시대의 성격을 다양한 관점에서 정의하고 있다.[39] 각 국가의 내부에

---

37 『삼국유사』 김제상 조에 기술된 望德寺를 望海寺로 추정하고 蔚州郡 靑良面 栗里의 靈鷲山 東麓일 것으로 판단하고 있다.(李鍾恒)
38 윤명철(1995), 「三國統一戰爭과 東亞의 海洋秩序-地中海戰的 性格을 중심으로-」, 『高句麗史硏究論文選集』6, 불함문화사, 2003, 『高句麗 海洋史硏究』사계절, 기타.
39 8세기의 국제관계를 언급한 논문은 다음과 같다.
韓圭哲, 「발해와 일본의 신라침공계획과 무산」, 『中國問題硏究』5, 1993.
金恩淑, 「8세기 신라와 일본의 관계」, 『國史館論叢』29, 1991.
朴眞淑, 「渤海 文王代의 對日本外交」, 『歷史學報』153, 1991.
具蘭熹, 「日本의 新羅侵計劃의 추진의도」, 『靑藍史學』2, 1998.

서는 새로운 체제의 정착을 위한 다양한 진통들이 발생했으며, 국제질서에도 급격하게 변화가 생겼다. 동아시아는 당나라를 중핵으로 하나의 시스템으로 탄생하였는데, 이는 전 시대와 다른 점이 많다고 생각한다. 7세기 내내 지속되었던 정치와 군사중심의 냉전질서가 극복되면서 경제와 무역이 중요해지는 열전의 질서로 변화하고 있었다. 이 과정에서 해양력과 해양 메커니즘은 국가정책의 수립, 외교관계의 조정, 사신단의 상호파견, 무역구조 및 도시형성 등과 연관하여 중요해졌다. 아울러 신라는 국가의 국제적인 위상, 역학관계의 방식, 해양활동의 양상, 금성의 도시적 성격에도 변화가 나타났다. 그리고 이는 울산의 위상과 역할에도 변화를 수반하였다.

우선 당과의 관계를 살펴볼 필요가 있다. 공동 승전국이었던 신라는 당과 군사적인 갈등을 벌였다. 신라는 고구려와 백제가 이룩해왔던 해양능력과 해양활동범위를 흡수하여 당군과 격돌하였고, 결국은 승리를 거두는데 효과적으로 활용하였다.[40] 그후 긴장관계를 가졌지만, 732년 발해와 당간에 벌어진 전쟁을 계기로 우호관계로 돌입했다. 당(唐)은 정치력을 바탕으로 평화를 구가하고, 교역 등 경제적인 측면에 힘을 기울였다. 당은 8세기 초에 광주(廣州)·명주(明州：寧波)·항주(杭州)로 북상하여 소주(蘇州)·양주(揚州)로 시장을 확대했다 이러한 해양의 길, 소위 남해로(南海路)[41]는 동아지중해의 해역과 직접 연결되었으며, 문화와 경제의 발전에 적지 않은 영향을 끼쳤다.[42] '안사(安史)의 난(亂)' 이후 상업도시가 발달하였으며, 공무역(公貿易)에서 사무역

具蘭熹, 「8세기 중엽 발해, 신라, 일본의 관계 일본의 신라침공계획을 중심으로」, 『韓日關係史硏究』10, 1999.
이병로, 「8세기 일본의 외교와 교역—라일관계를 중심으로」, 『일본역사연구』4, 1996.
김선숙, 「8세기 전후 신라 일본의 정치외교관계」, 『韓國古代의 考古와 歷史』, 학연문화사, 1997.
40 『삼국사기』권7 신라본기 문무왕 13년, 예를 들면 671년 10월 신라는 당의 漕船 70여 척을 격파하였다. 673년에는 당나라의 침입을 경계하기 위하여 문무왕은 大阿湌인 徹川을 파견하여 병선 100척을 거느리고 서해를 지키게 하였다.
41 무함마드 깐수, 『신라·서역교류사』, 단국대학교 출판부, 1992, p.490, p.507.

(私貿易)으로 바뀌고, 교역이 매우 활성화되었다.⁴³ 특히 번신(藩臣)이지만, 실질적으로는 독립세력인 해안가의 절도사(節度使)를 중심으로 사무역이 성행했다.⁴⁴ 해양은 '교섭(交涉)의 통로(通路)'로서 뿐만 아니라 복합적이고 가치있는 의미를 지니게 되었다. 특히 신라·발해·당·일본은 지역적으로나 역사적 경험, 실제 이익이라는 측면에서 상호불가분의 관계에 있었다. 네 지역 간의 교류가 바다를 통해서 정치·경제·문화적으로 매우 활발했으며, 이에 따라 동아지중해는 역동적인 역사무대의 역할을 담당하였다. 특히 큰 파장을 일으킨 것은 신라와 일본의 관계였다.

신라는 성덕왕대(702~736)에 견일본사가 10회, 일본은 견신라사를 10회에 걸쳐 파견하였다.⁴⁵ 668년부터 779년 까지를 계산하면 견신라사(遣新羅使)가 24회, 신라의 견일본사는 2배에 해당하는 47회였다. 『일본서기』에는 670년부터 710년까지 신라와 당으로 출국하고 귀국한 승려들이 24명이나 된다. 이 무렵 양국 간의 특성을 상호인식의 허상과 실상⁴⁶이라는 적절한 표현을 사용하였다. 기본적으로는 일본에게 신라는 문화적으로는 동경과 필요의 대상이었지만, 정치적으로는 숙명적인 경쟁국이었다.⁴⁷ 일본은 성덕왕(聖德王) 2년(703년)에 204명이라는 대규모 사신단을 파견하였다. 이때 국서논쟁이 일어나기 시작했고,⁴⁸ 그후에는 정치적으로 동아시아에서 중요한 파장을 일으킨 사건인 일본의 소위 '신라정토계획'⁴⁹과 이와 연관된 신라의 방어와 발해의 대일본

---

42 윤명철, 「한국의 고대문화 형성과 해양남방문화-소위 해양실크로드와의 관계를 중심으로-」, 『국사관논총』, 2004, p.106.
43 李成市 저, 김창석 역, 『동아시아의 왕권과 교역』, 청년사, 1999, pp.182~183.
44 堀敏一, 「中國と古代 東アジア世界」, 『岩波書店』, 1993, pp.261~263.
45 연민수, 「統一期 新羅와 日本」, 『古代 韓日 交流史』, 혜안, 2003, pp.241~242.
46 연민수, 위의 책, p.291.
47 연민수, 위의 책, p.242.
48 이 때 신라사인 김복호가 올린 表文에 일본을 "聖朝"라고 지칭하였고, 일본 천황이 신라왕을 "蕃君", "愛子"라고 표현하는 상황이 생겼다.

우호관계[50]가 있었다.[51] 이 사건 이후에도 신라와 일본은 소위 '국서논쟁(國書論爭)'을 비롯해서 정치적인 갈등이 유발되었고,[52] 일본은 군사적으로도 반응을 보였다.[53]

　　이처럼 7세기부터 8세기까지 내내 신라와 일본 간의 관계는 기본적으로 험악했다. 심지어는 전쟁이 발발하기 직전까지도 이르렀다. 하지만 교역은 활발했고, 특히 민간인들은 공식적이나 비공식적으로 바다를 건너다니면서 물건들을 사고 팔았다. 신라사의 숫자가 8세기 초기에는 40명 이하였는데, 730년대 후반부터는 점차 증가한다. 이를 통해서 신라사절이 일본에 온 목적이 점차 무역에 있었다는 주장도 있다. 물론 일본도 마찬가지였다.[54] 대표적인 예는 752년에 나라(奈良)의 동대사(東大寺)와 대불(大佛)이 완공되었을 때 신라정부가 축하사절을 보낸 것이다. 소위 '가왕자(假王子)'인 김태렴(金泰廉) 이하 700명의 대사절단은 반은 대재부에서, 반은 6월부터 평성경(平城

49　『續日本紀』권22 寶字 3년 등.
50　韓圭哲,「渤海와 日本의 신라협공계획과 무산」,『中國問題研究』5, 1993 ; 韓圭哲,『渤海의 對外關係史』, 1994.
　　일본이 주도했지만 발해는 국내의 정치적 목적을 위해 형식상으로만 동조하면서 실리를 챙겼다는 설을 주장한 具蘭憙,「日本의 新羅侵攻計劃 추진의도」,『靑藍史學』2, 1998 ; 具蘭憙「8세기 중엽 발해·신라·일본의 관계-일본의 신라침공계획을 중심으로-」,『韓日關係史研究』10, 1999.
51　연민수,「統一期 新羅와 日本」,『古代 韓日 交流史』, 혜안, 2003, p.271에 정리.
52　나라시대의 말기에도 여전히 신라·발해를 번국으로 취급하고 있음을 알 수 있다. 다시 말해 8세기 초기의 〈大寶令〉에서 확립된 번국의식은 나라시대 말기인 8세기 말에 이르러서도 일본지배층의 의식 속에 계승되고 있다는 증거일 것이다. 일본율령정부가 신라사에 대하여 재삼에 걸쳐 上表文을 지참하도록 강요하였으나 신라는 마지막까지 신라국왕의 上表文을 지참하지 않았다.(이병로,〈續日本紀〉에 나타난 韓國古代史像-신라·발해를 중심으로-」, 한국고대사연구14, 1998, 11, pp.84~92 참고)
53　일본후기 812년 권 22 차아천황 弘仁 3년.
　　"大宰府에서 지난 12월 28일에 아뢰기를 對馬島에서 말하기를 이번 달 6일에 신라배 3척이 서해에 떠 있다가 잠시 후에 그 중 1척의 배가 下縣郡 須浦에 다다랐습니다. 7일에 20여 척의 배가 섬의 서쪽 바다 가운데 있으면서 횃불로 서로 연락하기에 마침내 그들이 賊船인 것을 알았습니다. 옛날의 예에 따라 요충지를 지키는 상황에 응하여 管內와 長門, 石見, 出雲 등의 나라에 알리도록 하라. 등의 기록들은 일본의 반응을 보여준다.
54　연민수, 앞의 논문, p.245

京)에 머물면서 대대적인 교역활동을 하였다.[55] 정창원에서 발견된 '매신라물해(買新羅物解)'의 물품목록과 소장품들은 교역의 규모와 성격을 알려준다. 남중국・동남아시아・인도・아라비아산의 각종 향료, 동남아시아・페르시아산 약재, 신라묵(新羅墨)・종이・악기・모전(毛氈)・송자(松子)・밀즙(密汁)・구지(口脂)・경권(經卷)・불구(佛具)・경(鏡)・완(鋺)・반저(盤箸 : 佐波理加盤) 등 다양한 물품들이 있었다. 신라는 당나라나 서역, 아라비아 등에서 들어온 물품들을 일본으로 중계무역을 했다. 한편 황해가 정치적으로 안정되고 해양문화가 비약적으로 발달되면서 신해양질서가 구축된 상황을 이용하여 신라는 무역 등 경제발전에 적극적으로 활용하였다. 당나라에 조하주(朝霞紬)・어아주(魚牙紬)・누응령(鏤鷹鈴) 등의 고급직물과 금은 세공품 등을 수출하였고, 『삼국사기』에 보이는 대모(玳瑁)・자단(紫檀)・심향(沈香)・공작미(孔雀尾)・슬슬(瑟瑟)・구유(毾㲪)・비취모(翡翠毛) 등 '남해박래품'을 당에서 수입한 것이다.[56] 이븐 쿠르다지바(Ibn Khurdadhibah, 820~912) 『제도로(諸道路) 및 제왕국지(諸王國志)』는 신라의 위치와 황금의 산출, 그리고 무슬림들의 신라 내왕에 관하여 서술한 뒤에 신라가 수출하는 상품명, 중국의 동해에 있는 이 나라에서 가져오는 물품은 비단(綢緞)・검(劍)・키민카우(kiminkhau)・사향(麝香)・노회(蘆薈)・마안(馬鞍)・표피(豹皮)・도기(陶器)・범포(帆布)・육계(肉桂)・쿠란잔(Khulanjan)・고라이브(인삼)・장뇌(樟腦)・고량강(高良薑) 등이라고 기술하고 있다.[57] 이러한 무역활동의 중심에 국가의 외항이며 해항도시인 울산이 있었다.

---

55 『속일본기』권18, 孝謙朝 天平勝寶 4년, 大宰府에서 신라왕자 韓阿湌 金泰廉, 調를 바치는 사신 金暄과 왕자를 보내는 사신 金弼言 등 100여 인이 7척의 배를 타고 와서 머물고 있음을 알렸다. 천평승보 4년 (754) 6월 기축 신라왕자 金泰廉 등이 조정에 배알하고 아울러 調를 바쳤다, p.298.
56 무함마드 깐수, 『新羅・西域 交流史』, 단국대 출판부. 1992.
정수일, 『고대문명교류사』, 사계절, 2001.
57 무함마드 깐수, 『新羅・西域 交流史』, 단국대 출판부, 1992, p.228에서 재인용.

그 외에 승려들을 비롯한 인간들의 교류도 있다. 일본은 유학생과 유학승들을 신라나 당나라에 보낼 필요가 있었다. 7세기 말에 觀常·雲觀·智隆·明聰·觀智·弁通·神叡 등이 신라에서 귀국하였다.[58] 8세기에 들어오면서 경운 3년(706) 8월 학문승(學問僧)인 의범(義泛), 의기(義基), 총집, 자정(慈定), 정달(淨達) 등이 신라에서 돌아왔다.[59] 이어 718년(養老 2)에는 불교사상 가장 중요한 위치이 있는 행기(行基)가 귀국했다. 반면에 740년에는 신라승인 심군(審群)이 일본에 건너가서 역사상 최초로 불경을 강설하였다. 일본이 파견한 견신라사(遣新羅使), 유학승(留學僧), 유학생(遊學生)들은 귀국한 후에 일본의 고대문화(古代文化) 형성에 크나큰 공헌을 했다.[60]

또 하나 간과할 수 없는 것이 신라 해적의 활동이다. 866년에는 신라의 침입을 두려워했고, 869년에는 신라의 해적선 2척이 일본의 하카다를 습격하여 풍전국(豊前國)의 견면(絹綿)을 약탈하였고, 같은 해 7월에는 신라의 해적들에게 강탈당할 것을 두려하고 있다. 870년에는 역시 신라해적이 풍전국의 공물선에 실린 견면(絹綿)을 약탈하였다. 893년에는 비전국(肥前國)·비후국(肥後國)을, 894년에 대마도를 습격하였다. 매우 왕성하게 신라민들의 해적활동이 일어나는 상황을 보여준다.[61] 전체적으로 보면 사신단 교류의 빈도는 신라가 더 높았고, 교류 자체에도 더 적극적이었다. 이러한 현상은 국가의 시스템이나 국가발전전략, 문화의 성격, 산업과 기술력 등 여러 요인들이 복합적으로 작용한 결과지만, 실질적으로 교섭의 수단이며 목적이기도 한 해양능력

---

58 최재석, 「8세기 東大寺 조영과 통일신라」, 『한국학 연구』9, 284~286 참고. 일본에 온 신라승려들의 사경사업 등 역할이 정리되어 있다.
洪淳昶, 「7, 8世紀에 있어서의 新羅와 日本과의 關係:-佛敎文化를 中心으로-」, 『新羅文化祭學術發表會論文集』제9輯, 1988, 2.
59 『續日本紀』권3 慶雲 3년(704년). (김문경, 『7~10世紀 韓·中·日 交易關係 資料 譯註』, 재단법인 해상왕장보고기념사업회, 2003, p.57.)
60 洪淳昶, 위 논문, p.289.
61 崔在錫, 「9世紀 新羅의 西部日本進出」, 『韓國學報』69, 1992에 상세하게 연구되어 있다.

과 직결된 문제이었다.

　신라에서 해양활동은 초기부터 중요한 국가적인 과제였으나, 이는 방어적인 측면이 강했다. 그러나 통일 이후에는 정치·외교는 물론이고, 무역 등의 경제활동과 문화라는 면에서도 국가발전을 위해서 해양활동을 적극적이고 능동적으로 수행하였다. 이렇게 신라가 실현한 해양정책의 한 역할을 담당한 공간이 울산지역이다.

3. 海港都市의 체계와 성격

1) 도시의 체계와 성격

　앞 장에서 자연환경과 역사상을 통해서 해항도시의 성격을 살펴보았으므로, 보다 명확하게 규명하기 위해 도시자체의 체계와 기능 등을 분석할 필요가 있다. 본 장은 그 전제로서 해항도시의 체계와 성격을 이론적으로 규명해보고자 한다.

　동아지중해(東亞地中海)에서 몇몇 국가들은 대륙과 해양을 유기적으로 연결한 '터' 속에서 생성하고 발전한 해륙국가(海陸國家)였다. 그러므로 수도는 자연환경, 역사적인 계승성과 국제관계를 고려할 때 해륙도시(海陸都市)의 성격을 가졌음을 강조하였다. 그 외에도 중요한 도시들 또는 성들 역시 중핵 또는 허브 역할을 담당한 수도 및 터인 국토전체와 유기적 체제(有機的 體制)를 가져야하는 만큼 해륙적 성격을 가졌을 가능성을 고구려 백제 신라 고려 등의 예를 들어서 언급하였다.

　도시(都市)에 관해서는 위치(位置), 일반적인 기능(技能),[62] 구조(構造), 성격(性格), 사상성(思想性), 미학(美學), 정치권력(政治權力), 심지어는 기술적인 문제에 이르기까지 다

62　姜大玄, 『도시지리학』, 교학사, 1980, p.12.

양한 부분이 규명의 대상이었다.[63]

　도시의 위치와 체계는 정치·군사·경제·문화 등의 요구에 부응해서 형성된다.[64] 물론 이러한 요인들도 전략적인 가치, 시대적인 상황, 역할(役割)의 비율(比率)과 놓여진 위치(位置)에 따라서 달라진다. 수도 및 대도시는 첫째, 정치(政治)·외교(外交)의 중심지(中心地, 中核地)이어야 한다.[65] 행정지구가 있어야 하며 교통·통신망이 발달하여 정보를 쉽게 입수해야 한다. 고대에도 중요한 도시들은 가능한 한 일정한 단위(單位)의 지리적인 중앙 뿐만 아니라, 교통의 이점 등을 포함한 역할과 기능의 핵심에 있었다. 그리스의 폴리스(polis)나 로마의 키비타스(civitas)도 농업중심지가 아니라 항구에서 하루면 오갈 수 있는 곳에 있었다.

　둘째, 수도 및 대도시는 군사활동의 중심지이며, 방어공간이어야 한다. 고대사회에서 모든 권력과 기능이 집중된 수도나 대도시는 방어를 위한 절대적(局地的)입지[66]에 있었다. 산정도시(hiltop town)는 방어적 목적에 충실한 도시이다.[67]

63　董鑒泓 等 편, 成周鐸 역주, 『中國 都城 發達史』, 학연문화사, 1993, p.7. '중국도성발달사는 도성을 여러 종류의 물질적 요소로 구성된 하나의 종합체로 보고 이를 연구하는 것이다. 말하자면 도성의 총체적 배치의 변천(도로망, 주거지역, 상가분포, 녹지 및 수로 등을 포함), 도성 계획의 이론과 중심사상, 도시 공간 배치의 예술성, 도성의 유형 및 그 분포 등등을 종합적으로 연구하는 것이다.'
　이 외에 동양사학회 편, 「中國歷代 수도의 유형과 사회변화」, 『역사와 도시』, 서울대학교출판부, 2000. 참고.
64　도시를 건설하는 위치에 대해서는 에머리 존스 저, 이찬 권혁재 역, 『人文地理學 原理』 법문사, 1985. p.207 참조.
65　수도는 中核地가 된다. 한 장소가 中核地가 되려면 많은 인구와 풍부한 자원, 집중된 정치권력, 교통상의 結節點(nodal point) 및 비농민을 부양할 수 있는 토지 등을 갖추어야 한다. 中核地의 개념에 대해서는 任德淳, 『政治地理學原論』, 일지사, 1988, p.249 참조.
66　도시의 입지는 고정적인 자연환경을 중심으로 평가되는 절대적 입지(site)와 가변적인 인문환경을 중심으로 평가되는 상대적 입지(situation)로 분류된다. 류제현 편역, 테리 조든 비치코프·모나 도모시 지음, 『세계문화지리』 살림, 2008, p.254.
67　SIBIL MOHOLY-NAGY 著, 崔宗鉉·陳景敦 譯, 『都市 建築의 歷史』 1990, p.22. Ionia인이나 Achaean인 더 나아가 후세의 Dorian인들은, 정복할 민족에 대한 지배를 유지하기 위해 성채를 구축하였으며, 그 성

셋째, 수도 및 대도시는 경제의 중심지 역할을 담당해야 한다. 고대는 내부에서 다양한 형태의 생산이 이루어지고 물자(物資)의 집결(集結)이 용이하며, 교역이 이루어지는 공간은 대도시와 수도이다. 교역도시들은 대부분 특정한 입지 조건을 갖춘 곳에 발달하였으며,[68] 상업지구가 발달해야 한다. 중국 동진(東晋)의 건강(建康 : 남경), 북송(北宋)의 개봉(開封), 남송(南宋)의 임안(臨安 : 항주, 吳越國의 수도이기도 하였다.) 등은 수로와 연결된 대표적인 경제수도이다.[69] 금성 또한 생산도시·상업도시·소비도시 등의 역할을 담당했다. 물류유통(物類流通) 또한 활발했으며, 왕경(王京)지역에서는 월성(月城) 내에서의 관영수공업 외에도 관영수공업과 사영수공업이 이루어졌다.[70]

넷째, 도시는 문화의 공간역할을 수행해야 한다. 지배계급이 거주하는 도시는 중요한 문화의 집결지(集結地)와 개화지(開化地)이며, 생산지(공급)이고 소비지(수요)이다. 전근대사회에서 외국문화를 처음 받아들이는 역할은 국경지역의 내륙도시 외에 해항도시들과 하항도시들이 담당했다.

다섯째, 도시는 신앙공간의 역할을 담당해야 한다. 지배계급이 거주하는 공간에는 신앙공간이 있다.[71] 고구려는 졸본·국내성·평양성 지역에 시조묘 및 기타 신앙대상지가 있었으며, 요동성·안시성 등에도 주몽사 등이 있었음이 기록되어있다. 물론 백제도 마찬가지였고,[72] 신라도 동일했다. 이처럼 수도 또는 대도시는 종합적인 목

채가 후의 도시의 발전으로 이어졌던 것이다. 고구려의 첫수도가 현재 桓仁의 오녀산성이라면 전형적인 山頂수도가 된다. 그리이스의 아크로폴리스는 '高地의 도시' 라는 의미이다.
68 테리 조든 비치코프·모나 도모시 지음, 류제헌 편역, 『세계문화지리』, 살림, 2008, pp.253~257 참조.
69 隋 王朝가 통일을 이룩한 후 만든 大運河는 국내 상업의 유통을 촉진시켰으며, 당시 대제국의 경제적 동맥 역할을 하였다. 董鑒泓 等 편, 成周鐸 역주, 앞의 책, 1993, p.65.
70 朴方龍, 「新羅王京과 유통」, 『신랑왕경의 구조와 체계』, p.65.
71 인도의 하라파, 메소포타미아의 도시, 그리스의 폴리스, 중세 도시, 고구려의 대성들이 그러한 공간을 갖추었다. 우리도 마찬가지였다.
72 『三國史記』32, 잡지 제사조, 『周書』49, 列傳 백제조.

적을 갖고 형성되었으며, 종합적인 기능을 수행했다. 때문어 정치시설물, 방어용의 군사시설, 신전(神殿) 같은 종교시설물, 지배계급의 고분군(古墳群), 그 외에 대외교류와 연관된 시설물들을 갖추고 있어야 한다.[73]

2) 해항도시의 체계와 조건

해항도시는 대도시의 이러한 일반적인 조건을 갖춘 외에 몇 가지 더 독특한 특성과 조건을 구비해야 한다.

첫째, 가장 기본적인 것은 위치 등 자연환경이다. 해항도시의 위치는 내륙의 육지나 내륙의 강가가 아닌 육지와 해양이 직접 만나는 해안가 포구(浦口), 바다와 강하구(江河口)가 만나는 나루나 포구에서 형성된 도시다. 그래야 해항(海港)을 거점으로 면(面)·선(線)과·점(點)을 이용하여 대부분의 지역과 이어지는 대내항로(對內航路) 및 대외항로(對外航路)를 사용할 수 있다. 그리고 시대와 국력에 적합한 정도의 해양활동이 보장된 곳이 바람직하다. 또한 해양환경의 변화로 도시구조에 변화가 쉽게 발생하는 지역은 피해야 한다. 역사상에는 자연환경의 변화로 인하여 항구를 사용 못해서 폐허가 된 대도시들이 많다.

둘째, 양질의 항구(港口)와 부두시설이 구비되어야 한다. 국제관계에서 해양교섭이 주를 이루는 상황에서는 사신선을 비롯한 군선 등 각종 선박들이 발착(發着)하는 훌륭한 항구시설이 필요했다. 특히 항로(航路)가 발달하는 데에는 외항(外港)뿐만 아니라 양질의 내항(內港)이 필수적이다. 다소 큰 규모의 선단(船團)을 보유하고 정박할 수 있는 효율성 높은 부두시설을 갖추어야 한다.

---

[73] 테리 조든 비치코프·모나 도모시 지음, 류제헌 편역, 위의 책, pp.192~197에는 선사시대 고대 중세에 이르기까지 중요한 도시들을 열거하면서 특성을 설명하고 있다.

또한 넓고 안정된 만(灣)이 발달해야하며, 만의 내부에는 물과 파도의 흐름을 조절할 수 있는 섬들이 존재하거나, 길게 내륙에서 뻗어 나오면서 만을 감싼 지형이 필수적이다. 또한 악천후나 적의 급습을 받았을 때를 대비하여 피항(避港)할 수 있는 공간을 확보할 필요가 있다. 동해안은 험악한 겨울환경을 반드시 고려하여 항구를 선택하고 건설해야 한다. 고구려는 두 번째 수도인 국내성 궁궐의 남쪽 벽에 돌로 쌓은 부두시설이 있었으며,[74] 압록강 하구에는 외항(外港)이 있었는데,[75] 백제는 한성시대에 풍납(風納)토성에 내항이, 강화도로 추정되는 관미성, 인천지역의 한진(大津)[76] 등의 외항이 있었다. 신라도 경주는 해항도시인 만큼 감포·포항·울산 등을 외항으로 삼았다.

셋째, 선박 건조 및 수리에 용이해야 한다. 고대에 항구를 선정하는 중요한 조건 가운데 하나는 선박 건조에 필요한 나무를 조달하는 능력이다. 이 능력에 따라서 항구의 사용도는 물론이고, 치폐가 결정되며, 심지어는 국력이 결정되기도 하였다.[77] 또한 군항들은 무기제작에 필요한 제철업 등이 발달해야 하며, 어업환경도 좋아야 한다.[78]

넷째, 해양진출과 해양방어체제의 유효한 거점이어야 한다. 수군을 양성하고 이용하는데 편리해야 한다. 수군은 지역과 성격에 따라 다르다. 삼국시대의 경우에 수군은 지상군과 함께 활동하는 일종의 수륙양면군이었을 것으로 추정한다. 광개토대왕은 396년 병신년에 백제의 왕성 및 경기만을 공략할 때 수군을 거느리고 작전을 벌였다.[79] 신라도 초기부터 해양활동이 활발하였으며 선박을 동원하여 군사작전을 전개하

---

74 손영종, 『고구려사』2, 과학백과사전종합출판사, 1997, p.39
『文物』1984-1기, pp.39 40.
75 손영종, 『고구려사』2, 과학백과사전종합출판사, 1997, p.39
76 인천시 남구의 옥련동에 있는 凌虛臺 자리.
77 조선용 목재의 중요성과 그것이 국가의 흥망과 연관된 부분은 존 펄린 지음, 송명규 옮김, 『숲의 서사시』, 따님, 2006 참조.
78 이러한 조건들이 중요함을 보여주는 예는 미케네를 비롯한 에게해의 도시국가들의 흥망성쇠이다.
79 윤명철, 「廣開土大王의 對外政策과 東亞地中海戰略」, 『軍史』30, 국방군사편찬위원회, 1995.

었다. 따라서 수도권에 수군함대기지 등을 설치할 수 있고, 대규모의 군사훈련을 실시할 수 있을 정도의 조건을 구비한 장소가 필요하다. 그런데 바다와 가까운 해항도시(海港都市) 또는 내륙으로 일부 들어간 강해도시(江海都市)는 해양진출의 강점이 있지만, 반면에 수비의 약점이 노출된다. 대규모의 상륙군이 급습할 경우에 해양의 메커니즘상 방어상에 문제가 노출된다. 따라서 해항도시는 치밀한 해양방어체제(海洋防禦體制)[80]를 구축해야 하며, 강변방어체제(江邊防禦體制)[81]와 유기적인 시스템이어야 한다.

우선 적의 상륙을 효과적으로 저지할 수 있는 방어공간이 항구 주변은 물론이고, 주변지역에도 있어야 한다. 필요시에는 내륙의 산악으로 연결되는 도피로도 마련되어야 한다. 만(灣)전체를 주변지역과의 유기적인 관계 속에서 작전을 수행하기 위하여 반도의 한 가운데, 반도와 육지가 이어지는 부분, 내륙에 있는 대성(大城) 내지 치소(治所)와 이어지는 곳에는 규모가 큰 거점성을 건설한다. 고대국가의 경우 대부분 이러한 점을 충족시키지만 조선시대에 설치한 진성(鎭城)들도 일부는 이러한 성격을 지녔다.

다섯째, 교통망(交通網)[82]이 발달해야 한다. 동아지중해갈은 해륙적(海陸的) 환경 속에서, 또한 국가가 해양을 중요시하는 정책을 취할 경우에는 육로교통(陸路交通), 내륙수로교통(內陸水路交通), 해양교통(海洋交通)이 유기적으로 연결되며 동시에 적합해야 한다. 강은 제3의 존재로서 내륙수로(內陸水路)와 육로(陸路)를 연결한 후 해로(海路)와

_____, 「高句麗發展期의 海洋活動能力에 대한 檢討. (5-6세기를 중심으로)」, 『阜村 申延澈敎授停年退任論叢』 일월서각, 1995 등 참조.
80 해양방어체제의 성격과 기능에 대하여는 윤명철, 「江華지역의 해양방어체제연구-關彌城 위치와 관련하여」, 『사학연구』58·59 합집호, 1999, 및 신형식 등의 공저인 「경기만 지역의 해양방어체제」, 『고구려 산성과 해양방어체제』, 백산출판사, 2000 참조.
81 윤명철, 「한강 고대 강변 방어체제 연구-한강하류지역을 중심으로-」, 『향토서울』 61, 서울시사편찬위원회, 2001. ; 「고대 한강 강변방어체제연구 2」, 『鄕土서울』64호, 서울시사편찬위원회, 2004 ; 「국내성의 압록강 방어체제연구」, 『고구려 연구』15집, 고구려연구회, 2003.
82 교통로와 교통망은 의미와 기능상에 차이가 있다.

통합되어 공급지와 수요지, 그리고 집결지를 연결시켜 주기에 적합한 역할을 한다. 또한 모든 지역이 바다와 연결될 뿐 아니라 대외적으로 교섭을 할 필요가 있으므로 항구와 가깝고 해양교통에도 유리해야 한다. 삼한 소국들 가운데 다수는 해항도시의 성격을 가진 일종의 '나루국가' 였다.[83] 유사한 시대에 일본의 노국(奴國)·말로국(末盧國)·이도국(伊都國) 등은 그러한 해항도시국가(海港都市國家)였을 것이다.[84] 일본 고대사에서 소국(小國)들의 위치선정이 해양과 관련있음을 각국 간의 거리를 계산해서 추정한 연구가 있다. 송지정근(松枝正根)은 각 소국의 수도(首都)라고 생각되는 지점에서 약 60km마다 항(港)이 발전해야 한다고 한다.[85] 소국들은 해항인 수도를 중핵으로 삼아 영역을 확장시켜가면서 고대국가로 성장하였다. 이러한 예는 미추홀 금성(彌鄒忽 金城), 일본의 오사카(옛 難波) 등이 해당된다.

---

83 이청규,「경주 고분으로 본 신라 1000년」,『역사비평』, p.280에서 "대체로 산천을 경계로 하는 지리적 범위에 다수의 마을이 모여 고대 문헌기록에 나타난 읍락(邑落)을 구성한 것으로 이해된다. 다수의 읍락이 모여 일정한 네트워크를 구축하여 일정한 지역집단 혹은 정치체제를 결성하게 되면 이른바 '국(國)'이 된다." 라고 하였다. 이는 필자가 주장해온 삼한 소국들의 해양도시국가의 개념과 유사한 부분이 있다.

84 윤명철,「한반도 서남해안의 海洋歷史적 환경에 대한 검토」, 전주박물관 죽막동유적학술의, 1995.
윤명철,『동아지중해와 고대일본』, 청노루 1996, pp.93~94.

85 松枝正根,『古代日本の軍事航海り』上, pp.191~192.
그의 계산법은 다음과 같다. 해류인 黑潮는 평균 2 4kn이다. 이때 노꾼 10인으로서 항해거리를 계산한다면 4노트로서 1일 8시간 항해하여, 1일 항해거리는 약 32마일(약 59km)이 된다.
그런데 송지정근 씨는 위 계산법에 의거해 항로와 거리 일수 등을 열거하면서 유적의 분포와 일치함을 주장하고 있다.
일본고대소국의 완성과정에 관한 해양적 연관성은 윤명철,『동아지중해와 고대일본』, 청노루, 1996 참조.

4. 蔚山의 海港都市的 體系 검토

울산은 고대국가의 도시로서 수도의 외곽에 위치한 정치의 부중심지이며 외항으로서 상업 무역의 중심지 역할을 담당했다. 위치, 역사상을 고려할 때 가장 중요한 국가항구일 가능성이 크다. 실제로 처용설화가 등장하는 시기인 49대 헌강왕(憲康王)대(879년)에는 국제무역항이었다.[86] 다만 시대에 따라 그 중요도에는 변화가 있었고, 진출과 방어라는 기능적인 측면에서도 역할의 비중은 변화했을 것이다. 4장에서는 3장에서 언급한 해항도시의 이론을 적용하여 울산이 해항도시의 전형성에 해당하는지 여부를 구체적으로 규명하고자 한다.

1) 양질의 항구를 구비해야 한다

우선 부두시설이 필요하다. 자료에 따르면[87] 현재의 울산만은 이러한 특성을 갖고 있다. 해안선의 길이가 42.4km, 어귀 너비 7.5km, 폭 3.2km, 간입의 길이가 8.3km, 안쪽 수심은 10m, 바깥쪽 수심은 20~30m로 대형 선박이 드나들기 쉽다. 태백산맥 남부의 동쪽 기슭에 따른 단층곡이 몰입하여 만들어진 구조곡만으로 울산 중앙부까지 들어와 있으며, 만구는 남쪽으로 열려 있고 해안선은 비교적 단조롭다. 태화강·동천·외황강 등 작은 하천들이 흘러들면서 만 안에는 울산항이 있고 만의 어귀에는 장생포항·방어진항 등이 있다. 또한 넓고 안정된 만(灣)이 발달해야하는데, 만의 내부에는 물과 파도의 흐름을 조절할 수 있는 섬들이 존재하거나, 길게 내륙에서 뻗어 나오면서 만을 감싼 지형이 필수적이다.

---

86 이용범, 「처용설화의 一考察 唐代 이슬람의 商人과 新羅」, 『진단학보』 32, 1969.
87 해수부, 『한국의 해양문화』, 동남해역(上) 해양수산부, 2002, p.13.

또 하나는 피항조건을 잘 갖춰야 한다. 태풍은 동남해역을 끊임없이 괴롭히는 기상의 조건이다. 동해에는 겨울에 북서풍이 몰아치고, 파고가 높아서 황천 항해가 불가피한 시기가 많다. 따라서 험악한 겨울 환경을 반드시 고려하여 항구를 선택하고 건설해야 한다.

특히 악천후나 적의 급습을 받았을 때를 대비하여 피항할 수 있는 공간을 확보할 필요가 있다. 현재 방어진은 울산시의 동남부 울산만(蔚山灣) 밖에 위치하고, 남쪽을 향하여 터져 피난항(避難港)으로서의 구실도 한다.[88] 지형상으로 보아 고대도 그랬을 가능성이 높다.

또 하나는 강과의 연관성이 깊어야 한다. 직접적으로는 식수조달에 용이해야한다는 점이다. 하지만 도시인만큼 교통망이 발달해야 하는데, 지형상 육로보다는 수로교통이 더 용이한 경우도 있다. 울산은 태화강(太和江)으로 연결되고 있다. 총 길이 46.02km로서 1000m 급인 울주군의 가지산(迦智山), 고헌산(高獻山) 등에서 발원한 남천(南川)을 본류로 하여 울산 시내를 관통한 후 동쪽으로 흐른다. 그 외에 신화천대암천(新華川大岩川)·사연천(泗淵川)·동천(東川) 등의 지류와 만난다. 물길은 다시 언양·범서·울산 등지를 지나 울산만(灣)에서 동해로 빠져나간다. 지금은 불가능하지만 고대에는 강물의 양이 많고 해수면이 높았기 때문에 태화교 인근까지는 충분히 뱃길이 가능했을 것으로 추정된다.[89]

『삼국사기』에는 석탈해가 왜국(倭國)에서 동북(東北)으로 1,000리 되는 곳에 있는 다파나국(多波那國) 출생[90]으로서 아진포(阿珍浦)에 들어왔다고 서술하고 있다.[91] 5세기

---

88 해수부, 『한국의 해양문화』, 동남해역(上) 해양수산부, 2002, p.18.
89 전덕재 집필(고석규·강봉룡·윤명철 외 9명 지음), 『장보고 시대의 포구조사』 재단법인 해상왕 장보고 기념 사업회, 2005, p.564
90 『삼국유사』에는 龍城國 출신으로 기록하였다. 多婆那國의 위치는 왜국의 동북쪽이므로 이를 出雲지방으로 비정하는 견해도 있다.(金澤均, 「三國史記 新羅의 對倭關係記事 分析」, 『江原史學』6집, 강원대 사학회, 1990, 10쪽)

초에 박제상(朴堤上 : 삼국유사에는 김제상이라고 되어있다.)[92]이 내물왕의 아들인 미사흔(未斯欣)을 구하기 위하여 출발한 율포(栗浦)도 강동면 구류리로 추정된다.[93] 개운포(開雲浦)는 처용과 관계가 깊은 항구인데 울산시 남구 상개동 하개마을에 위치한 포구이다.[94] 그 밖에 울산지역에는 염포(鹽浦),[95] 방어진(魴魚津),[96] 유포(柳浦),[97] 저해포(渚海浦)[98]가 있고, 주변

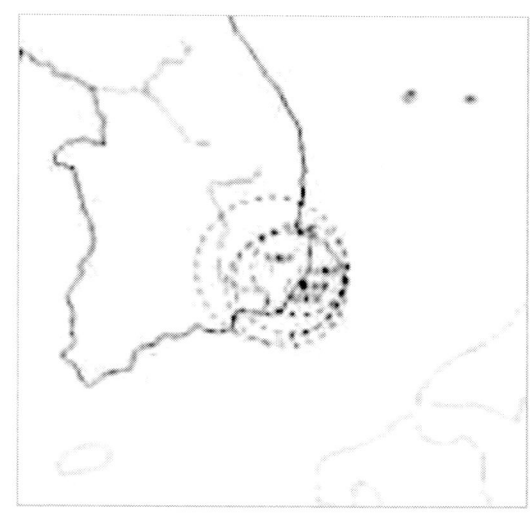

|그림 7| 울산해역에서의 시인거리

에 경주지역으로 들어오는 왜병의 첫 상륙지이기도 한 감포(甘浦)항,[99] 연오랑·세오녀[100]가 출항한 아호, 근오지번이라 불렸던 영일군의 도기야가 있다.

---

91 탈해가 도착한 阿珍浦口의 위치를 迎日(李丙燾, 『國譯 三國史記』) 혹은 下西로 보고 있다.(井上秀雄, 「任那日本府と倭」).
92 『삼국사기』권45, 列傳 5 朴堤上조. 『일본서기』권9, 신공왕후 5년. 신라사신 毛麻利叱智 기록이 있다.
93 『삼국유사』권2, 紀異 제2 「處容歌와 望海寺」이 望德寺를 望海寺로 추정하고 蔚州郡 青良面 栗里의 靈鷲山 東麓일 것으로 판단하고 있다.(李鍾恒,「미사흔이 인질로 간 왜국의 위치에 대하여」한국학논총 국민대, 1982.
94 『신증동국여지승람』권22, 경상도 울산군 산천조에 '개운포는 고을 남쪽 25리에 있다.' 고 하였다.
95 『신증동국여지승람』권22, 경상도 울산군 산천조.
96 『신증동국여지승람』권22, 경상도 울산군 산천조.
97 『신증동국여지승람』권22, 경상도 울산군 산천조 정자항.
98 『신증동국여지승람』권22, 경상도 울산군 산천조.
99 면적이 좁으나 항구로 사용되었다. 문무왕이 왜적을 막기 위해 용이 된 수중릉과 감은사가 있는 것이다.
100 『삼국유사』권1, 紅異 제1.

항구 조건에서 또 하나 중요한 것은 항해상에서 절대적인 관측체계이다. 먼 바다를 관측하기에 용이해야 한다. 율포 위의 수술령(隧述嶺)은 박제상이 출항한 후에 부인과 딸이 올라 동해의 일본 쪽을 바라보며 통곡하다가 죽어서 망부석이 된 곳이다. 아마 이곳은 동해를 가장 잘 관측할 수 있는 장소였을 것이다. 반면에 항해자들은 육지의 산 등을 보면서 자기위치를 파악하고 항로를 결정하는 지표로 삼는다. 울산 지역의 뒤편은 백두대간의 산들이 1000m 이상으로 선을 이루고 있다. 아래 도표에서 보는바와 같이 먼거리에서도 관측이 가능하다.

2) 선박건조 및 수리에 용이

『일본서기』에 따르면 신라왕은 응신천황에게 배만드는 장인을 보낼 정도였다. 그만큼 조선술이 발달하였다. 초기부터 상선은 물론 해군이 있었다. 석탈해 때는 가야와 황산진구(黃山津口)에서 수 백 척을 동원하여 해전을 벌였다. 조분왕(助賁王, 233년)때는 해상에서 왜와 화공전까지 벌였다. 특별히 화공전이라고 했으니 뭔가 특이한 사건이 있었던 것이다. 유례왕(儒禮王, 289)에는 왜국이 쳐들어온다는 정보를 듣고 병선을 수리했다. A.D 300년 『일본서기(日本書紀)』의 기록에 신라의 무역선이 병고항(兵庫港)에 있었다는 기사가 있고, 467년에 전함들을 수리했다는 기사가 나온다.[101] 선부서를 설치하였다. 512년에는 이사부가 우산국을 공격하였고, 문무왕 10년에는 당나라에 대내마(大奈麻) 복한(福漢)를 시켜 목재를 운송하였다.[102] 752년에는 나라의 동대사(東大寺)에서 대불(大佛)을 개안할 때 신라에서 축하사신과 상인들이 대거 일본에 갔는데, 그때 700명이 7척의 배를 타고 갔다. 평균 1척당 100명이 승선했음을 알 수 있다. 839년에는

---

101 『삼국사기』 권3 慈悲麻立干 10년.
102 『삼국사기』 권6, 문무왕 10년.

'대재부에 명하여 신라선(新羅船)를 만들어 능히 풍파를 감당할 수 있게 하라.' 라는 기록이 나온다.[103] 840년에는 대마도의 관리가 대재부가 가진 신라배 6척 중에서 1척을 나누어 달라고 요청하였다.[104]

이렇게 조선술이 발달한 신라가 조선소를 설치한 지역은 어디일까?

물론 기술자 집단과 노동력을 쉽게 징발할 수 있는 지역이어야 한다. 하지만 중요한 것은 배 선박건조능력과 조건이다. 동해는 수심이 깊고, 출발항이나 도착항의 해안선이 비교적 단순하여 조류의 영향도 적고, 암초도 적다. 따라서 배는 홀수가 비교적 깊은 첨저선(尖底船)에 가까운 형태여야 한다. 또한 강한 바람을 견디어야 하므로 동해에서 운행한 배는 주로 사각에 가깝고 황해나 동중국해의 범선보다는 단순한 형태의 돛을 가지고 있다. 그리고 용골과 키가 발달해야만 한다. 선박을 건조하는 데에 목재는 거의 절대적인 위치를 차지하는데 특히 단단한 목재인 침엽수를 사용하는 것이 필요했다. 그런데 울산은 국가항구인 만치 가능하면 가까운 곳에 국가조선소를 건설해야 한다. 울산지역에는 1,000m급 산들이 남북으로 길게 뻗어내리고 있다. 『신증동국여지승람』[105]에는 무리용산(無里龍山), 달천산(達川山), 문수산(文殊山), 원적산(圓寂山), 불광산(佛光山) 등을 언급하고 있다. 그런데 울산지역의 내륙에는 신불산·천황산·운문산·가지산 등의 소위 영남 알프스 산군이 있고, 불영산 등과 백산 등이 있다. 그 외에 무기로 사용할 수 있는 죽전(竹箭)은 울산만에 있는 죽도의 특산물이었다. 그리고 가장 값 비싼 모피를 생산하는 해달(海獺)의 산지이기도 하였다.

---

103 '令大宰府 造新羅船 以能堪風波也.'
　『續日本後紀』권8 承和6년 839년. 秋 7월 丙申.
104 『續日本後紀』권9, 承和 7년 9월.
105 『신증동국여지승람』권 제22, 경상도 울산군 산천조.

3) 수군활동과 해양방어체제 구축에 적합

울산은 국가항구인 만큼 수도권과 유기적인 시스템을 갖추어야 한다. 그 가운데 하나는 완벽한 해양방어체제의 구축과 함께 수도권 방어체제와의 유기적인 효율성이다. 금성의 왕도(王都) 내에는 현재까지 11개소의(正宮인 月城을 제외함)신라 성곽이 알려져 있다. 이 방어시설을 3기로 나누어 분석하여,[106] 제1기는 월성 주변에 도당산(都堂山)토성과 남산(南山)토성을 축조하였다. 명활산 토성은 왕도를 방어하기 위한 최초의 산성이다. 제2기인 5~6세기에는 왕경 전체를 지킬 성곽으로서 남산토성, 남산신성, 동쪽으로 명활산 석성(서쪽 포함), 서쪽에 서형산성, 북쪽에 북형산성 등을 축조하였다. 이 성들은 대체로 교통의 요충지이며, 월성 둘레 3.5km안에 있다.

왜는 실성왕 때 경주의 명활성까지 공격하였고, 다음 해에 해안으로 공격해왔다.

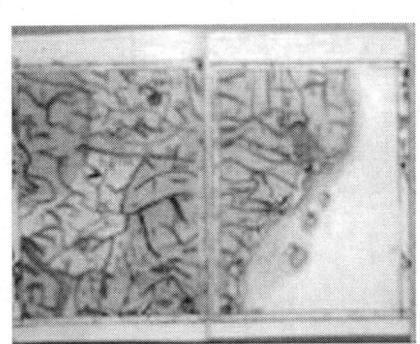 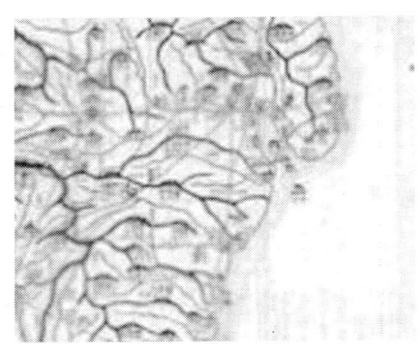

| 그림 8 | 청구도 울산만 | 그림 9 | 대동여지도 울산만

---

106 朴方龍,「新羅王都의 守備-慶州地域 山城을 中心으로-」,『신라문화』제9집. 그는 크게 3기로 나누어 분석하고 있다. 이 부분은 박방룡의 논문과 閔德植,「新羅王京의 防備에 관한 考察」,『史學硏究』39, 1987 참조.

그러자 실성왕은 408년에 대마도를 정벌하려는 계획을 수립하였다.[107] 왜는 눌지마립간 때도 집요하게 침입하였으며, 444년에는 수도인 금성을 10일 동안이나 포위한 적도 있었다.

동쪽의 명활산성은 양북면의 해안과 영일 오천지역과 통하는 길목에 있다. 교통이란 측면 외에 규모나 왕경방어의 역할을 고려할 때 이 방면 거점성의 역할을 실제로 담당하였다.[108] 즉 해양방어체제의 일환이다. 북형산성(北兄山城)은 왕경의 북쪽 지역이 확대됨에 따라 포항, 영일(迎日)지역의 동해안(東海岸)으로 출몰하는 왜적으로 부터 왕경(王京)을 지키기 위한 역할을 하였다.[109] 이 또한 일종의 해양방어체제였다.

신라는 자비마립간 때인 463년에는 연해변(沿海邊)에 성 2개를 쌓았으며, 467년에는 전함을 수리했다.[110] 이어 소지마립간 15년인 493년에는 임해진(臨海鎭)과 장령진(長嶺鎭)을 서둘러 설치하였다. 왜인은 497년을 전후해서 쳐들어왔고, 500년에는 장봉진(長峯鎭)이 함락 당하는 일까지 생겼다. 『삼국사기』에 따르면 지증왕 5년(504) 9월에 파리성(波里城)·미실성(彌實城)·진덕성(珍德城) 등 12개의 성을 쌓았는데, 그 가운데 미실성이 남미질부성이다. 북미질부성(北彌秩夫城)은 흥해읍 흥안리에 있는 토성이다. 지증왕 5년(504)에 쌓았으며 남미질부성과 동서로 마주보는 전형적인 곶성(串城)이다. 만리(萬里)산성은 포항시 남구에 있는데, 경주에서 울산까지 이어진 일종의 해안장성이다. 신라시대에 왜구를 방어하던 성으로서 고구려의 대행성 등과 유사한 기능을 했을 것이다.

이어 제3기에 해당하는 삼국말기에서 통일초기에는 왕경이 확대되고, 방어체제

---

107 『삼국사기』에 따르면 왜군들은 대마도에다 군영을 마련하고 군대와 무기, 식량 등 각종의 군수물자들을 쌓아 놓고 신라를 습격하려 했다.
108 『삼국유사』, '己未年倭國兵來侵 始築明活城入避 來倭梁州城 不克而遷' 기사.
109 吳英勳, 「新羅王京에 대한 考察-成立과 發展을 中心으로-」, 『경주사학 11집, p.27 참조.
110 『삼국사기』권3, 慈悲 麻立干 10년.

도 더욱 견고해졌다. 울산지역에는 해양방어체제가 더욱 공고하게 구축된다. 신대리 성(新垈里城)은 양남면(陽南面) 일대와 양북면(陽北面) 해안이 내려다 보이는 곳에 있는데, 7세기 후반의 성으로서 울산 일대의 왜적의 침입에 대비한 산성이다.[111] 모벌군성(毛伐郡城: 關門城[112] 長城)은 성덕왕 21년(722)에 동남쪽으로 침입하는 왜적의 침입을 차단하고 왕경을 보호하기 위해 만든 장성(長城)임을 『삼국유사』와 『삼국사기』[113]의 기록을 통해서도 알 수 있다. 모벌군성(毛伐郡城)의 2개 문지는 왕경의 동남쪽으로 통하는 관도가 연결되고 있다. 특히 모화리 문지는 일본사신의 왕래가 잦은 곳이었다고 한다.[114] 성 외에 봉수대도 있었다. 해안가의 봉수란 군사적인 목적 외에 항로의 표시기인 등대의 역할도 겸하였다.

4) 교통망이 사방으로 발달해야한다.

울산은 일반적인 도시의 교통망 외에도 수도권이므로 수도권과 유기적으로 연결되는 내륙육로망과 수로망이 발달해야 한다. 아울러 항구도시이므로 다양한 국내외 항로와도 연결이 용이해야 하며, 이 교통망을 하나의 시스템 속에서 운영할 수 있어야 한다. 신라는 건국 초기인 102년(파사이사금 23)에 음즙벌국(音汁伐國)과 실직국(悉直國)을 복속하였으므로 교통로가 안강과 포항을 거쳐서 동해안을 따라 북상하였다.[115] 3세기 무렵부터는 국가의 초기단계를 벗어나면서 교통망이 발달하였다. 관도가 정비되어 지방 통치조직을 견고하게 하였는데, 이는 방어체제의 확립과도 관련이 깊었을 것이

---

111 鄭永鎬, 「신라 關門城에 대한 小考」, 『古文化』 5집, 한국대학교 박물관협회, 1977, pp.2~18. 특히 p.5.
112 북구 중산동(동대산)에서부터 울주군 두동면 월평리(치술령 망부석)까지 12km에 달하는 신라의 長城, 전덕재 집필, 앞 글, p.578참조.
113 『삼국사기』, 신라본기8, 성덕왕 21년, '冬 十月…築毛伐郡城 以遮日本賊路'.
114 朴方龍, 「新羅都城의 交通路」, 『경주사학』 제 16집, p.189.
115 金昌謙, 「新羅 中祀의 '四海'와 海洋信仰」, 『한국고대사연구』 47, 2007, 9, p.173.

다. 신라는 넓데, 큰 도로가 있었는데,[116] 소지마립간 9년(487)에는 역을 전국적으로 설치하였다. 왕경의 중심에 경도역(京都驛 : 都停驛)이 있었고 이를 중심으로 지방(地方)의 역(驛)으로 연결되었던 교통체계(交通體系)를 갖추고 있었다.[117] 경계부근에 오문역(五門驛)이 있었다.[118] 이 오문역(五門驛)은 안왕경에서 지방으로 연결되었던 오도(五道)[119]와 관계가 있다. 울산지역과 연관해안을 남천(南川)은 안울산의 외동방향과 통하여 해안으로 양남면에 이른다. 이 통로는 아진포에서 석탈해 집단이 경주로 들어오는 길이면서, 왜구의 침입로이다. 상류를 따라서는 울산·언양 방향과 경주의 서부지역으로 각각 통할 수 있다. 또 경주에서 치술령(鵄述嶺)을 넘어 울산으로 가면 주변에 서생포(西生浦)·포이포(包伊浦) 등의 포구들이 있다. 울산같은 국가 해항도시는 이러한 교통망 외에 바다를 이용한 해양교통, 특히 대외항로가 발전해야한다.

5. 울산의 국제항로 검토

항로의 메커니즘의 대해서는 여러 글에서 밝힌바가 있다. 간단히 언급하면 해양환경을 고려할 때 특정지역에서 출항하면 특정지역에 도착할 수밖에 없는 구조라는 점이다.[120] 경주지역은 해항도시(海港都市)의 성격을 갖고, 외항이며 국가항구였던 울

---

116 『삼국사기』권32,잡지 1,제사 조.
 '四大道祭 東古里 南, 簷 幷樹, 西 渚樹, 北 活併岐.'
117 朴方龍,「新羅王京과 유통」,『신라 왕경의 구조와 체계』, p.83.
118 朴方龍,「新羅王都의 交通路-驛 院을 中心으로-」,『신라문화제학술발표회논문집』16집, 신라문화선양회, 1995, pp.99~118 참조.
119 『삼국사기』3, 신라본기 3, 慈悲 麻立干20년 (477)조.
 "二十年夏五月 倭人擧兵 五道來侵…"
120 항로의 선택과 정치세력간의 관계, 삼국의 일본열도 진출과정에 대해서는 尹明喆,『동아지중해와 고대일본』, 청노루, 1996, pp.159~165 참조.;「海洋條件을 통해서본 古代 韓日關係史의 硏究」참조.

산에서는 항로가 발달해야 한다. 동아지중해의 역사에서는 다양한 항로들이 사용되었다. 그 가운데에서 울산지역과 연관하여 약술하고자 한다. 울산은 국가항구인 만큼 신라가 사용한 모든 항로와 직·간접적으로 연결되었다.

1) 東海南北沿近海航路

동해의 연해주 북부해양부터 한반도의 남쪽인 부산 일대 또는 동해남부나 남해를 건너 일본열도 지역에 도착하는 항로이다.[121] 이 항로는 이미 신석기 시대부터 남북으로 오고가며 사용되었다. 영일만 지역의 칠포리, 울산(蔚山)의 반구대(盤龜臺) 암각화, 고령 및 경주의 암각화 등[122]은 연해주 지역을 경유하여 내려온 것으로 이해하고 있다. 물론 동해연근해항로와 직결되어있다. 반구대(盤龜臺) 벽화에서는 고래들과 물고기들이 보이는데, 이는 포경(捕鯨)집단의 이동을 상정할 수 있다. 더욱이 곤도라형의 선문(船文)[123]과 뗏목형태도 보인다. 하바로브스크시 외곽에 있는 '시까치 알리안 암각화'는 아무르강가에 있는데, 하구가 타타르해협과 오호츠크해의 접점이라는 사실은 이 항로의 체계와 성격을 이해하는데 많은 시사점을 준다.

동만주 일대 또는 연해주 지역에서 발달한 문화가 동해 남북연근해항로를 이용해

---

121 동해와 관련한 이 항로의 일반적인 성격은
　　윤명철,『渤海의 海洋活動과 東아시아의 秩序再編』高句麗研究6, 학연문화사, 1998, 12.
　　＿＿＿,『동해문화권의 설정 검토』,『동아시아 역사상과 우리문화의 형성』한국학 중앙연구원, 민속원, 2005, 9.
　　＿＿＿,『영일만 지역의 해양환경과 암각화의 길의 관련성 검토』,『한국 암각화연구』78집, 한국암각화학회, 2006 참고.
122 암각화의 기원과 문화적 성격에 관하여 많은 논란이 있다.
　　송화섭,『한국 암각화의 신앙의례』,『한국의 암각화』, 한길사, 1996, p.264.
123 國分直一,『古代東海の海上交通と船』,『東アジアの古代文化』29號, 大和書房 1981, p.37 참조.

서 남으로 내려왔을 가능성은 역사시대에 들어오면서 더욱 커졌다. 『삼국지』 동이전에 따르면 동예(東濊) 사람들은 반어피(斑魚皮)를 바쳤으며, 건바다까지 항해하였다. 민중왕(閔中王) 때(47년)와 서천왕(西川王 : 288년)때 고래의 야광눈을 특별하게 왕에게 바친 기록을 남기고 있다. 이 때 포경을 비롯한 어업집단은 동예, 옥저 또는 물길과 깊은 관련이 있었을 것이며, 거주지역은 두만강 이북의 해안일 가능성이 크다. 동옥저(東沃沮)는 바다 멀리까지 나가서 고기잡이를 하였다.[124] 이러한 기록들은 당시 동해(東海)에서 고래잡이를 비롯한 어로활동능력(漁撈活動能力)이 있었고 원양항해와 상업어업이 실시되었음을 보여준다. 『삼국지』 동이전에는 동옥저에서 동해가에서 노인에게서 들은 동쪽바다의 한 섬에 대한 이야기가 기록되어 있다. 이 동쪽 섬을 사할린, 울릉도,[125] 니가타현의 사도가(佐渡)섬[126]이라는 주장들이 있다.

남에서 북으로 올라가면서 사용한 경우도 있다. 한반도 남해동부와 동해남부 일부에서 일본계 죠몽(繩文) 토기 발견되고 있다.[127] 울산 서생포의 신암리(新岩里) 유적에서도 역시 죠몽(繩文) 토기들과 흑요석 석기들이 발견되었다.[128] 죠몽인들이 왔었으며, 교류를 한 상황을 반증한다. 역사시대에 신라와 고구려, 신라와 발해라는 남북국구도 속에서 신라는 반격과 북진과정에서 해안선과 이 항로를 동시에 활용한 것으로 보인다.

---

124 『三國志』, 魏書, 東沃沮, 國人嘗乘船捕漁, 遭風見吹數十日, 東得一島.
125 池內宏, 「伊刀の賊」 『滿鮮史硏究』 中世 弟 1, 1933, p.316. 이 글에서 여진 해적과 울릉도문제에 대해서도 다루고 있다. 李丙燾도 이러한 견해를 표명했다.
126 王俠, 「集安 高句麗 封土石墓與日本須曾蝦夷穴 古墓」, 『博物館硏究』, 42期, 1993-2期, p.43.
127 林墩, 『朝島의 史的考察』 『해양대 논문집』 11, 1976, p.380 ; 『朝島貝塚 遺物小考』, 『해양대 논문집』 13집, 1978, p.224에서 朝島를 선사시대의 중요한 거점으로 보고 있다.
128 임효재, 「新石器 時代의 韓日 文化交流」, 『韓國史論』 16, 국사편찬위원회, 1986, p.5 등에는 울산 서생포에서 발견된 죠몽 토기에 대해 나오고 있다.

2) 동해남부횡단항로

　동해남부인 포항, 감포, 울산 등을 출항하여 혼슈 남단인 산인(山陰)지방의 돗토리(鳥取)현의 但馬, 伯耆, 시마네(島根)현의 오키(隱岐), 이즈모(出雲), 야마구치(山口)현의 長門 등에 도착하는 항로이다. 이렇게 상륙한 후에 연안 혹은 근해항해를 이용하여 북으로는 후쿠이(福井)현의 쓰루가(敦賀)지역,[129] 남으로는 규슈지역으로 들어갔다.

　시마네 지역은 동해를 사이에 두고 경상남도 울산이나 포항지방과 위도상(북위 35.5도)으로 보아 비슷한 위치에 있다. 양 지역 사이에는 항로가 2개 있었다. 하나는 동해남부 또는 남해로 부터 리만한류를 타서 북위 30도 부근에서 대한난류 西派를 횡단하여 본류에 올라타서 이즈모(出雲) 서안에 도달하는 직접항로이다. 제 2의 항로는 한반도 동안에서 출발하여 오키(隱岐)에 도착하고, 다시 시마네만두(島根灣頭) 혹은 이나바(因幡)해안에 도착하는 것이다.[130] 즉 쿠로시오에서 분파된 해류는 동해 남부나 중부에서 출발한 선박을 일본해안으로 자연스럽게 밀어 붙이므로 물길과 계절풍을 활용한다면 항해는 성공할 수 있다. 아래 자료인 〈해류병의 표착(漂着)상황도〉은 그러한 자연조건을 보여주고 있다.

　이 항해는 선사시대부터도 가능했고, 기원을 전후한 시대부터는 매우 활발했다고 추정되지만, 아직 이 부분에 관한 주변연구가 빈약해서 판단을 유보하겠다.[131] 이 항로 간의 중간에는 오키(淤岐 隱岐)섬이 있었으며, 또 하나 중요한 거점으로 울릉도가 있

---

129 쓰루가(敦賀)는 머리에 뿔이 난 사람들이 왔으므로 고대에는 쓰누가(角鹿)라고 불리웠는데, 이것은 투구를 쓴 가야인들이 왔기 때문이다. 그러나 신라계와 관련이 깊었으므로 지금도 신라계 지명 및 신사가 곳곳에 남아있다. 武藤正典,「若狹灣とその周邊の新羅系遺跡」,『東アジアの古代文化』 大和書房, 1974, pp.88~94 참조.
130 中田 勳,『古代韓日航路考』倉文社, 1956, pp.123~127.
131 권경근・박종승『일본 오키(隱岐)방언과 울진방언의 악센트유형의 대조연구』,『日本語 文學』제 38집은 방언비교를 통해서 매우 흥미있는 결과를 내놓고 있다.

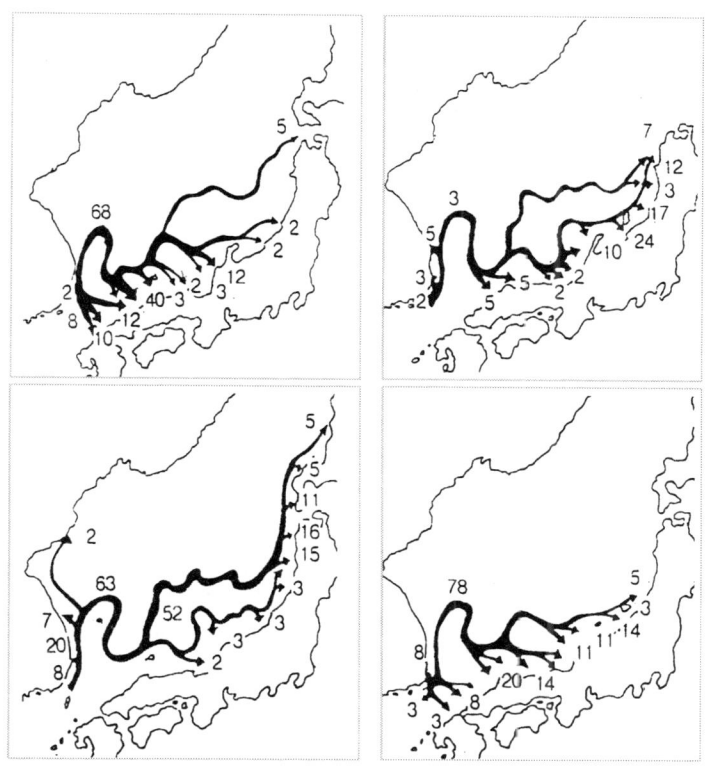

| 그림 10 | 해류병도[132]

대한해협에서 투입한 표류병의 도착 상황. 겨울에는 전체의 40%가 이즈모 지역에 도착하고 있다.

었다. 8대 아달라(阿達羅)왕 때(158년) 연오랑(延烏郎)과 세오녀(細烏女)가 일본에 건너가 소국의 왕과 왕비가 되었고, 『일본서기(日本書紀)』 스이닌(垂仁) 3년에 신라의 왕자인 아메노히보코(天日槍)가 배를 타고 건너왔다고 기록되어있다. 이들이 정착한 지역은 시마네(島根)현의 이즈모(出雲)지역이다.[133] 한편 후쿠이(福井)현의 와카사만(若狹灣)은

---

132 日本海洋學會 沿岸海洋研究部會編, 『日本全國沿岸海洋誌』, 東海大學出版會, 1985, pp.925~926.

위도상으로 이즈모와 큰 차이가 나지않는지역이다. 쓰루가(敦賀)는 머리에 뿔이 난 사람들이 왔으므로 고대에는 쓰누가(角鹿)라고 불렸는데, 이것은 투구를 쓴 가야인들이 왔기 때문이다. 그러나 신라계와 관련이 깊었으므로 지금도 신라계 지명 및 신사가 곳곳에 남아있다.[134] 814년에는 혼슈의 제일 남쪽인 현재 야마구치현의 長門國(현재 시모노세키시)에 신라상인 31명이 표착한 일이 있었다.[135] 이들은 동해남부 횡단항로를 사용하여 상륙했을 가능성이 크다.

이러한 항로는 표류[136]현상을 통해서도 가능성을 높힐수 있다. 표류의 길은 항로추적에 효율성 큰 단서가 된다.[137] 아래 도표를 보면 울산 등 동해남부지역에서 자연환경의 영향으로 표류할 경우에 일본열도 혼슈 남단지역에 표착하는 모습을 확인할 수 있다.

한편 산인(山陰)의 이즈모(出雲)에서 출발하는 경우는 규슈북안까지 대마해류의 반류에 타고 대마도를 경유하여 북동진하는 해류에 타서 한반도의 동해남부 혹은 남해동부 해안에 도착할 수 있다.[138] 더구나 봄에 남풍계열의 바람을 이용하면 더욱 쉬워

---

133 이 부분에 대해서는 졸고, 「海洋條件을 통해서 본 古代 韓日關係史의 理解」, 『日本學』 14 동국대 일본학연구소, 1995, pp.93~99 및 졸저, 『동아지중해와 고대일본』 1996에 관련 자료들과 함께 기술하고 있다.
134 武藤正典, 「若狹灣とその周邊の新羅系遺跡」, 『東アジアの古代文化』 大和書房, 1974, pp.88~94 참조.
가장 큰 만인 와카사만에는 40여호 남짓한 조그만 마을에 신라를 나타내는 시라기마을(白木浦)이 있고, 시라기신사가 있다. 쓰루가에는 이곳 말고도 '白石신사', '白城신사', '信露貴彦신사' 등 한자는 달라도 발음은 시라기인, 신라조신(祖神)을 모신 신라신사들이 많다. 이 지역과 신라신사들에 대한 모습은 윤명철, 『일본기행』 온누리, 1987에 기술되어 있다.
135 『日本後紀』 권24, 弘仁 5년 10월.
136 사료에서는 漂流 외에 '漂着'(발해사신과 관련한 일본기록) 또는 漂沒, 漂到 등의 용어로도 사용된다.
137 李薰, 『조선 후기표류민과 한일관계』, 국학자료원, 2000.
한일관계사학회 편, 『조선시대 한일 표류민 연구』, 국학자료원, 2001.
윤명철, 「남서해양과 연관된 표류와 역사의 발전」, 『표류의 역사, 강진』, 한·중·일 국제학술회의, 2009, 4, 11.
_____, 「표류의 발생과 역사적인 역할에 대한 탐구」, 『동아시아 고대학』 제18호, 2008.

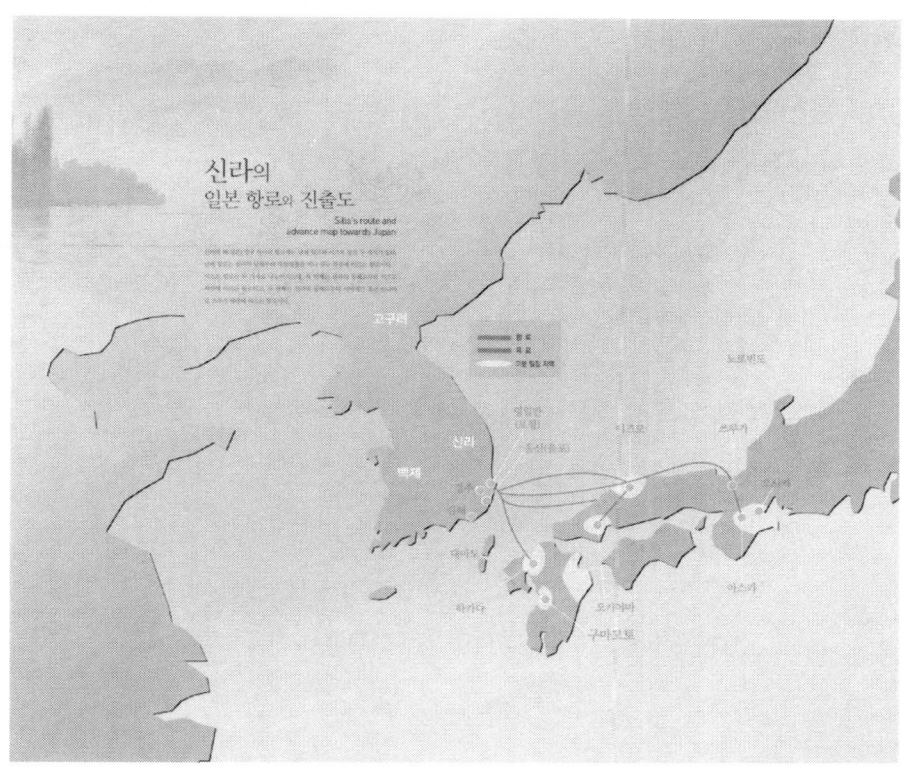

| 그림 11 | 신라 일본열도 진출 항로(필자의 자료를 참조하여 작성한 울산 이사부기념관)

진다. 선사시대 일본열도계의 유물이 한반도 남해서부, 즉 부산 동삼동(東三洞)이나 조도(朝島)패총에서, 그리고 동해남부인 울산(蔚山)의 서생포(西生浦) 등에서 발견된다. 이 또한 일본열도 혹은 대마도(對馬島)에서 흘러오는 해조류의 흐름과 바람을 자연스럽게 이용한 것을 입증한다.

앞 글에서 언급했지만 박혁거세(朴赫居世) 38년에 호공(瓠公)이 왜인(倭人)으로서 표

---

138 松枝正根 松枝正根, 『古代日本の軍事航海史』上, かや書房, 1994. pp.109~111.

| 그림 12 | 표류도
1629~1840간 조선에서 일본에 표류한 선박들의 길.(시바다게이시·손태준 작성)
울산 포항 울진 등에서 출발한 배들은 야마구치현과 시마네현에 집중적으로 닿고 있다.

주박을 허리에 차고 건너와 재상이 된 상황,[139] 2대인 남해 차차웅 때에는 왜인이 병선 100여 척에 나누어 타고 영일군 등 해안을 침범한 사실,[140] 4대 탈해(脫解) 니사금이 왜국으로부터 표류해서 도착했고, 즉위 3년에 왜국과 친교를 맺고 사신을 교환한 사실 등은 이미 초기부터 신라는 동해남부횡단항로와 깊은 연관을 맺고 있었음을 보여준다.

3) 남해항로

남해항로는 항구와는 무관하게 남해의 어떤 해역을 출발하여 대마도(對馬島)를 경유하거나 통과물표로 삼으면서 규슈북부에 도착하는 항로이다. 이 항로의 출발지는 일반적으로 낙동강 하구지역을 항로의 깃점으로 인식하고 있다. 대마도와 거리가 가장 가깝고, 시인거리(視認距離) 안에 있으므로 항해하는 도중에도 물표의 확인이 가능하고, 심리적인 안정감도 있다. 신라에서 일본열도로 가기에는 거리가 짧으며 심리적인 부담이 적은 항로이다. 하지만 해양조건을 살펴보면 문제가 있다. 대한해협은 협수로이므로 조류가 해류의 방향에 영향을 끼친다.[141] 부산이나 그 동쪽 혹은 북쪽에서 출발하여 목적지를 대마도로 잡을 경우에는 해조류의 흐름에 역행하므로 실패할 확률이 매우 높다.[142]

오히려 남해 동부해안에서 고대항로의 기점 조건을 갖춘 곳은 거제도이다. 김해를 출발해도 해양환경을 이용한 항법상으로 보아 거제도권을 경유하여 대마도로 항

---

139 『삼국사기』권1, 「신라본기」 朴赫居世 38년 조.
140 『삼국사기』권1, 신라본기 南海次次雄 조.
141 尹明喆, 「海洋條件을 통해서본 古代 韓日關係史의 理解」, 『日本學』14, 동국대 일본학연구소, 1995, p.84 참고.
142 『津島記事』 1703년 조선 譯官使 일행 108명이 와니우라(鰐浦) 바로 앞 바다에서 참변을 당했다. 1976년 고대항해를 시험한 野生號도 이 항로를 택해 결국 실패하고 말았다.

진해야 한다.[143] 대마도를 경유한 후에 하카다(博多)만에 상륙한다. 그 곳에는 서경(西京)이면서, 대외교섭과 무역을 관장하는 다자이후(太宰府)가 있었다. 『일본서기(日本書紀)』 스이닌천황(垂仁天皇) 2년 조에는 가라국(加羅國)의 왕자 都怒我阿羅斯等(쓰누가아라시도)이 穴門(오늘날의 下關)에 도착하여 이즈모를 지나 越國(福井縣 敦賀市)에 닿은 기록이 있다. 남해항로를 이용하여 일본열도 해역권에 진입한 후에 다시 연근해항해를 이용했음을 추축케 한다.

신라는 법흥왕 진흥왕 시대에 이르러 비로서 남해항로를 사용했을 것이다. 그리고 통일 후에 규슈의 다자이후(大宰府)지역이 1차 기항지이므로 남해항로를 본격적으로 사용했을 것이다. 668년부터 779년까지 신라와 일본 두 나라는 사절에 의한 공적인 관계를 지속했으나 관계가 험악해져서 9세기에 들어오면 거의 교류가 없다. 하지만 신라 상인들은 교류를 했으며 신라해적들도 일본해역을 넘나들었다.[144] 이 때 공적인 교류거점이 다자이후였고, 해적들의 작전범위 또한 주로 대마도와 규슈 일대인 것으로 보아 주로 남해항로를 사용한 것으로 보인다. 장보고가 파견한 廻易使들도 남해항로를 이용했다. 그렇다고 해도 국가항구는 울산이었다.

4) 황해남부사단항로 및 동중국해사단항로[145]

황해남부사단항로는 전라도 등의 해안에서 출발한 후 황해를 사단하여 강소성의 연운을 중심으로 한 해안지방, 절강성의 항주, 영파(명주) 주산군도(舟山群島)에 도착하

---

143 이 부분에 대한 상세한 언급은 졸고, 「海路를 통한 先史時代 韓·日 양지역의 文化接觸可能性檢討」, 『韓國上古史學報』 2집, 한국상고사학회, 1989 참조.
144 이 부분에 대해서는 崔在錫, 「9世紀 신라의 西部日本進出」, 『韓國學報』 69, 1992에 상세하게 연구되어 있다.
145 이와 관련된 해양활동 및 항로에 대해서는 필자의 연구성과 등을 참조하기 바란다.

는 항로이다. 동중국해사단항로는 신라에서 출발하여 당의 영토에 들어가는데 사용되기보다는 절강 이남지역을 출발하여 동중국해와 제주도 해역, 황해남부를 거쳐 신라의 영토로 들어오는 항로이다. 이 항로의 일부는 남중국과 일본열도가 교섭하는데에도 사용되었다. 주요한 출발 항구는 항주만과 안쪽의 염관(鹽管), 명주항(明州港 : 寧波)이다. 경유지는 주산군도, 흑산도 등이며, 주요한 도착지점은 전라도 해안의 항구들이다. 이 항로는 연장되면서 남해안을 경유하여 울산항과 이어졌다. 신라는 서역과도 무역을 하였다. 그런데 『삼국사기』권33 잡지(雜志) · 2의 색복(色服) · 거기(車騎) · 기용(器用) · 옥사(屋舍)조에 보이는 대모(玳瑁) · 자단(紫檀) · 심향(沈香) · 공작미(孔雀尾) · 슬슬(瑟瑟) · 毬毯 · 비취모(翡翠毛) 등은 소위 '남해박래품'이다. 동남아시아 물품인 경우에는 이 항로들을 이용하여 울산항으로 수입한 물품들이다. 상선들의 경우도 그러했지만, 사신선 등 국가 간의 활동은 국가항구를 이용할 수밖에 없었다. 신라에는 처용을 비롯한 서역인들의 출입이 있었는데,[146] 이 또한 이 항로를 이용하여 울산항에 정착하였을 것이다.[147] 이 두 항로는 일본의 견당사선들이 사용한 소위 남로(南路)와 일부 중복된다. 일본의 17차 견당사는 초주에서 신라선 9척을 빌리고, 신라수부(水夫) 60여 명을 고용하여 바다를 건넜는데,[148] 황해남부 사단항로를 사용한 것이다.

---

[146] 李龍範, 「三國史記에 보이는 이슬람 商人의 貿易品」, 『李弘稙博士回甲記念韓國史學論叢』, 新丘文化社, 1969.
이용범, 「처용설화의 一考察, 「唐代 이슬람의 商人과 新羅」, 『진단학보』 32, 1969.
[147] 신형식은 비록 '남해항로'라는 표현을 사용했지만 이러한 항로의 사용을 언급하고 있다. "신라는 광동을 거쳐 올라온 대식국과의 교섭도 이루어졌다. 처음가나 경주 괘릉에 서있는 석상들은 아라비아 인들이 신라사회에서 중요한 활동을 하였음을 알려주는데 모두 항로를 애용하여 들어온 것으로 보인다. 울산-흑산도-명주로 이어지는 남해항로가 개척되면서 신라, 일본, 당나라 사신과 구법승 등이 이 길을 이용하였다. 당시 국제항인 양주는 서역인의 집결지였고, 이를 통해 동중국해-대마해협을 거치는 신라와의 교류는 '금을 찾아 나선' 서역인들이 동경하는 목적지가 될 수 있었다." 신형식, 「신라와 서역과의 관계」, 『신라인의 실크로드』, 백산자료원, 2002, p.133에서.
[148] 圓仁, 『入唐求法巡禮行記』 권1.

6. 결론

　필자는 '동아지중해 모델'을 설정한 후에 동아시아 역사와 한민족의 역사를 해양적인 관점에서 해석해왔다. 그 가운데 하나가 본고의 주제인 '해항도시론(海港都市論)'이다. 본고는 울산이 신라의 국가항구이며, 수도인 금성의 외항으로서 해항도시의 전형에 해당함을 검증하고자 했다.

　제2장에서는 1절에서 '터이론'과 '해류사관(海陸史觀)'의 논리 속에서 울산지역이 속해있고, 상호연관성을 지닌 동해의 해양환경과 울산지역의 자연환경을 살펴보았으며, 2절에서는 울산을 중심으로 발생한 신라의 해양활동을 살펴보면서 울산지역의 해양역사적인 성격을 이해하였다. 제 3장에서는 해항도시(海港都市)의 체계와 성격을 이해할 수 있도록 1절에서는 고대 도시의 체계와 환경을 살펴보았고, 2절에서는 해항도시의 체계와 조건 등을 논리적으로 서술하였다. 고대의 도시들은 예외를 빼놓고는 큰 강의 하구와 바닷가 포구를 중심으로 발달하였으며, 항구의 역할을 직접 수행하거나, 항구와 위치나 기능상 긴밀하게 연관되었다.

　본문격인 제4장은 3장 2절의 논리를 토대로 분야별로 울산이 해항도시의 전형성에 적합한가를 검증하였다. 양질의 항(港)과 부두시설을 구비하고, 선박건조 및 수리에도 용이하며, 수도권과 유기적인 시스템을 갖춘 해양방어체제가 구축한 전형적인 해항도시임을 확인하였다. 그리고 제5장에서 해항도시의 조건 가운데 가장 중요하며, 역사적으로 의미가 큰 국제항로를 살펴보았다. 동해남북연근해항로, 동해남부횡단항로, 남해항로 등과 직접적으로 연결되며, 황해남부사단항로, 동중국해사단항로 등과는 간접적으로 이어지는 국제항로의 중심항구임을 확인하였다. 신라는 해륙국가를 지향할 수밖에 없었고, 수도권인 경주지역을 해항도시의 성격에 맞게끔 체계화 시켜야 했다. 울산은 경주지역과 수륙으로 연결되는 교통망을 갖춘 국가항구였다. 체계상으로 역할상으로, 역사적으로도 전형적인 해항도시(海港都市)였다.

Abstrat

Ul-san's characteristics as 'sea-port city' and international sea routes-In relation with Silla

Professor Myung-chul Youn
Dong-guk university

East Asia is a historical space where the land and the sea organically interact at the same time. Thus, capital cities or big cities those are important for political, military, economical, and cultural purposes have systems and characteristics of sea and land. The author has presented 'Sea-port city(海港都市)', 'River-port city(河港都市)', 'River-sea city(江海都市)' related to the matter above. Ul-san area developed its history through culture that was built with connection of the east sea and the southern sea since the time of Sun-sa. Its status was enhanced with Shilla's domination, and it performed as a nation port that was connected to Dang nation, Japan, Southeast Asia, and Arabia with Shilla's unification of three.

Ul-san is equipped with quality facilities of port and pier, and developed with wide-stable bay. It is a base with oceanic defensive system where it is convenient to build and repair ships using timbers. It enabled to connect to all sea routes of the East-Asia and inland water transportation through land route transportation and Dae-hwa River. With such qualifications, Ul-san was an oceanic city located outside the capital city during the time of Shilla's unification.

Key word Silla, Ul-san, 'sea-port city', 'River-port city', 'River-sea city', international sea routes, oceanic defensive system, ship

참고문헌

『三國史記』
『三國遺事』

『新增東國輿地勝覽』
『日本書紀』
『續日本紀』
『續日本後紀』
『三國志』
『周書』49, 列傳.

대한민국 水路局,『근해항로지』, 1973.
해수부,『한국의 해양문화』, 동남해역(上) 해양수산부, 2002.
江原道,『江原道史』(歷史編), 1995.

▶ 저서

姜大玄,『도시지리학』, 교학사, 1980.
무함마드 깐수,『新羅·西域 交流史』, 단국대 출판부, 1992.
손영종,『고구려사』2, 과학백과사전종합출판사, 1997.
申瀅植,『新羅史』, 이화여대출판부, 1988.
윤명철,『동아지중해와 고대일본』, 청노루, 1996.
윤명철,『장보고 시대의 해양활동과 동아지중해』, 학연문화사, 2002.
윤명철,『고구려 해양사 연구』, 사계절, 2003.
윤명철,『바닷길은 문화의 고속도로였다』, 사계절, 2003.
윤명철,『한국 해양사』, 학연문화사, 2003.
윤명철,『渤海의 海洋活動과 동아시아의 秩序再編』, 고구려연구 6, 학연문화사, 1988.
李薰,『조선 후기표류민과 한일관계』, 국학자료원, 2000.
任德淳,『政治地理學原論』, 일지사, 1988.

정수일, 『고대문명교류사』, 사계절, 2001.

김문경, 『7~10世紀 韓 中 日 交易關係 資料 譯註』, 재단법인 해상왕장보고기념사업회, 2003.
전덕재 집필(고석규·강봉룡·윤명철 외 9명 지음), 『장보고 시대의 포구조사』, 재단법인 해상왕 장보고 기념사업회, 2005.
한일관계사학회 편, 『조선시대 한일 표류민 연구』, 국학자료원, 2001.

▶ 역서

바트 T 보크·프츠란시스 W 라이트 지음, 정인태 譯, 『基本航海學』, 대한교과서주식회사, 1963.
李成市 저, 김창석 역, 『동아시아의 왕권과 교역』, 청년사, 1999.
그레이엄 크랄크 지음, 정기문 옮김, 『공간과 시간의 역사』, 푸른길, 1999.
에드워드 홀 지음, 최효선 옮김, 『숨겨진 차원-공간의 인류학을 위하여』(시리즈), 한길사, 2005.
에머리 존스 저, 이찬 권혁재 역, 『人文地理學 原理』, 법문사, 1985.
테리 조든 비치코프·모나 도모시 지음, 류제헌 편역, 『세계문화지리』, 살림, 2008.
존 펄린 지음, 송명규 옮김, 『숲의 서사시』, 따님, 2006.
董鑒泓 等 편, 成周鐸 역주, 『中國 都城 發達史』, 학연문화사, 1993.
SIBIL MOHOLY-NAGY 著, 崔宗鉉 陳景敦 譯, 『都市 建築의 歷史』 1990, p.22.

▶ 외국서적

圓仁, 『入唐求法巡禮行記』卷 1.
中田 勳, 『古代韓日航路考』 숲文社, 1956.
日本海洋學會 沿岸海洋研究部會編, 『日本全國沿岸海洋誌』, 東海大學出版會, 1985.
茂在寅南, 『古代日本の航海術』 小學館, 1981.
文脇禎二, 『出雲の古代史』, NHK ブックス, 1986.
眞常弓忠, 『古代の鐵と神神』 學生社, 1991.
松枝正根 松枝正根, 『古代日本の軍事航海史』上, かや書房, 1994.

▶ 논문

具蘭熹, 「日本의 新羅侵計劃의 추진의도」, 『靑藍史學』 2, 1998.
具蘭熹, 「8세기 중엽 발해, 신라, 일본의 관계 일본의 신라침공계획을 중심으로」, 『韓日關係史硏究』 10, 1999.
권경근·박종승, 「일본 오키(隱岐)방언과 울진방언의 악센트유형의 대조연구」, 『日本語 文學』 제 38집, 2008.
김선숙, 「8세기 전후 신라 일본의 정치외교관계」, 『韓國古代의 考古와 歷史』, 학연문화사, 1997.

金烈圭,「神話」,『日本文化源流로서의 韓國文化』, 동북아시아연구회, 1981.
金恩淑,「8세기 신라와 일본의 관계」,『國史館論叢』29, 1991.
金昌謙,「新羅 中祀의 '四海'와 海洋信仰」,『한국고대사연구』47, 2007.
金澤均,「三國史記 新羅의 對倭關係記事 分析」,『江原史學』6집, 강원대 사학회, 1990.
金晧東,「삼국시대 新羅의 東海岸 制海權 확보의 의미」,『이사부 연구 총서, 異斯夫 활약의 역사성과 21세기적 의의』, 삼척시, 강원도민일보, (재)해양문화재단, 2006.
林墩,『朝島의 史的 考察』,『해양대 논문집』11, 1976.
閔德植,「新羅王京의 防備에 관한 考察」,『史學研究』39, 1987.
朴方龍,「新羅王京과 유통」,『신라 王京의 구조와 체계』신라문화제학술발표회, 제 2집, 동국대학교 신라문화연구소, 2006.
朴方龍,「新羅都城의 交通路」,『경주사학』제 16집, 1997.
박용안 외 25인,『우리나라 현세 해수면 변동』,『한국의 제 4기 환경』, 서울대학고 출판부, 2001.
朴眞淑,「渤海 文王代의 對日本外交」,『歷史學報』153, 1991.
송화섭,「한국 암각화의 신앙의례」,『한국의 암각화』, 한길사, 1996.
신형식,「신라와 서역과의 관계」,『신라인의 실크로드』, 백산자료원, 2002.
연민수,「統一期 新羅와 日本」,『古代 韓日 交流史』, 혜안, 2003.
유재춘,「삼척 지역 일대의 성곽 및 수군 유적 연구」,『이사부 우산국 편입과 삼척 출항 심포지엄』, 강원도민일보, 삼척시, 2010.
윤명철,「廣開土大王의 對外政策과 東亞地中海戰略」,『軍史』30. 국방군사편찬위원회, 1995.
윤명철,「海洋條件을 통해서 본 古代韓日 關係史의 理解」,『日本學』15, 동국대 일본학연구소, 1995.
윤명철,「한반도 서남해안의 海洋歷史的 환경에 대한 검토」, 전주박물관 죽막동유적학술회의, 1995.
윤명철,『渤海의 海洋活動과 東아시아의 秩序再編』,『高句麗研究』6, 학연문화사, 1998. 12
윤명철,「한국의 고대문화 형성과 해양남방문화-소위 해양실크로드와의 관계를 중심으로」,『국사관 논총』, 2004.
윤명철,「동해문화권의 설정 검토」,『동아시아 역사상과 우리문화의 형성』한국학 중앙연구원 동북아고대사연구소, 2005.
윤명철,「영일만 지역의 해양환경과 암각화의 길의 관련성 검토」,『한국 암각화연구』78집, 한국암각화학회, 2006.
윤명철,「渤海 유역의 역사문화와 동아시아 세계의 이해- '터(場, field) 이론'의 적용을 통해서-」, 동아시아 고대학회, 2007.
윤명철,「고구려 수도의 海陸的 성격」,『백산학보』제 80호, 백산학회, 2008. 4.
윤명철,「표류의 발생과 역사적인 역할에 대한 탐구」,『동아시아 고대학』제 18호, 2008.
윤명철,「Maritime History and Ships in Korea(Based on the East Asian-Mediterranean-Sea Model)」,『Of Ships and Men~in Asian Maritime History and Archaeology』Centre national de la recherche scientifique, 中國社會科學院 考古所, 2009. 11. 09~11. 2009.

윤명철, 「서산의 海港도시적인 성격 검토」, 『백제시대의 서산문화』 서산발전연구원, 서산문화원, 2009. 4.
윤명철, 「백제 수도 한성의 해양적 연관성 검토1」, 『위례문화』 11·12합본호, 하남문화원, 2009.
윤명철, 「해양사 연구의 방법론 검토와 제언」, 『해양문화학 학술대회』 목포대학교 도서문화연구소, 2009. 10. 22.
윤명철, 「동아시아의 해양공간에 관한 재인식과 활용—동아지중해 모델을 중심으로-」, 『동아시아 고대』 14, 동아시아 고대학회, 경인문화사, 2006.
윤명철, 「경주의 해항도시적 성격에 대한 검토」, 『동아시아 고대학』 20호, 2009.
윤명철, 「서울지역의 강해도시적 성격검토」, 『2010, 동아시아 고대학회 학술발표대회』, 동아시아 고대학회, 2010. 06, 05
윤명철, 「한민족 역사공간의 이해와 강해도시론 모델」, 『동아시아 고대학』, 23호, 2010. 12.
이병로, 「8세기 일본의 외교와 교역-라일관계를 중심으로-」, 『일본역사연구』 4, 1996
이병로, 「《續日本紀》에 나타난 韓國古代史像-신라·발해를 중심으로-」, 『한국고대사연구』 14, 1998.
李龍範, 「三國史記에 보이는 이슬람 商人의 貿易品」, 『李弘稙博士回甲記念韓國史學論叢』, 新丘文化社, 1969.
이용범, 「처용설화의 一考察」, 「唐代 이슬람의 商人과 新羅」, 『진단학보』 32, 1969.
任孝在, 「新石器 時代의 韓日 文化交流」, 『韓國史論』 16, 국사편찬위원회, 1986.
鄭永鎬, 「신라 關門城에 대한 小考」, 『古文化』 5집, 한국대학교 박물관협회, 1977.
崔夢龍, 「考古分野」, 『日本 對馬 壹岐島 綜合學術調査報告書』 서울신문사, 1985.
최재석, 「8세기 東大寺 조영과 통일신라」, 『한국학 연구』 9, 1997.
崔在錫, 「9世紀 신라의 西部日本進出」, 『韓國學報』 69, 1992.
韓圭哲, 「발해와 일본의 신라침공계획과 무산」, 『中國問題研究』 5, 1993.
洪淳昶, 「7, 8세기에 있어서의 新羅와 日本과의 關係:-佛敎文化를 中心으로-」, 『新羅文化祭學術發表會論文集』, 第9輯, 1988.

외국

國分直一, 『古代東海の海上交通と船』, 『東アジアの古代文化』 29號, 大和書房 1981.
池内宏, 「伊刀の賊」, 『滿鮮史研究 中世 弟 1, 1933.
荒竹清光, 『古代 環東シナ海 文化圏と對馬海流』, 『東アジアの古代文化』 29號 大和書房 1981.
吉野正敏, 『季節風と航海』, 『Museum Kyushu』 14號, 博物館等建設推進九州會議, 1984.
堀 敏一, 「中國と古代 東アジア世界」, 『岩波書店』, 1993.
武藤正典, 「若狹灣とその周邊の新羅系遺跡」, 『東アジアの古代文化』 大和書房, 1974.
王俠, 「集安 高句麗 封土石墓與日本須曾蝦夷穴 古墓」, 『博物館研究』 42期, 1993-2期. 『文物』 1984-1기.